昭和少年カルチャーDX

おおこしたかのぶ

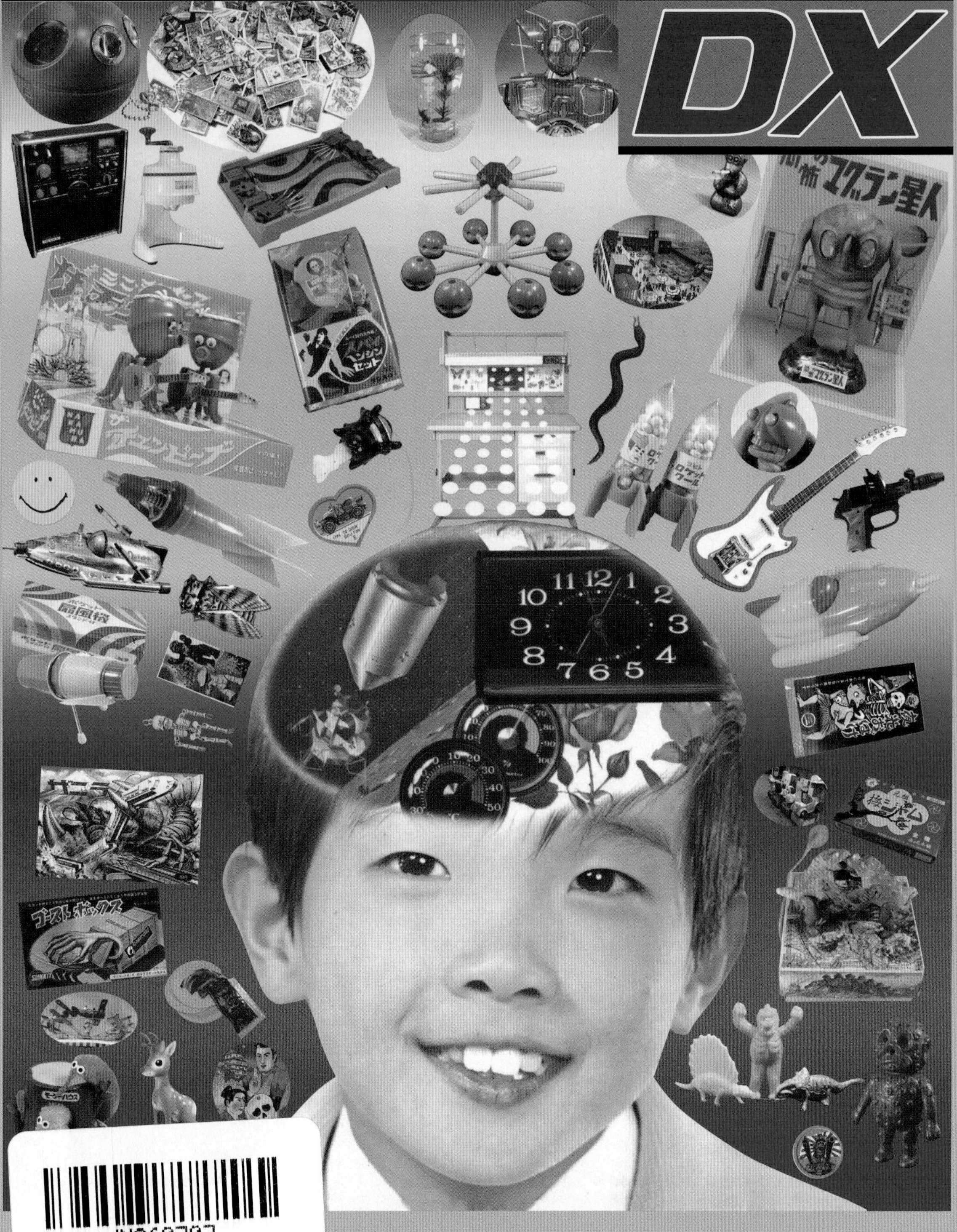

辰巳出版

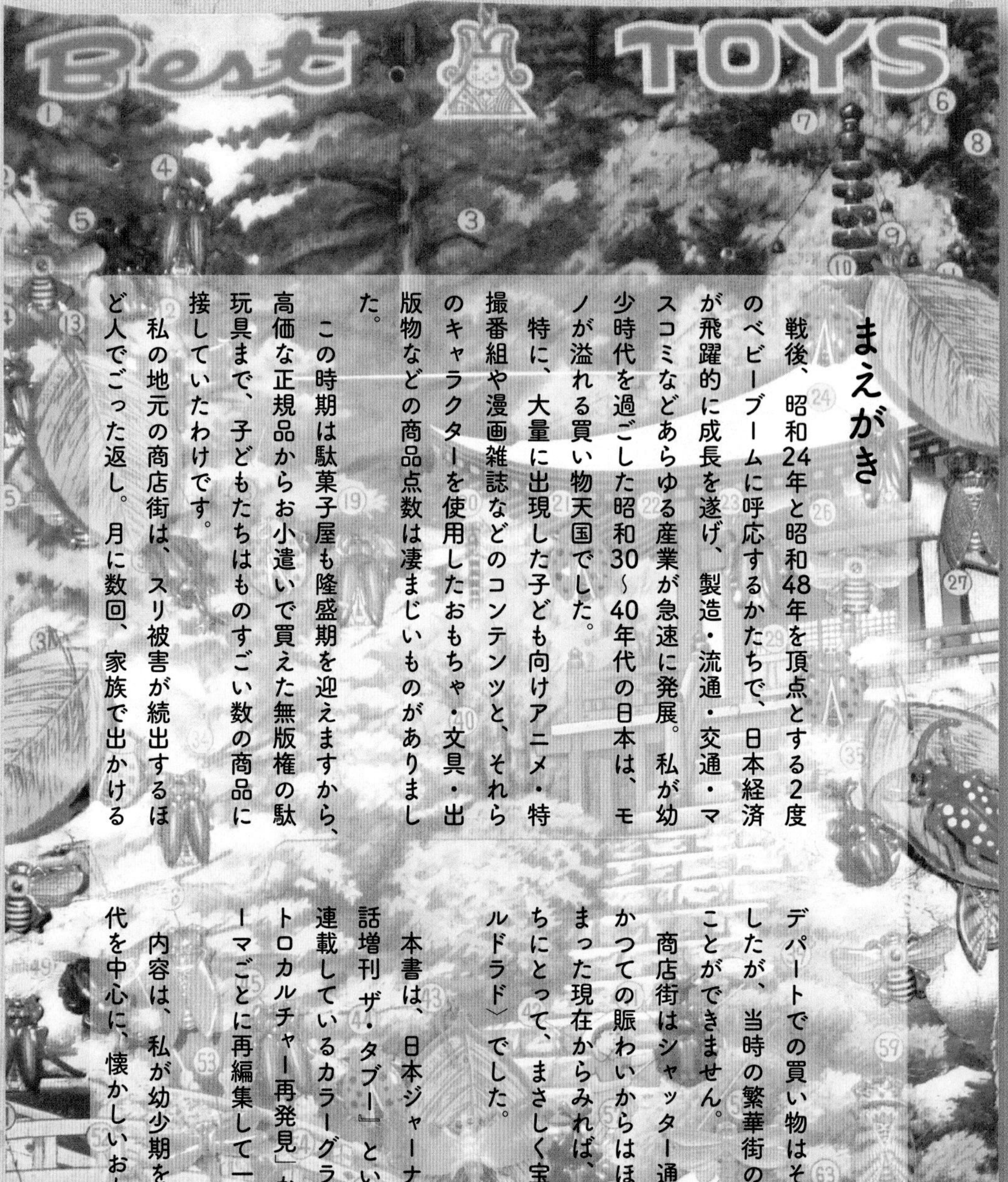

まえがき

戦後、昭和24年と昭和48年を頂点とする2度のベビーブームに呼応するかたちで、日本経済が飛躍的に成長を遂げ、製造・流通・交通・マスコミなどあらゆる産業が急速に発展。私が幼少時代を過ごした昭和30～40年代の日本は、モノが溢れる買い物天国でした。

特に、大量に出現した子ども向けアニメ・特撮番組や漫画雑誌などのコンテンツと、それらのキャラクターを使用したおもちゃ・文具・出版物などの商品点数は凄まじいものがありました。

この時期は駄菓子屋も隆盛期を迎えますから、高価な正規品からお小遣いで買えた無版権の駄玩具まで、子どもたちはものすごい数の商品に接していたわけです。

私の地元の商店街は、スリ被害が続出するほど人でごった返し。月に数回、家族で出かけるデパートでの買い物はその頃の一番の楽しみでしたが、当時の繁華街の賑わいは今でも忘れることができません。

商店街はシャッター通りになり、デパートもかつての賑わいからはほど遠い状況となってしまった現在からみれば、当時の日本は子どもたちにとって、まさしく宝物で溢れた黄金郷〈エルドラド〉でした。

本書は、日本ジャーナル出版発行の『週刊実話増刊ザ・タブー』という月刊誌で、約10年間連載しているカラーグラフ企画ページ「昭和レトロカルチャー再発見」から80回分を厳選し、テーマごとに再編集して一冊に纏めたものです。

内容は、私が幼少期を過ごした昭和30～40年代を中心に、懐かしいおもちゃやプラモデル、文具や雑貨、街ネタなどを広範囲に取り上げ、その魅力を再検証しようというものです。もともと実話誌の読者を対象にしたライトなものなので、どなたが読んでも気軽に楽しめる感じになっていると思います。

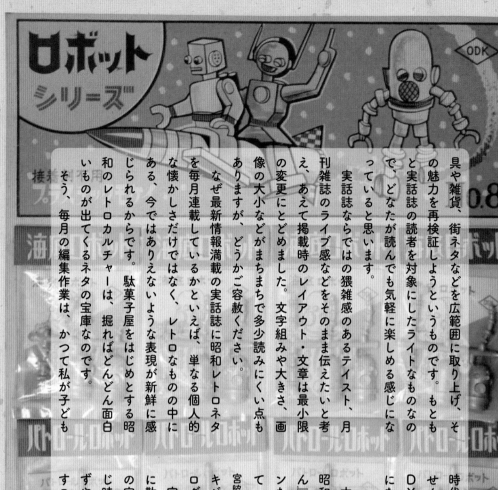

実話誌ならではの猥雑感のあるテイスト、月刊雑誌のライブ感などをそのまま伝えたいと考え、あえて掲載時のレイアウト・文章は最小限の変更にとどめました。文字組みや大きさ、画像の大小などがまちまちで多少読みにくい点もありますが、どうかご容赦ください。

なぜ最新情報満載の実話誌に昭和レトロネタを毎月連載しているかといえば、単なる個人的な懐かしさだけではなく、レトロなものの中にある、今ではありえないような表現が新鮮に感じられるからです。駄菓子屋をはじめとする昭和のレトロカルチャーは、掘ればどんどん面白いものが出てくるネタの宝庫なのです。

そう、毎月の編集作業は、かつて私が子ども時代に見た黄金郷への宝探しの旅にほかなりませんでした。どうかこの『昭和少年カルチャーDX』が、あなたにとってのよき〈宝の地図〉になることを願ってやみません。

本書の表紙を飾った愛らしい少年の写真は、昭和42年放送のTBSのドラマ『チャコ姉ちゃん』で注目を集め、昭和44年の『ジャンケンケンちゃん』では主演となり、昭和40年代を通じて〝トップ子役〟として君臨した宮脇康之（現・宮脇健）さんです。彼がモデルを務めた『イトーキジュニアデスク』（156ページに収録）のカタログ写真を元にコラージュいたしました。

宮脇さんは私と同じ1961年生まれ。表紙に散りばめられた品々は、私たちの子どもの頃の宝物です。本書を開けば、私や宮脇さんと同じ時代を子どもとして過ごされた方ならば、必ずや、忘れていた幼少期のときめきを思い起こすことと思います。

昭和少年☆カルチャーDX もくじ

Chapter 1——おもちゃ

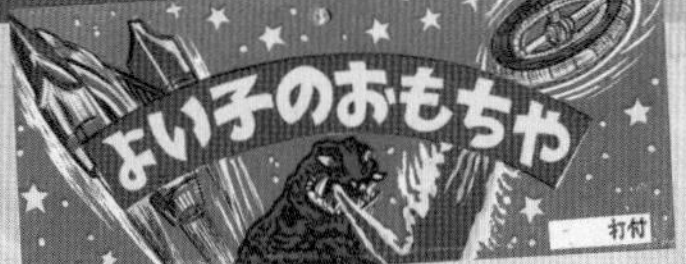

Chapter 2——駄菓子屋派絵師

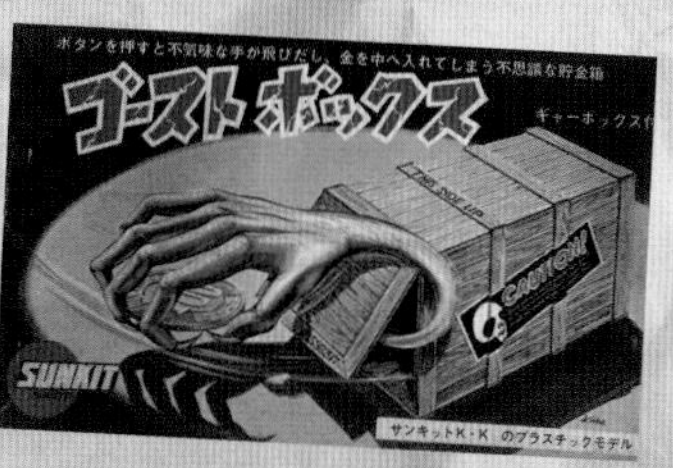

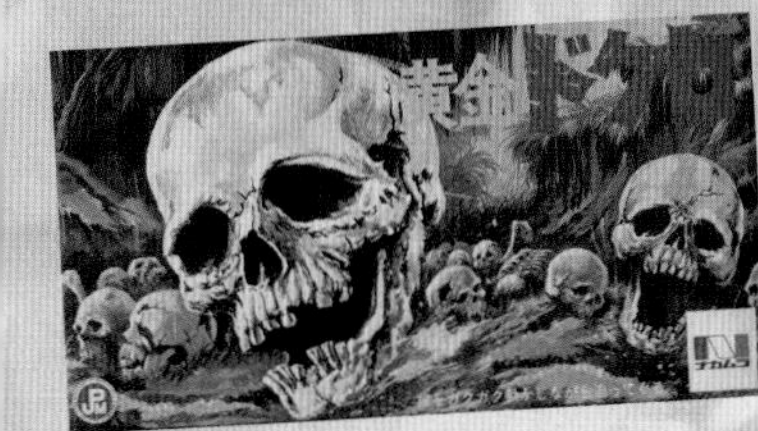

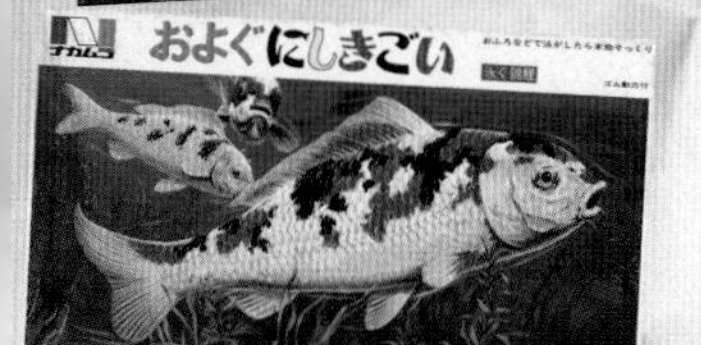

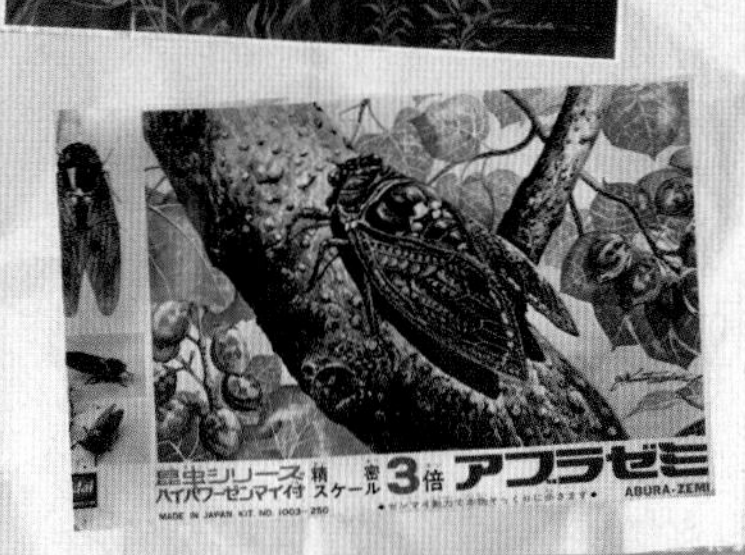

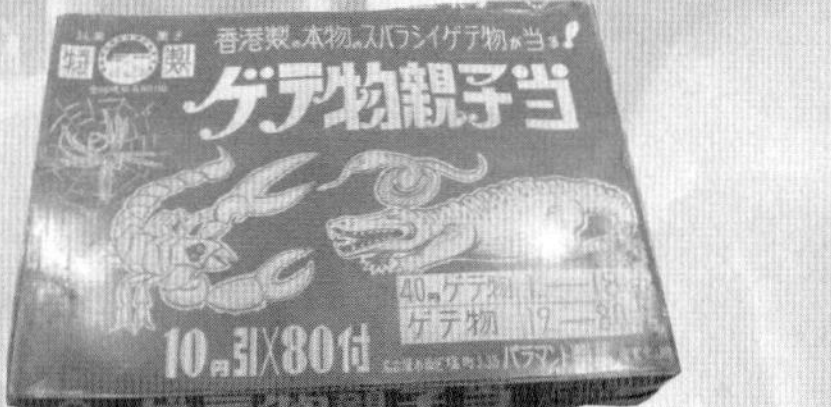

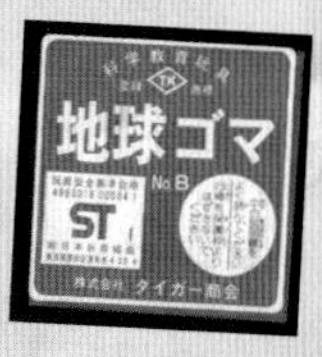

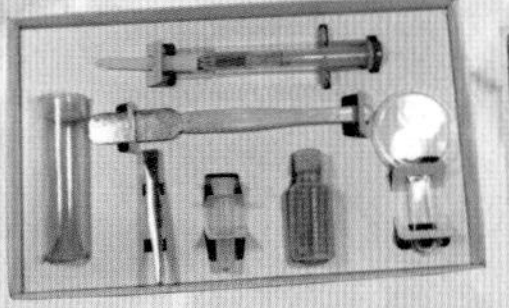

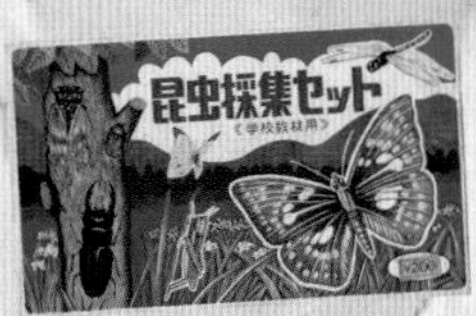

Chapter 3——絶滅危惧種

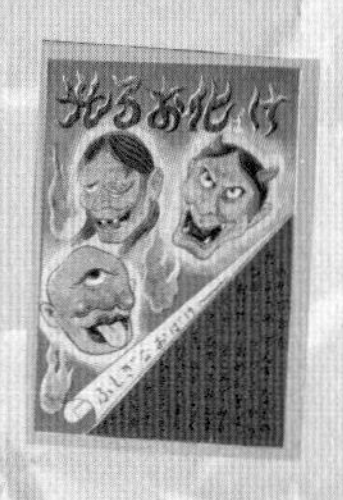

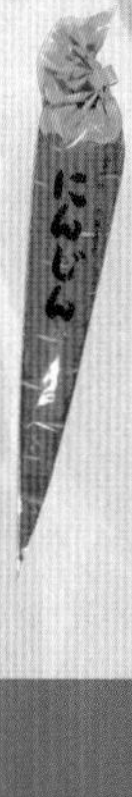

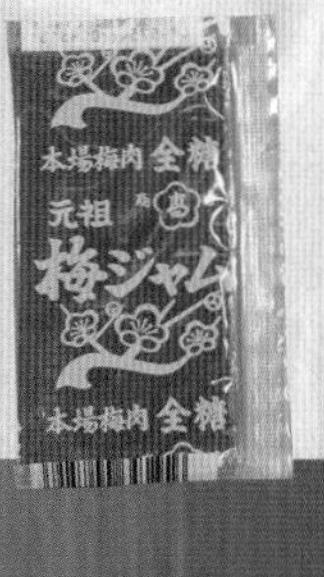

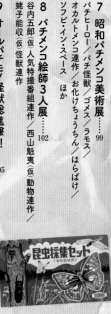

Chapter 4――雑貨・その他

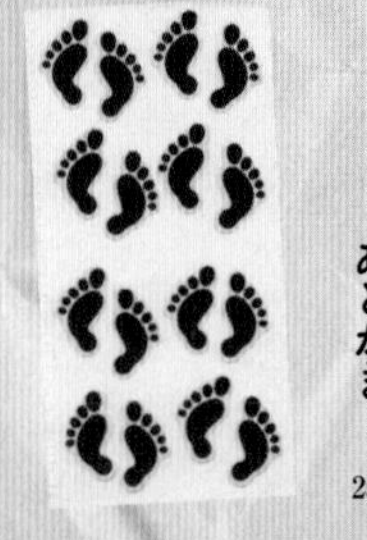

Chapter 5――絶版プラモ

Chapter 1

おもちゃ

私が幼少時代を過ごした頃は、経済成長で豊かになり、町中に元気な子どもの声が響いていました。当時の日本は、おもちゃに溢れた子どもたちのパラダイスでした。駄菓子屋で5円で買えたメンコやカード、台紙からはがせばすぐに遊べたチープトイ、大人や女の子を驚かすために集めたゲテモノ、月刊誌の組み立てふろく、みんなでワイワイ騒ぎながらやったゲーム、誕生日やクリスマスに買ってもらった、とびきりのおもちゃ…それらは嬉しいときも悲しいときも寄り添ってくれた、かけがえのない友達でした。不運にも出会うことができなかったものも少なくありません。あの頃出会えていたらいい友達になれたかもしれない…そんなおもちゃを是非、この章から見つけてください。

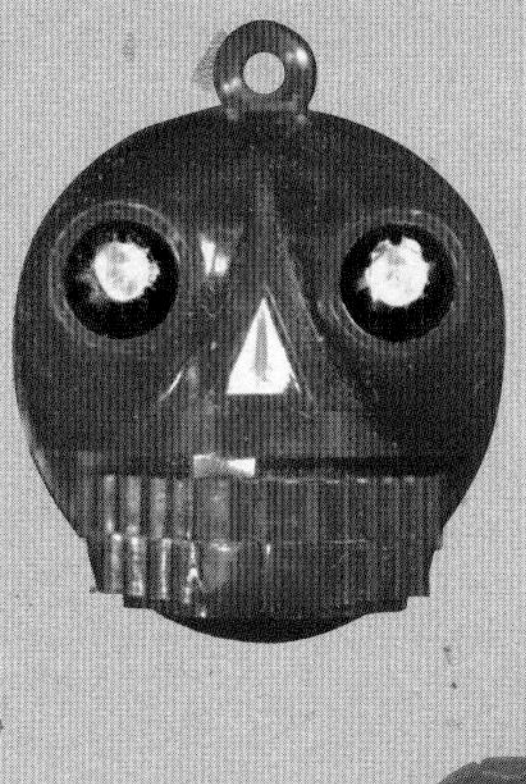

おもちゃ…section 1

昭和スーパーチープメカ秘密基地

昭和キッズはチープメカの夢を見るか?

話題を呼んだNHKの朝ドラ『花子とアン』の主人公は、本を読むことで“想像の翼”を広げ、どんな世界にも自由に行くことができた。昭和30～40年代の鼻タレ小僧たちは、駄菓子屋で買ったチープなメカトイで、遊びながら“想像の翼”を広げた。そう、楽しむために高価なおもちゃはいらないのだ! 子どもたちには本来、豊かな想像力が備わっているのだから…。駄菓子屋育ちの読者たちよ、そんな力があったことを思い出し、しばし子ども時代へタイムスリップ!

傑作チープメカ

チープでええねん!!

気絶するほどカッコイイ

透明宇宙探検車

摩擦力で「はずみ車」を回し、その慣性で走るバイクの駄玩具を、透明にするだけでSFメカに変貌させるマジック。台紙の絵も素晴らしい!

タカラの「変身サイボーグ」がヒットした昭和47年頃のものか?

ハート、わしづかみ!

恐竜ネッシー

どうみても『大空魔竜ガイキング』のパチ駄玩具だが、オカルトブームだったこともあり、なぜか「ネッシー」というネーミングに?

台座に仕掛けられたゴム動力によって、ネッシーが飛び出す。

変身!! ロボ

50種類に変身!?

おお、いろいろな個所が動く! 大人でも小一時間は遊べるぞ。

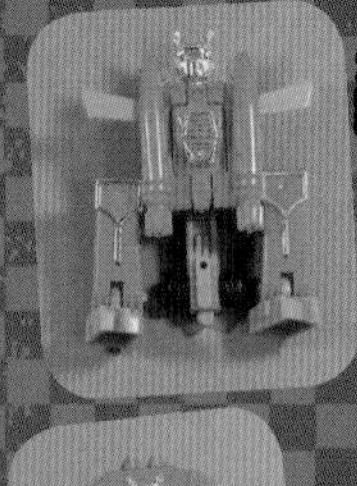

格好は重要ではない。変形するということが大切なのだ(笑)。

車輪も内蔵しており、ロボットから車型にも変身できるのだ。

驚いたことに、車輪には板バネのサスペンションまで付いている。

『伝説巨神イデオン』に似ているので、昭和55年頃の駄玩具か? 7㎝のボディーに可動ギミックを満載しており、メーカー名無表記ながらかなりの野心作。

戦闘メカ怪獣

『ゾイド』もどきか!?

メカと恐竜が合体した駄玩具。頭と尻尾は、半回転させると違った模様になる。電動でなくとも、ちょっとした工夫で遊びが何倍も楽しくなるのだ。

トミーの「ゾイド」を買ってもらえなかった子どもが、これで遊んだのだろう。

チープメカ隊、発進!!

フライングジャック号

塗料や接着剤が不要なので手軽に遊べる。

パーツがパズルのようになっていて、分解、組み立てが自在に楽しめる。しかも、ゴム動力により、水上を走らせることができる。

スーパーロボット

どんな能力を持ったロボットなのか？それは自分で考えて遊べばよい。

両腕にスプリングが仕込まれており、ロケットパンチを繰り出す。２種類のアタッチメントが付属。ネーミングはいたってシンプルだが、デザインは微妙。

ミサイルコスモス基地

当時はプラモ『サンダーバード秘密基地』や超合金『グレートマジンガー基地』が、子どもたちの羨望の的だった。その数十分の一の値段で買えた基地の駄玩具。要は気分です！

一応、スプリング仕掛けでロボ（？）が飛び出します…。

宇宙カー スパークル号

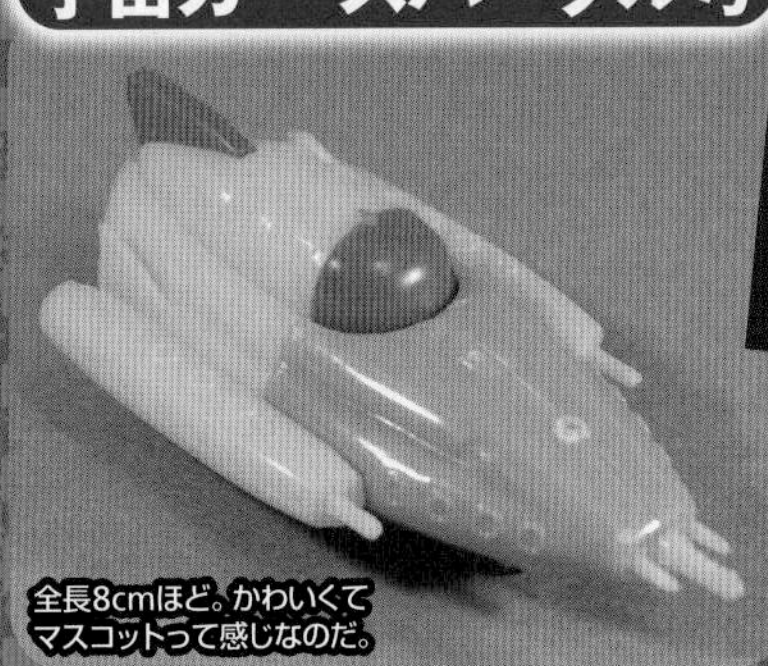

全長8cmほど。かわいくてマスコットって感じなのだ。

これもパズル式駄玩具。洗練されたデザインはマルイのプラモデルからのパクリ。プラスチックの光沢とカラーリングがいいんだよなぁ。

チープメカに夢を乗せて!!

チープモグラス

緑商会の人気プラモ『モグラスシリーズ』のパチもの。本物よりカラフルで、作る手間もかからない。

宇宙パトロール スパイダー

ゴム動力で走る円盤メカ。プラモと違って駄菓子屋で買うなり、すぐに遊べるというのは魅力だ。

ライダーガン

このヒーローは銃を使わないハズだが…そんなことはお構いなし。駄玩具業界は自由奔放だ。

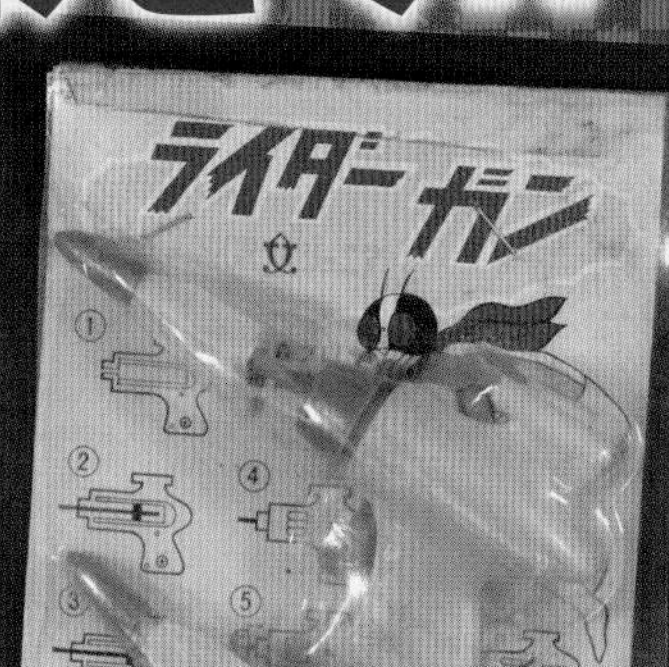

宇宙カー

はめ込み式のチープなプラモデル。SF特撮人形劇『キャプテン・スカーレット』のメカにそっくりだ。

ダンガンロボ

ズバットカー

昭和50年代に『超合金』で遊べたのはお金持ちだけ。貧乏人はこんなので我慢、我慢。

人気ヒーローの名前を勝手に拝借してしまうことは、よくあること。クジの景品。

グリコのおまけ軍団

童心に帰るな～

最もチープにして、最強!!

グリコのおまけは誰もが通る道だ。画像は1980年代中期頃のもの。小さくてもカラフルでデザインがとても楽しい。

昆虫の顔とハサミを持ったユニークなロボット。

手がドリルと鉄球になっているロボットだが、見かけ倒しで弱そう…。

6本脚の宇宙ビーグル。ボディーは透明だ。

おせち料理に入ってる、赤い渦巻き状の食品のようだ。

レーザー光線とミサイルを搭載した宇宙探検車。

ロケット型の宇宙艇。コクピットは透明パーツ。

駄菓子屋でチープラ!!

プラモは100円以下で!

秘密武器2 ターゲットパンチ

下半身の上に武器が乗っただけのシュールなプラモ。P227を参照。

なんだ、コリヤ～!?

ニューキングスモック

宇宙人にスモッグを吐きつけて殺す。 姉妹品の完成品はP241で。

ミニ・ロボット3点入

ロボットのプラモが3つ入って、たった50円。P238を参照。

当てモノ景品プラモ

クジで当たる、箱の幅12cmの小さなプラモデル。

中身は見ない方がいい…チープなジープ。

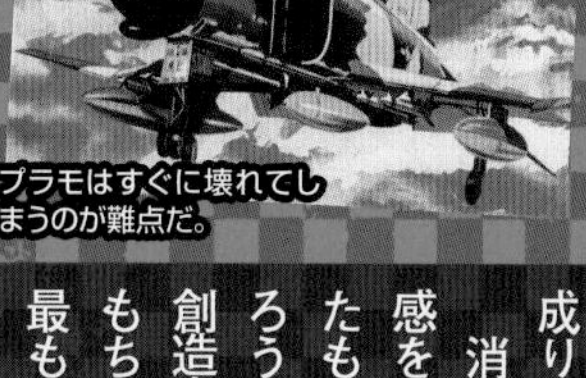

プラモはすぐに壊れてしまうのが難点だ。

カバヤ『ビッグワンガム』の元祖かも。

マイティジェット1号

駄菓子屋売りのチーププラモに夢中になった。

マイティジェット4号

ゴム動力は50円プラモの定番ギミックなのだ。

ダンガーウルフ

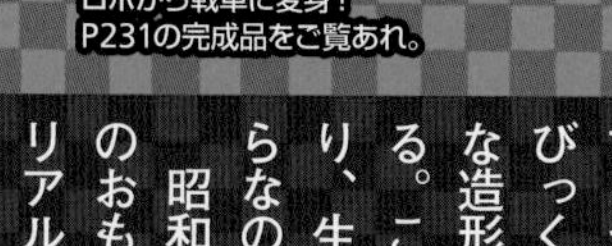

ロボから戦車に変身！P231の完成品をご覧あれ。

〈変身あそびが楽しめる四次元ロボット〉と箱に書かれている。

チープメカの魅力は限りない想像の世界

最近の子どもたちが遊ぶおもちゃといえば、テレビの人気ヒーロー番組に登場するメカそのものといっても過言ではない、音や光の出るハイテク玩具だ。本来、チープさがウリだったカプセル玩具も、びっくりするほど進化して、巧みな造形や細かい塗装が施されている。これらは玩具業界の努力により、生産システムが洗練されたからなのだろう。

昭和の経済発展途上期、子どものおもちゃといえば、お菓子やシリアル食品などのおまけや、駄菓子屋で10～20円で売っていた、チープ極まりない駄玩具がメインだった。音などは出なくても、自分で真似ればいい。それで十分だったのだ。しかし、時代につれておもちゃがどんどん進化し、リアルなものになっていくと、チープトイは単なるカッコ悪いおもちゃに成り下がってしまった。

消費者はお金と引き換えに満足感を得たが、同時に失ってしまったものも大きかったのではないだろうか？ それは〝想像する力〟だ。創造力や妄想力といってもいい。おもちゃ遊びをする子どもにとって、最も大切なものだと思うのだが…。

おもちゃ…section 2

完成品 見よ!昭和駄玩具の底力!! チープおもちゃEXPO

豪華なおもちゃを買ってもらえるのはクリスマスか誕生日だけ…経済復興を遂げたとはいえ、まだ子どもの小遣いは厳しかった昭和30〜40年代頃、普段使いのおもちゃは安価なプラモデルか駄菓子屋売りのチープトイだった。自分で作らなければならないプラモに比べ、中が見えるように台紙にくくり付けて売られていたチープトイは、買ってすぐに遊べるのが最大の利点。しかも、カラフルに多色成形され、動力まで付いていた。チープトイこそは駄菓子屋の「華」だった。

海賊船キングシャーク

テレビアニメや映画になっていないノンキャラものだが、素晴らしいネーミングと台紙絵で、実に説得力のある商品となっている。

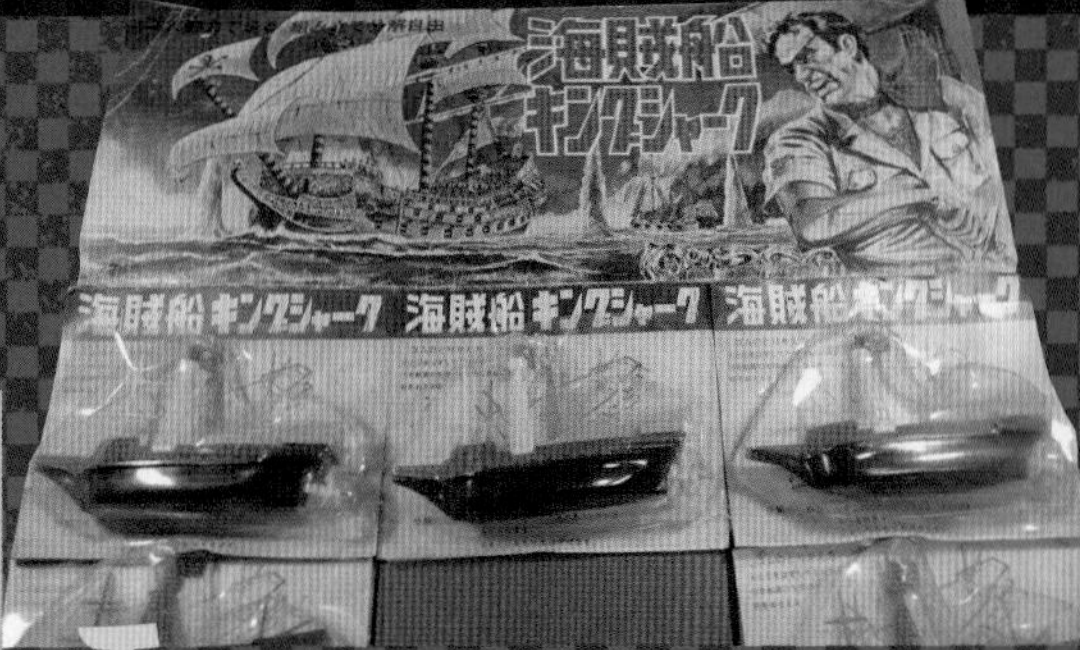

パーツが4色で成形されており、色の組み合わせで全3種ある。ゴム動力で水上を推進する。

マストなどの細かいパーツや海賊旗まで付いて雰囲気バツグン。これはチープトイとは呼べない。

確かな手応え!

このような台紙と透明のケースに、ホチキスでとめられ売られていた。中身が見える良心的商品だ。

ウルトラ基地&スペクトルマン基地

駄玩具だからこそ実現できた2大ヒーローの競演。悪気をおくびにも出さないコラボに拍手!

なんとも味わい深い絵だが、これで「基地」と言っていいのか?

2大ヒーローの姿と文字だけ書かれたシンプルな台紙絵。

ヒーローを発射台から飛ばすだけ。このチープさが駄玩具の真骨頂だ。

キャノンタンク

ゴム動力による走行、ミサイル発射、砲台可動、ハッチ開閉、組み立て分解自由の優れもの。

小さな町工場生まれだよ!!

多色プラによるパーツ構成、接着剤のいらない組み立て法は、ガンプラに先立つものだ。

ギミック満載!

同サイズのスケールモデルに劣らない精密さ。メーカーの努力に感謝!

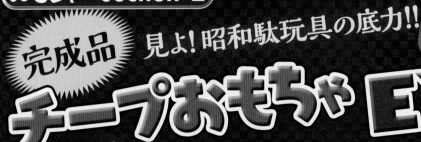

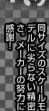

SFメカコーナー

グレートシップ戦艦大和

『宇宙戦艦ヤマト』ブーム時のパチ。名前は『グレートマジンガー』からか？ 艦首からは波動砲ではなくミサイル発射！

さらば〜地球よ〜

なんと！『宇宙戦艦ヤマト』のポスター絵のようにパースがついた造形なのだ。

後部の翼はワンタッチで開閉可能。こういうギミックでグンと気分が盛り上がる。

ゴム動力による水上走行、ミサイル発射、メッキパーツなど、まさにグレート！

あのときの駄菓子屋にGO BACK

ジェットボート ネッシー1号

『ネッシー』というネーミングは、UMAブームに当て込んだものか？ いかにも速そうな説得力のあるデザインだ。

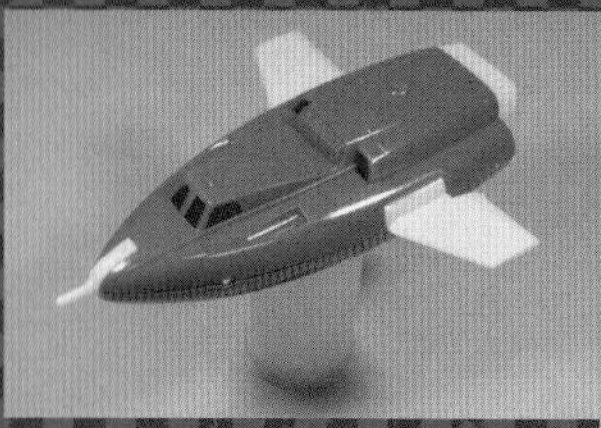

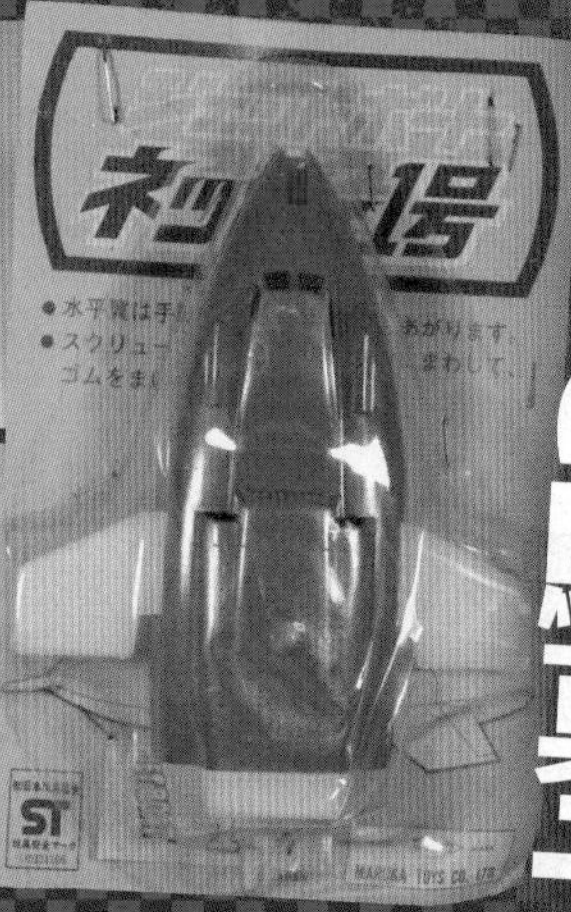

ゴム動力で水上走行するほか、水平翼が手動で上下に可変。

宇宙ミサイル戦車

緑商会が昭和42年に発売したプラモデル『バンガード』にそっくり。50円で買えたらもう、これで十分でしょ！

マンガヨット

登場キャラクターはすべて1970年代初頭の特撮番組のキャラクター。『特撮ヨット』のほうがよかったのでは？

プラスチック製の本体にスチロール製の甲板、そして紙製の帆。ゴム動力で走行する。帆を濡らさずに遊ぶのは大変そうだ。

スパークル号

レトロ感のある流線形がイカすが、マルイのSFプラモデルのパクリっぽい。パズルのように組み立て分解可能。

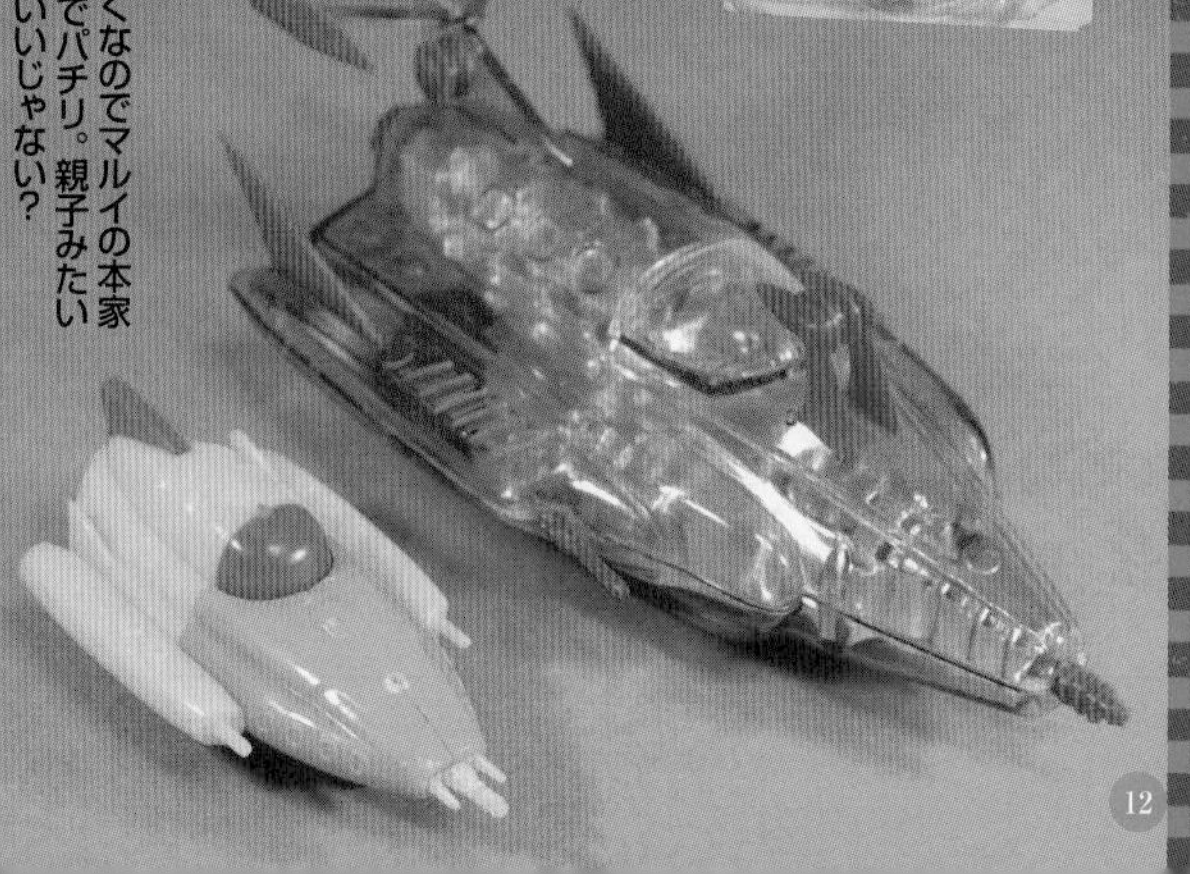

せっかくなのでマルイの本家と並んでパチリ。親子みたいでかわいいじゃない？

アポロ・ロボット

今井科学のプラモデル『パトロールロボット』（昭和39年）にそっくりだが、子どもたちが小遣いで買えたのはこちらだった。

アポロブーム時のものか？ このぶっとんだセンス・オブ・ワンダーこそ駄玩具にしかないものだ。

レトロかわいい！

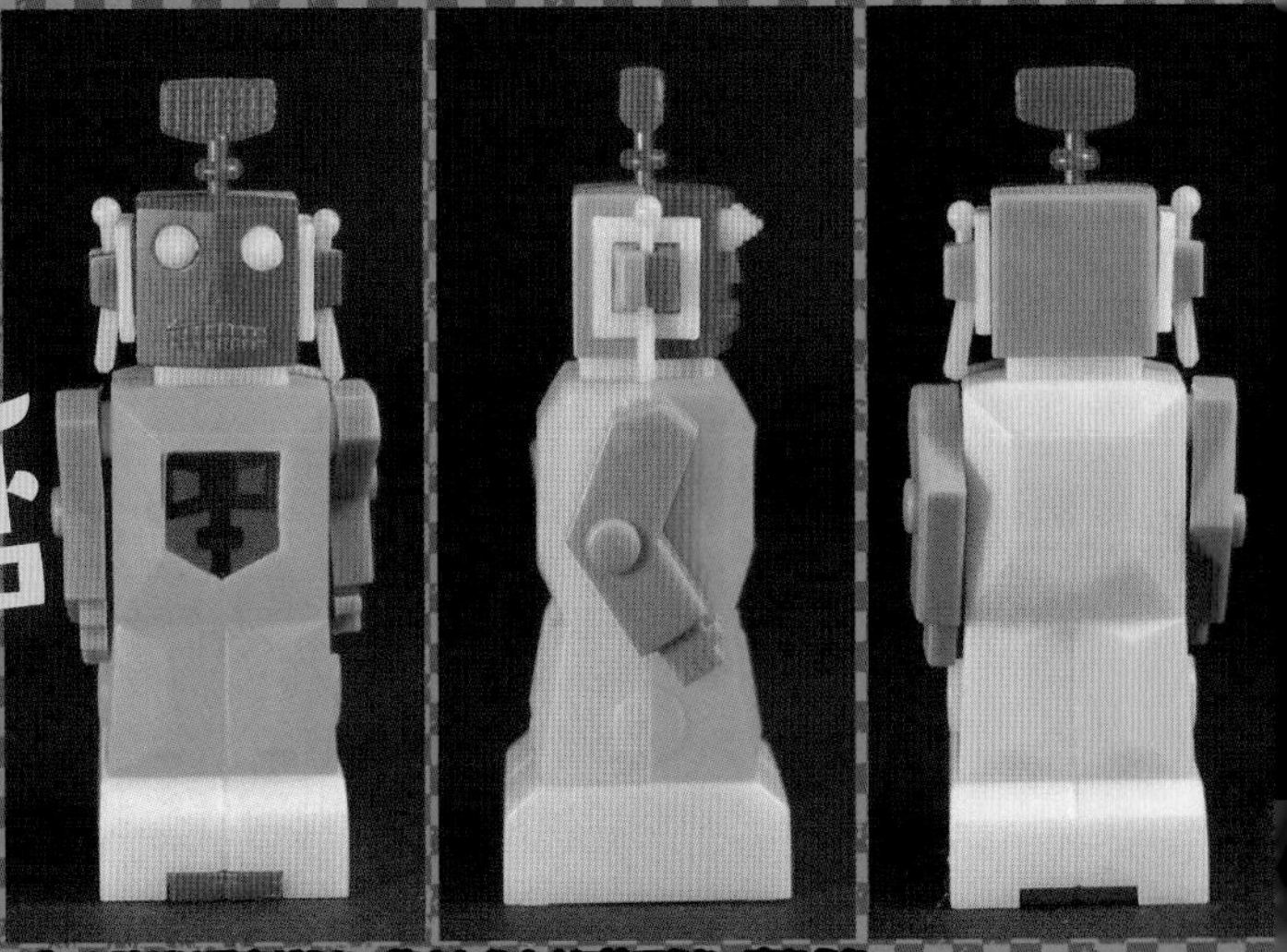

ブーム時だけ重宝がられ、飽きたらすぐに捨てられ、忘れられていく運命のチープトイ。そのはかなさがいいんだな。

外輪船

1803年にロバート・フルトンが実用化に成功した蒸気船。駄玩具としてはなんともマニアックなチョイスですな。

シブさに泣ける!!

本体が見えるからプラモと違ってごまかしがきかない。見た目のインパクトが大事。

P11の「海賊船キングシャーク」に比べると、台紙絵は実に落ちついた感じ。

1個1個、町工場のおじさん、おばさんが作っていたかと思うと、ありがたくて涙が出る。

ゴム動力によって、この水車のようなパーツが回転して進む。

安い！買ってすぐ遊べる!!

プロペラ船 ウルトラ号

夏の水場遊びに欠かせないのが船や潜水艦のおもちゃ。ラジコンのモーターボートが欲しかったけど僕らは50円のゴム動力で我慢。

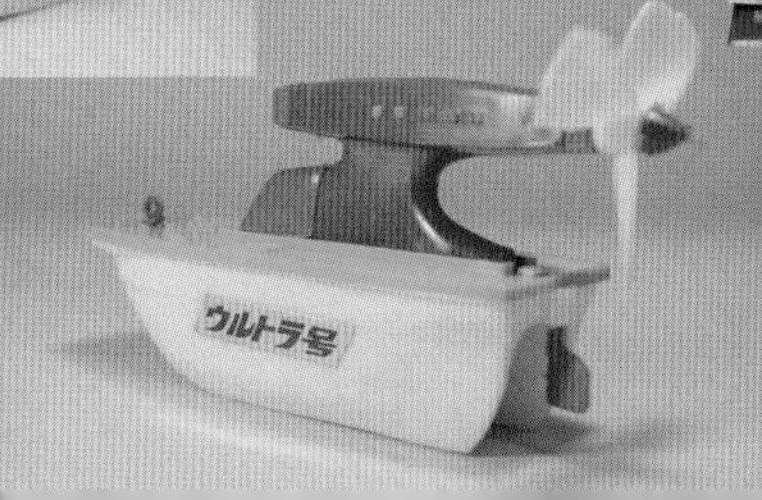

ゴム動力バンザイ!!

駄玩具では珍しいプロペラ回転の風力で進む船。 名前から察するに第一次怪獣ブームの1966年頃のものか。シンプルでカッコイイ。

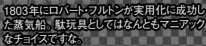

おもちゃ…section 3

怪獣消しゴム以前の懐かしい 怪獣おもちゃ番外地

怪獣ブームを検証する雑誌の特集などで紹介されるおもちゃは、たいていソフビやプラモデルなど、当時はおいそれと親から買ってもらえなかったものばかり。確かにそれらは憧れの商品だったが、幼少時に最も親しんだ怪獣玩具といえば、駄菓子屋で10円～50円で売られていたチープな怪獣だ！ 壊れたりなくしたりしても、また買うことができた。砂場やお風呂でいつも一緒に遊んでくれたおもちゃこそが、真の友達だった…今ここに友情が復活！

リモコン怪獣プラモ（マルサン）のパチトイ

昭和41年頃の怪獣少年たちが憧れたマルサンの電動歩行怪獣に、そっくりの駄玩具が存在した。発売時期や値段など詳細は不明だが、実物をそのまま縮小コピーしたような精巧さ。プラモを買えない子どもたちをさぞ満足させただろう。

驚愕のハイクオリティー

どの角度から見ても本家ソックリ。見えないところは徹底して肉抜きしている。

怪獣（乙）

全長は怪獣（甲）ともに75㎜ほど。塩ビ製で手と足がプラモ同様に動く。

怪獣（甲）

マルサンのプラモやソフビそのまま。当時の子どもに最も馴染み深い怪獣だ。

彫刻は本家とまったく変わらないほど細かい。

背びれの形状や数も本家とまったく一緒なのだ。

怪獣フィギュアの原点!!

何度も再販されてお菓子の景品にもなったので、記憶にある人も多いはず。

怪獣射的セット

第二次怪獣ブーム時の駄玩具。タコの怪獣と古代怪獣のチープな塩ビ製人形と通信バッジ、先が吸盤の矢を飛ばす拳銃のセット。

セット売りで子どもが親にねだるにはちょうどよい価格だったのでは？

ワンパーツで抜かれているので、タコの怪獣はちょっと無理のある形状。

超チープな塩ビ怪獣

原型師の腕のよさを感じさせる、程よいディテールと安定感のある造形。

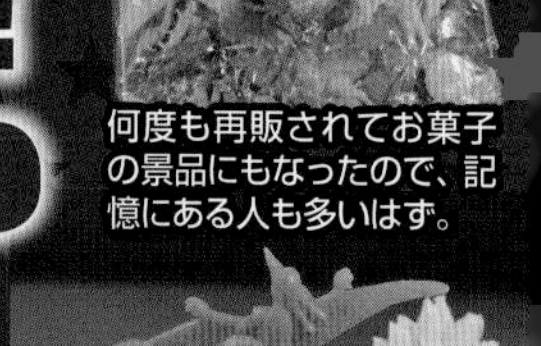

カラフルな成形色は駄菓子屋で子どもたちの目を引いた。

駄菓子屋で売られていた小さな塩ビ製の人形。3個入って10円。恐竜に混じって怪獣はまだたったの一体だけ。そんな時代の商品だ。

名も無きオリジナル怪獣の咆哮を聞けっ!!

原始怪獣 ステギラス

脚の代わりに付いた大きな車輪が回転すると、背中の背びれも回転するギミックが楽しい。ネーミングはステゴザウルスから?

チープな駄おもちゃにもかかわらず、目と口が手塗りで彩色されているのがうれしい。

原始人と戦う台紙絵も素晴らしい。怪獣というより恐竜のイメージ。

怪鳥の王者 ラドゴン

部屋に糸を張って飾れば、ちょっとしたインテリアに!?

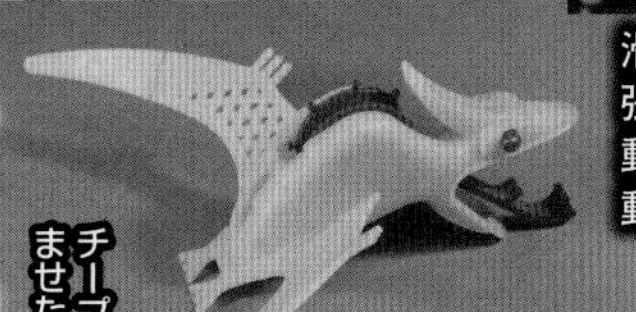

滑車が内蔵されていて、空中に張った糸を舌を動かしながら移動する。この頃は格好よりまずは動くことが重要だった。

チープながらも、子どもたちを楽しませたいという熱意が伝わってくる。

台紙絵のイメージはゴメス対ラドンだが、姿はプテラノドンの影響大だ。

怪獣仮面

安価なお面のおもちゃはこの頃の定番だった。月刊漫画雑誌ふろくにもよくお面が付いた。

パチものながら、怪獣の特徴をうまくとらえた素晴らしいデザイン。

大怪獣シリーズ

全長12cmほどで、トゲトゲの付いたトカゲをつぶしたような、思わず目を疑う造形。とても怪獣とは思えないその姿から哀感が漂う。

怪獣は1種類で4色から選べるが、まったく売れなかったんじゃないかな…。

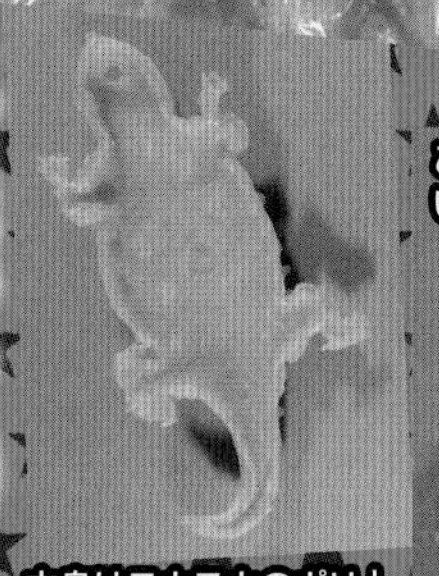

こんなヒドイものが堂々と流通していたこと自体が奇跡だと思う。

中身はスカスカのポリ人形。子どもが原型を作ったとしか思えない。

怪獣お面

紙製のチープなお面。これは絵師の個性によるのだろうが、怪獣というよりは妖怪に近い。気味が悪い怪獣というのも考えものだ。

悪意のありそうな嫌な顔つき。イボ状の皮膚も気持ち悪い。

表情が人間に近いので余計に不気味な印象。売れないだろ(笑)。

爬虫類っぽくて最も怪獣らしいが、生理的に受け付けない顔。

よくとび・よくおよぐ怪獣

昔あったカエルの駄玩具のように、伸び縮みするゴムの脚にポンプで空気を送って動かすおもちゃ。陸ではとび跳ね、水中では泳ぐ。

ほのぼのとしたネーミングと脱力感満載の箱絵がたまらない味わい。

とびます、とびますっ!!

怪獣シリーズ ドル入れペンダント

中身スカスカ、モナカ怪獣!!

前後あるいは左右を貼り合わせただけの、お粗末感がいいのだ。

第一次怪獣ブーム時のプラ製駄玩具。巨大ヒーローの背中にスプリング式のコイン入れを装備。今では絶対に出せないチープ感だ。

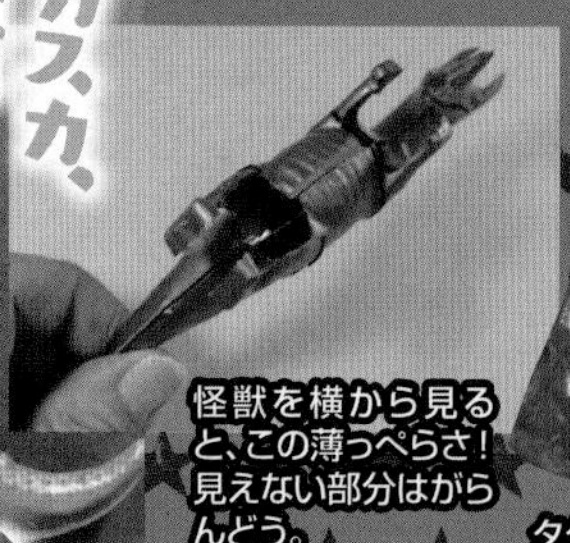

怪獣を横から見ると、この薄っぺらさ！ 見えない部分はがらんどう。

タグや台紙の絵もパチ感満載で、昭和駄玩具のムチャっぷりがうかがえる。

ジン・怪獣駄玩具伝説がここに…

怪獣ビックリTV

高度経済成長時代の3Cブームを反映した、テレビ形のビックリ箱。シールを貼り替えさえすれば、どんなブームにも対応できる賢い設計。

カラーテレビの画面にはそこそこ人気のある怪獣のお姿が…。

駄菓子屋で買えた憧れのカラーテレビ

画面をパカッと開けると中からキモい怪獣がビヨ〜〜ン!!

ウルトラtelevi pendant

カラーテレビの普及は、怪獣ブームにも大きな影響を及ぼした。テレビを模したプラ板に、怪獣のイラストを貼り付けただけのペンダント。

怪獣のメンツからすると昭和41年初頭頃の商品か。

怪獣夜光人形

いよいよ夏休み！ という頃になると駄菓子屋で売られ始めるのが、夜光塗料により暗いところでボ〜ッと光るチープな紙人形だ。

お化けの夜光人形が多かったが、怪獣ブーム時には多種の夜光怪獣が出回った。

風車ホイッスル

笛を吹くと内蔵された風車が回るおもちゃ。怪獣の絵柄や印刷の風合いがよい。とりあえず怪獣仕様にしておけば何でも売れたのだろう。

当時の人気怪獣が揃い踏み。好きな怪獣があるとうれしかったなぁ。

現代アートを意識しているはずもないが、それを彷彿とさせる色使い。

おもちゃ…section 4

嫌われモノたちへの挽歌

昭和のはらわた ゲテモノの逆襲!!

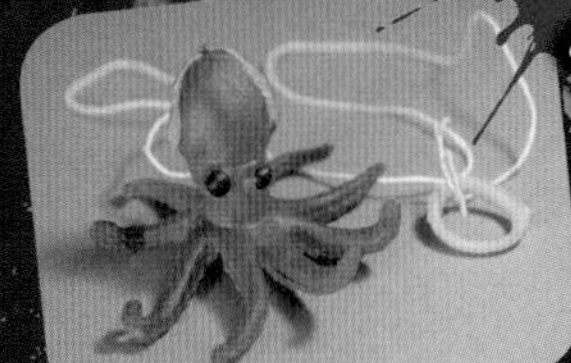

無菌、消臭、漂白…異常なまでの潔癖さを標榜する世の中となり、暗く、忌まわしいものはすべてネット世界に押し込まれてしまうようになった。高度成長期で日本があくせくしていた時代、大人たちの目が子どもにまで回らなかったのか、駄菓子屋は不気味な爬虫類や昆虫、理解不能な怪物たちで溢れ返っていた。そこは、まさに異形のモノたちのパラダイスだったのだ。フフフッ…今、その地獄の釜のふたを開こうではないか!

奇妙な生き物

これらの不気味な生物は何者なのか? 深層心理的には、世の中に対する子どもの不安や恐怖を、そのまま具現化した姿なのかもしれない。

コスモス エーリアン

この不気味な宇宙人は、「BOX機」と呼ばれたコスモスの大型自販機用に作られた。中にスライム(エイリアンの血)を入れ、ブチュッと押し出して遊ぶのだ。

輸入妖怪

香港あたりで量産されたゲテモノが日本に輸入されたもの。「妖怪」や「フニャフニャ怪獣」というネーミングだった。

WANDERING MONSTER

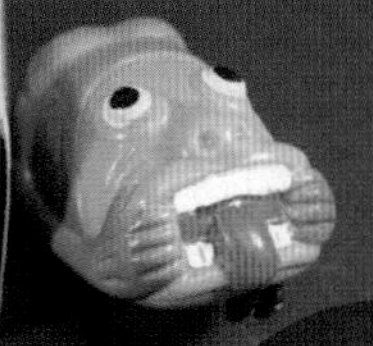

ゼンマイ動力でヒョコヒョコと歩くユーモラスな怪物。日本製だが主に海外輸出用に作られたものだろう。

俺たちゃ闇に隠れて生きるのさ!

マッドボールズ

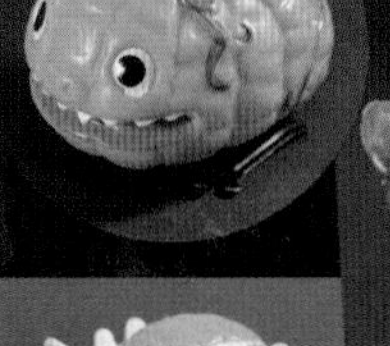

スプリング仕掛けで頭がふっ飛ぶアメリカの玩具。昭和62年にタカラが輸入販売。

ゾンビーズ

スライムを入れ、口から押し出して遊ぶおもちゃ。昭和62年にMA-BA社から発売。画像は「ガムリアン」。

元祖やで!

ポケットモンスター

もちろん任天堂の同名ゲームよりもこっちが先。「ぼくたちのアイドル」と言い切ってしまうところもスゴイ(笑)。

爬虫類・両生類

昭和の駄菓子屋には、ヘビやトカゲ、ケムシやゲジゲジなど、ゴムでできたゲテモノ玩具がよく売られていた。なんであんなに夢中になったんだろう？

ショッキング大当

巨大なゲテモノが欲しくてよくクジを引いた。なぜか何度引いても当たるのは決まって小さなヤツだったが…。

SHOCK

台紙にくっつけて売られていた樹脂製のゲテモノ。台紙の絵がほのぼのとしているのも昭和っぽい。

ショック動物

小さなゴム製のゲテモノの詰め合わせ。当時「ショック」という言葉がよほどキャッチーだったんだろうなぁ。

洗濯の前にポケットをチェックしたとき、こんなのが出てきたら母ちゃんもさぞ驚くだろう（笑）。

「ゲテモノ当」のハズレを集めたみた。10円でこんなものしかもらえなかったら、そりゃショックだよ。

人間ハナゼ我々ヲ忌ミ嫌ウノダ!?

ゴムヘビ

背中にかわいい
アマガエルを乗せたユニークな商品。

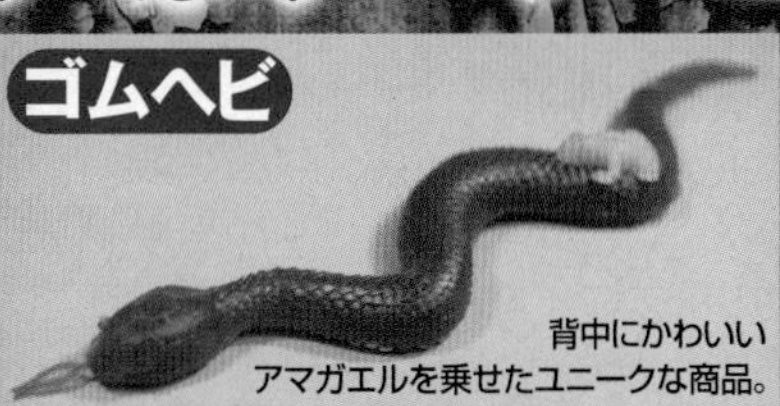

優雅なS字ラインがなんとも美しいのだ。

ラーメンと同じで
ゴムヘビも“昔ながらの”が一番だ。

恐ろしい顔だが、こんな
歯をしたヘビはいない。

ドッキリシール大当

リアルなゲテモノの絵が印刷されたシール。どこに貼って驚かせてやろうか…考えるだけでゾクゾクしちゃう。

へびのまわりどうろう

「モビール」のように糸で吊るして遊ぶおもちゃ。ヘビがとぐろを巻いた姿から連想された商品だろう。

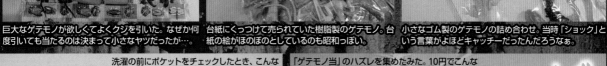

魔モノetc.

なぜ、この世に誕生してしまったのか？ 理解に苦しむグロテスクなおもちゃがある。彼らと友達になれるのも、子どもならではの特権だろう。

カクカクカクカク…

Dreadful Skull

乾いたガイコツと艶めかしい黒髪の取り合わせが、なんとも奇妙な魔モノだ。エアポンプで口がパクパクする。

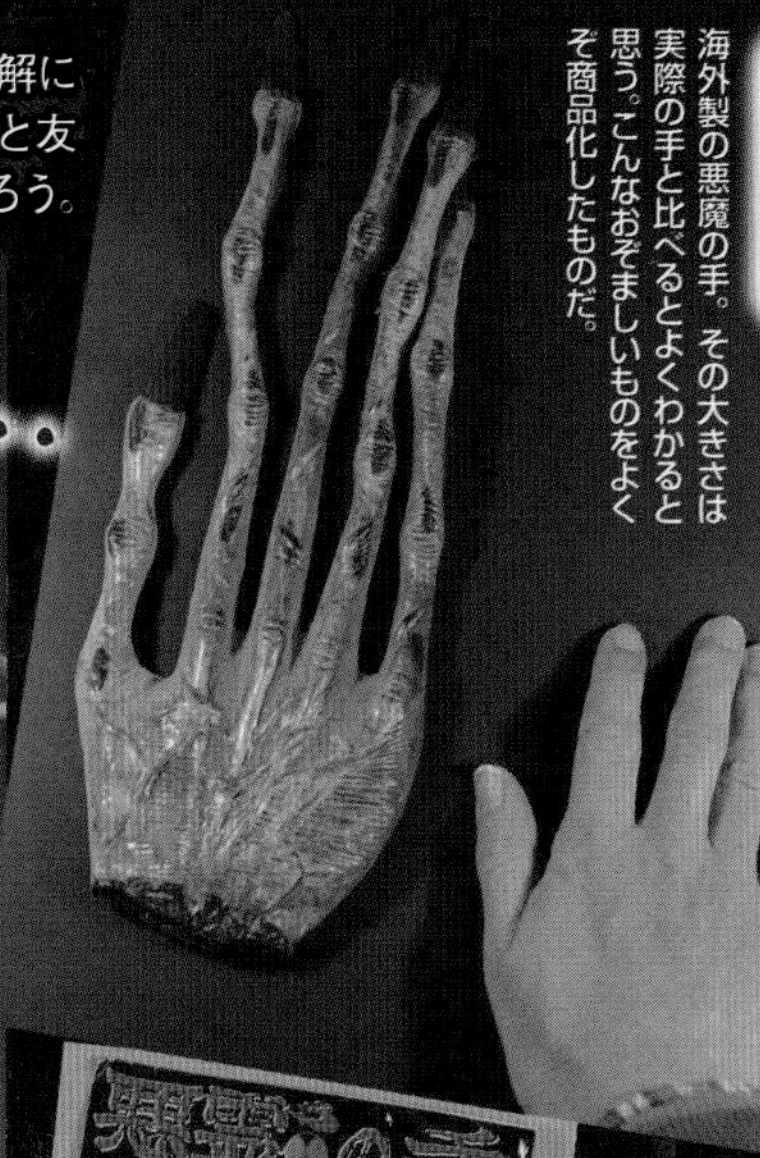

悪魔の手

海外製の悪魔の手。その大きさは実際の手と比べるとよくわかると思う。こんなおぞましいものをよくぞ商品化したものだ。

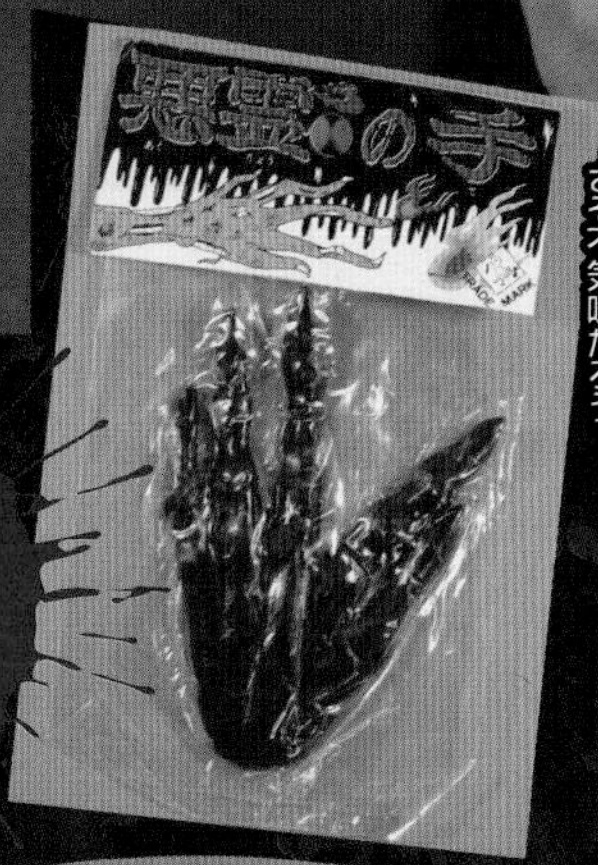

悪魔の手（小）

こちらは日本製。全長約10㎝。窓ガラスなどに投げつけると、ゆっくりとはがれ落ちてゆく。その様子はさぞ不気味だろう。

お前をゴム人形にしてやろうか!?

死にかけ人形

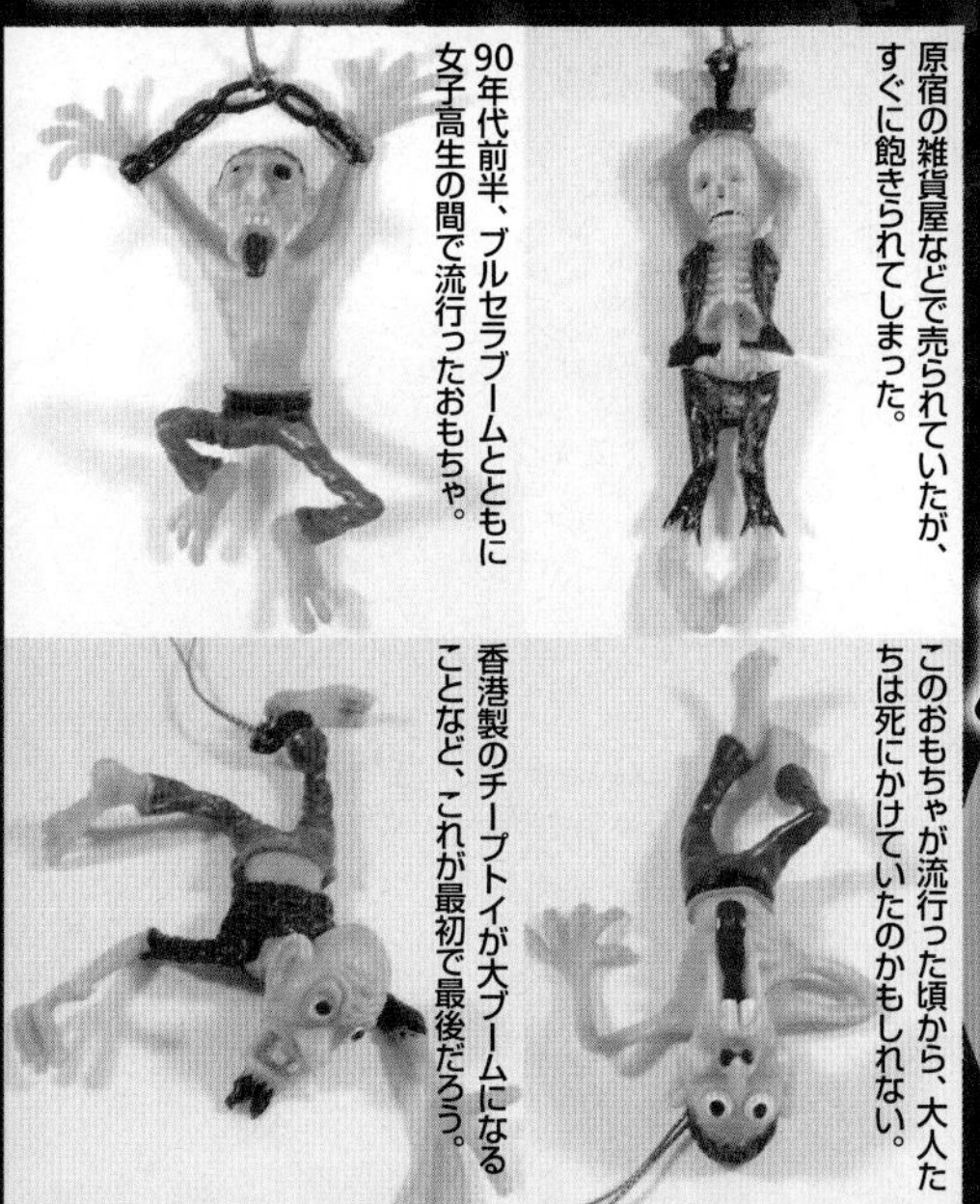

原宿の雑貨屋などで売られていたが、すぐに飽きられてしまった。

90年代前半、ブルセラブームとともに女子高生の間で流行ったおもちゃ。

このおもちゃが流行った頃から、大人たちは死にかけていたのかもしれない。

香港製のチープトイが大ブームになることなど、これが最初で最後だろう。

ケケケケッ!

もののけ王子

エアポンプで口をカタカタさせながらジャンプ。まがまがしいにも程がある。れっきとした日本製商品なのも驚き。

コウモリ

手品のテンヨーが1970年代頃に発売していた、リアルなゴム製生物シリーズのうちの一つ。細部までよくできている。

イタチ

毛が生えた哺乳類をモチーフにしたゴム人形は、大変珍しいのだが…気持ち悪いのか、かわいいのかよくわからん（笑）。

うなぎ

ジョークグッズのAICOの商品。気持ち悪いというより、なんだかかば焼きにして食べたくなってしまう（笑）。

おもちゃ…section 5

大人vs子ども 仁義なき戦い

ちびっこイタズラ大戦争

綿密な計画を立ててイタズラを実行するときのワクワク感、そしてイタズラが見事成功したときの達成感・快感ときたら…なぜ、ガキの頃、あんなにイタズラばかりしていたのだろう。児童心理学的には説明がつくのだろうが、そんなことはどうでもいい。あの頃もし、一切のイタズラを禁止されていたら頭がおかしくなっていただろう。さあ、この3ページでイタズラに使えるモノを駄菓子屋で物色していたときの高揚感を思い出してくれ!!

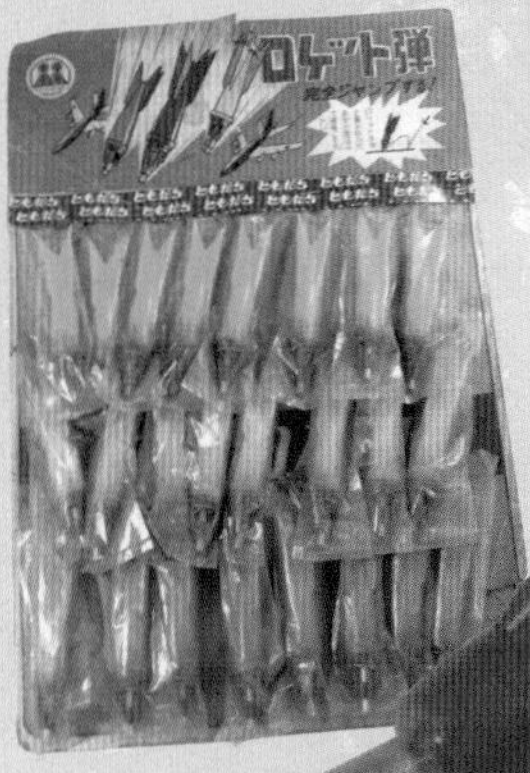

ロケット弾

上空に投げて落ちると仕込んだ火薬が「パ〜ン!!」と爆発。足元ギリギリを狙うのがコツ。

足元を狙え!!

パンチガム

ガムを抜き取ると同時にバネ仕掛けの金属棒に指を打たれ、非常に痛い。最近はゴキブリ付きのものも。

「ガム食べる?」

誰もが一度はやったハズ!!

進化するロケット弾

最初は鉛に火薬を挟んで糸で留めただけの単純なものだった。でも、頭などに当たったら痛いゾ。

やがてロケットの形に。ボディは木と紙製。頭のブリキ製金具に火薬を挟み、輪ゴムで留めて使用。

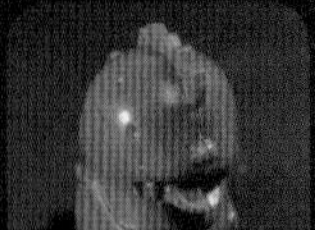

最新のガチャの怪獣型。落ちたショックでスプリング仕掛けのハンマーが落ち、火薬を打つ。

ゲテモノ

ゴム製のヘビやワニなどゲテモノは駄菓子屋の定番商品。いつもポケットに忍ばせていた。

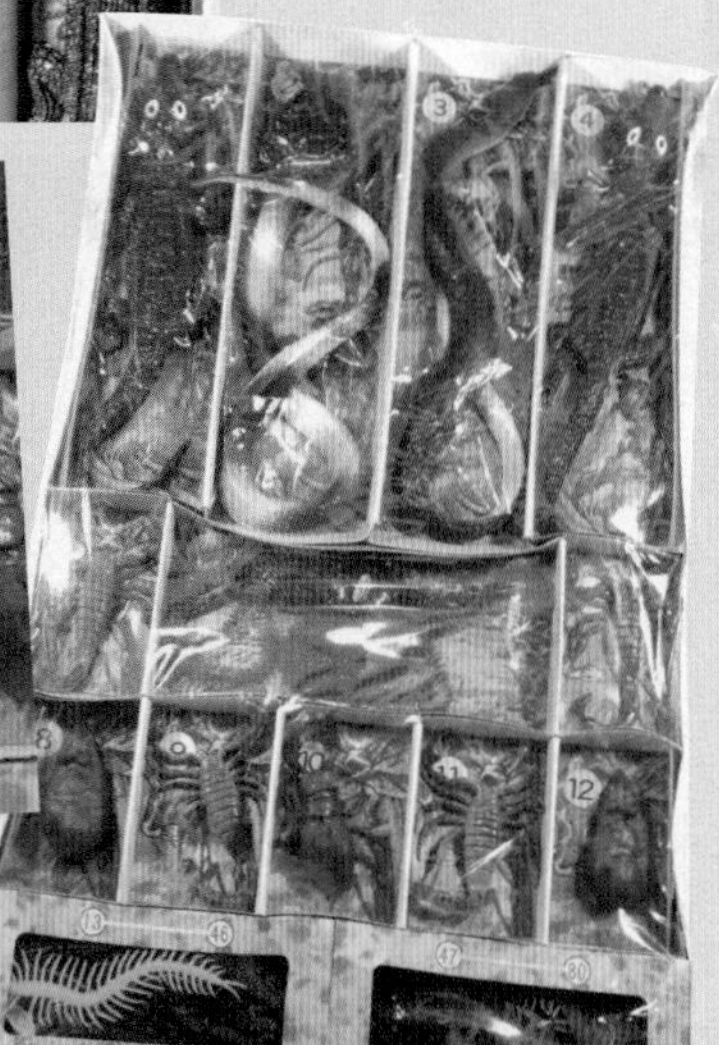

女の子に投げつけろ!!

インチキタバコ

「一服するか〜」

今でもときどきガチャ(P25参照)で見かける。粒子状の粉が入っており、吹くと煙のように見える。

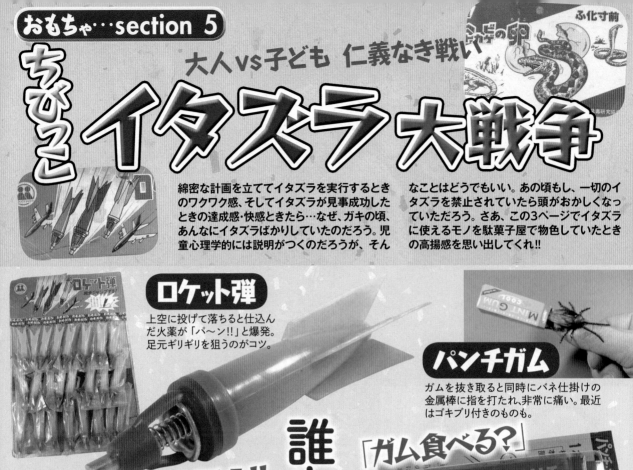

猟奇系

あの娘を「キャ〜〜ッ!!」と言わせたい!!

「ドラキュラだぞ〜!!」

変装セット

牙を入れ歯のようにつけて、ドラキュラごっこをよくした。実は好きな女のコを追い回す口実だった。

生手首・足首

これはヤバイ。あまりにリアルなので暗いところだと本物にしか見えない。

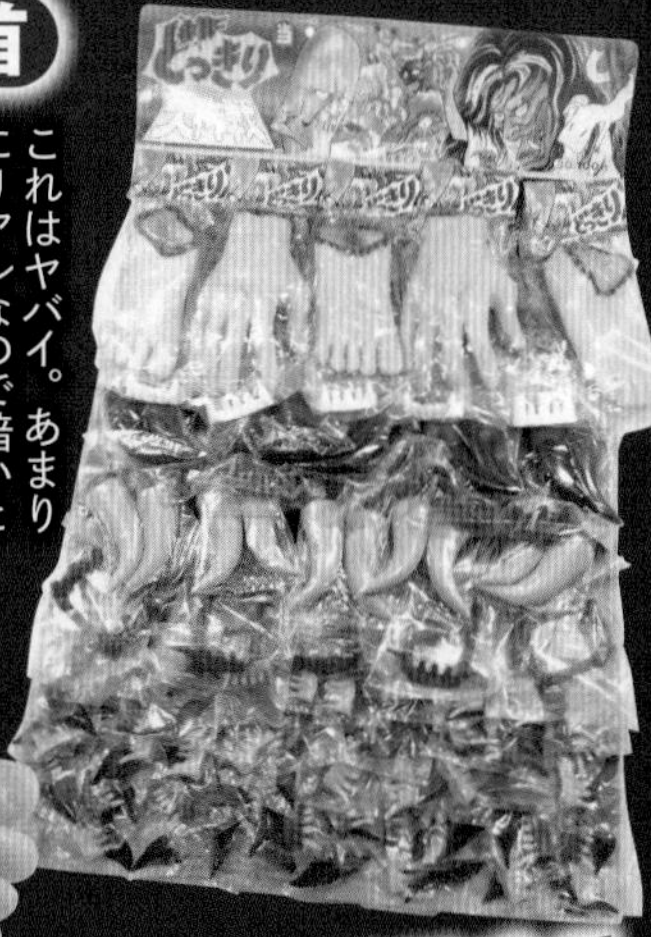

猟奇事件発生!!

ドッキリナイフ

突き刺すとスプリング仕掛けの刃が引っ込む。血のりを併用とするとよい。

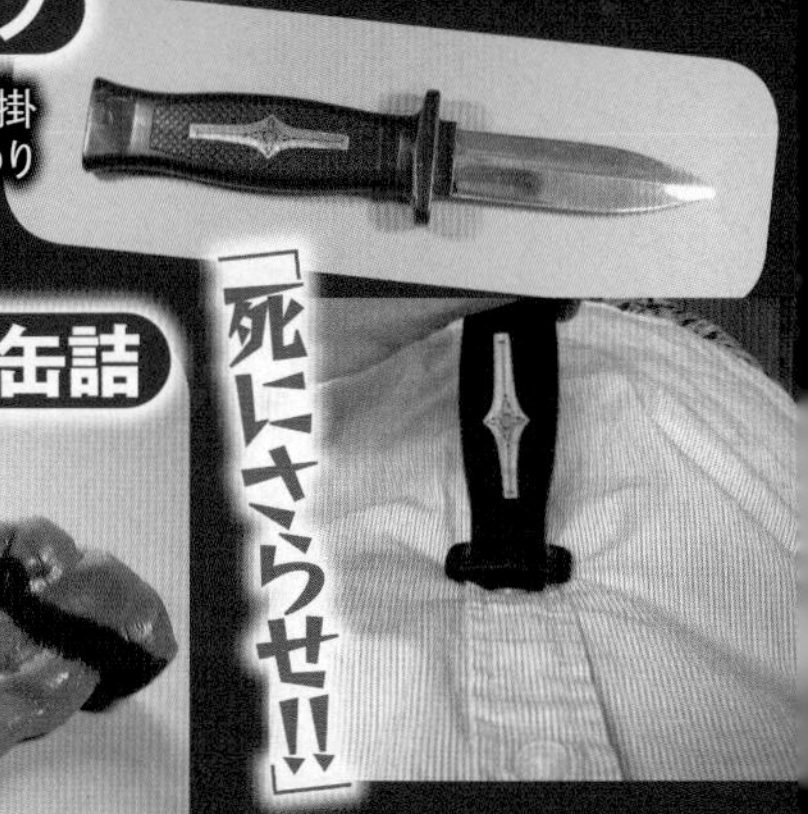

「死にさらせ!!」

干し首

泣く子も黙る

子ども向け駄玩具というより、大人向けのジョークグッズ。エアポンプで舌がピュッと飛び出すのがユニーク。

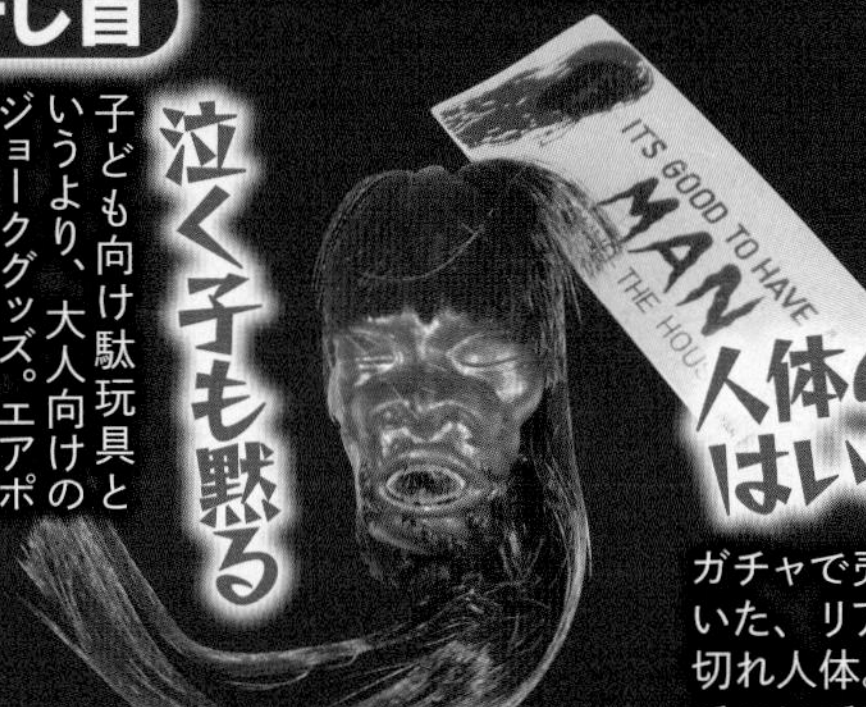

ドッキリ缶詰

人体の缶詰はいかが?

ガチャで売られていた、リアルな細切れ人体。鼻水までついているコダワリようだ。

母ちゃん、毎度驚かせてゴメン!!

キライなヤツのカバンの中へ…

ゴキブリ

料理に、本に挟んで、布団の中に…薄くて小さいのでいろいろな用途に使えた。

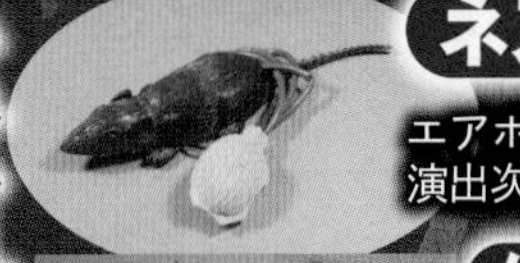

ネズミ

エアポンプでピョコピョコ動く。演出次第で絶大な効果がある。

ゲジゲジ・ハ虫類

相手の嫌いなものをリサーチしておくのがプロというものだ。

ショックシール

血のりや入れ墨、ハエなどのシールを貼るだけ。最も手軽なイラズラだ。

ウンチグッズ

毎日自分でウンチしているくせに、そんなに嫌がらなくても…ガキってウンチが好きだよな。

ウンチフんフくフん

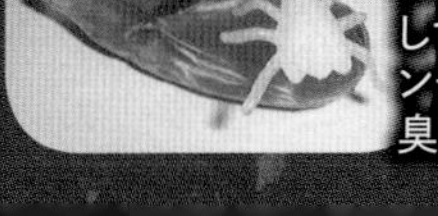

ハエつきウンチ

ガチャ製品。ハエが付属しているところがミソ。ウンチのリアルさが際立ち、臭いまで漂ってきそう。

キモワル系

毒虫標本

「袋の中には毒虫が入っているんだぜ」と渡した瞬間、袋の中でバタバタッ!!

猛毒ヘビ・トカゲの卵

「ふ化寸前の卵」というコピーが秀逸。まだ卵だからと油断させて、袋を開けた瞬間に…という寸法だ。

中身は…

袋をあけると…ギャッ!!

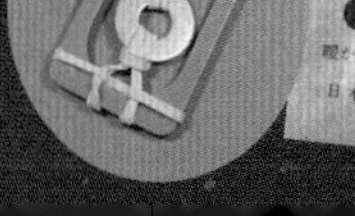

ドッキリ系

いや〜、イタズラって本当にいいもんですね!!

握手でビビッ!!

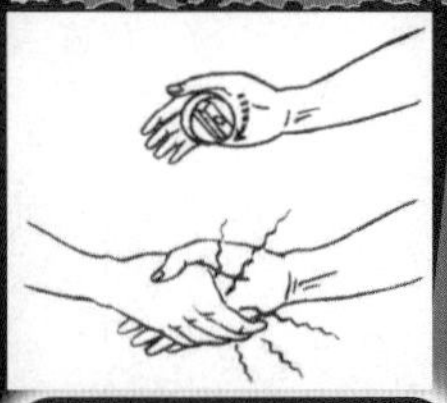

ペペショック

これを手に隠し持ち、握手をすると…ゼンマイ仕掛けでブルブル!!

ビックリカメラ

「写真を撮るよ」とレンズのほうを向かせ、フタを開けると中からスプリング状の物体がビョ〜ン!!

「ハイ、チーズ…」

ギロチン

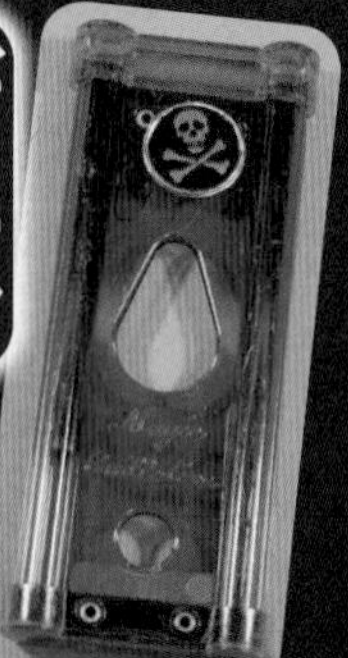

手品師が使うものと変わらない本格的なギミック。かなり驚く。

ライターもあるよ〜

踏め、踏め…スリル満点!!

地雷

火薬を仕込んで置くだけ。罠をしかけるワクワク感がたまらない。

「うわ〜っ、クッセー!!」

ブーブークッション

説明不要の定番グッズ。すまし顔の先生や優等生に仕掛ければ痛快この上なし。

コイン水でっぽう

コインと見せかけて、底面のボンプを押すと穴から水が勢いよくビュッ!!

花火コーナー

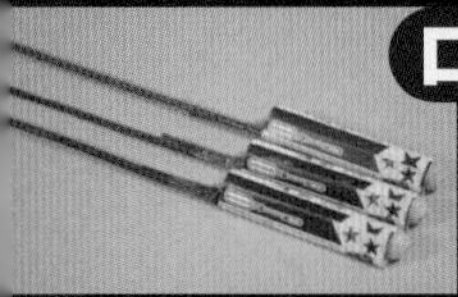

ロケット花火

本来は人けのない所に向けて飛ばすが、よく人に向けて打ち合ったものだ。

夏の夜のイタズラはコレ!!

エンマク

煙が勢いよく出るので、まるで忍者になったような気分になれた。

蛇玉

蛇のような灰がニョロニョロと出てくる不思議な花火。

人工衛星

ガメラのように回転して勢いよく上方に飛ぶ。方向が定まらず危険なので発売中止に。

イタズラの必需品!!

火薬

紙製の赤い平玉火薬からボリキャップ入りの連射火薬まで、ずいぶんと進化した。

イラズラに明け暮れた昭和のちびっこたち

昭和の子どもたちは、悪ガキか否かは問わず、よくイタズラをしたものだ。母親や友達を驚かすことに命を懸けていたといってもい い。ヤられたらヤり返す…まさに仁義なき戦いである。あの努力を勉学に向けていたら今頃はさぞかし…と嘆いても遅いが、良識ぶった相手を驚かすこと、怒らせることが、ちびっこたちの勲章だったのだ。

また、そういった体験から、していいことと、してはいけないことの「線引き」を学んだのも事実。現代では飲食店のバイトたちが悪質なイタズラをしてそれをSNSで自慢し、炎上する事件も起きたが、あれなどは子どもの頃にちゃんとイタズラをしてこなかったことの悪弊であろう。

駄菓子屋が減り、イタズラグッズが入手しづらくなっているのもよくない。子どもたちにもっとイタズラの機会を与える社会作りを我々はするべきなのだ。ノーイタズラ、ノーライフ!!

あなたはこの電波をキャッチできるか!?

ピピピピ 電波系駄玩具の宇宙

駄菓子屋が活気に溢れていた昭和40年代、そこで売られていた粗末なおもちゃは、十分な資金もない零細企業が自転車操業で作っていた。プロの絵描きなどは使わずに、すべて自前でやっていたメーカーも多かったのではないだろうか。そして、中にはひときわ怪しげな「電波」を発していたものがあった。当時、ボクらはその電波を確かにキャッチしていたが、いつの間にか携帯電話から発せられる電波にかき消されてしまった。あの懐かしい電波をもう一度！

電波は宇宙からやって来る!!

みんなで念じればUFOを呼べると信じていた昭和40〜50年代。その頃の宇宙もの駄玩具は電波系が多い?

電波系玩具大賞

子どもが描きなぐったような台紙絵。計算なのか、特殊な感性なのか？ 激しい電波に頭痛が…。

左から遊星人カボチャン、火星人ター坊、宇宙人ピカチャン。宇宙人3バカトリオで〜す！

みんなのマスコット 宇宙人

3種の奇妙な宇宙人のマスコット人形。パズルのように簡単に組立てられ、分解もできる。

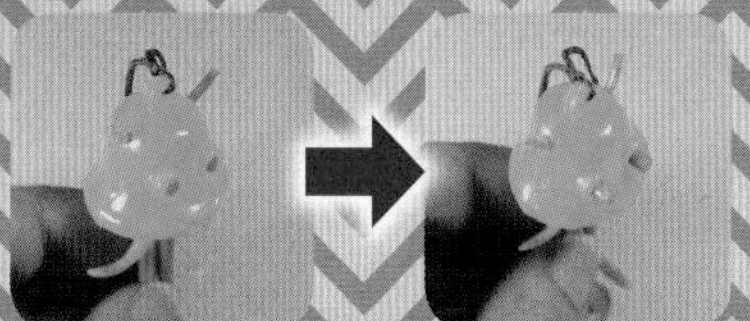

腕や角を動かすと、目玉が飛び出たり引っ込んだりするギミック。いいね〜、こういう子どもだまし！

小さな鉄球が入っていて、振るとカラカラと音が…。

このピースフルな脱力感がたまりません！

キてます、キてます

競馬ゲーム

子どもに競馬を模したゲームをさせるのもなんだが、絵のパクリ具合も凄まじい。世界の超メジャー作品も駄モノ暗黒面に陥れる凄いパワーだ。

駄菓子屋で耳に赤鉛筆をはさんだ子どもたちが「やったぜ！単勝大当たり!!」なんて叫ぶ様子が目に浮かぶ。

こちらは同様の宝くじゲーム。女性の表情から彼らの旅の前途多難さを予見させる。

驚異のパチフォース!!

電波なヤツらがやって来た!!

電波をキャッチするには感受性が必要だ。昭和40年代の駄菓子屋は感性を鍛える絶好の場だった。

光る透明人間がぞくぞく…

いったい何者!?

光る透明人間…それは透明の塩ビ版に蓄光塗料を塗っただけのチープな人形だった!

「も〜れつア太郎」や水木しげるのキャラまで…こんな駄玩具を企画した電波野郎は誰だ!?

子どものおもちゃにしてはシュールすぎるだろ!

これはセンスの問題ではない。電波のなせるワザ。

コミックアイ

昭和40年代の香港製チープトイを、台紙に貼り付けて販売していたもの。いわば香港からの電波。

口を開けると目とベロが同時に飛び出す優れもの。

傾きを変えるとまぶたがパチッと開く。不気味だ。

レトロな味わいだが、今でいう"キモカワ"なヤツら。

すべて目が動く!

BIGウルトラ

ウルトラキャラに勝手に手を加えた電波なブロマイド。

無残な姿に変わり果てたヒーロー。背景もひどい。

シュールなヒーロー

偽者設定でもこんなヒーローはいやだ。

敵役宇宙人もとんでもないことに…。

聞こえますか…あなたの心に直接…呼びかけています

お医者さんあそび

風邪薬『コルゲンコーワ』のカエルのCMキャラクターにあやかったものか?

嫌がる子どもを診療台に無理矢理押さえ付ける看護師、そして注射器を持ってニヤついているヒゲを生やしたカエルの医者。なんともシュールな台紙絵だ。

中身は一体成形のチープな注射器、薬袋、保険者証、金属製のピンセット、そして銀紙貼りの厚紙製のメス。

目がイッちゃってるヤツら!!

目は口ほどにものをいう…というわけで、電波系玩具にはヤバイ目をしたヤツらが多いのだ。

完全にキメてるだろ!?!!

くもの巣

小さな紙テープを忍者のようにパッと投げて遊ぶ駄玩具。異様な絵としかいいようがない。

手りゅう弾!!

「ぶん投げろ!」っていわれても…あんたのようなアブなそうなヤツにいわれたくない。

サイケピーチステッカー

サイケな水転写シール。男の子か女の子かもよくわからない人物の不穏なポーズは何?

ちびっこ袋

投げやり感が満載な引き物の台紙絵。この少年はきっとどこかに頭をぶつけたに違いない。

煙のでるタバコ

底辺ガチャ界の大ロングセラー。トロ～ンとした表情のお兄ちゃんの台紙絵も不変だ。

その他のヤバイ面々

最近のおもちゃは規格化されたつまらないものばかりだが、昭和の時代はとんでもないヤツらが跋扈していた。

よくでる!おもしろいけむり

「妖怪けむり」として知られている定番駄玩具だが、このキャラクターたちのとろけ具合はすごい!

夜光ヨウカイ

ん!? よく見ると鬼太郎の首にはサスケのマフラーが。顔もサスケっぽい。

怪しい電波が漏れまくり!

ゲテモノ台紙②

ゲテモノ玩具の絵をあえてほのぼの系にすることにより不気味さが倍増。

ゲテモノ台紙①

ダウナー系の薬をキメたあとの、気だるい感じの午後って雰囲気?

おもちゃ…section 7

月に一度のお楽しみ!!

懐かしふろく玉手箱

今とは比べようがないほどゆっくりと時間が流れていた昭和の昔、子どもたちは月に一度、お気に入りの雑誌の発売日を心待ちにしていた。楽しみだったのは本誌よりも「ふろく」。たくさんのふろくが挟まってパンパンに膨らんだ雑誌を買い、家に持ち帰るときの高揚感。そして、さまざまな工夫が凝らされた紙製の組み立てふろくを作っているときの、なんと至福だったことか…貧乏な時代だったけど、ふろくのおかげで心が豊かになれた気がする。

夢をありがとう お楽しみセット

小学館の学年誌の定番だった幕の内弁当みたいなふろくセット。ゲームに読み物におもちゃ…一点一点はとてもチープだけど、ものすごくリッチな気分になったものだ。

昭和41年発行『小学一年生』4月号と、その豪華なふろくセット。

一年生おめでとうせっと

小一おもしろセット

幻灯機はふろくの定番だった。『小学一年生』昭和43年10月号。

チープで豪華!!

小一なつのおたのしみせっと

モーターボートや水着の女の子で夏気分。『小学一年生』昭和43年8月号。

小二おたのしみセット

サスケの伸び縮みする小刀など。『小学二年生』昭和43年11月号。

おしょくじせっと

ケロヨンのナプキンに紙製の食器。『めばえ』昭和43年11月号。

ひな人形etc

学年誌のふろくは季節感があった。『小学三年生』昭和41年3月号。

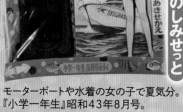

ゴム動力メカ発進!!
乗り物・メカニック

男子向けのふろくといえば、やはり乗り物やSFメカ。高価なブリキ玩具やプラモデルと違って、1週間も遊べば壊れてしまう儚いシロモノだが「なんとかして子どもたちを楽しませてやりたい」と思う設計者のいじらしさが感じられて愛しくなるのだ。

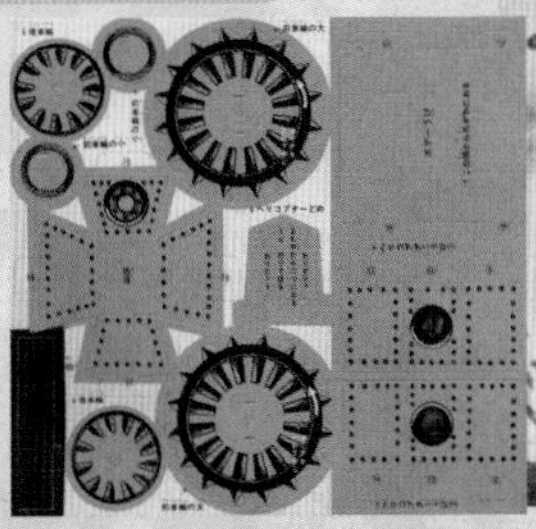

紙製で水陸両用とは恐れ入ります。
『ぼくら』(講談社)昭和40年12月号。

水陸両用戦車

ポラリス潜水艦

核弾道ミサイルを搭載した最新型の潜水艦だ。
『冒険王』(秋田書店)昭和40年9月号。

魚雷発射潜水艦

当時の子どもの度胆を抜いた出来のよさ。
『少年ブック』(集英社)昭和40年5月号。

ジェット落下傘

落下傘遊びは子どもたちに人気があった。
『ぼくら』昭和40年4月号。

きかんしゃ

すぐに遊べる組み立て済みのふろく。『幼稚園』
昭和32年2月号。

紙とは思えぬ大迫力!!

月ちゃくりくせん

空前のアポロブームに便乗。
『小学二年生』昭和44年12月号。

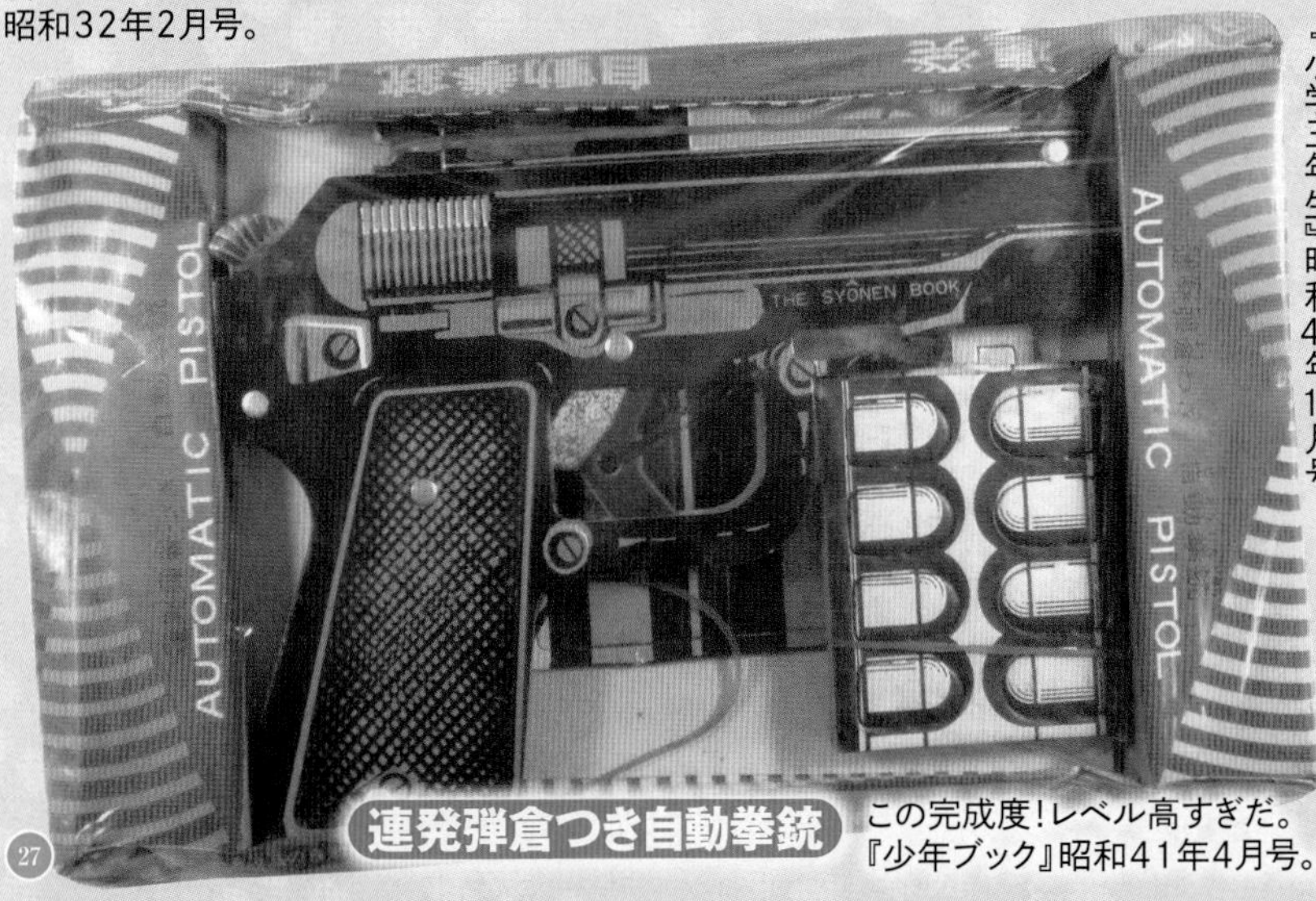

連発弾倉つき自動拳銃

この完成度!レベル高すぎだ。
『少年ブック』昭和41年4月号。

キャラもの全盛時代へ
怪獣・キャラクター

テレビが普及し、マスコミキャラクター全盛時代になると、各出版社が版権を獲得したキャラの人気がふろくの魅力を大きく左右することになった。当時大ブームとなった「怪獣」は、優良なコンテンツのひとつだ。

人気者と遊ぼう!!

©円谷プロ

まほうちょ金ばこ

お金を入れると怪獣が動きだす。『小学二年生』昭和47年9月号。

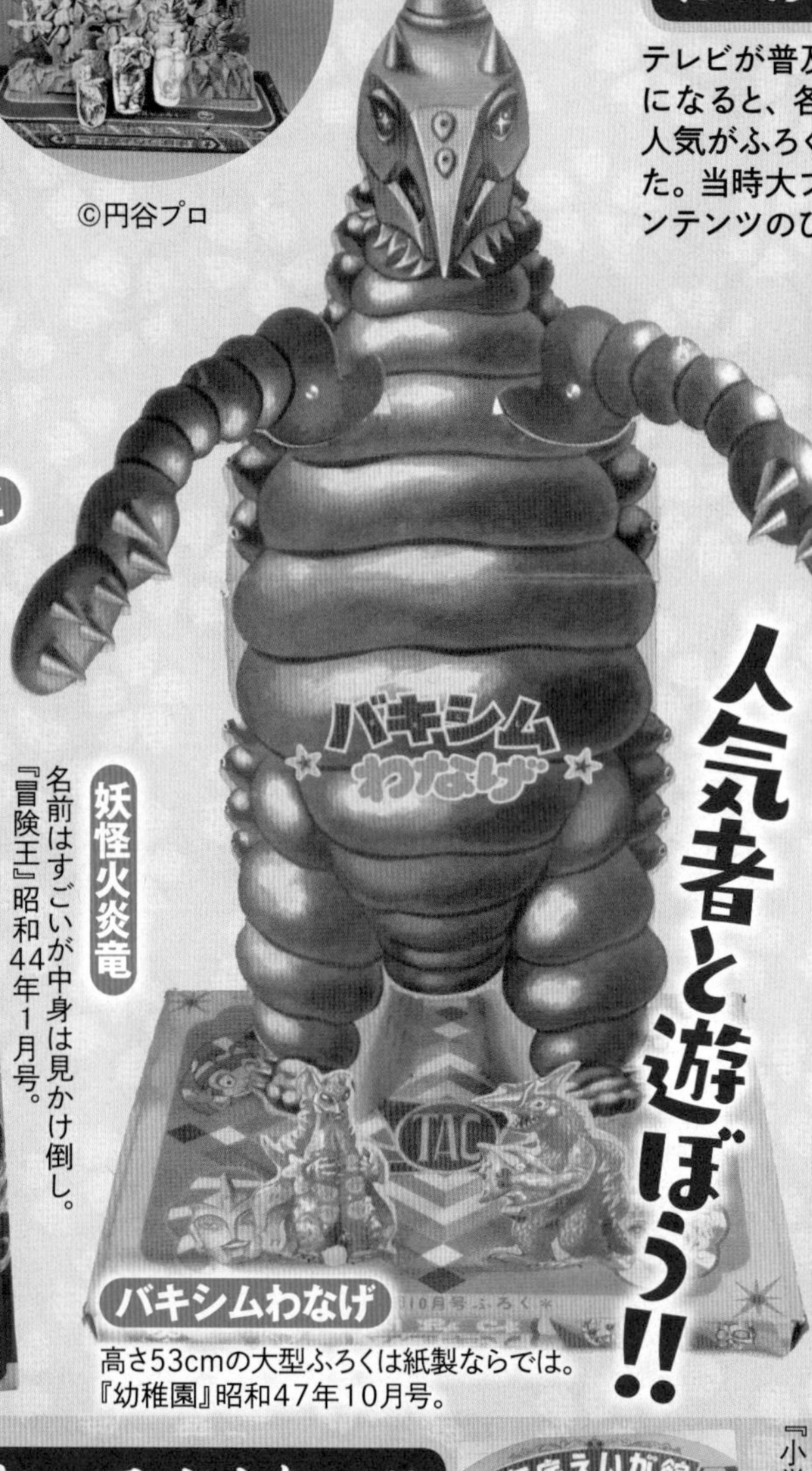

バキシムわなげ

高さ53cmの大型ふろくは紙製ならでは。『幼稚園』昭和47年10月号。

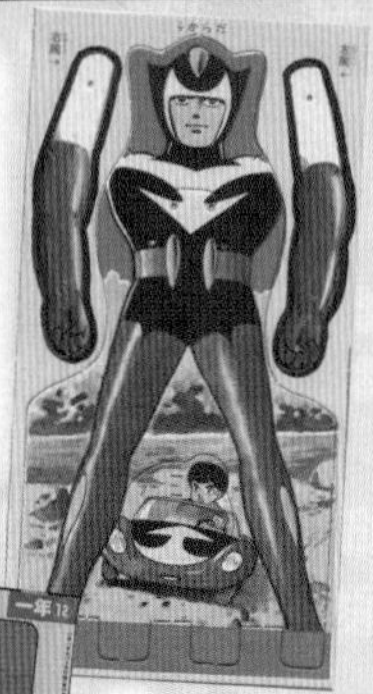

ビッグ・トーリィ

桑田次郎のSFアクション。『まんが王』（秋田書店）。昭和42年12月号。

怪物くん念力カー

藤子不二雄キャラは不滅だ。『小学一年生』昭和56年12月号。

妖怪火炎竜

名前はすごいが中身は見かけ倒し。『冒険王』昭和44年1月号。

紙で作れないモノはない!!
建築・学習etc

東京タワーなど、紙では無理があるのでは…と思うようなものを作ってしまうのが設計者の腕の見せどころ。複雑なものは父や母に手伝ってもらうことで、親子のコミュニケーションにも役立っていたのだ。

東京タワー

2002年に復刻された巨大傑作ふろく。『小学二年生』昭和43年9月号。

海底えいが館

幻灯機。ネーミングが素晴らしい。『小学三年生』昭和42年10月号。

学習地球ぎ

リングノート状でページがめくれる。『小学五年生』昭和40年6月号。

世界の家

小学館らしい学習教材ふろく。『小学三年生』昭和41年4月号。

ふろくは世界を征す!!

恐竜ステゴザウルス

恐竜は怪獣じゃないので科学教材だ。『小学三年生』昭和49年1月号。

おもちゃ…section 8

進撃の昭和アナログゲーム〈アクションゲーム編〉

ソーシャルゲームはもう古い!

今やスマホ片手にゲームを楽しむ時代だが、かつてゲーム業界を支配していたのは、テーブルを占拠してしまうほど大きくてかさばる代物だった。例えるなら、どんどん巨大化し、わが物顔で地球を闊歩していた恐竜だ。しかし、ダイナミックでワイルドな魅力に溢れたアナログゲームも、度重なる“デジタルインパクト”によって絶滅の危機に瀕している。目まぐるしく進化するゲームだが、たまには昔のゲームを発掘してプレイしてみるのもいいものだ。

まさにエポックメイキング!!
エポック社の三大ヒットゲーム

アクションゲームシリーズ

野球盤のヒットで勢いづいたエポック社はその後も快進撃を続け、ヒット作を連発した。

野球盤

初代

木枠などは建具職人、人形はこけし職人が手作りしていた。生産台数は月産2000台だった。

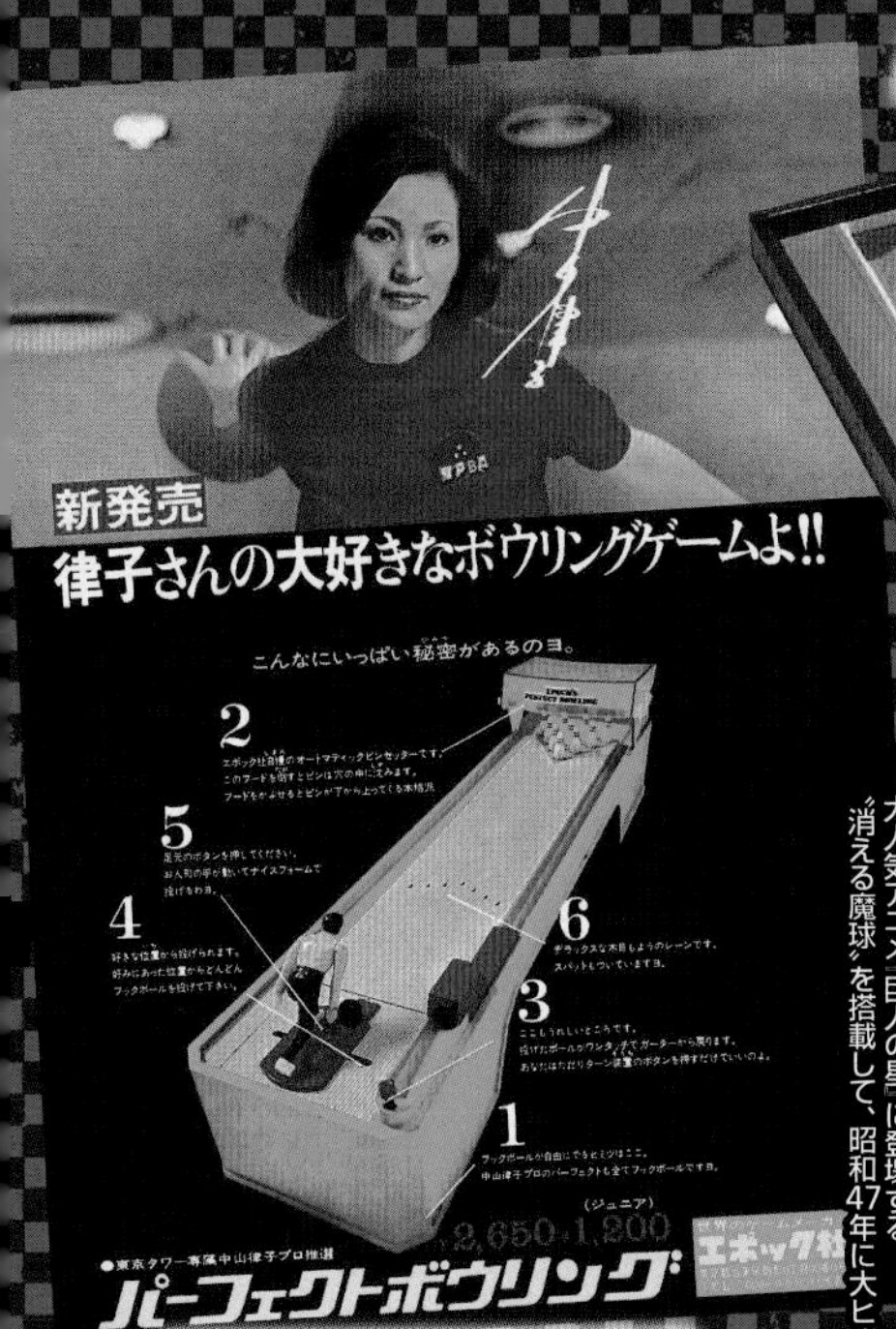

パーフェクトボウリング

当時、大人気のプロボウラー・中山律子をCMに起用した本物さながらの大迫力ゲーム。昭和46年。

消える魔球つきB型

大人気アニメ『巨人の星』に登場する“消える魔球”を搭載して、昭和47年に大ヒット!

ビッグエッグ

昭和63年、日本初のドーム型球場が完成した同年に発売。野球盤は永遠に不滅だ。

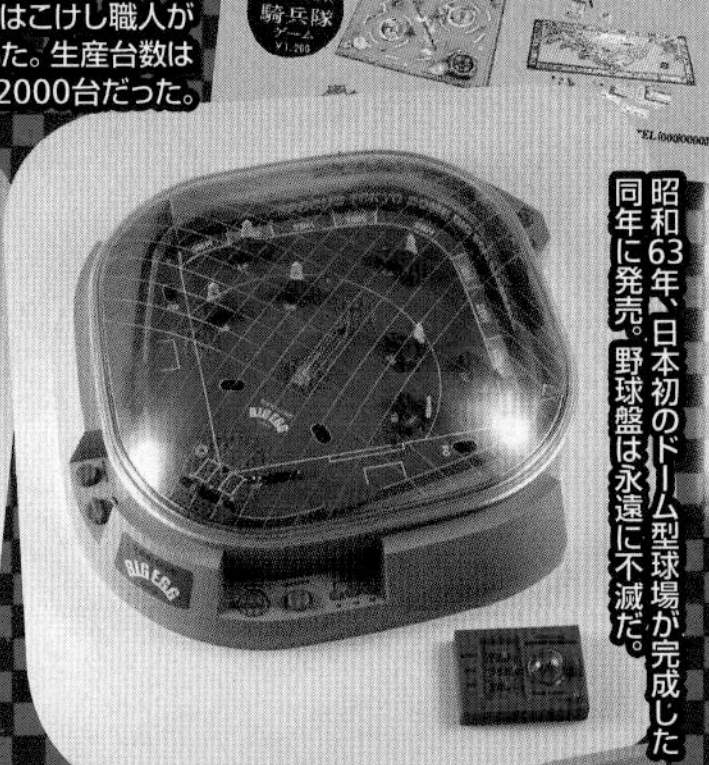

ゲームがしたいから友達が必要だった

リフレクトスコープ(照準器)を搭載したタイプ。実戦の雰囲気がグンと高まるのだ。

魚雷戦ゲーム

水面をブルーの透明樹脂で表現した見た目も美しいゲーム盤。初代は昭和42年に発売された。

豪快にいこう! アナログゲームの魅力

昭和33年、エポック社の創立と同時に発売された『野球盤』が大ヒット。以降、エポック社はさまざまなスポーツや事象を斬新なアイデアでゲーム化し、数多くの傑作を市場に送り込んだ。時代は高度成長期、空き地が急速に減っていく中、プラスチック素材をふんだんに使った豪華なゲームは飛ぶように売れた。

面白アイデア満載!!
バカ受けアクションゲーム

かにとり合戦

モーターで盤面が回転し、踊るように動くカニを磁石の付いた網ですくうのだ。エポック社

どこでゲームをやるのか？

ゲームを中心に家族だんらんがあった!!

兄弟が多い上に、一般家庭にはテレビが1台しかなかった時代、居間に集まってみんなでワイワイ楽しむアクションゲームは、昭和の家族だんらんの象徴だった。一人っ子の増加とともにこれらのゲームは廃れていった。

ボクシングゲーム

床から棒を突き出し、相手をひっくり返す…ボクシングじゃないじゃん！エポック社

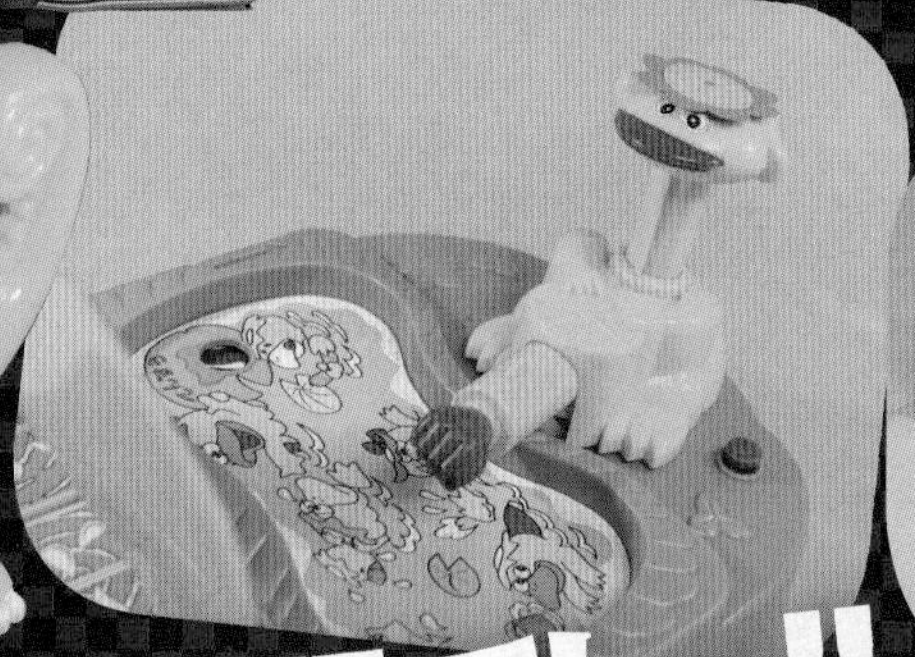

かっぱパンチゲーム

空気圧でカッパの腕を伸ばし、的を倒すゲーム。今ならワンピースゲームか。バンダイ

怪獣ターゲットゲーム

台座に取り付けた銀玉鉄砲で怪獣を倒していく。ワンタッチで倒れた的が戻る。トミー

カメレオンパックンチョ

順番で背中のボタンを押していき、ハズレは舌が一気に巻き戻ってビックリ！トミー

居間でしょ!!

スリラーゲーム

ぜんまい仕掛けのドクロが暴れるだけのゲーム！自分のコマが盤面に多く残った人が勝ち。任天堂

ケロヨンパチンコ

最近はキャラクターを使ったパチンコが大人気だが、原点はこの時代にあった！米澤玩具

ウェイトマン

ボタンを押す力の加減でバーを持ち上げる。強すぎるとひっくり返るぞ。エポック社

シンプルが一番楽しい！
超アナログなゲーム

テレビゲームにはない味わい!!

スカイピンポン

昭和34年に発売され、爆発的ヒットとなった商品。板バネで弾き出した球をキャッチする。トミー

ウォーターゲーム

トミーの水流式「ウォーターゲーム」（右）に対抗したのがバンダイの水圧式「ウォーターランド」（上）だ。

ラビットコースターゲーム

重心に偏りのある楕円形の玉が、坂道を転がるゲーム。ピョコピョコと転がる仕種がかわいい。任天堂

タコスクイゲーム

高度経済成長以前のゲーム。シンプルだが深夜に一人でやるとじわじわくる。

重力や水流を使った画期的ゲーム

ぜんまい動力やモーターを使ったゲームが数多く発売されたが、ギミックに頼ったものよりもシンプルなほうが飽きがこない。プログラミングされたデジタルゲームにはない、ハプニング性こそがアナログの妙味なのだ！

集中力が要ります
玉入れゲーム

玉を穴に入れるだけ!!

手に収まるくらいの薄い筒状の本体に複数個の穴が空いた盤面があり、その穴に玉を入れるゲーム。安価で作れるので昭和30～40年代頃は駄菓子屋でよく見かけた。1～2個入れるのは簡単だが3個目あたりから難易度が上がる。

MERRY PUZZLE

日本製だが海外輸出用に作られたものだろう。絵柄のバタ臭さがよい。厚さが3cmあり、両面でゲームができるようになっている。

海外テレビドラマのキャラもいたりしてとてもいい雰囲気。

あらゆるパーツの精度がめちゃ低いのでなかなか玉が入らない。

まんが玉入ゲーム

直径8cmほどの盤面に、昭和41年頃の人気者が勢ぞろい。当時、ねずみのキャラといえばミッキーではなくこちらだった。

玉が卵型なので思わぬ方向に転がって難しい。

これは猿のシッポに輪を入れる立体的なゲーム。

これも「猿」同様に空中で輪を指に入れる。

両目と王冠に穴が。たすきには「MISS TOY」。

手軽に遊べる元祖ポケットゲーム

おもちゃ…section 9

ゲームウオッチ以前の

昭和ミニ&チープゲームの広場

小さいことはいいことだ!

子どもというものは元来ゲーム好き。それはいつでも万国共通で、時代によってゲームが変化してきた。ゲームウオッチ以前の世代は、駄菓子屋で数十円で買ったチープなゲームで何時間も遊んだものだった。現在主流の先端技術を使ったゲームは、情報量が多すぎて画面を見ているだけで脳が疲れてしまう。チープなアナログゲームは、脳内で何かを補完しながらプレイしていたのだと思う。そのこと自体が楽しい"遊戯"だったのだ。

キッチュさ爆発!

怪獣目玉入ヨーヨー

直径5㎝ほどの小さなヨーヨーだが、パチ怪獣の絵柄に何ともいえない独特の魅力がある。

側面にゲームが付いたおまけ要素がうれしいチープなヨーヨー。小さな玉を怪獣の目玉に入れるという単純なゲームだが、片方を目に入れた状態でもう一方の目に入れるのはなかなか難しい。

学校で遊ぼう!

ゲーム定規

ダイヤモンドゲームなど3種のゲームで遊ぶことができるのだが、透明のゲーム盤が定規としても使える

ところがミソ。もちろん、定規は学校に持っていくための方便なのだ。

脱力アナログゲーム礼賛!!

ミニトランプ

キーホルダー付きのプラケースに入った4㎝ほどのミニトランプは、駄菓子屋の定番商品

だった。下段写真の左2つは4㎝の紙ケース入りタイプ。右の花札は25㎜しかない。これで遊ぶのは少し厳しいなぁ。

さらに小さく!

昆虫ゲーム

バラバラになった昆虫のパーツをサイコロの指示によって組み上げていく単純なゲーム。一番早く完成させた人が勝ち。注目は昆虫のデザインで、箱絵を見るとかなりデカイ。昆虫というより怪獣だ(笑)。

4色の昆虫とサイコロが入っているだけ。塗装すればちょっとしたオブジェになりそう。

斬新すぎる!

ポケットメイト（トミー）

1970年代の中頃に登場。多様なゲームをすべて120㎜×70㎜にまとめた、スタイリッシュ＆コンパクトさがバカ受け。

おしゃれ＆スマート革命

ポケットインベーダー

ゼンマイ仕掛けで動くインベーダーの隙間をうまく狙って、玉をUFOにぶち当てるのだ。

ヌギヌギゲーム

エロス!!

パチンコの要領で玉を穴に入れると女の子が水着になっていく、ハレンチなゲーム。

スペースアスレチック

4種のギミック仕掛け迷路を攻略して小さな玉を終点まで運ぶ。ハマると熱くなる！

アクション!!

スタントサイクル

スリル!!

ゼンマイ仕掛けで回転するゲーム盤についた障害物を、タイミングよくジャンプして避けるレースゲーム。

ゴルフゲーム

3枚の板を組み換えることで9つのホールが楽しめる。アナログの楽しさが詰まった傑作だ。

コミックパンチ（エポック社）

アクションゲームに定評のあるエポック社が1980年代の中頃に発売した、75㎜×50㎜の規格に統一したミニゲーム。

サカサマくん

ボタンを押す強さをコントロールして、うまく人形を鉄棒の上で倒立させよう。

ヨクバリくん

順番にお盆の上に重りを乗せていき、人形のお盆を落としてしまった人の負け。

バーベルくん

ボタンの強弱でバーベルをうまく持ち上げる。失敗すると後ろにひっくり返ってしまう。

コミカルな動きがキュート！

ドンチッチくん

2つの人形をレバー操作で前後に動かすことで、タイミングよく相手を弾き飛ばすゲーム。

ドンケツくん

人形が後ろ向きになっただけで、要領は『ドンチッチくん』とまったく一緒だ。

ノラくん

つまみを少しずつ回転させて押していき、ある位置になるとバケツから人形が飛び出す。

しょ～もないゲームばかりやっていた!!

『人生ゲーム』や『野球盤』などがまだ高嶺の花だった頃は、いま思えばお粗末なゲームで飽きもせずに遊んでいたものだ。

パチンコ

玉を弾いて穴に入れるだけだが、大人になってもやめない人が多い（笑）。何か根源的な魅力があるのだろう。

迷路ゲーム

5つの玉をすべて中央に集める。玉が切れ目からすぐ出てしまうので、簡単そうに見えてこれが至難のワザ。

ルーレット

スリルと興奮が堪能できるギャンブルの基本を覚えるのに最適なゲーム。男としての度胸と運が試される。

変身ロボットゲーム

タカラの『小学生ゲーム』。ネーミングと絵柄はいいがゲームは地味。コマもロボットにしてほしかった。

くだらね～!! でも、それがたのし～!!

磁石ゲーム

台紙の裏側から磁石でキャラクターを操って遊ぶゲーム。直接キャラを手で動かすよりイマジネイティブなのだ。

人気ヒーロー（パチ）を動かして、うまくジャングルを脱出せよ！

オバQを世界地図の上で動かして、世界一周した気分に浸ろう。

モンタージュ

顔のパーツが描かれた透明フィルムを重ね合わせて顔を作るゲーム。おそらく三億円事件の影響だろう。

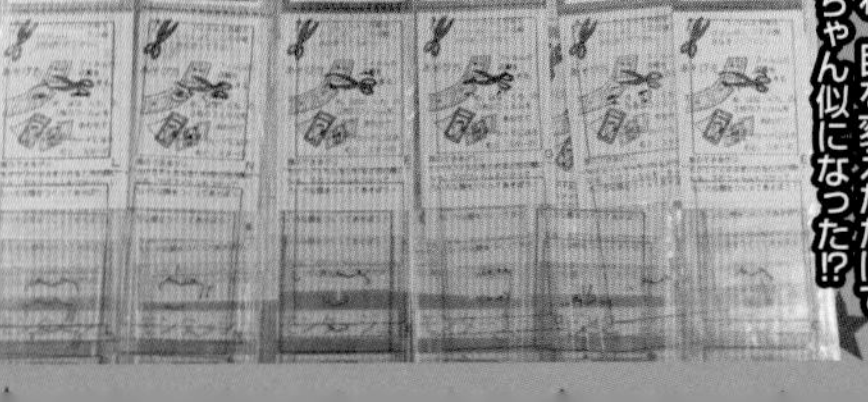

山口百恵に似たモンタージュが完成したぞ～！

あれ、目を変えただけで欽ちゃん似になった!?

おもちゃ…section 10

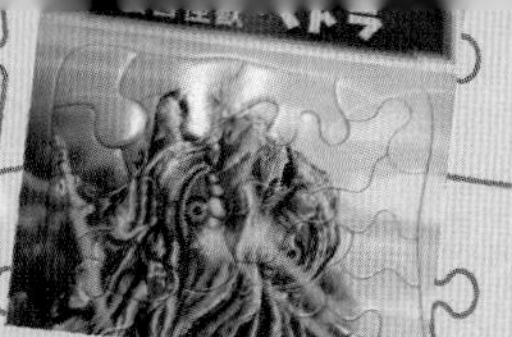

正月休みに思い出しながら、しみじみ遊びたい

昭和パズル玩具の迷宮

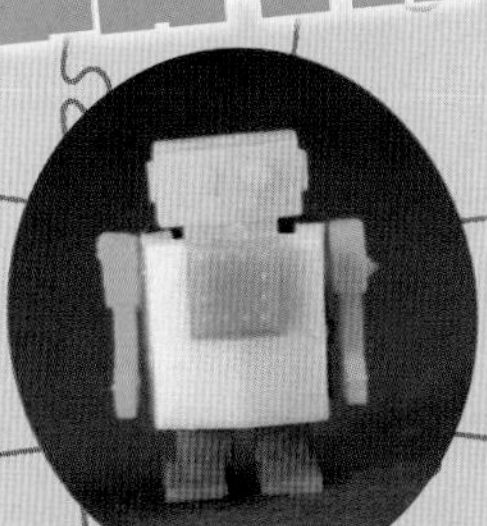

思い返せば、昭和の時代は「パズル玩具」がとても身近な存在だった。それらで遊んでいた子どもたちは、今よりも幾分か知的だったような？ 最近はスマホでパズルゲームに熱中しているようだが、直感的にプレイするものがほとんどで、頭はあまり使わないものばかりだ。情報も一方的に入ってくるため、ここ一番での意見も誰かが代弁してくれる。人間の思考力はどんどん退化していくばかり…かつて遊んだパズル玩具を引っ張り出してみるか！

安価で飽きないシンプル玩具

ビッグリーグガムのおまけ

このパズルが最も難しかったな。アレ、で、できないぞ(汗)。

一部の子どもに大ブーム!!

昭和40年、カバヤリーフ（現・カバヤ食品）から発売されたガムのおまけだった、カラフルでかわいいポリ製パズルがヒット。これがパズルブームの火付け役になったのかも？

15パズル

誰もが持っていた

駒をスライドして数字を順番に並べるシンプルなゲーム。駄菓子屋や文房具屋などでいつでも買えたため、昭和生まれならほとんどの人が手にしたことがあるはずだ。

ルービックキューブ

一度も完成しなかった…

ハンガリーの建築学者、エルノー・ルービックが考案した立方体のパズル。日本では昭和55年にツクダオリジナルから発売され、大ブームを呼んだ。しかし、あまりに難解なため、廃れるのも早かった。

娘パズル

日本で流行し始めたのは昭和10年代。現代なら"引きこもり"パズル？

封建的社会の象徴

父親、母親、番頭、丁稚などの文字が書かれた駒を水平移動させ、娘を下の隙間から外に出すゲーム。文字通りの"箱入り娘"が当たり前だった時代に考案されたもの。

ショッキングパズル

ゴシックホラー味満点!!

こちらはボリス・カーロフか。顔だけのパズルというのもかなり斬新だ。

これはオリヴァー・リードが扮した狼男にそっくり。特徴をよくとらえている。

10円で買えた厚紙製のパズル

厚紙に描かれた1枚の絵を複雑な形に切りわけた最も単純なパズル。１９６０年代の商品だと思われるが、この頃の駄玩具としては絵柄が実にあか抜けたセンス。

パズルコーナーのコーナー

昭和40年代、駄菓子屋の定番品

なんで「コーナー」なの？

昭和40年代、駄菓子屋でよく見かけたのがマルカというメーカーの駄玩具で、その名も「パズルコーナー」。当時としては、安価なわりに非常に精巧にできており、子どもたちの人気も高かった。

怪物くんコーナー

パチものか!?

キャラクターものも多数発売。パズルというより、マスコットだ。

アポロドッキングコーナー

子どものブームには敏感に反応。商品開発力はなかなかのもの。

パーマンコーナー

黄色い台紙でないものは、マルカ製ではない可能性が高い。

セブンコーナー

似てない!! その理由は？

セブンには見えない。よく見ると「鉄人28号」の金型を改造したようだ。

宇宙人コーナー

こちらは同じコーナー玩具でもプラモデルタイプ。ユーモラスな宇宙人。

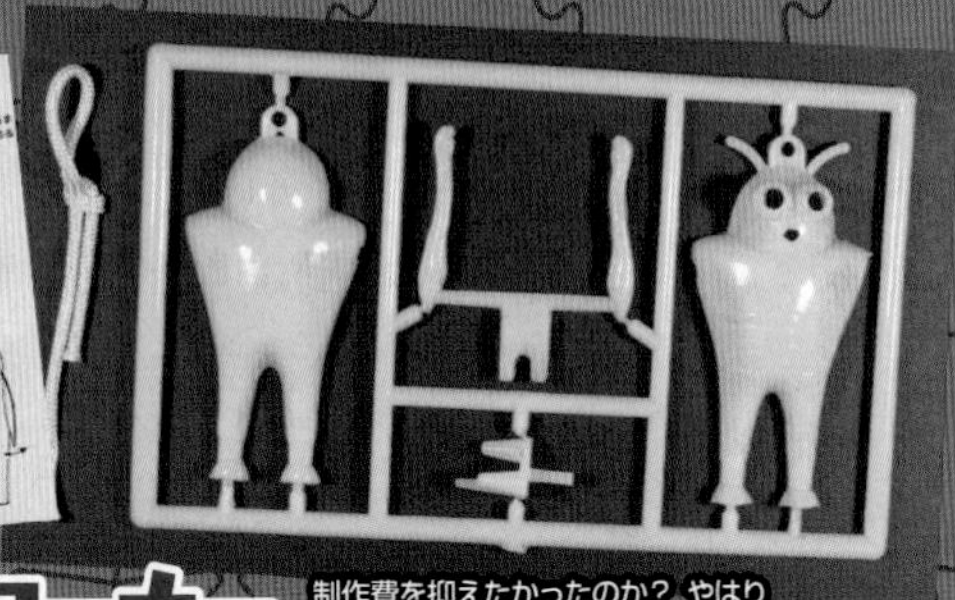

制作費を抑えたかったのか？ やはりカラフルなパズルにしてほしかった。

クラシックカー

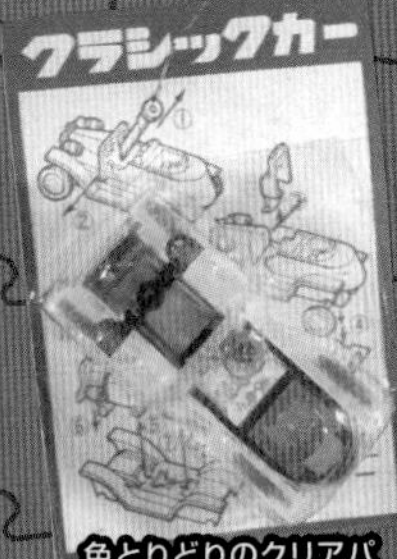

色とりどりのクリアパーツで構成された、クラシックカーパズル。

そのままインテリアとして飾っておきたいほど美しいのだ。

かなり複雑な構成で、組み上げるのはけっこう難しい。

けっこうムズイぞ!!

パズルペット

和装時に、根付けとして使用したくなる渋いセンスだ。

おそらく「サスケ」を意識した商品。緑の肌に赤い目というのは…。

これはカッコイイ！ 他の2個は要らなくても買ってしまう（笑）。

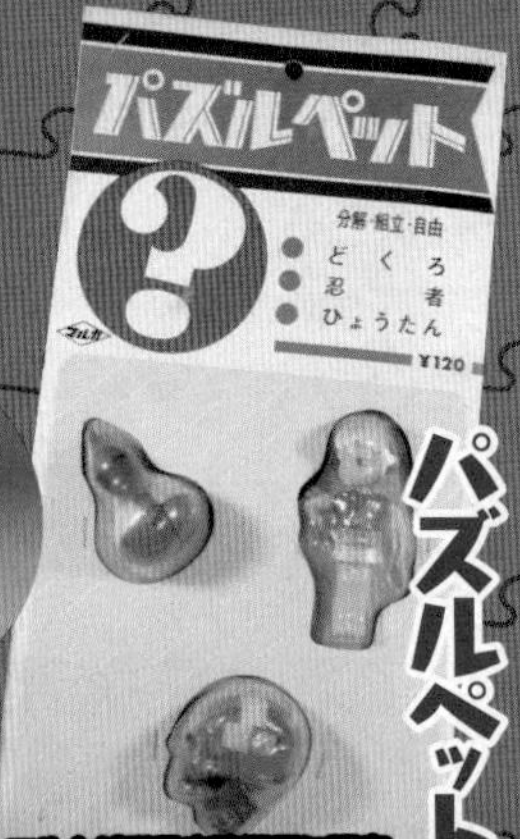

マルカが玩具店流通用に販売していたパズルセット。3個入って120円。

ひょうたんパズルコーナー

キャッチーなセンスが皆無の、牧歌的な台紙絵も魅力なのだ。

ゼロセンパズルコーナー

戦争のイメージからかけ離れたほのぼの台紙。カラフルなゼロ戦！

レーシングカーパズルコーナー

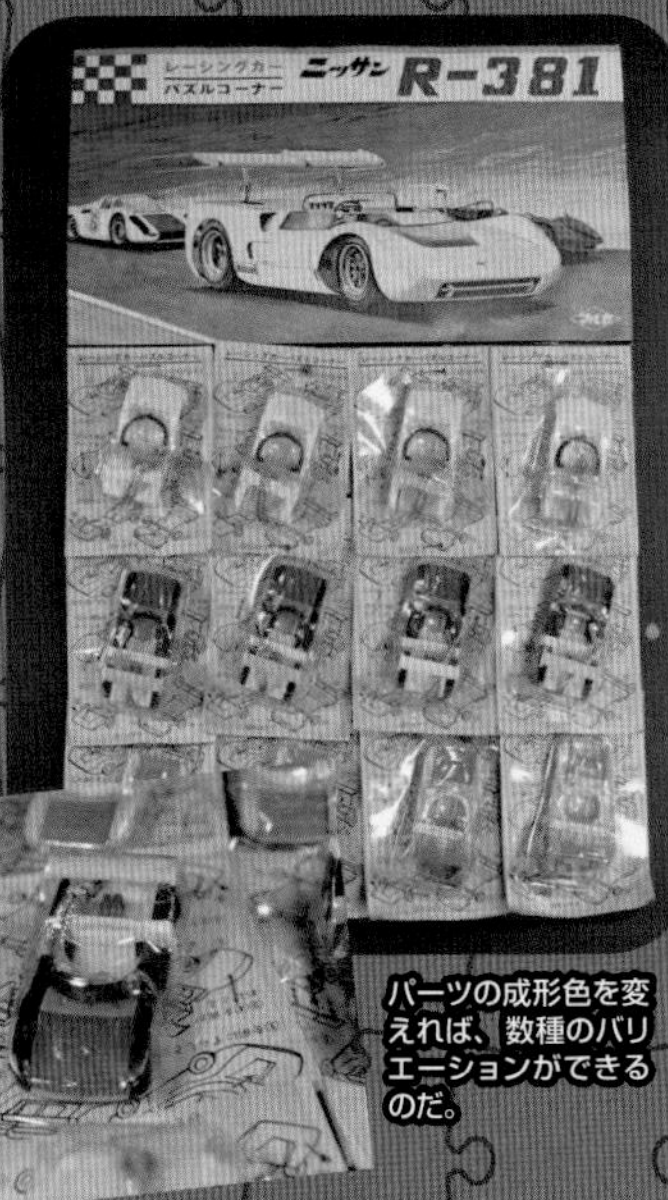

パーツの成形色を変えれば、数種のバリエーションができるのだ。

やのまんジグソーパズル劇場

ヌードもあるでよ!!

最も標準的なのは1000ピースのライン。ヌードも充実しております。

「手っとり早く普及させるにはエロに限る!」ということで、駆り出されたエマニエル夫人。

夢の具現化だった!!

昭和40年代の中頃、やのまんによって初めてジグソーパズルが輸入され、ブームになった。図柄となった海外の美しい観光地の景色や建築物、外国人のヌードは、当時の日本人にとって憧れだった。

昭和49年、モナ・リザが日本公開。このパズルもバカ売れした。

エマニエル夫人とタイアップ

ウヒャ～、これはなかなかの名コピーですな～、やのまんさん!

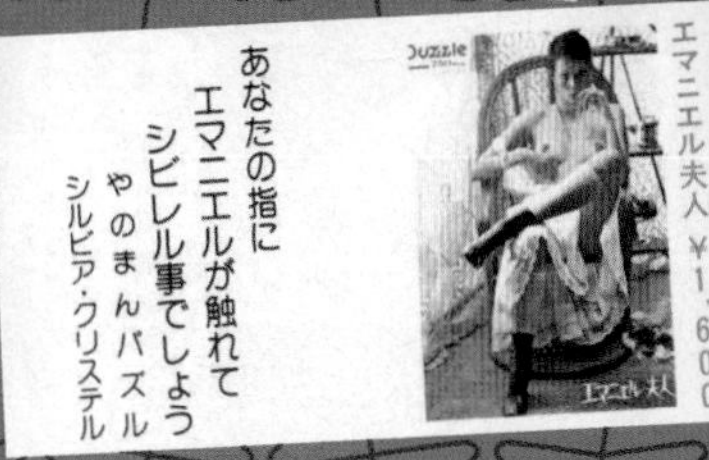

いろいろありました!!

キューブパズル

ルービックキューブの大ヒットにより、パチや亜流が多数出回った。

ボケ防止になるかも…

パズルダイス

ルービックキューブのアレンジ商品。ダイスの面をそろえる。

パーフェクション

丸や四角のブロックを、制限時間内に同じ形の穴に入れるゲーム。テレビCMが懐かしい。

スネークキューブ

24個の三角柱をつなげた立体パズル。直線、犬、ボールなどに変形した。

パズル戦国時代

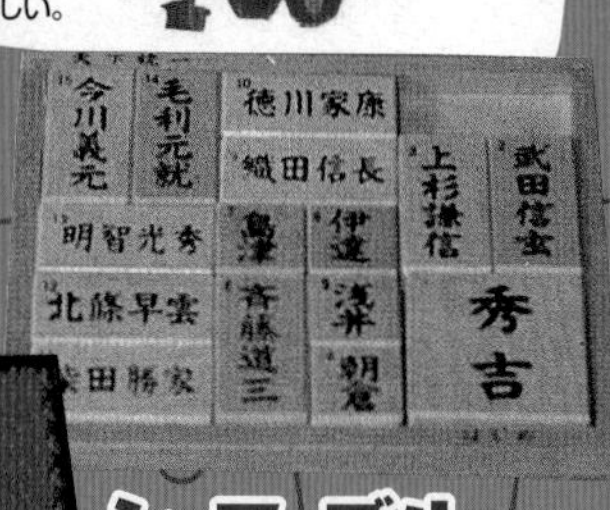

秀吉の駒を右下から左上に進め終わると天下統一。各武将がそれを阻む。

シュマッズルパズル

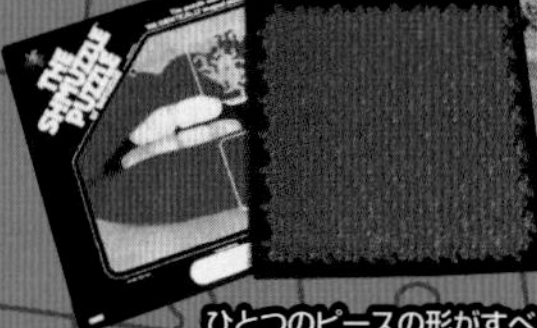

ひとつのピースの形がすべて同じという、とんでもなく難解なパズル。

頭がよくなるように親が買ってくれた!!

パズル玩具は、道具を使った最もシンプルな知的遊戯であり、古来から世界中で親しまれてきた。日本では江戸時代中期に『知恵板（ちえのいた）』という、四角や円などさまざまな板を集めて、いろいろな形を組み立てて遊ぶ、タングラムのようなおもちゃが流行した。

戦後からある時期まで、パズル玩具がもてはやされた理由は、物資が乏しく、子どもたちの小遣いもままならない中、簡単に製造できて安価で提供することが可能だったからだろう。しかも、飽きがこないというのだから、おやつに安くて噛み応えのあるスルメを与えていたのと同じようなものか（笑）。おまけに脳トレにもなるとあれば、バカ息子の頭が少しでもよくなるように、買い与えた親も多かったのではないか。持ち運びに便利なので学校に携帯し、休み時間に知恵の輪や15パズルで、暇をつぶした経験のある人も多いだろう。

今もおもちゃ屋に行けば、定番のジグソーパズルや新種の立体パズルなどが売られている。懐かしくもあり、ボケも防げるとあれば、パズル玩具に回帰するしかない!?

そら出た! 身の毛もよだつ

昭和駄玩具 お化け大会

まだクーラーなんて家になかった頃、子どもたちは少しでも納涼気分を味わおうと、駄菓子屋でお化けの駄玩具をよく買ったものだった。ところが今の世の中、どこもかしこも冷房設備が行き届いていて、涼しいというより寒いくらい。リストラ地獄に不況地獄、受験地獄に就活地獄…政治家は得体の知れぬ妖怪もどきばかり。これじゃお化けの出る幕がないじゃないか。お化けにゃ会社も仕事もなんにもない…そうだが、お化けになりたいよ、まったく!

お化けシール

今では水木しげるの描くキャラがお化けの代名詞となっているが、それ以前はこんな牧歌的なヤツらが主流だった。

ラブリー♥

夜光シール

表面に塗られた夜光塗料が暗闇でボ〜ッと光る。深い味わいのある光だ。

ゆるキャラみたいでコワかわいい!!

パチシール

昭和40年代にテレビ発のキャラが全盛になると、お化けシールもこんな感じに。

うつし絵

シール以前、「うつし絵」時代のお化けたちは、実に呑気な感じだ。

お化けお面

お化けのお面を付けて、自分がお化けになってしまえば、アラ不思議! ちっとも怖くない。さぁ、大人たちを脅かしにいこう!

おめんをでんきにくらいところすごくひかります
パパもママも友《とも》だちもびっくり!するぞ

うらめしや〜

立体お面

立体加工され、丁寧に彩色された紙製のお面。これは怖すぎでしょ!

お化けになれば怖くない!?

でろでろばぁ〜!

ミイラ怪人

紙のお面

怖すぎず、コミカルすぎない絶妙なタッチ。日替わりでお化けに変身だ。

イッヒッヒッ…

セルロイドお面

縁日の屋台で売られていたお面。昔ながらの職人的なシブい怖さがある。

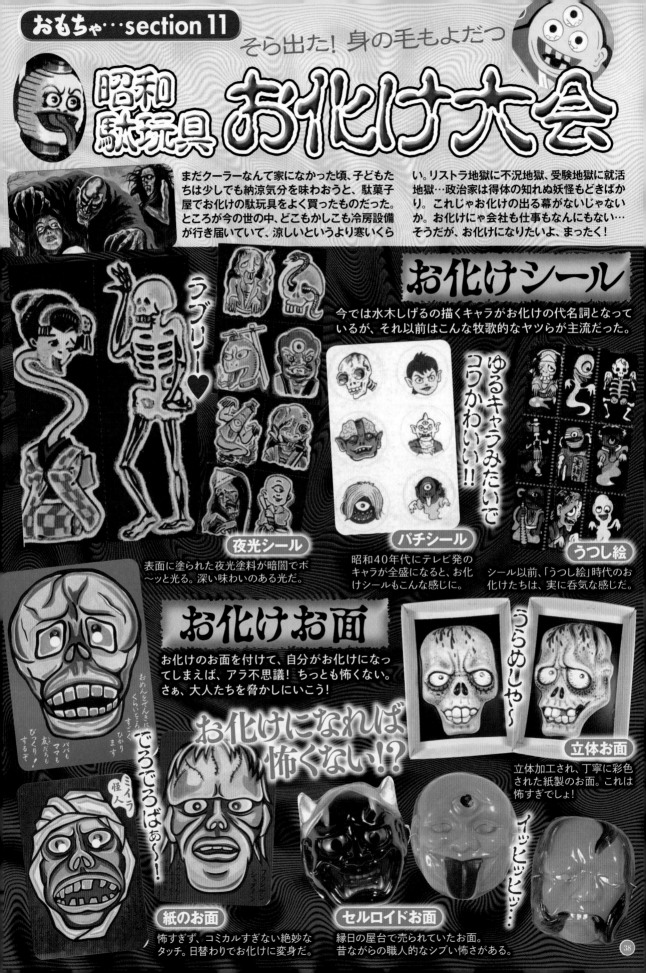

暗闇にボ～ッと光る異形の者たち!!

ドロドロドロドロ……

ゾ～～～～～ッ

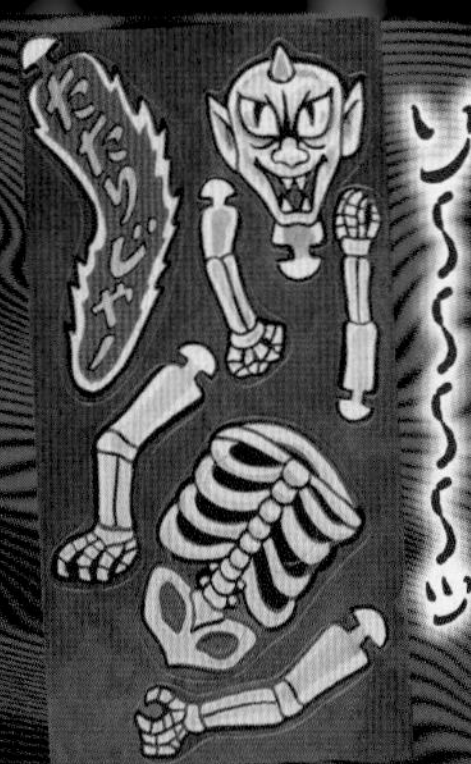

キャ～～ッ

「たたりじゃ～」は、昭和52年に大ヒットした『八つ墓村』からの流行語。

で、出た～～～

家庭にクーラーなんてなかった昭和の夏。彼らがゾ～ッとさせてくれた。

夜光
お化け紙人形

紙を切り抜き、首や手足を差し込むだけて完成する夜光紙人形は、夏のお化け駄玩具の定番。引いた袋の中からどんなお化けが出るか、ドキドキした。

夏の駄菓子屋に出ます……

普通のお化けじゃ怖がらなくなった現代っ子にアピールするよう、絵柄も変遷していった。

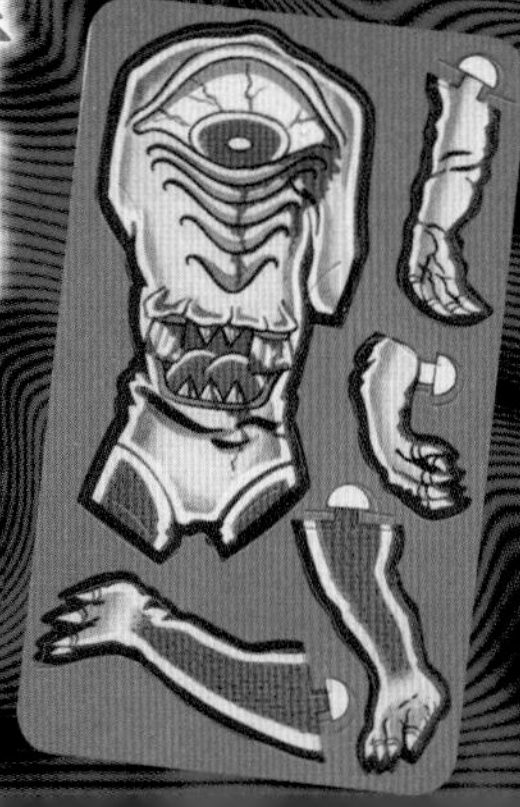

絵師の独創性が冴える。アバンギャルドすぎてギャグになってしまった感あり。

最恐!! お化けプラモ

昭和の模型屋には季節感があった。潜水艦などの水モノやお化けのプラモが店先に並ぶと、今年も夏が来たな〜と実感できた。

お化けシリーズ(クラウン)

50円のチープなものだが、ジオラマ仕立てで怖さを演出したなかなかの出来。

歩くスリラーシリーズ(マルイ)

ゼンマイ仕掛けで歩く、手首と生首のリアルなプラモ。箱絵はP90に掲載。

トリオで営業中!

コインを置くと…

ギャ〜〜ッ!

怖いもの見たさで作ったら…本当に怖い!!

ミステリーバンク(アリイ)

箱の中からニュ〜ッと手が出てきてコインを箱の中へ。詳細はP228を参照。

まだまだ出るゾ〜ッ!

自然災害、原発事故、不況、ブラック企業…恐ろしいものだらけになってしまった現代、お化けで怖がっていた昔に戻りたいよ。

夜光おばけシール

『ビックリマンシール』以降、『夜光おばけシール』も現代的になった。

お化けのおもちゃもトレーディングカード風に。絵柄も写実的になった。

世界の妖怪! 変化! ゆうれい ショック・シリーズ

お化けノート

お化けには版権がないから弱小メーカーにはありがたいコンテンツだ。

障子にお化けの影を映し出す花火。しかし、障子がある家は今では少数派。

おばけはなび

お化けは死なない また来夏に!!

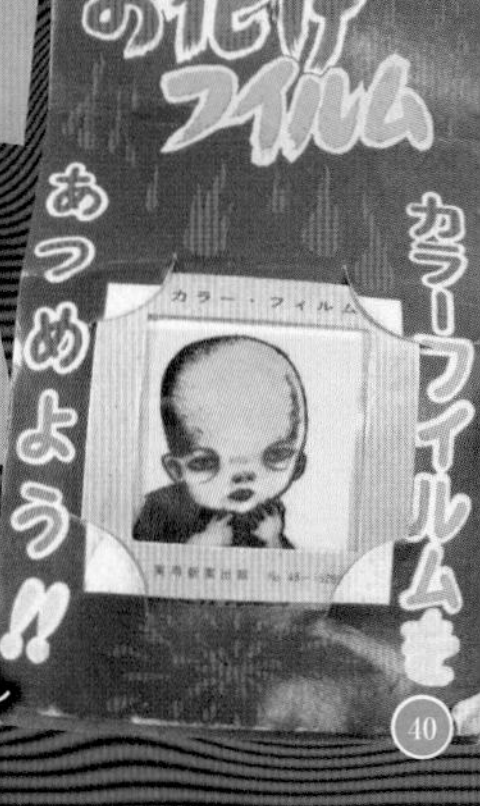

お化けフイルム

幻灯機のように、壁に絵を大きく映して遊ぶ。お化けにマッチした手法だ。

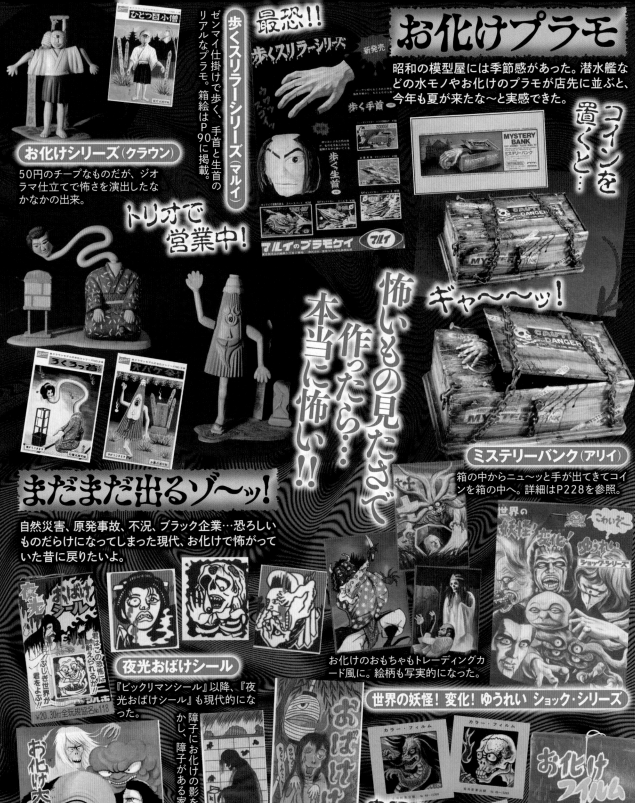

おもちゃ…section 12

HAPPY HALLOWEEN!!

子どもの頃、なぜか買ってしまった…

昭和ガイコツ玩具祭り

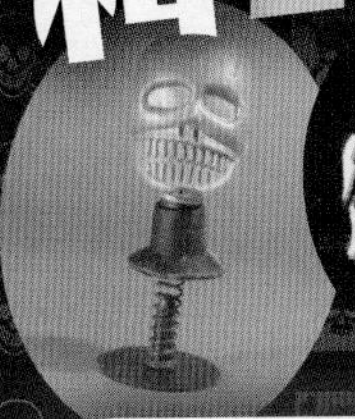

子どもは怪物やゲテモノが大好きと昔から決まっている。そして、なぜかガイコツやドクロも大好きなのだ。その趣向は、もはや本能と言ってもいいだろう。昭和30～40年代、駄菓子屋では決まってガイコツのチープトイが売られていた。業者もちゃんと、子どものガイコツ好きを心得ていたのだ。しかし、社会が成熟し、平均化していくにつれて、「死」を連想させるガイコツ玩具は忌まわしいものとして隠蔽されていく。もっと"ガイコツ=死"を!!

おもちゃ

ガイコツやドクロの独特なデザインは、おもちゃのモチーフとしてうってつけ！昔からガイコツのおもちゃはユニークなものが多く、傑作ぞろいなのだ。

JANGLIN' SKULL

目をギラギラと光らせ、ゲタゲタと笑いながらブルブル震える、実に騒がしいドクロだ。

ゼンマイ動力でピョコピョコと跳ねる昔ながらの玩具。モヒカンヘッドがポイント。

WANDERING SKELETON

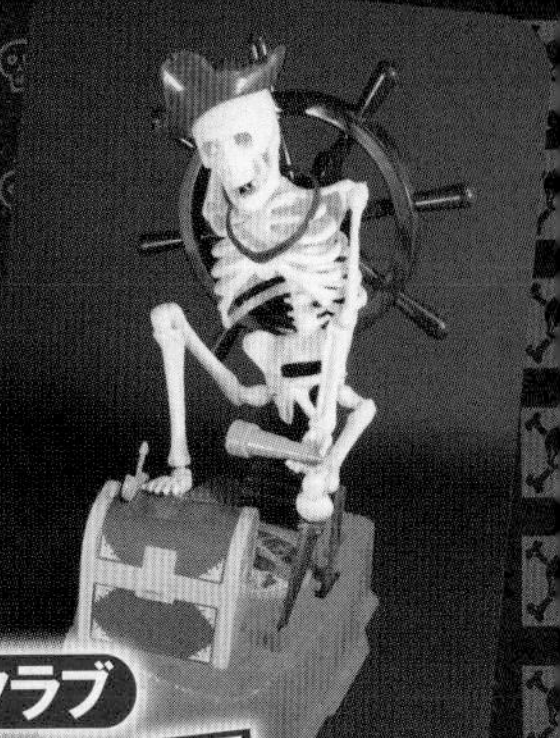

ホネホネクラブ

増田屋

振動を与えないようにして、ガイコツからモノを取り外すゲーム。失敗すると暴れだす。

小便ガイコツ

ひつぎを開けると…ガイコツのチンチンから水が勢いよく飛び出すジョークトイ。

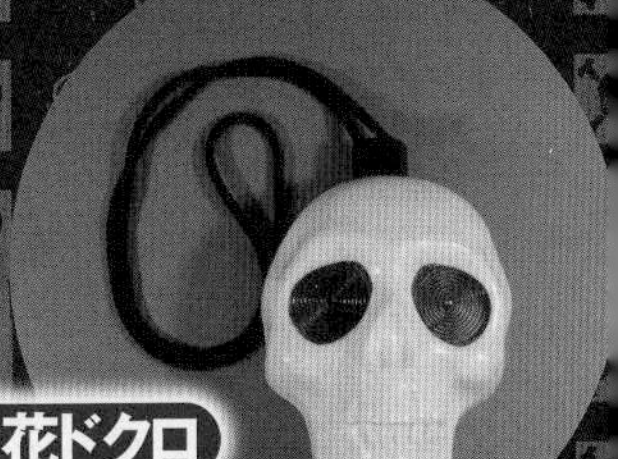

火花ドクロ

頭のひもを引っ張るとゼンマイが巻き上げられ、目の中でパチパチと火花が光る。

アガツマ

ゼンマイトコトコ

おもちゃの定番、ゼンマイ仕掛けの歩行ガイコツ。トコトコ歩く仕種がカワイイ。

クネクネガイコツ

台の底部を押すと糸がたるみ、ガイコツが身をよじるようにしてクネクネ動く。

骨まで愛して!!

ドクロがロボに変身!?

ドクロロボ

昭和時代に流行った変形ロボット玩具の亜流だが、なかなかカッコイイ。トーキング機能搭載。

丸越

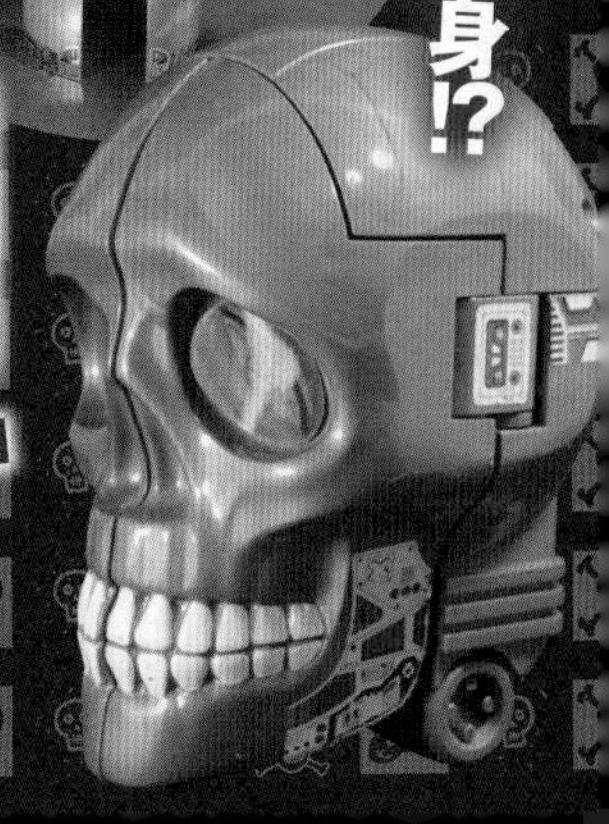

カタカタ笑う!!

どっきりスカル

ゼンマイ仕掛けのガイコツが、上箱を取るとカタカタ笑っているかのように動きだす。

TALKING SKULL PLAQUE

光センサーに反応すると目が光り、ドクロが陽気にしゃべりだす。知らない人はビックリ！

駄玩具・小物

人間、死んで骨になってしまえば、金持ちも美人もへったくれもない。飽きたらポイ捨てされるチープなガイコツ駄玩具と、まったくの等価値なのだ。

ホ・ネ・ホ・ネ・ロック！

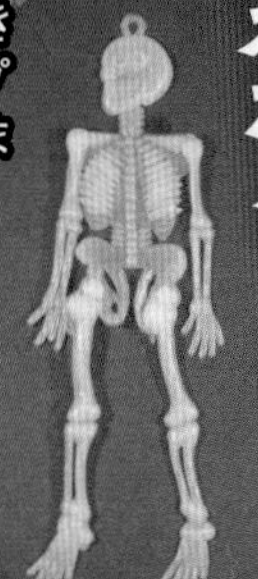

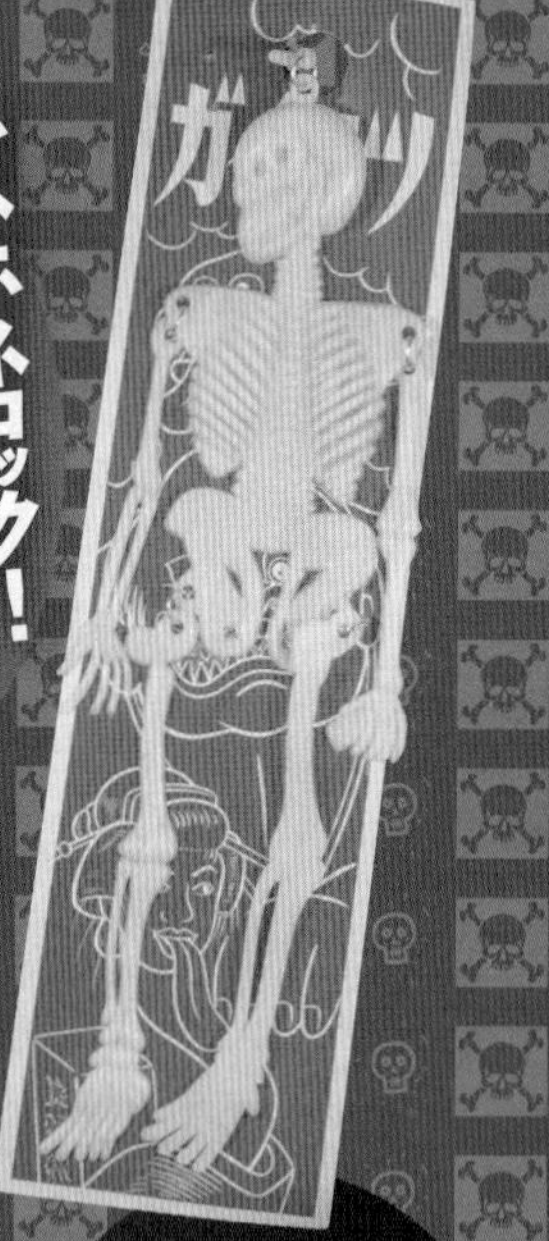

夜光ドル入れ

右が香港製のオリジナル。左はコインホルダーを内蔵した日本製。顔の造形が実にラブリー。

口パクリ、目がビヨ〜ン！

ガイコツモーション人形

駄菓子屋の定番だった、塩ビ製の薄っぺらい夜光ガイコツ人形。ポーズをつけるのが楽しかった。

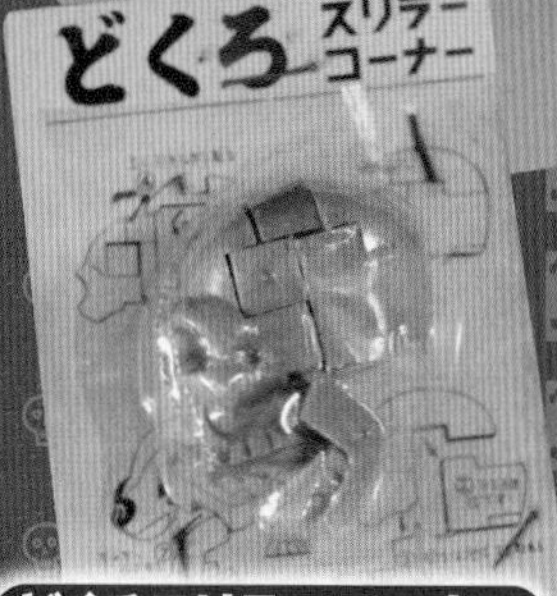

どくろスリラーコーナー

ドクロのパズル玩具。バラバラになるというのは、ドクロに実にふさわしいのだ。

光るお化け

夜光塗料がちょこっと塗ってあるだけの小さな面。あまりにチープすぎて逆にいとおしい。

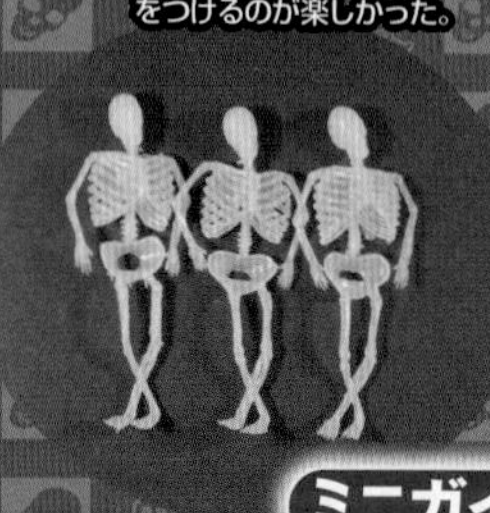

ミニガイコツ

高さ7㎝ほどの塩ビ製ガイコツ。気取ったポーズがなかなか決まっております。

スカルライト

ボタン電池内蔵ボディーの後ろを押すと目が光る。マイナーなガチャの当たり景品。

ペタペタ夜光ガイコツ

ガラスなどに投げつけるとペタペタと回転しながら落ちる、粘着力を持ったガイコツ。

ドクロ消しゴム

今回紹介した中では最小の高さ約1.5cmのドクロ。鉛筆に刺して使えるようになっている。

ドクロ指輪

クロムハーツの指輪はヤンキー御用達だが、そんな彼らが子どもの頃に付けていたのがコレ。

カクカク ユラユラ…
“駄モノ”ガイコツ死の舞踏

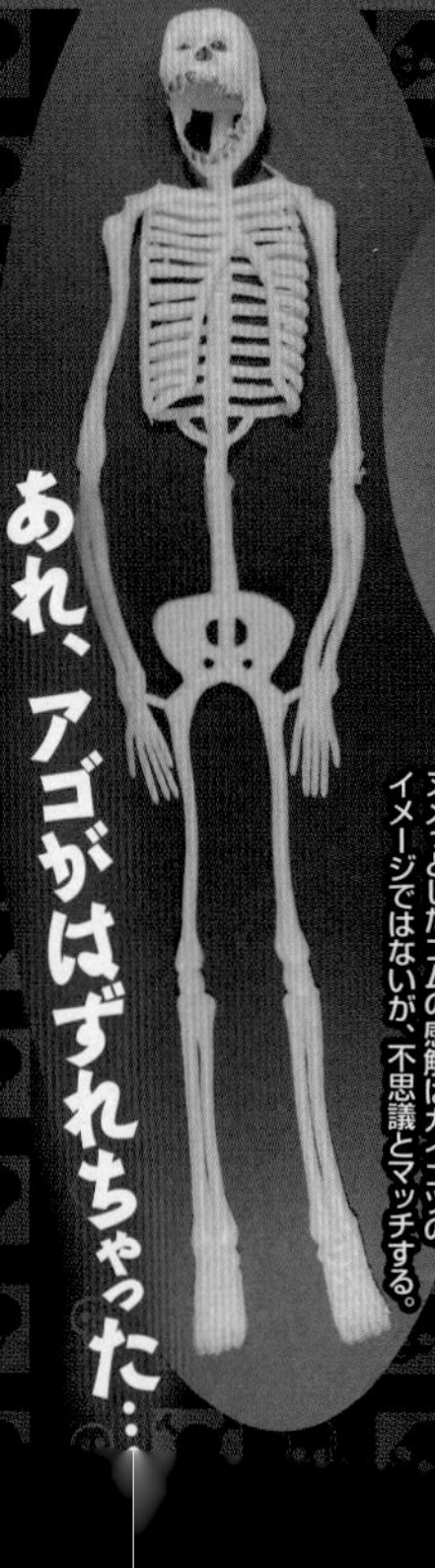

あれ、アゴがはずれちゃった…

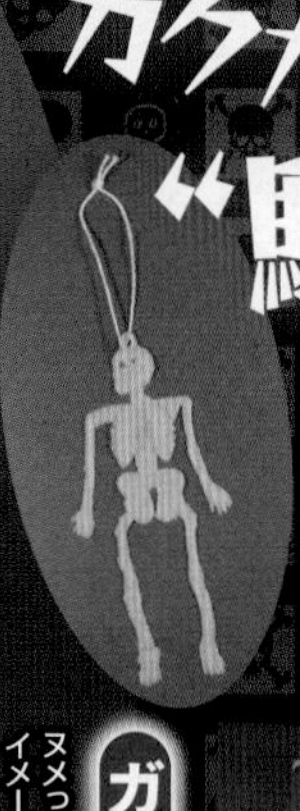

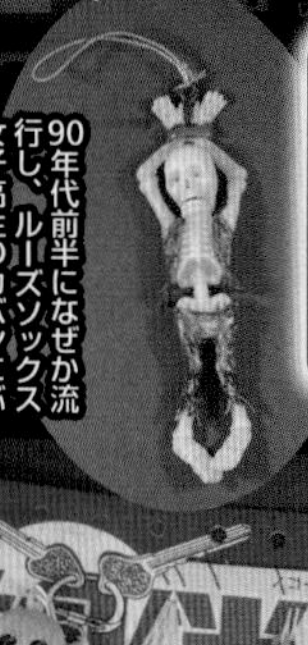

死にかけ人形

90年代前半になぜか流行し、ルーズソックス女子高生のカバンにぶら下がっていた。

ガイコツゴム人形

ヌメっとしたゴムの感触はガイコツのイメージではないが、不思議とマッチする。

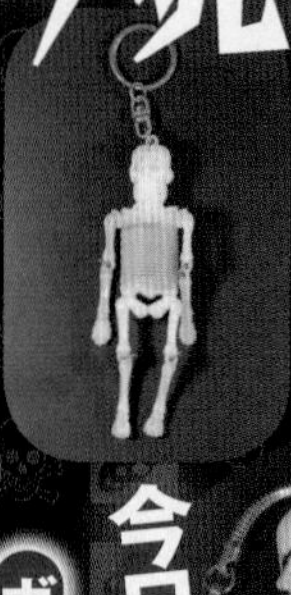

ガイコツキーホルダー

ガイコツキーホルダーは昭和キッズのマストアイテム！ 目には必ずダイヤもどきが入っていた。

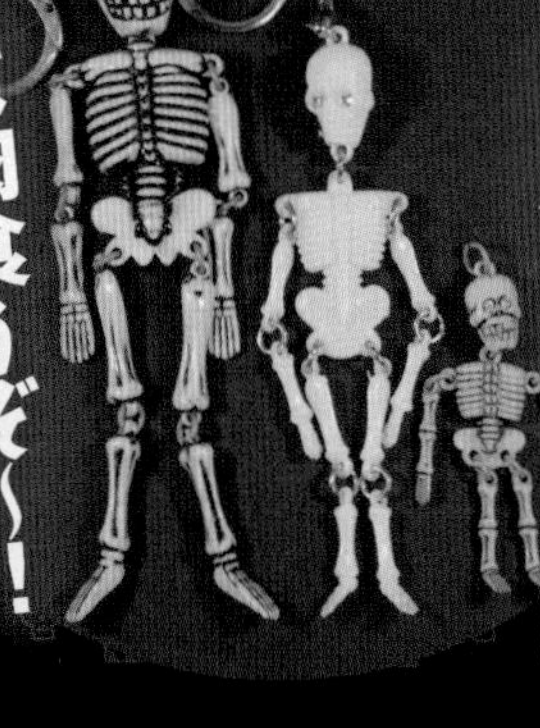

今日は肉食うぞ〜！

ヤッタ〜！

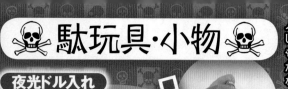

プラモデル

標本並みのリアルなものから、子どもだましのものまで、いろいろなガイコツプラモデルが発売されたが、やはり派手な夜光プラ製や金メッキ製のものが多かった。

ガイコツプラモに骨ぬき!!

黄金ガイコツ 岡本

操り人形のように、糸でガイコツを吊り、自由に動かして遊べる。夜光タイプもあった。

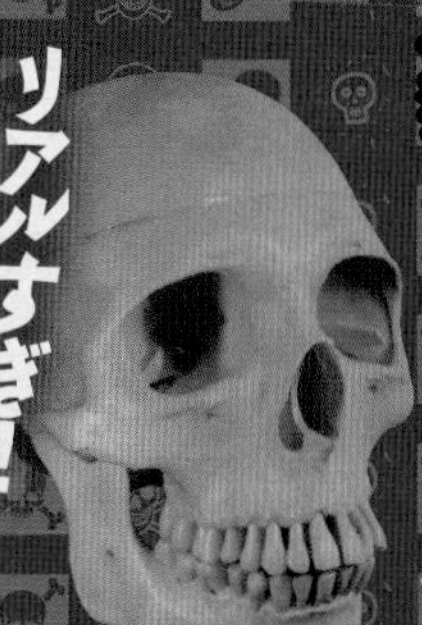

リアルすぎ!

HUMAN SKULL レベル

夜光プラ製だが塗装すると本物と見分けのつかない、実物大のスカルプラモ。

黄金ドクロ

ゼンマイ仕掛けでアゴをカタカタと動かして歩く。ドクロ駄プラモの決定版。

中村産業

スリラー3点入 童友社

ドクロ、クモ、サソリのチープな夜光プラモが、3つ入ってたったの50円。

THE FORGOTTEN PRISONER メビウス

オーロラ社の名キットの復刻。地下牢に放置され、忘れられて白骨化した囚人。

オラは死んじまっただ〜♪

よっぱらいガイコツ 童友社

昭和流行歌「帰ってきたヨッパライ」（昭和42年）の大ヒットにあやかったプラモ。

目がピカ〜ッ!

HEAD LIGHT モノグラム

トリガーを引くと口が開き、両目がピカ〜ッと光る実物大のドクロ型ライト。

その他

ガイコツやドクロはおもちゃだけでなく、多種多様な日用品のモチーフにもなった。みんないつかはガイコツになる。もっとガイコツを身近に置いて親しもう!

陽気に楽しく、メメント・モリ

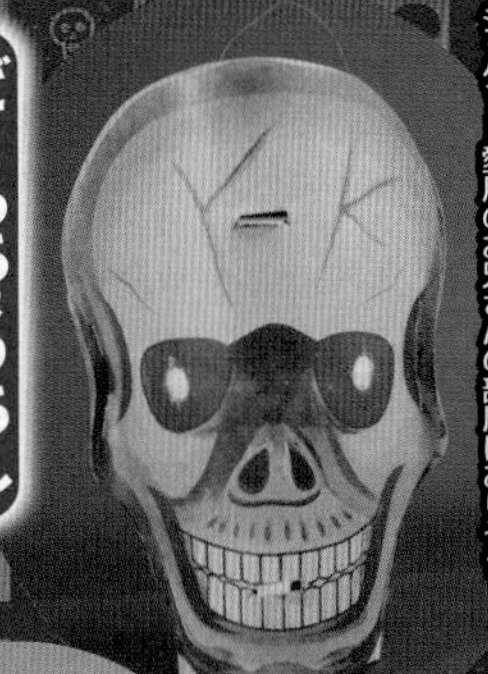

どくろちょうちん

かなり古い紙製提灯。目の部分が薄くなっており、ローソクの火で妖しく光る。

メカドクロ置物

重さが約3kgもある置物。ドクロ柄ライダースジャケット愛用のお兄さんの部屋にありそう。

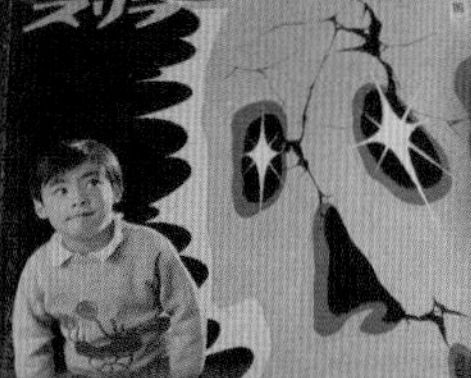

スリラーゲーム

ファミコン以前、任天堂が発売したアクションゲーム。ゼンマイ仕掛けのドクロで盤上のコマを落とす。

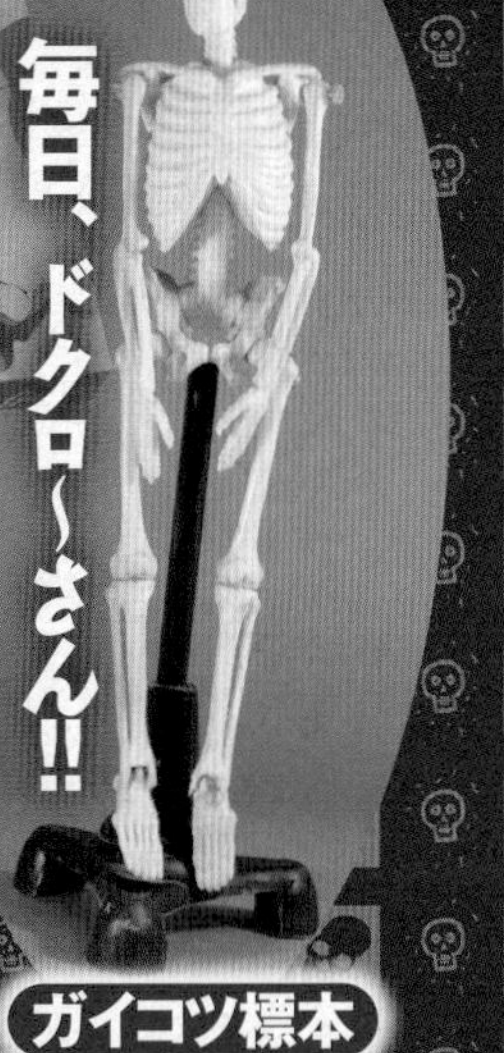

毎日、ドクロ〜さん!!

ガイコツ標本

サイエンスショップで売られている定番商品。ちょっとしたお部屋のインテリアに最適。

音楽で骨休み

ドクロラジオ

まるでドクロがしゃべっているように、音に合わせてアゴが動き、ユラユラと頭が揺れる。

ドクロ貯金箱

海外には〝本の上に乗ったドクロ〟というモチーフが多い。「死ぬまで勉強しろ」という意味?

ガイコツ根付

ガイコツやドクロの根付は意外と多い。江戸っ子もガイコツが大好きだったのだ。

協力／Mr.ゴムヘビ

何だコレ!? 超アナログな驚きが郷愁を誘う 摩訶不思議玩具名鑑

子どもというものは、みな好奇心旺盛であり、ちょっとでも「おやっ?」と思えば、盲目的に喰いついてしまう生き物だ。そんな子どもの心理を利用して一発当てれば大儲けも夢じゃない…というわけで、昭和の時代、チープながらもさまざまな不思議玩具が発売されては消えていった。なかにはその存在自体が謎のものもあったが、コンピューターゲームでは絶対に味わえない、自然的な神秘性ゆえにロングセラーとなっている商品も多いのである。

でんじろう先生も驚いた とある科学のびっくり玩具

●ラブテスター
左は掌の温度で気体を膨張させ、右の任天堂のものは掌の発汗作用を利用し、電気を流して興奮度を計測する。

●デカロン
水を吸収し、何倍もの体積に膨張する素材を使ったおもちゃ。形は主に怪獣や動物などだが、まさかウンチまであるとは!

●樹氷
まるでクリスマスツリーに雪が積もったようだが、実はナトリウム(塩)が時間をかけて結晶化したものである。

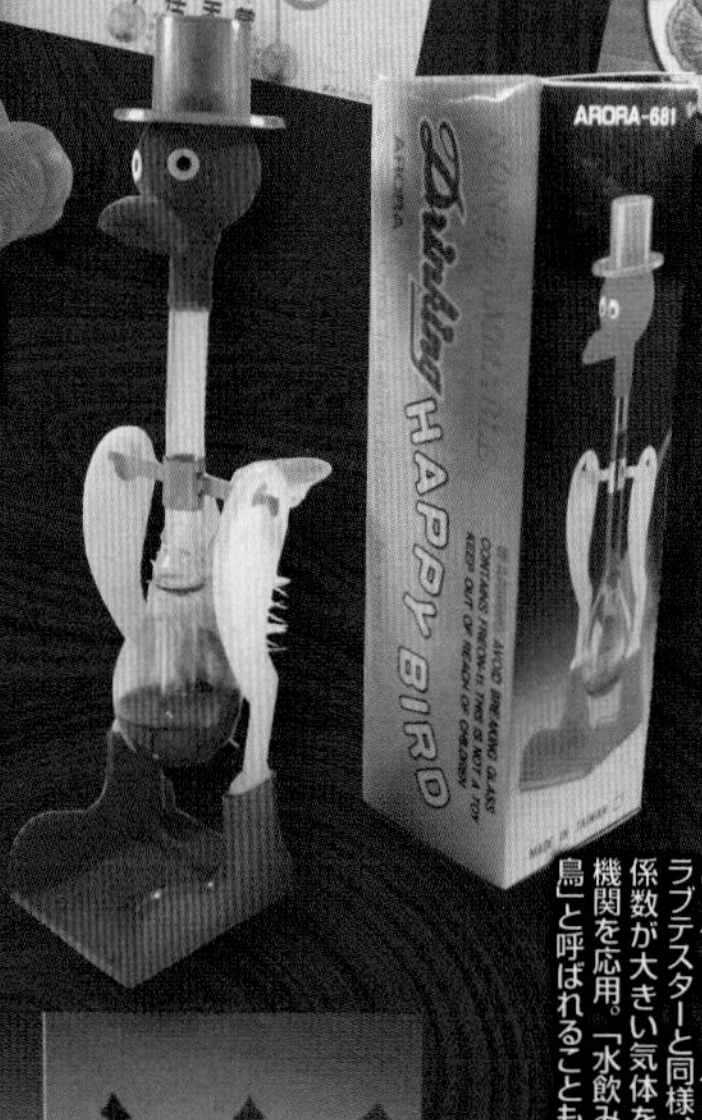

●ハッピーバード
ラブテスターと同様、熱膨張率係数が大きい気体を使った熱機関を応用。「水飲み鳥」「平和鳥」と呼ばれることもある。

●けむり
実は煙ではなく、松脂などのカスが空中を漂っているのが煙のように見えているだけ。表紙など演出の勝利だ。

理科好き少年が思わず夢中になった

物質の化学反応や物理理論を応用し、そこにおもちゃ的な面白さ、ユニークな発想を融合して生まれた商品。大人にとっては当たり前の現象を、いかに子どもにアピールするかが工夫のしどころ。膨張しやすい気体を使っただけで、まるで鳥が水を飲んでいるように動く「ハッピーバード」は歴史に残る傑作だ。

●ねるねるねるね
リトマス試験紙とまったく同じ原理を、お菓子に応用した画期的な商品。着色料はもちろん天然由来の添加物を使用している。

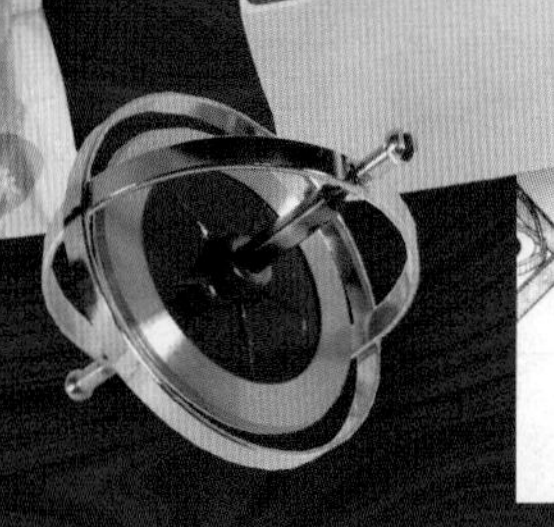

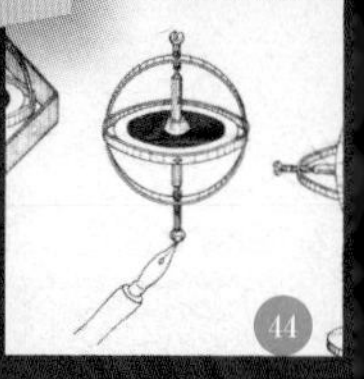

●地球ゴマ
飛行機や宇宙ステーションなどにも使われている、ジャイロ効果の原理を応用した永遠不滅の科学玩具だ。

みんな騙されて大きくなった
トリック・ハッタリ系玩具

誰もが一度はやりたい衝動に駆られた！

面白いものに飢えた子どもたちはトリッキーな動きをするものや、ハッタリにすぐに引っ掛かってしまう。一度でも「やりたい！」という衝動が起きたら抑えることができない。そんなわけで、これらの商品は夜店などの実演販売で売られることが多かった。まぁ、数回やれば急速に熱は冷めていくのだが…。

●手品グッズ
子どもたちの間では、昔からある周期で手品がブームになる。つまり、みんながタネを忘れた頃に流行るのだろう（笑）。

●スパイメモ（サンスター文具）
「水に溶ける紙」は、米軍の秘密文書用として輸出されていたもの。つまり、本物のスパイグッズだったのだ！

●モーラー
透明の糸でモールでできた虫を操る。かなりの練習が必要。当初、実演販売すると飛ぶように売れたそうである。

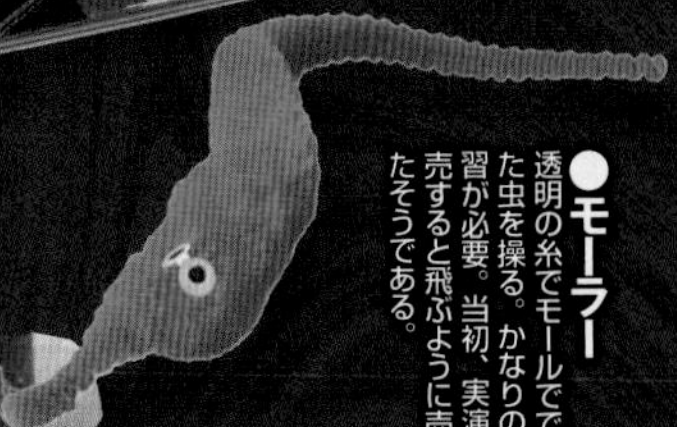

●マジックスーパーボール
スーパーボールを自分の手で作ることができるキット。ただ遊ぶだけでなく、作る楽しみ、実験的気分が味わえる。

●トムボーイ
単なるバネ状の物体だが、伸縮しながら階段を一段ごとに降りていく優雅な動きは驚きである。別名「スリンキー」。

●マジックフラワーチェンジャー
ある面を上にして開くと花が開き、ある面では何もない。単純な仕組みだが目の前でやられると意外と不思議。

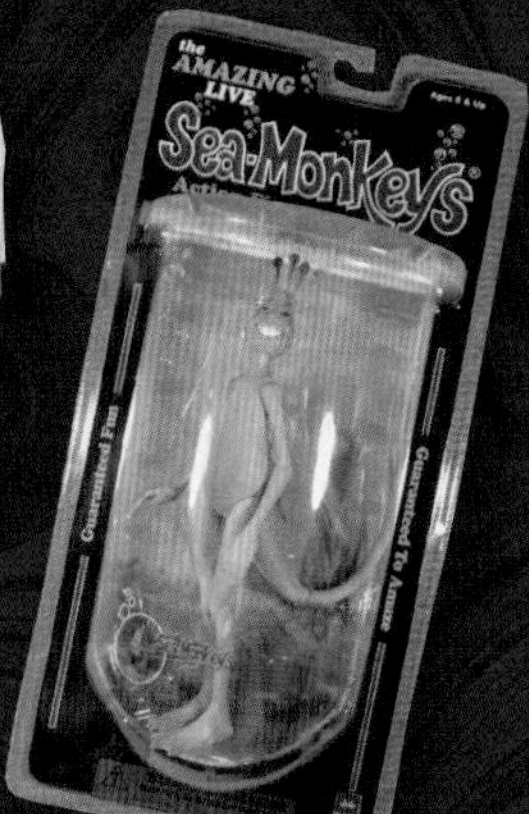

●シーモンキー
ミジンコのような小さな塩水エビが正体。これをおもちゃにした発想がすごい。フィギュアやガチャにもなった。

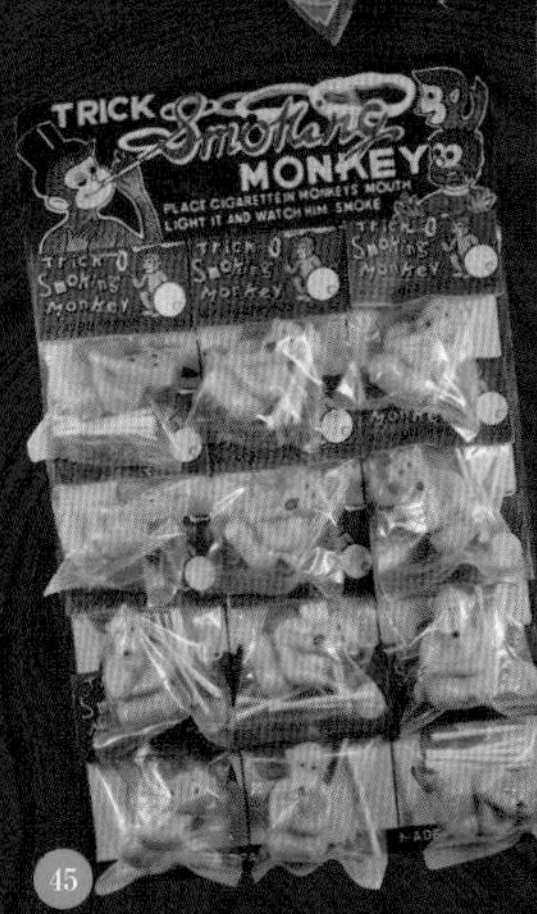

●スモーキングモンキー
おもちゃの猿が本当に煙草をスパスパと吸っているように見えるが、煙草自体に仕掛けがある。

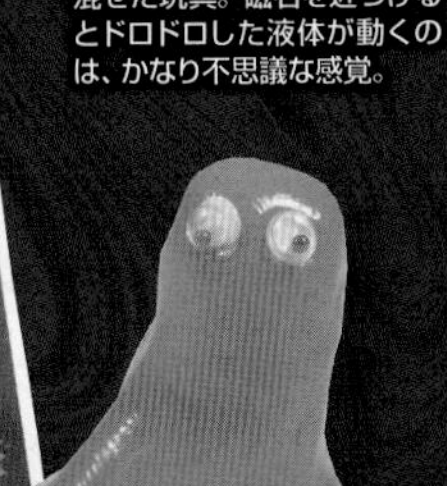

●ギョロミーバ
普段は粘土のように柔らかいのに、床などに投げつけると瞬時に弾むほど固くなる不思議な性質を持っている。

●マグドロン
スライム状の物体に磁性体を混ぜた玩具。磁石を近づけるとドロドロした液体が動くのは、かなり不思議な感覚。

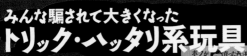

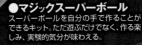

謎が謎を呼ぶ
変テコ・キテレツ駄玩具

●スーパーボール
なぜ、あんなに跳ねるのか。不思議といえば不思議。ひところよく見かけた目玉の付いたスーパーボールは日本の職人が考案したもの。左は製造マシーン。

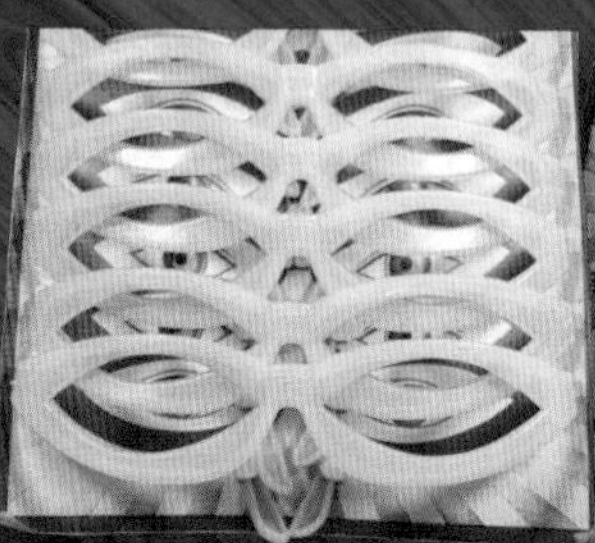

●夜光マホーメガネ
横尾忠則やダリも真っ青のシュールな台紙。単なる夜光のチープなメガネに「臨海・林間用」っていったい…？

●念力スプーン
ユリ・ゲラーの超能力ブームの頃のおもちゃか？ 折れ曲がる部分を銀紙で隠してあるだけのトリックもすごい。

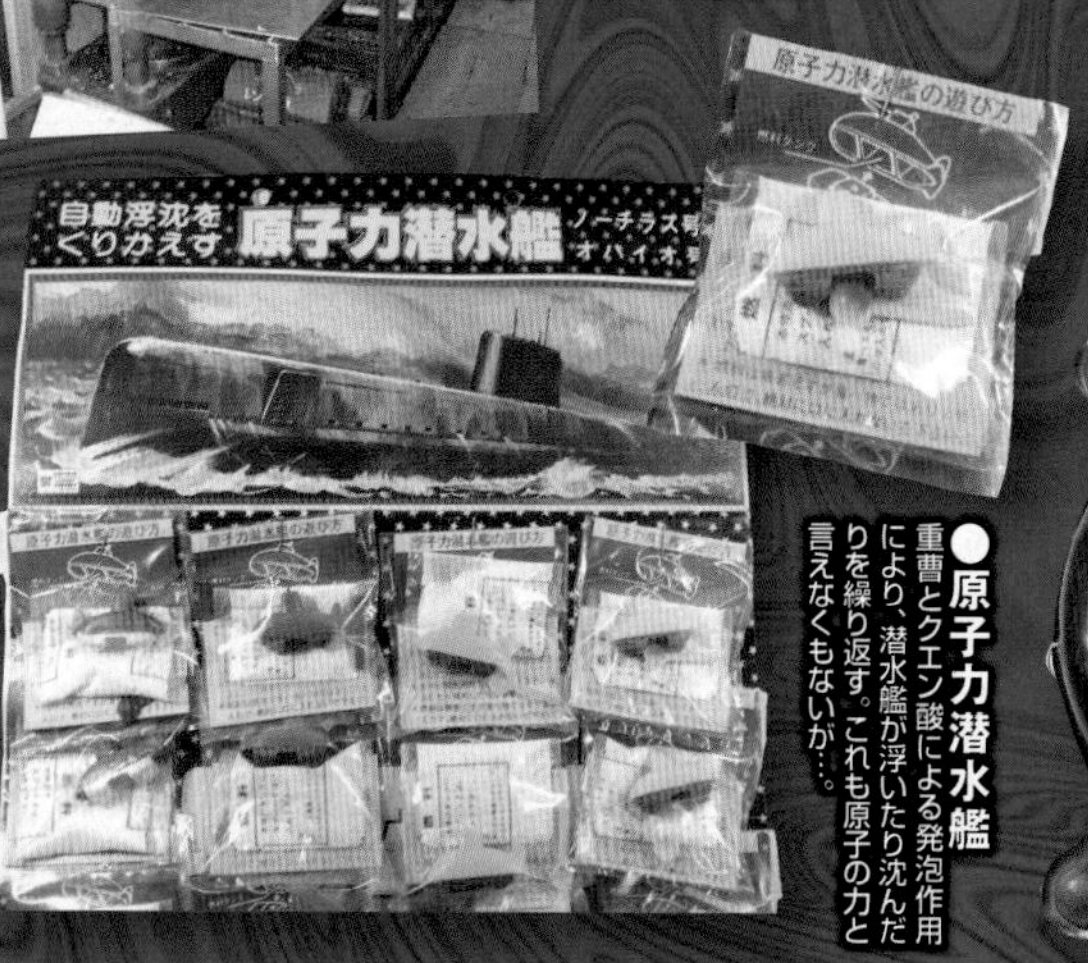

●原子力潜水艦
重曹とクエン酸による発泡作用により、潜水艦が浮いたり沈んだりを繰り返す。これも原子の力と言えなくもないが…。

●変なお面
カッコイイとは言えない奇妙なロボットの顔に、なぜに牛の頭が…？ デザインの意図がわからないセルロイド面。

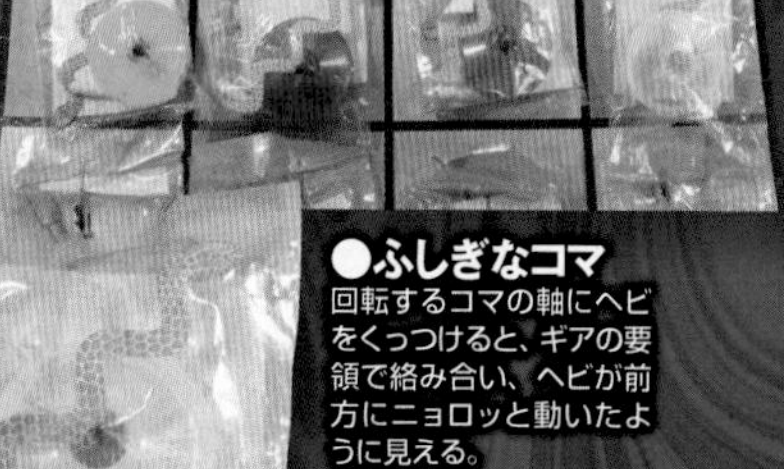

●ふしぎなコマ
回転するコマの軸にヘビをくっつけると、ギアの要領で絡み合い、ヘビが前方にニョロッと動いたように見える。

●妖怪とこやさん
穴からニュルニュルと出る粘土を髪の毛に見立てて遊ぶ玩具。変テコなキャラ、ネーミングのセンスがすごい。

●日光がまん
「日光がまん」という不思議なネーミングの意味は？ 実は単なるシールで、これを貼って肌を焼くと跡が絵になる。

思考停止状態に陥る常識を超えたヤツら

子ども相手の10円、20円の商売だからこそこの世に誕生することのできた、哀れな…いや、素晴らしい駄玩具たち。それらはまさに規格外で、一般的社会の通念を超える存在といえる。昭和の駄菓子屋は、さながらアウトサイダーアートならぬ「アウトサイダー玩具」の品評会のようであった。けして評価されることはないが(悲)。

おもちゃ…section 14

バカ受け!! 流行りモノ

昭和駄菓子屋 シール☆カード引き図鑑

駄菓子屋の軒先に風に吹かれるまま、ブラリブラリと揺れていた「引きモノ駄玩具」。いや～、その姿にはどことなく哀愁が漂っておりました。1枚5円か10円で売られていた「引きモノ」は、そのチープさゆえに、お菓子を買ってあまったお金でよく買って遊んだもの。今思えば、それらはその時々の子どもたちの流行を敏感に取り入れていた。今、こうやって見返してみれば、我々に時代の移り変わりを雄弁に物語ってくれているではないか。

ポップだぜ!! 80's

E.T.ブレイク!!

うちゅうじんがくれた てれぱしーけむり

今でも売ってる「妖怪けむり」だが、映画『E.T.』が流行したときには「てれぱしーけむり」と名称が変わっていた。

ワッペンシール エリマキトカゲ

1984年、車のCMをきっかけにエリマキトカゲが日本中で驚異的なブームに。多種多様な駄玩具が出回ったのだった。

オール エリマキトカゲエレキ

「エレキ」とは磁力でくっつくカードのこと。「オールエリマキ」なので他の動物が出る心配はありません、という気配り。

珍獣ブーム!!

キラ・キラ ウーパールーパー

このキャラクターの名前である「ウーパールーパー」は、実のところ流通名だった。正式には「メキシコサラマンダー」という。

バリバリ ヤンキー伝説!!

パチモン上等!!

パチで悪かったニャ～

コラージュアートです。

動物虐待はしてません。

パチねこシール

大ヒットした朝ドラ『あまちゃん』の、春子さんの部屋にもあった「なめ猫」のパチ。なんともいえない味わいがあります。

スケ番バッチ

1985年のテレビドラマ『スケバン刑事』の大ヒットにあやかったもの。絵柄も80年代っぽくてグ～。

学ランは袖を捲くるのだ。

TOM CATか(笑)。

この頃はスカートが長い!

何の因果かマッポの手先

アート・トラックシール

小学生が『トラック野郎』を見たとは思えないが、プラモデルを中心に子どもたちの間でもデコトラブームが起きた。

「トラック野郎」大ヒット!!

ノートに貼りました。

暴走族との親和性が高い。

映画のパロディが多い。

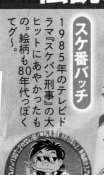

何人わかるかな?

人気者シール

懐かしい面々。あくまで似顔絵なので肖像権は無視。あまり似てないけど、コピーがヒントになります。

昭和は遠くになりにけり

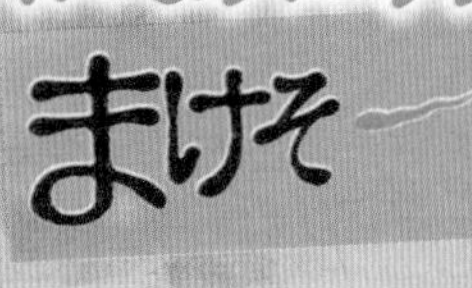

ハレハレシール

流行語はその時代を雄弁に語る。若い世代にはたぶんわからないだろうな〜。

覚えていますか? 流行語・芸能人・カップ麺etc…

超ロングセラーのどん兵衛。

どんぶりマグネシール

日本が誇る発明品・カップラーメン。1980年代に一気に種類が増えて国民食に。こんなマグネシールにもなった。

毎日オヤツに食べてました。

コレ、美味かったよな〜!

忘れられない味!!

恐怖の都市伝説!!

赤い服や靴という噂が多かった。

夜光口さけ女!!

昭和54年、突如として日本全国に広まった都市伝説。駄玩具業界が見逃すハズがない。この夜光紙人形は怖すぎでしょ!

なんで流行ったのかなぁ?

君はナニベー?

汚ねぇあだ名だな〜(笑)。

こんなヤツいたなぁ。

巴投げが得意なヤツなのか?

ベーベーシール

昭和47年に流行った森永製菓の『チョコベー』(20円)にはおまけに「ベェシール」が付いていたが、それのパクリ。10円で2枚だからこっちのほうがお得?

正義の味方、マサベー!

最もチープな紙製駄玩具の世界!!

激シブ鉄オタシール

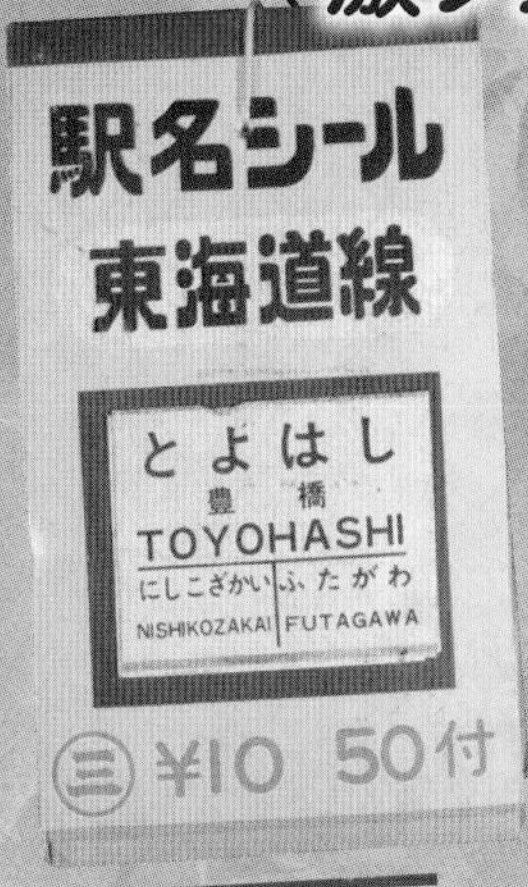

こんな駅、知りませんよ。

駅名シール 東海道線

なんと、東京と神戸を結ぶ鉄道の駅名がシールに！ これを企画した会社も買った子どもも“鉄オタ”だったんだろうなぁ。

ロマンチックが止まらない

つなげて天井いっぱいに貼ったらプラネタリウムに！

光る星座カード

女子向けのカードか？ 星に蛍光塗料が塗ってあり、暗いところで光るムード満点のカードだ。

全部ハズレ？

殺伐としたシール。

乗り物や動物が描かれた。ただの紙です。

ちびっこ袋

表紙の投げやりな絵からもわかるように、内容はいたってチープ。ガチャでいうとブラックカプセルだ。

仲間と遊べるシール

→の答えは「角さん」。

ハレハレWシール袋 なぞなぞ集

上のシールをはがすと下から解答が出てくる凝ったカード。時事性の高いなぞなぞも多い。

サラリーマンごっこする？

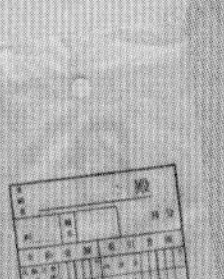

月給袋

サラリーマンの給料が銀行振込ではなく、月給袋に入れて手渡しだった頃のもの。哀愁味のある駄玩具だなぁ。

引き袋自体が給料袋になっているというアイデアが秀逸。

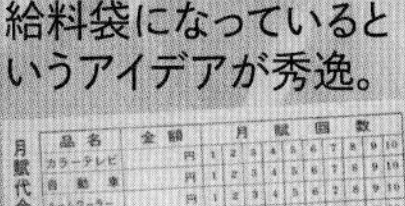

なんと月賦支払票まで付いているのだ。つら～

お札にはファーブルや豊臣秀吉、なぜか埴輪も。

パチというより偽造

人気者ブロマイド

一見、本物だが、よ～く見ると細部が微妙に違う。子どもたちはダマされまいと駄菓子屋で観察眼を養ったのだ。

マグマの角の形が……

左上のキャラは何だ？

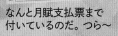

おもちゃ…section 15

目指せ、コンプリート！　ハマれば地獄!!

昭和駄菓子屋カード大決戦!!

読者の皆さんも幼少の頃には『仮面ライダーカード』や『ワールドスタンプブック』、さらには『ビックリマンシール』など、カード（類）収集にハマッたことがあるのではないだろうか？　もちろん、当コーナーではそれらの王道カードには触れない（笑）。それらのブームにあやかり、駄菓子屋でワケのわからないカードがひっそりと売られていたのだが、これがなかなかの味わい。まさか「コレ、夢中で集めてたよ！」なんて人はいませんよね？

生物系カード

虫集めは子どもの本能

箱

有毒生物（アマダ）

世界中の有毒生物を「これでもか！」と集めたカード。果たして売れたのか？

袋

「どんなキモい生物が出てくるのか」と期待をもたせる袋だ。

袋

ザリガニが主役なハズだが、箱と袋はなぜかゲンゴロウが…。

箱

ザリガニ水生昆虫シリーズ（アマダ）

子どもはザリガニやタガメなど水生昆虫が大好き。目の付けどころがさすがだ。

毒蜘蛛といえばタランチュラ。意外にも毒性はそれほど強くないんだとか。

ヤドクガエル。名前の由来はインディアンが毒矢を作るのに利用してたから。

商品のタイトルにまでなって、ザリガニもさぞうれしかろう。

タガメに似ているがタイコウチという昆虫。タガメより細めで小さい。

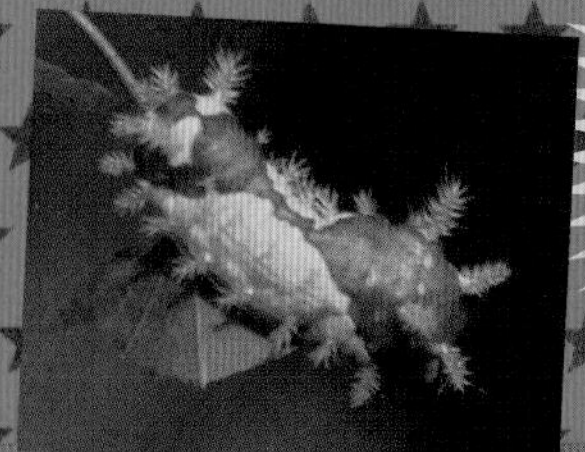

イラガの幼虫。姿も恐ろしいが、背中のトゲで刺されると激しく痛む。

アタリ!!

「アタリ」が出るとボール紙製のカードケースがもらえた。

ヤゴはトンボの幼虫で肉食性。獲物を補食するスピードと精度はピカイチ。

アタリ!!

当たりはシールを貼る台帳。描き文字のタイトルロゴがかわいい。

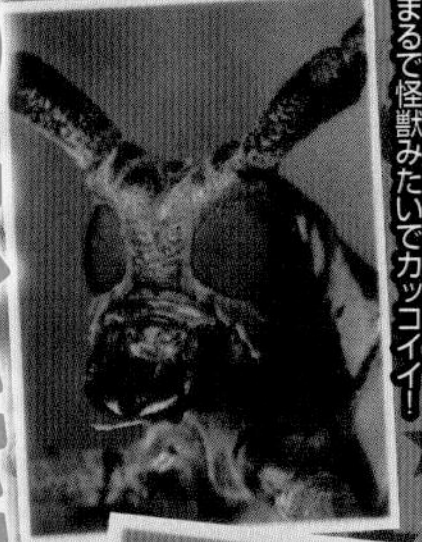

カミキリ虫の顔のアップは、まるで怪獣みたいでカッコイイ！

飛翔するカブト虫の姿をバッチリとらえた写真。子どものハートをわしづかみ。

箱

昆虫フィルムコレクション（山勝）

透明フィルムに印刷されたシール。箱は不動の人気ナンバーワン、カブト虫。

袋

2匹のカブト虫が激突！　子どもにとっては「アタリ」のカードだろう。

アゲハ蝶の羽化シーン。子どもの頃、自然の神秘に目を奪われた。

アタリ!!

当たりの台帳には自然の風景が描かれていて、そこにシールを貼る。

サイエンス系カード

カリフォルニア州のハイウェイパトロールマンが撮影したUFO。

千葉県関宿町に住む会社員が、家の近くで撮影したUFO。

袋

インチキじゃん!!

コロンビアで撮影されたUFO。こんなの集めて楽しかったのかな?

愛知県の会社員が撮影したUFOだが、裏の解説を読むと…

窓《まど》ガラスにはり付《つ》けたUFO

1975年8月3日愛知県豊田市で市内に住む会社員が自宅の窓から撮影したアダムスキー型のUFO。その後の調査で紙をUFOの型に切りぬいて窓ガラスにはりつけ撮影したトリック写真とわかった。
（写真提供：ユニバース出版社／オリオンプレス）

UFO型に切り抜いた紙を窓ガラスに貼り、撮影したと書いてある。

箱

UFO(アマダ)

1970年代中期のUFOブーム時のものか? 素晴らしい企画だ。

アタリ!!

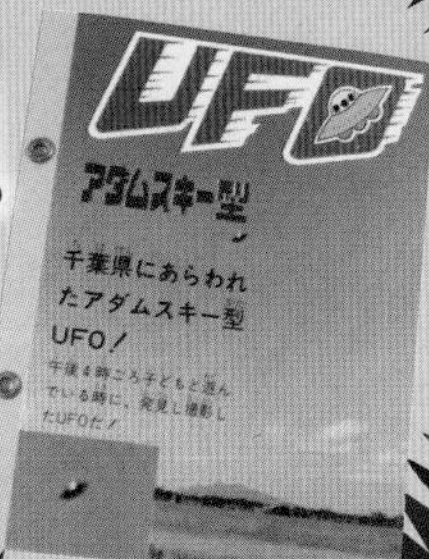

当たりでもらえたカードホルダー。金箔押しの豪華表紙だ。

カード界のブラックホール

袋

箱

世界の最新兵器(山勝)

今なら右翼的すぎるとして販売禁止になる? いや、逆に奨励されるか。

アメリカ空軍が誇るテレビで誘導するミサイル・マベリック。

アメリカ空軍の超音速高等練習機・ノースロップT－38タロン。

スウェーデンの155mmFH77野戦曲射砲。マニアックだなぁ。

155mm FH77 野戦曲射砲　スウェーデン

口　径	155mm
射　程	22km
砲弾の重量	43kg

スウェーデン、ボフォース社新開発の対空砲。

ABMとは？

弾道ミサイル迎撃システムのこと。米国の場合は、ソ連や中国のICBMから米国を防衛する目的で開発された、セーフガード計画、ソ連の場合はガローシュと呼ばれるものがある

スーパー・ウェポン　富士映画提供　©テレキャス・ジ

裏

アタリ!!

ICBM(大陸間弾道弾)タイタン型の厚紙製下敷きが当たりだ。

宇宙のミステリープロ

宇宙に関する百科事典的カード。内容はいたって地味だ。

表

今や火星探査機が実現したが、昔はこんな生物がいるとされていた。

隕石の写真。と、いわれても単なる石ころにすぎないのだが。

50億年前に太陽が出現したとき、星雲が集まってできた小惑星の図。

非常に遠方にある活動銀河核の一種・クエーサーのイラスト。

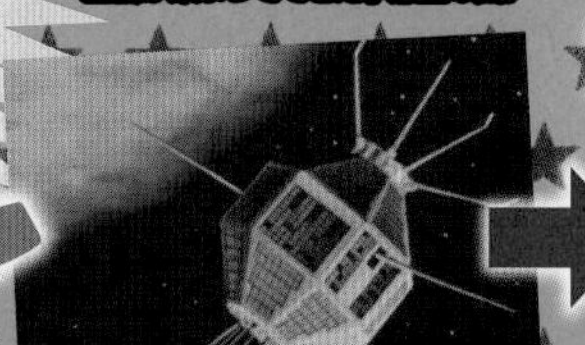

人工衛星のイラスト。70年代ごろはまだ珍しく、宇宙少年の憧れだった。

意味不明!

科学人工衛星

誕　生　宇宙の色々の解明出来ない事が沢山あるから四方、八方からの観測によって色々と解明出来る様に打ち上げて居る。

効　果　人類の為に環境汚染等、色々な事の研究になり人類の幸福になる様にと研究している。

この商品が面白いのは解説の日本語がメチャクチャなところ(笑)。

裏

流行りモノ系カード

この商品はゲーム画面を基調に、トータル的なデザインがされている。

箱

SPACE INVADERS（アマダ）

昭和53年に登場し、日本あげての怒濤の大ブームになったゲームがカードに！

インベーダーを1列だけ消し、そこからUFOを狙う名古屋打ち。

最下段のインベーダーを順番に慎重に消していく。失敗したら最後だ。

UFOが来たらすかさず隙間から攻撃し、高得点をゲット！

いよいよ最後の一匹。つい焦ってしまい、失敗しちゃうんだよな…。

アタリ!!

カードを順番通りに貼ると、攻略法解説書になる台紙が当たり。

ブームが終われば紙クズ

ミニカードアルバム

なかなか当たらない景品の代用品がたった20円で買えたのだからありがたい。友達には自慢できないが。

「仮面ライダースナック」で当たりカードが出るともらえたカードホルダーの人気に便乗した商品。

ハマー・フィルムの『蛇女の脅怖』を持ってくるとは駄玩具にしてはマニアックだな！

いいねぇ〜、駄味溢れる怪獣たち。彼らのカードも欲しかったよ。

箱

良い猫 悪い猫 普通の猫

80年代初頭に大ブームを巻き起こした「なめ猫」のパチカード。

アタリ!!

松田猫子さんの履歴書カード。住所はタマ区エビ町のトルコ（笑）。

厚紙製下敷きが当たり。バカバカしくて笑うしかない。

パチもん臭え!!

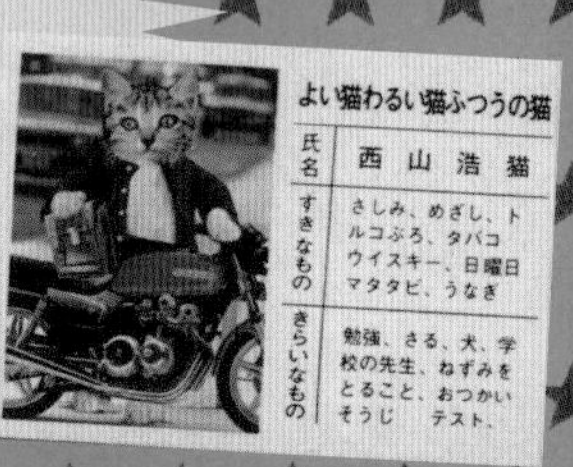

子どもの収集癖と好奇心を利用せよ！

子どもというものは好奇心が旺盛で、興味を持ったものを集めるのが大好きだ。その習性を利用して、商品にカードなどの「おまけ」をつけてもうけることを思いついた人はたいしたものだ。

戦後のおまけブームの先陣を切ったのは、昭和22年に発売された紅梅食品の『紅梅キャラメル』。巨人軍選手のカードを集めて10人のチームを作ると、文具やゲーム、野球用具などの賞品がもらえた。昭和46年には人気番組のカードをおまけにつけた『カルビースナック仮面ライダー』が大ブームに。テレビ登場前の新怪人の写真が、雑誌よりも早くリークされるのがウケた。昭和60年にはロッテの『ビックリマンチョコ』のおまけ『ビックリマンシール 天使VS悪魔』が大ヒット。シールの背景にある壮大な物語に子どもたちは魅せられた。

時代によって子どもたちの欲しがるものが、「モノ」「情報」「物語」と変化しているのが興味深い。その時代の子どもたちが欲しているものを見極めた者が、次のカードブームをつくり出すのだ！

好奇心が最大の動力だ!
昭和サイエンストイ実験室

私たちがラジオ、カメラ、乗り物などの仕組み、昆虫や植物の生態を理解しているのは、理科の授業で使った科学教材や、学研の『科学』のふろく、そして『地球ゴマ』などのサイエンストイのおかげだろう。絵や文字だけで学ぶのではなく、実際に作り、遊ぶという体験によって、より深い理解を得ることができたのだ。ゲーム機やスマホなど、身の周りのブラックボックス化がどんなに進んでも、科学の基礎が学べるサイエンストイは不滅だ。

レトロカッコイイ!! 電子キット

昭和40年代、面倒な配線やハンダ付けを必要としない電子キットが人気を呼んだ。『マイキット』『電子ブロック』『エレキット』など各社が競い合い、進化していった。

エレキット

穴の開いた組立板に電子部品を差し込み、リード線でつないでいくタイプ。光和株式会社より発売。『月刊少年ブック』(集英社)昭和40年1月号に掲載された広告。

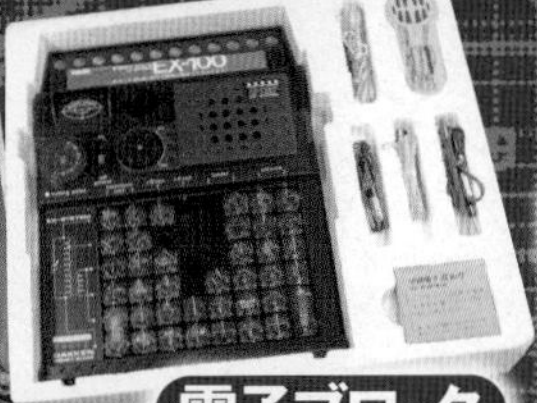

電子ブロック EX-100

電子部品をブロック化し、それを組み替えることで、さまざまな機能を持たせることができる画期的発明品。EXシリーズは学研(学習研究社)より昭和51年発売。

昭和のハイテク感にシビれる!

ハイテクサイエンスキット COSMOS1000

透明なカプセルの中に、電子部品を組み込んだ基盤を並べて使用する。未来的デザインが素晴らしい。学研より昭和60年発売。

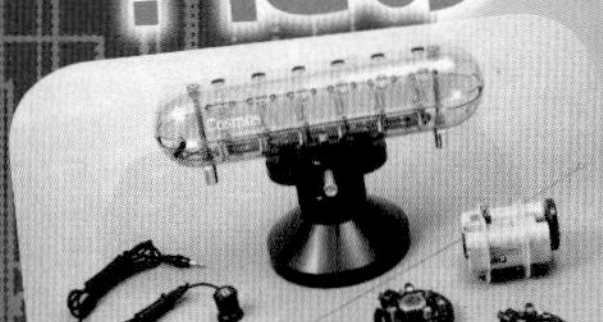

電子ブロック

電子ブロックは昭和40年に電子ブロック機器製造が開発。後に学研と業務提携した。昭和43年『月刊少年ブック』7月号に掲載された広告。

なくしてはならない! 科学雑誌

ラジオの回路図などを掲載した少年向け科学雑誌は、技術者の卵たちを育て、日本を技術大国にしたが、今では雑誌の数も発行部数も減少する一方だ。このままでいいのか?

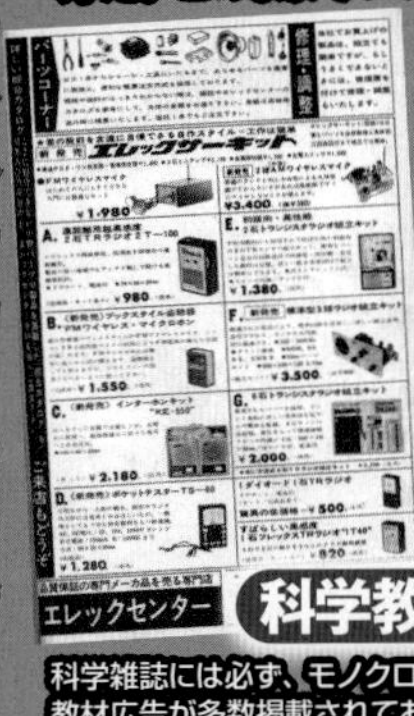

科学教材

科学雑誌には必ず、モノクロの科学教材広告が多数掲載されており、見るのが楽しみだった。『子どもの科学』昭和46年6月号。

子供の科学

大正13年、子供の科学社(後に誠文堂新光社に吸収)から創刊。以来、日本の科学少年の夢を育んできた。昭和46年6月号。

初歩のラジオ

昭和23年7月、誠文堂新光社から創刊。エレクトロニクス入門誌として人気を誇ったが、平成4年に休刊。昭和46年4月号。

少年工作

昭和21年10月、科学教材社から創刊。紙がなかなか手に入らない時代に、よくぞ創刊したものだ。昭和23年12月号。

学研・科学のふろく は完全におもちゃでした!

戦後の子どもたちの共通科学体験だ!!

電気配線ロボット

電気の流れで目玉の回転が変化する。『4年の科学』昭和48年12月号。

青写真実けんセット

何回も使える、感光紙が付いた日光写真キット。『3年の科学』昭和48年12月号。

水くみ風車

羽の傾け方で、受ける風力を調節できる。『3年の科学』昭和47年8月号。

うごくずかんセット

蝶が飛ぶ様子などをパラパラ漫画で再現。『1年の科学』昭和47年6月号。

いろいろな形の磁石が入ったセット。『3年の科学』昭和47年2月号。

ひみつの小ばこ

カラーフィルムの絵を、壁などに映写して楽しむ。『3年の科学』昭和47年1月号。

ポケットライトにもなるげんとうき

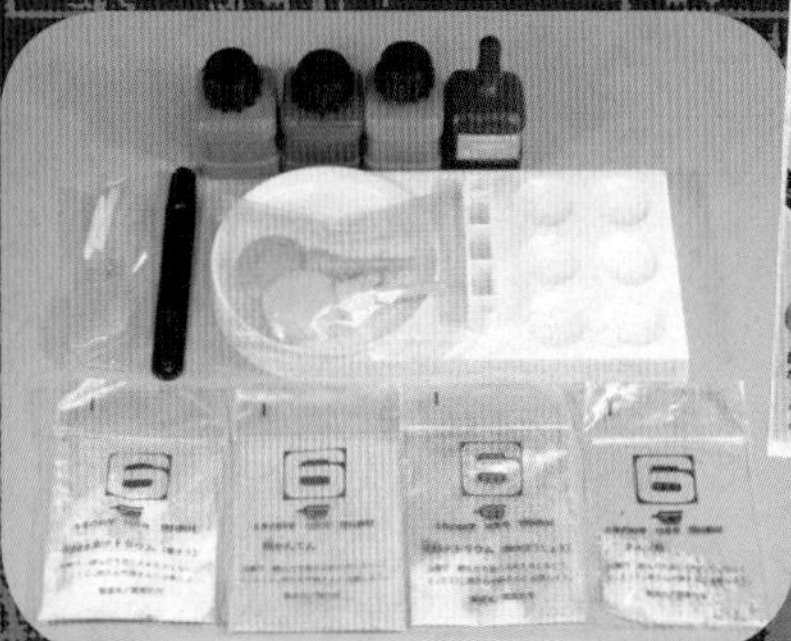

水溶液実験セット

酸性、アルカリ性、中性が色の変化でわかる。『6年の科学』昭和48年10月号。

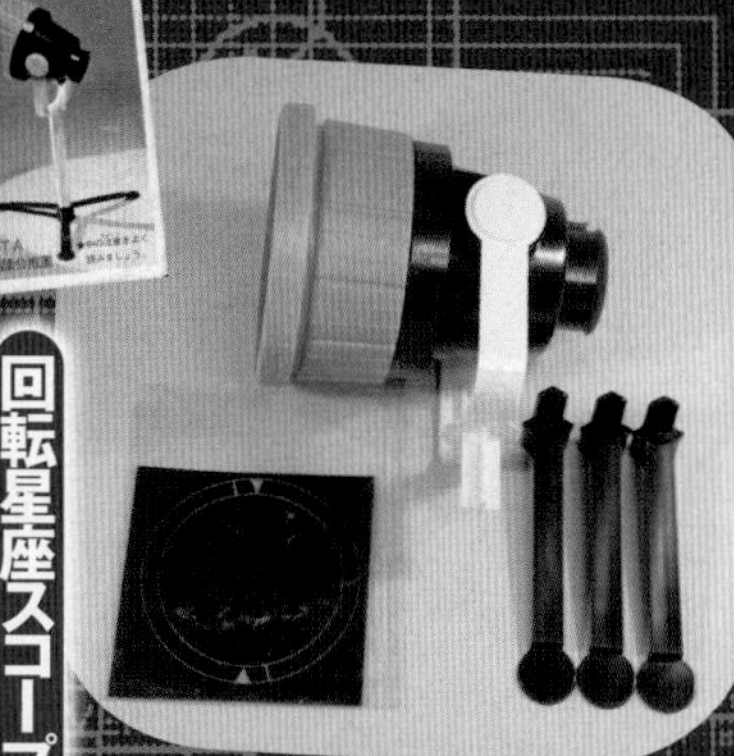

回転星座スコープ

レンズをのぞくときれいな星座が見える。『4年の科学』昭和48年8月号。

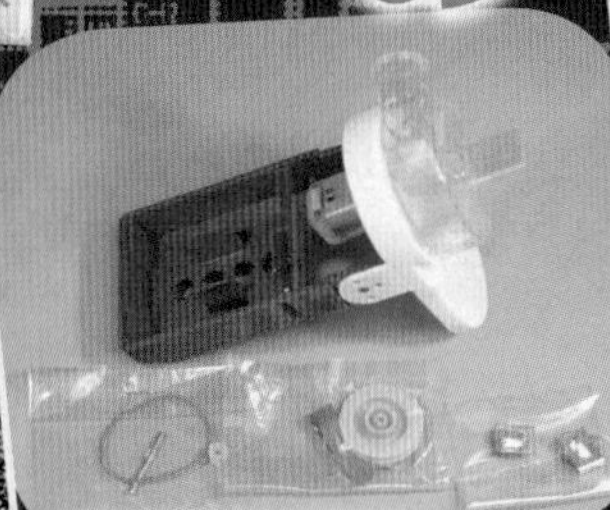

たく上そうじ機

強力モーターで机上のゴミを吸い込む。『6年の科学』昭和49年1月号。

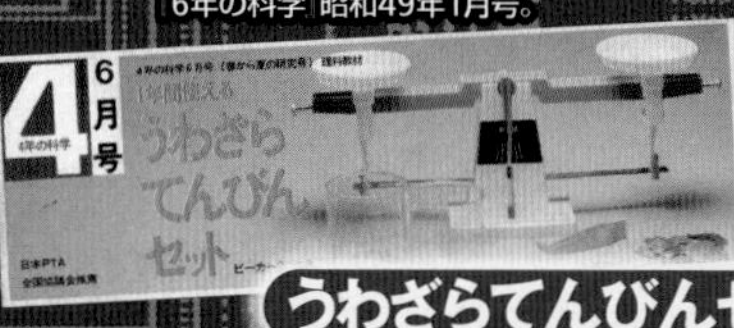

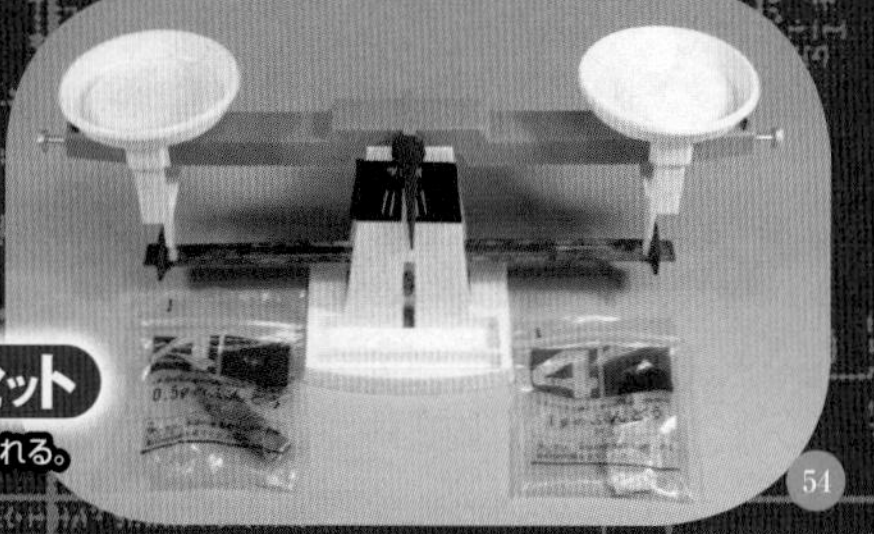

うわざらてんびんセット

ふんどう付きで、物質の重さを正確に計れる。『4年の科学』昭和48年6月号。

科学力を養いながら楽しく遊べた

『科学』にふろくが付いたのは昭和38年4月。ふろくといえば紙製だった当時、普及し始めたばかりのプラスチック製のふろくは、あまりに衝撃的だった。全国のプラスチック使用量の約6分の1近くを占めることもあったのではないかといわれ、最盛期には各学年で約60万部を売り上げた。

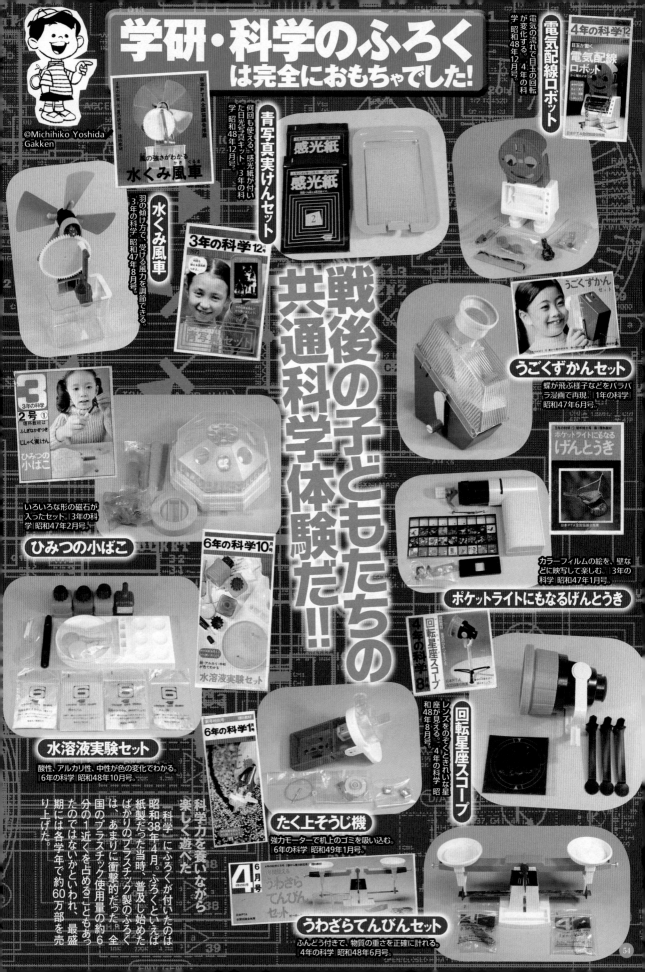

科学する心を育ててくれたおもちゃたち

リモコン戦車や怪獣の人形もいいが、磁力や光の性質など、宇宙の原初的な法則を利用したおもちゃは、私たちをとりまく“自然そのものが遊び道具”ということを教えてくれた。

磁力

反発する力を利用

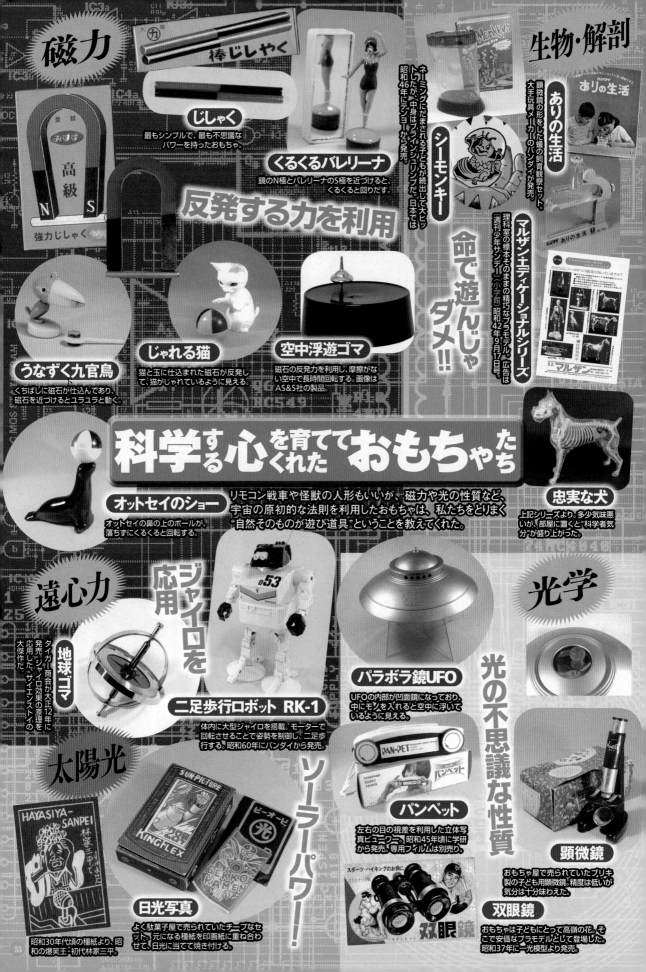

じしゃく

最も不思議な、最も不思議なパワーを持ったおもちゃ。

くるくるバレリーナ

鏡のN極とバレリーナのS極を近づけると、くるくると回りだす。

うなずく九官鳥

くちばしに磁石が仕込んであり、磁石を近づけるとユラユラと動く。

じゃれる猫

猫と玉に仕込まれた磁石が反発して、猫がじゃれているように見える。

空中浮遊ゴマ

磁石の反発力を利用し、摩擦がない空中で長時間回転する。画像はAS&S社の製品。

オットセイのショー

オットセイの鼻の上のボールが、落ちずにくるくると回転する。

生物・解剖

命で遊んじゃダメ!!

シーモンキー

ネーミングにだまされる子どもが続出して大ヒットしたが、中身はブラインシュリンプだ。日本では昭和46年にテンヨーから発売。

ありの生活

顕微鏡の形をした蟻の飼育観察セット。大手玩具メーカーのバンダイが発売。

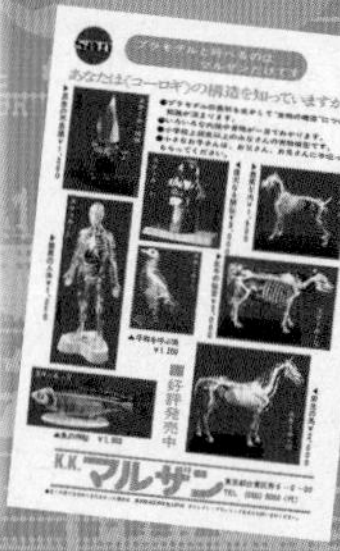

マルザン・エデュケーショナルシリーズ

理科室の標本そのままの精巧なプラモデル。広告は『週刊少年サンデー』(小学館)昭和42年9月17日号。

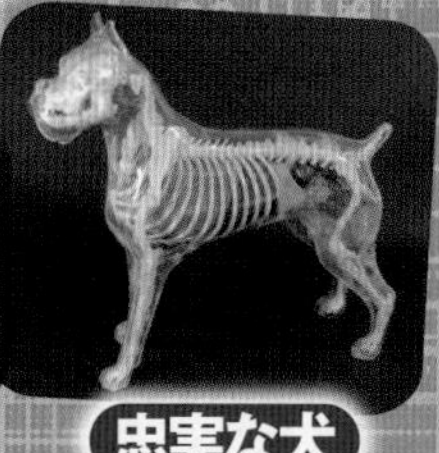

忠実な犬

上記シリーズより。多少気味悪いが、部屋に置くと“科学者気分”が盛り上がった。

遠心力

ジャイロを応用

地球ゴマ

タイガー商会が大正12年に発売。ジャイロ効果の原理を応用した、サイエンストイの大傑作だ。

二足歩行ロボット RK-1

体内に大型ジャイロを搭載。モーターで回転させることで姿勢を制御し、二足歩行する。昭和60年にバンダイから発売。

光学

光の不思議な性質

パラボラ鏡UFO

UFOの内部が凹面鏡になっており、中にモノを入れると空中に浮いているように見える。

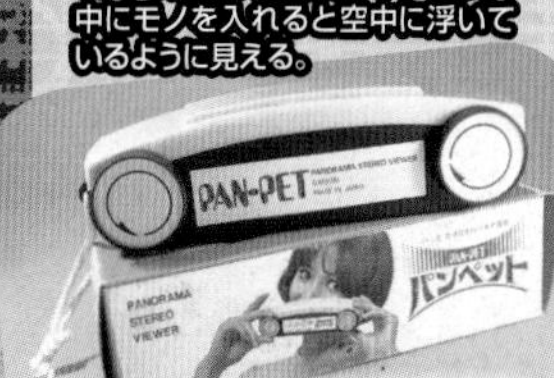

パンペット

左右の目の視差を利用した立体写真ビューワー。昭和45年頃に学研から発売。専用フィルムは別売り。

顕微鏡

おもちゃ屋で売られていたブリキ製の子ども用顕微鏡。精度は低いが気分は十分味わえた。

双眼鏡

おもちゃは子どもにとって高嶺の花。そこで安価なプラモデルとして登場した。昭和37年に一光模型より発売。

太陽光

ソーラーパワー!

昭和30年代頃の種紙より、昭和の爆笑王・初代林家三平。

日光写真

よく駄菓子屋で売られていたチープなセット。元になる種紙を印画紙に重ね合わせて、日光に当てて焼き付ける。

おもちゃ…section 17

祝・アポロ11号月面着陸50周年!!
昭和宇宙少年 アポロ讃歌

昭和44年7月21日午前5時17分（日本時間）、アポロ11号がついに月面に着陸した。当時の子どもたちはその瞬間を見逃すまいと、親に頼んで起こしてもらい、寝ぼけ眼でテレビ画面に見入ったものだった。あれから半世紀…。宇宙開発はとんと進まず、大人になる頃には身近になっていると信じて疑わなかった月世界旅行など、夢のまた夢だ。それでも、あのときにもらった夢と希望は、忘れてはいない。忘れた人は本企画で思い出そう！

少年雑誌

修学旅行は月世界！

1980年代、静かの海に地球往復のロケットセンターが完成…。昭和44年の学年誌より。

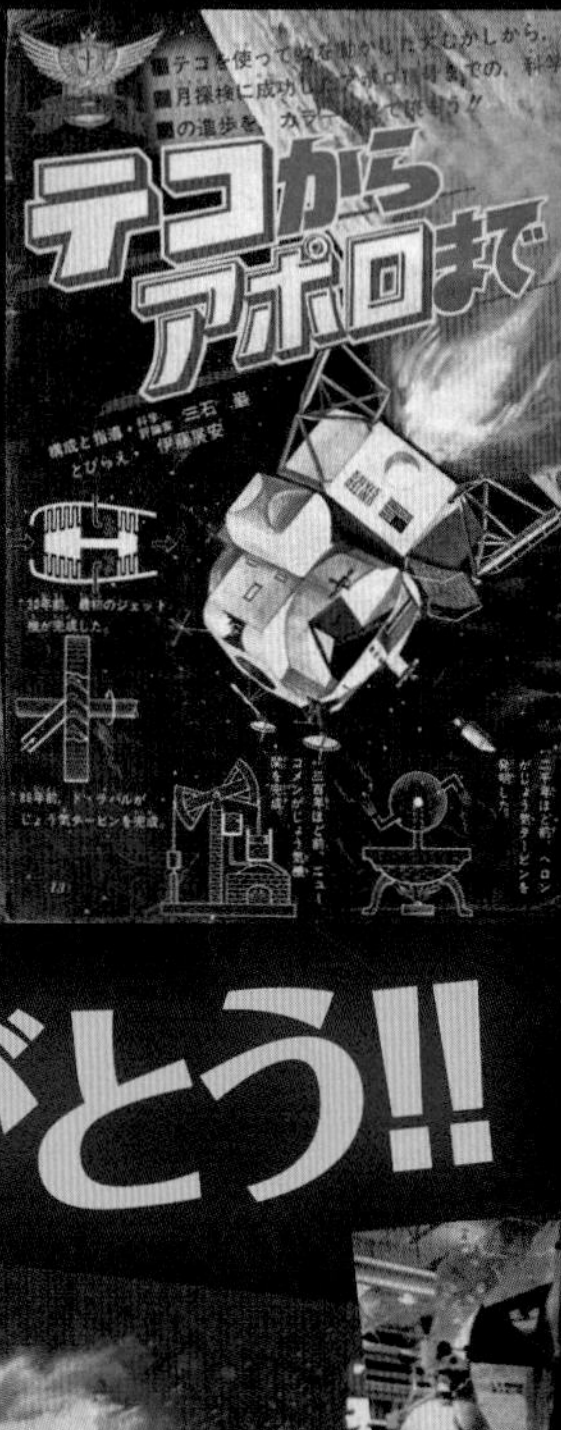

テコからアポロまで

動力技術の進歩を図解。月ロケットが最先端技術として登場。昭和44年の学年誌より。

アポロ発射台ワイドロ絵

50㎝以上もある折り込み口絵。部屋に飾ったらさぞカッコイイだろう。昭和44年の週刊少年漫画誌より。

夢をありがとう!!

宇宙飛行士の7大地獄！

宇宙飛行士を待ち受ける壮絶な試練の数々を解説。昭和44年の週刊少年漫画誌より。

もしも宇宙服が破れてしまったら…子どもの夢を打ち砕く悲壮な記事。

宇宙飛行士はつらいよ

予行と本番

宇宙飛行士たちは、地球の月面模型で何度も訓練を重ねた。昭和44年の週刊少年漫画誌より。

地獄の特訓

宇宙船に穴が開き船内の気圧が下がると、飛行士もこうなるのだ。昭和44年の週刊少年漫画誌より。

昭和44年夏はアポロ一色

世紀の大イベントにあやかろうと、各少年メディアは一気に加熱。にわか宇宙少年が大量に出現したが、宇宙から送られてきた映像は超不鮮明で、ややガッカリだった。メディアも翌年に控えた大阪万博にシフトチェンジし、万博で展示された「月の石」の話題を最後に、アポロブームは終焉した。

おもちゃ

遊びの舞台は宇宙へ!!

アポロ作戦

すごろくゲームだが、月に着陸船の脚部を置いて、出発点の地球に戻ってくるところがミソ。

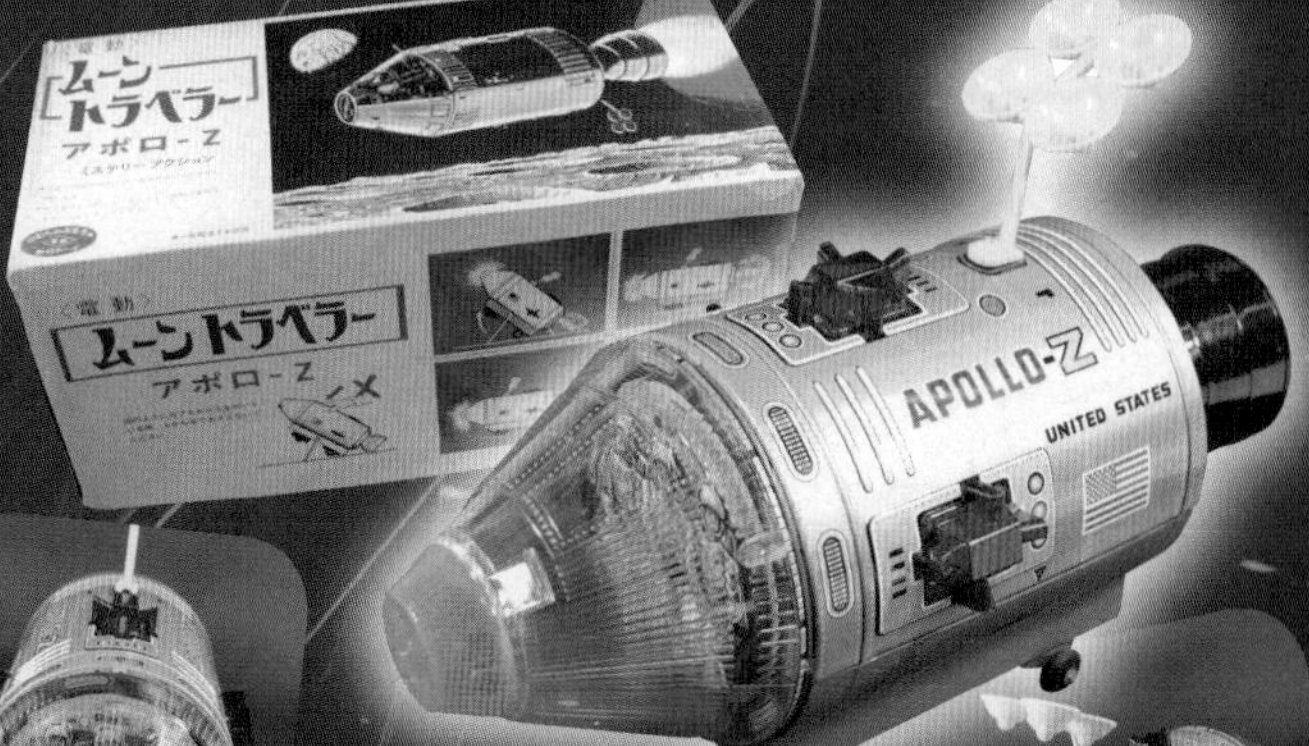

ムーントラベラー アポロ-Z

ライトを点灯させながら、ミステリーアクションで動き回る。先端部をドッキングするアクションもあった。

アポロまわり

指令船と着陸船が、ゼンマイ仕掛けで月の周りをグルグルと回る。

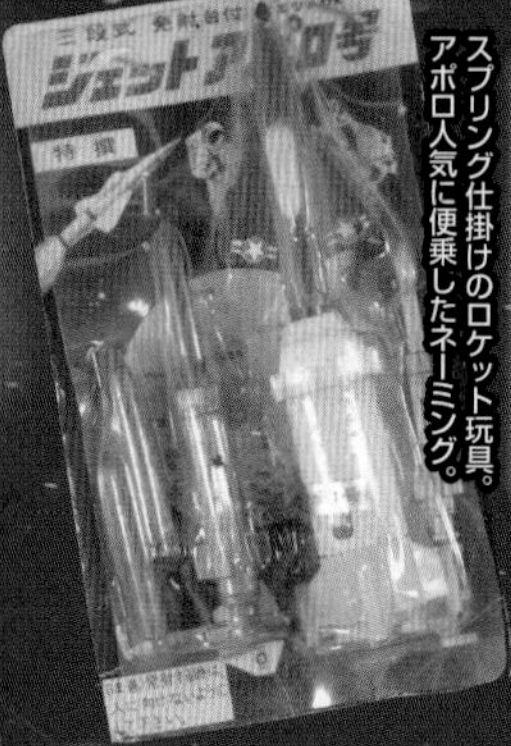

ジェットアポロ号

スプリング仕掛けのロケット玩具。アポロ人気に便乗したネーミング。

月着陸指令船セット

月の軌道上のモノレールを、モーター動力の指令船が走行する。

アポロめんこ

さまざまな場面が描かれためんこ。厚紙1枚に印刷されているので、額装するとカッコイイ。

アポロドッキングコーナー

カラフルで楽しいパズル玩具。指令船と着陸船がドッキングできる。

宇宙おもちゃ戦争勃発

アポロブームに沸いた昭和44年に限っては、子どもたちの興味も、怪獣やアニメから宇宙関連のおもちゃに完全移行していた。おもちゃ商戦はアポロ人気頼みだったので、もし着陸に失敗していたら売り上げは悲惨なものになっていたはずだ。月面着陸の成功を一番祈っていたのは、玩具業界だったかもしれない。

ふろくコーナー

少年画報ふろく予告

上の2点は昭和44年の月刊少年漫画誌の次号ふろく予告。2カ月連続でアポロ大特集だ。

アポロ宇宙船

なんと、本物の40分の1の巨大な指令船だ。昭和44年の学年誌より。

月ちゃくりく船

お金を入れると飛行士が出てくるギミック付き。昭和44年の学年誌より。

アッと驚く大ふろく!!

プラモデル

気分はNASA研究員!!

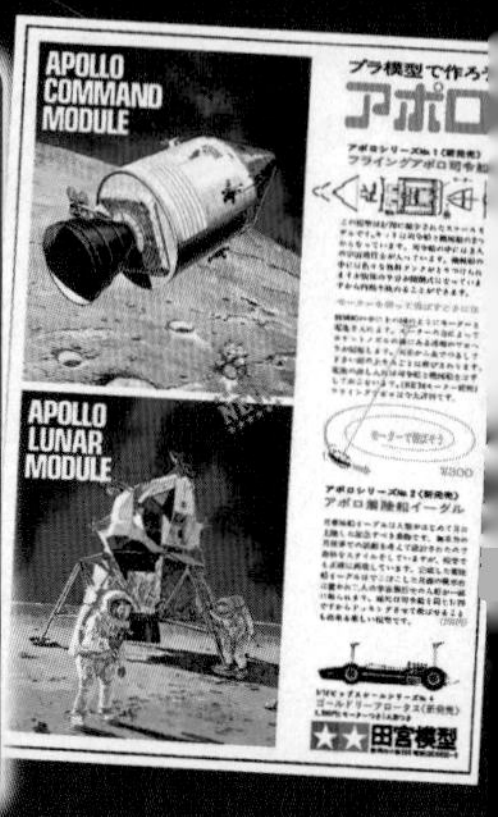

アポロシリーズ広告（田宮模型）

天井から糸でつるした指令船が飛び回るキットと、着陸船のディスプレイキット。

アポロシリーズ広告（アオシマ）

500円のイーグル5号から50円のベビー指令船、オリジナルの架空メカまで揃っていた。

アポロ月着陸船イーグル5号（アオシマ）

脚にクッションが付いていたり、ハッチが開閉できるなど精密な設計だ。

SFではないリアルさに感動

プラモメーカーで最もアポロに力を入れていたのが、それまでオリジナルSFメカで人気を博していたアオシマだった。バリエーション豊かにシリーズ展開し、出来栄えもバツグン。子どもたちのハートをガッチリとつかんだ。

文具etc.

月球儀貯金箱A

貯金箱だけに月面を模した台座と月が、共に金色なのがユニーク。

アポロスケッチブック

お世辞にも上手とは言えないイラスト。飛行士が飛び上がりすぎだ(笑)。

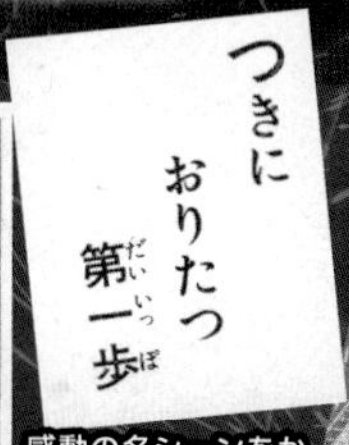

感動の名シーンをかるたで再現。箱絵のみ小松崎茂が担当。

月面着陸宇宙かるた

アポロステッカー

プラモメーカーのアオシマが発売していた。ホント、力入れてたな〜。

アポロシール

お菓子に付いていたおまけシール。当時、流行していたサイケ調のカラーリングだ。

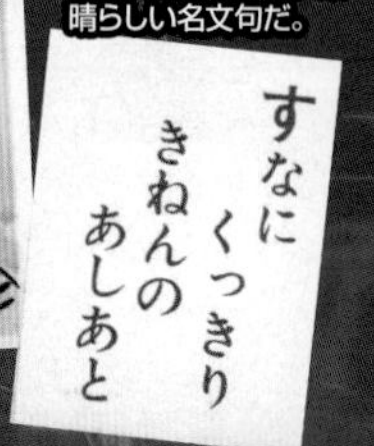

すべての札が宇宙飛行に関連している。素晴らしい名文句だ。

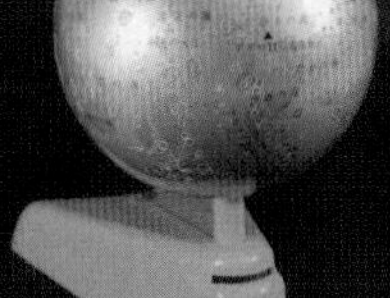

月球儀貯金箱B

こちらは台座が貯金箱になっている。メタリックブルーの月が美しい。

Fly me to the moon

部屋はアポログッズだらけ

アポロブームはおもちゃやプラモデルにとどまらず、子どもの身の周りすべてのものに波及した。帰還時の指令船の形を模した『アポロチョコ』（明治製菓）は、現在も売られているほどの人気商品。「ドッキング」「すべて順調」などの言葉も流行った。

アポロノート

着陸船と指令船の切り離しシーンが、大迫力の構図で描かれている。（サンスター文具）。

APOLLO手帖

当時でも珍しい観音開きの4面ビニバス。これを持てばNASA職員の気分だ。（サンスター文具）。

資料協力／ほうとうひろし

おもちゃ…section 18

お風呂や銭湯は僕らの遊び場だった!!

昭和お風呂のおもちゃランド

銭湯におもちゃを持ち込んで近所の怖いオジサンに叱られたのもいい思い出だが、日本が豊かになり、自宅にお風呂が完成して、思う存分に水遊びができるようになったときの喜びは忘れられない。今日はどのおもちゃで遊ぼうかと、ワクワクしながらお風呂の時間を待ちわびたものだ。今や銭湯も少なくなり、味気ないユニットバスが全盛の日本。せめて本企画で子どもの頃を思い出し、幸せな気分にゆっくりとひたっていただきたい。

体を洗うのを忘れて大はしゃぎ!

Crazy Foam

日本では昭和41年に発売され、大人気になった泡のおもちゃ。もともとは米国の特許製品で、写真は米国のもの。

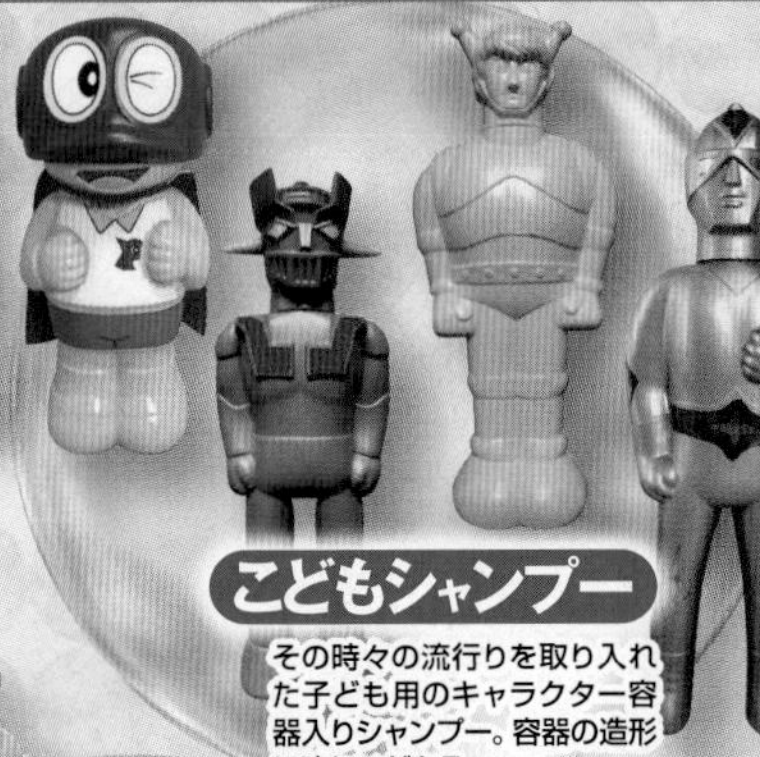

こどもシャンプー

その時々の流行りを取り入れた子ども用のキャラクター容器入りシャンプー。容器の造形に味わいがある。

ビニール風船

空気で膨らませるビニール製の人形は、最も安価かつ安全な、幼児用お風呂玩具の定番だった。

金魚風呂桶

このような金属製の本体に華麗な印刷が施された風呂桶も、最近ではすっかり見かけなくなった。

ポンプ&ジョーロ

昭和50年頃の商品。お風呂玩具は肌が傷つかないよう素材や形が優しいし、デザインも可愛い。

ポンポン船

ろうそくを燃料に蒸気を発生させて推進。そのメカニズムは子どもたちの科学的な好奇心をかき立てた。

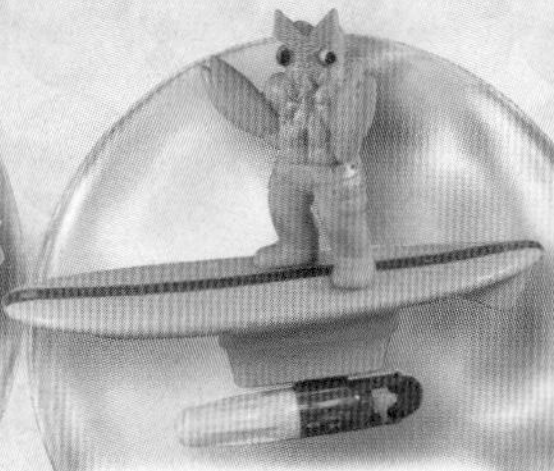

怪獣サーフィン

怪獣がサーフボードに乗ってス～イスイ! なんともシャレたおもちゃで動力は水中モーター。

至福のお風呂タイム!

怪獣ソフビ人形

怪獣ブームを代表するおもちゃ、ソフビ人形。お風呂で活躍する機会が多かったのは当然、海の怪獣だ。

おもちゃがあればワンダーランド

日本が高度経済成長期を迎えた昭和30年代後半より、各家庭に狭いながらも内風呂が普及し始めた。そこに目ざとく反応したのが玩具業界で、この頃、デパートのおもちゃ売り場には、実に多彩なお風呂グッズが溢れかえっていた。

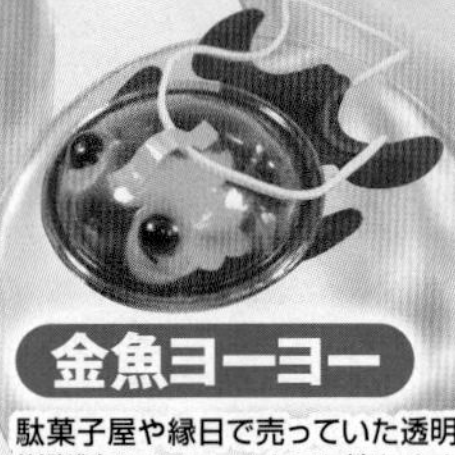

金魚ヨーヨー

駄菓子屋や縁日で売っていた透明樹脂製のヨーヨー。とても壊れやすいところが、儚くも美しい。

ダリヤおふろセット

1970年代、女児をターゲットにした、斬新なアイデアの化粧品セットが多種発売され、大ヒットとなった。

水辺の動物玩具大集合!!

ミスターペンギン

チョコチョコと陸を歩き、水中では平泳ぎと背泳ぎが得意な芸達者のペンギン。

たこのピンちゃん

口からピューッと水を吹き出す、水陸両用たこ。帽子と名前のネタがわかる人は、立派な昭和人。

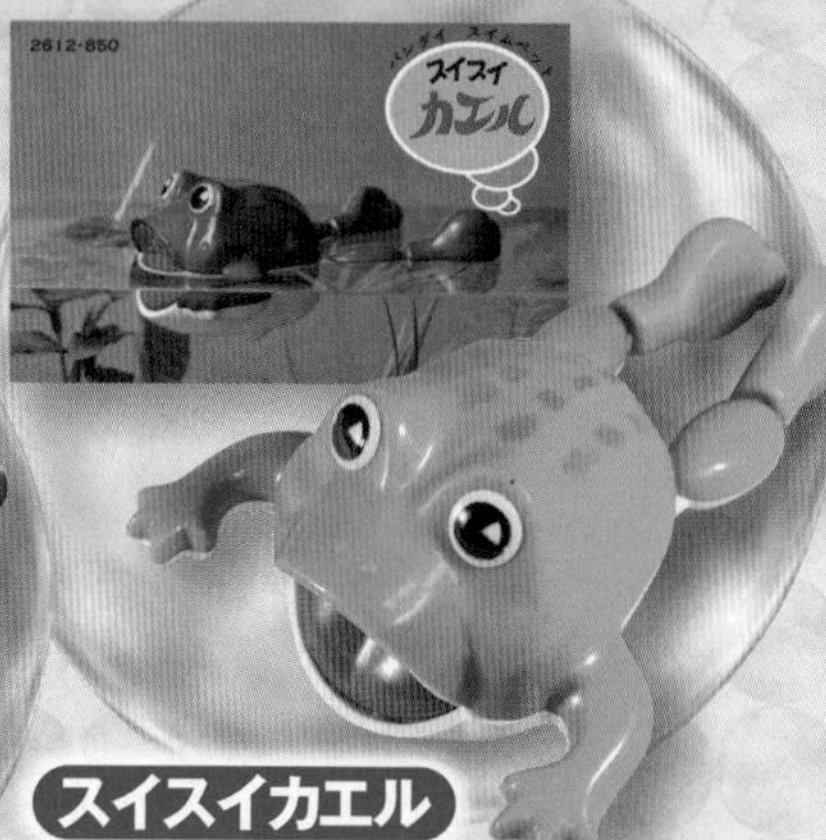

スイスイカエル

モーター動力の見事な足さばきで泳ぐカエル。なんとも憎めない顔をしております。

楽しすぎてのぼせちゃう!

回転ビーバー

ゼイマイを巻いて水に放すと、体をクルクルと回転させながら泳ぐ。その姿の愛らしいこと!

カッパ河太郎

陸では前進および後進、水中ではスイッチの切り替えでクロール、バタフライ、背泳ぎをこなす驚異のカッパ!

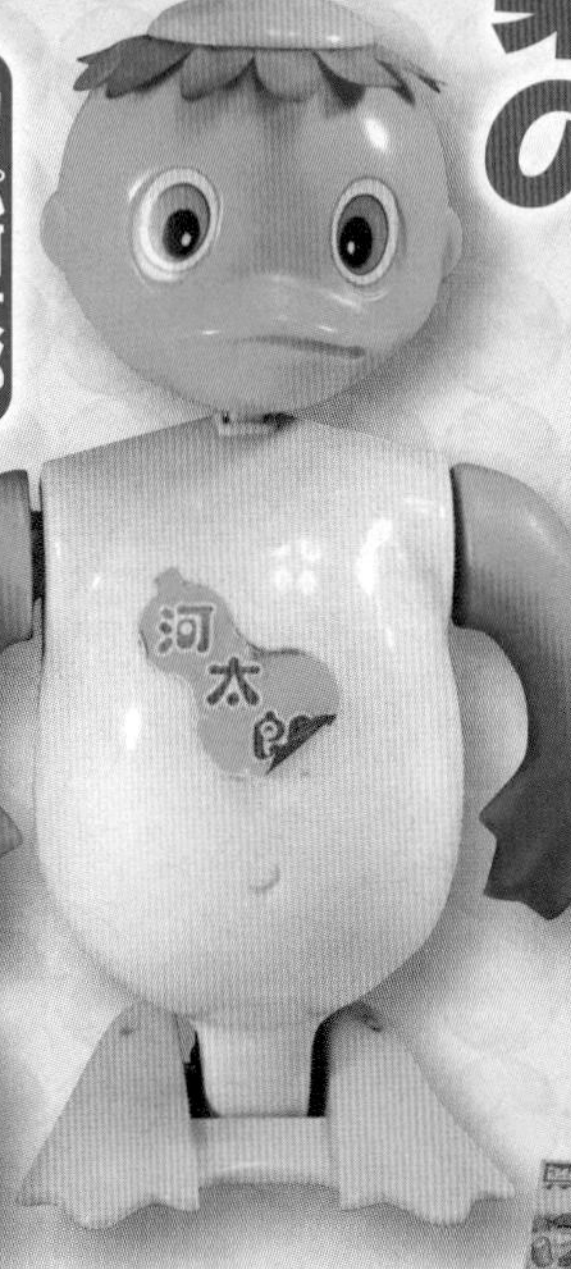

水中モータージョーズ

昭和50年に公開された大ヒット映画『ジョーズ』の正規版権商品。水中モーターで走行するが、ジョーズはソフビ製で動かない。

アニマル号

ブリキ製の船とビニール風船の動物の取り合わせが面白い。サイレン機能付き。

マジックアニマル

SFメカプラモの印象が強いイマイだが、これは隠れた傑作。モーター動力で体を左右に揺すって泳ぐ。

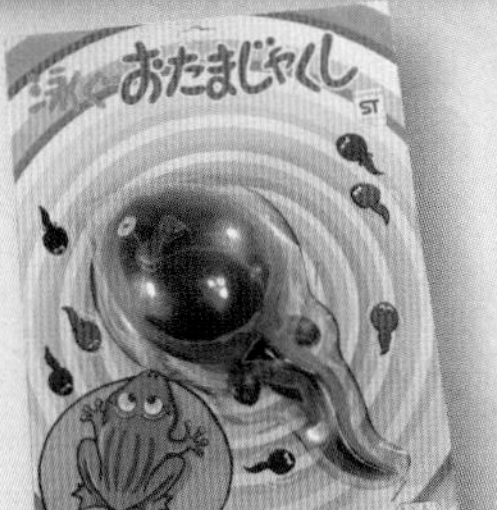

泳ぐおたまじゃくし

ポリエチレンのブロー成形で壊れにくいため、幼児でも安心。ゼンマイ仕掛けで尻尾を振って泳ぐ。

泳ぐかえる

左のおたまじゃくしと同じシリーズ。箱ではなくブリスター入りで子どもにアピール。

ゼイマイ仕掛けのクランク機構をうまく使って、見事な平泳ぎでスイスイ泳ぐ。

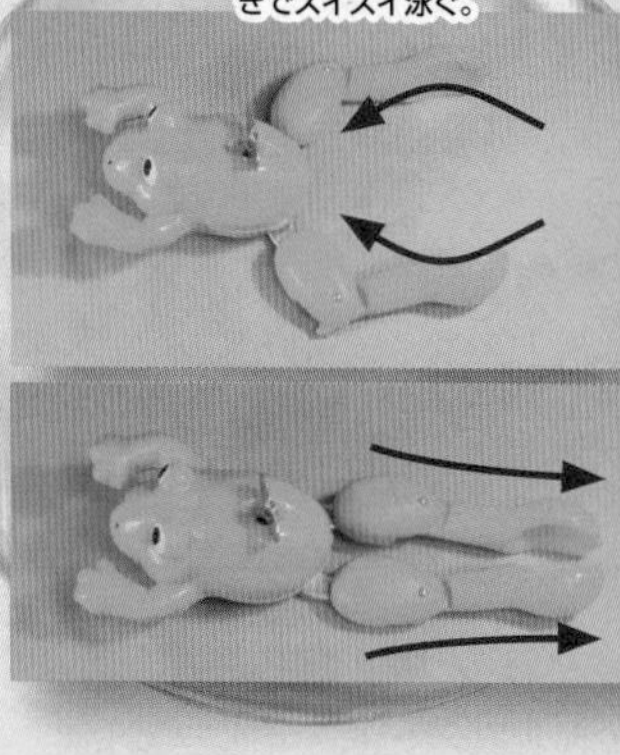

動物たちのパラダイス!

お風呂で遊ぶおもちゃと言えば、当然、モチーフとなるのは水中や水辺の動物たち。その動物独自の動きを真似ようと、各おもちゃメーカーは持てる技術とアイデアで、実にたくさんのユニークな傑作おもちゃを世に送り出した。

水上＆水中メカ進水準備よし!!

湯船は大海原だ!!

マリンスパイダー

モーター動力で水を噴出しながら回転し、進む。障害物に当たるとUターンするので、狭いお風呂でも便利。

せんすい野郎

香港製。モーター動力で足をバタバタさせて泳ぐ。よく出来たおもちゃなのにネーミングに問題あり。

水陸両用 ミサイル艦

ゴム動力のSFメカ駄玩具。着脱式の車輪パーツでコロ走行も可能だ。

ハイスピードジェッター

本体の左右に水車が装備され、水しぶきをあげながら走る。内風呂で遊ぶにはちょっと大きかった。

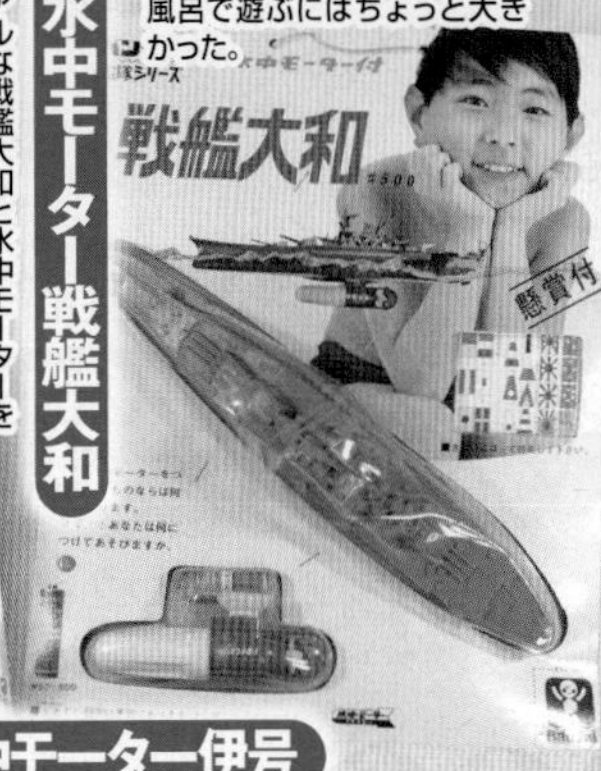

水中モーター戦艦大和

リアルな戦艦大和と水中モーターをブリスターに組み込んだ、魅力的なパッケージング。

サブマリン号

ゴム動力のチープトイ。実際、小さい浴槽だとこのくらいのほうが小回りが利いて遊びやすい。

GO!GO!ボート

斬新なデザインだが、実はイマイの模型をパクってゴム動力のチープ模型にしたもの。

スピード号＝魚雷

水中モーターの構造をそのままいただいて、SFメカにアレンジした製品。

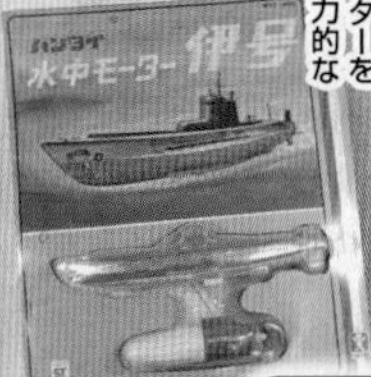

水中モーター伊号

バンダイはマブチと組んで水中モーター仕様の水もの玩具を乱発した。水中モーターは1個あれば十分なのだが…。

ノーチラス号

ポリエチレンとセルロイドでできた単純なゴム動力の潜水艦だが、その性能は抜群！

チープSFメカ発進せよ！

動物のおもちゃを卒業すると戦艦やSFメカの出番。内風呂の普及とともに需要が急速に拡大した家庭用入浴剤のおかげで、透明だったお風呂の水に色がつき、そこはまさに海！　昭和の男児たちはハイテンションでお風呂遊びに興じたのだった。

石けん箱が水上を走る!

水中モーター革命

吸盤などで取り付けることが可能なマブチの水中モーターは、あらゆるものを水中走行玩具に変身させる。発売と同時に爆発的な人気を呼び、あっという間に水もの玩具市場を席捲してしまった。

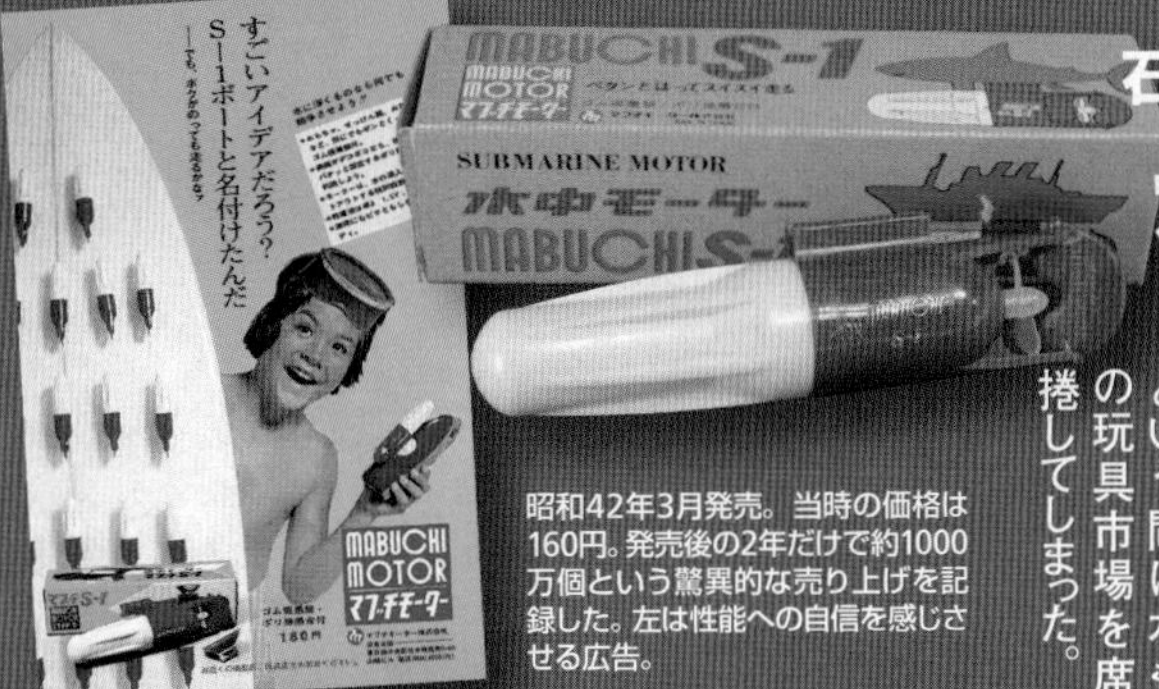

昭和42年3月発売。当時の価格は160円。発売後の2年だけで約1000万個という驚異的な売り上げを記録した。左は性能への自信を感じさせる広告。

水ものプラモデルコーナー

魚雷発射用意!!

ロボボート3号

アリイは一部のパーツを取り替えるだけで、シリーズ展開するのが得意だった。このショボさも味です。

ウルトラマリン

水中と水上の両方を走れる、箱が秘密基地になる、おまけ付きなど、マルイのプラモはサービス満点。

ドルフィン

マルイに比べてナカムラのプラモは素っ気ないものが多かった。箱絵は素晴らしいのだが…。

バンガード3号

これが「空想科学原子力ミサイル快速艇」らしい。ベタな未来感がまかり通っていた素晴らしい時代だ。コグレ

海底パトロール

オーソドックスな潜水艦型のプラモ。当時、潜水艦は戦車と並ぶ人気メカだった。コグレ

スパークエイト

タミヤも1970年代のはじめ頃まではこんなSFメカを発売していた。箱絵は御大の小松崎茂だ。

お風呂はプラモの試走場？

特に夏になると、模型屋の棚は水ものプラモデルで埋め尽くされた。ゴム動力のチープなものからモーター駆動の高級品まで、盛りだくさんなラインナップで子どもたちを虜にしたのだ。さすがに転写シールはすぐに剥がれて、まったく役に立たなかった。

マリンバード5号

水中モーターを船底に付けるのではなく、本体に組み込むことを前提としたデザイン。ニチモ

スターライナー

お金持ち気分に浸りたいときは、キャビンボートのプラモを狭い浴槽に浮かべて遊んだ。フジミ

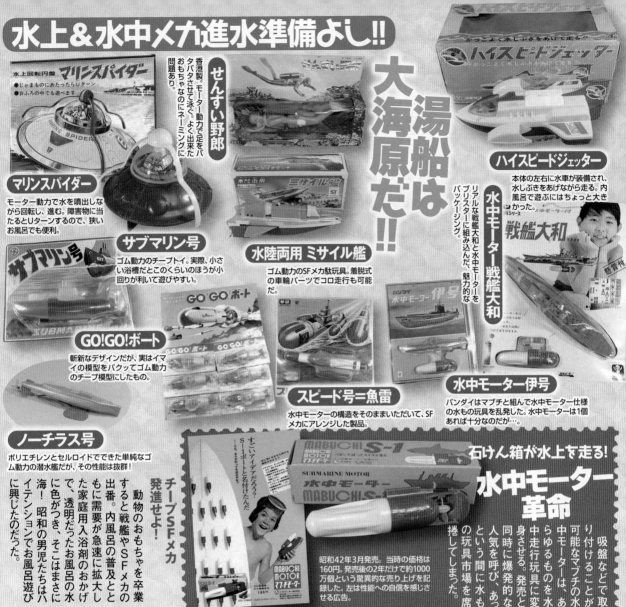

昭和 食べもの玩具味処

「食べもの」と「おもちゃ」…この二つは私の中で甘～い記憶で結びついている。お菓子、ふりかけ、シリアルなどに付いていたおまけや景品。キャラクターの形をした、使い終わったら遊べる容器に入ったお菓子。ヤクルトの容器やお菓子などの空き箱で作ったロボットや宇宙船のおもちゃ。茶碗や箸にはテレビキャラクターの絵が付いていたっけ…食べものとおもちゃさえあればそれで満足だった子どもの頃に戻って、本企画をお楽しみください。

カップ麺

昭和46年に登場した日清の『カップヌードル』は、スピーディーでアウトドア志向の革命的食品。たちまち子どもたちに人気となり、多種多様なおもちゃが発売された。

変身ロボ

子どもが好きなカップ麺とロボットが融合。カップ麺から頭と手足を引っ張り出すとロボットに変身。バンダイの時計ロボ『トキマ』に酷似。

カッコイイ!!

本物のフタをそのまま縮小して印刷してあるので資料性も高い。

どんぶりマグネシール

カップ麺の上ブタを収集していた子どもも多かった。上ブタを3cmほどのマグネットシールにしたナイスな引きモノ。

上ブタはコレクションに!!

カップ麺はおもちゃだ!!

懐かしい自販機

こどもヌードル販売機

熱々のカップ麺がその場で食べられる自販機は衝撃的だった。子どもたちにも人気で、こんなおもちゃまで発売された。

10円玉を入れてレバーを押すと、2cmほどのカップ麺が下に落ちる仕掛け。

すげゴマ

カップの中に大型のホイールを内蔵。これを回転させることによって「地球ゴマ」的な遊びができるのだ。

回る!! カップ麺

ちなみにこれは平成7年の商品。カップ麺はいつの時代も子どもたちに人気だ。

容器

中身の味は二の次

食べ終わったら捨ててしまう食品の容器を、子どもが遊べるものにすれば無駄がない。おもちゃ代も浮き、商品の売れ行きも上がって、いいことづくめだ。

ロケットクール

『サンダーバード』再放送時の昭和43年に発売。プラモやおもちゃを買ってもらえない子どもが飛びついた。20円。

タコの8ちゃん

タコだけに容器の底が吸盤になっているところがミソ。中身は粒状の砂糖菓子。製造はすでに終了。30円。

スピードカー フーセンガム

容器はカラフルな車のおもちゃ。何個も買ってそろえたくなる。1960～70年代頃のもの。粒ガム入り。20円。

パイポチョコ

懐かしい透明パイプ形の容器に入ったチョコは、まだ現役で絶賛発売中。笛として遊べる。30円。

ハッカパイプ

1970年代のテレビキャラクター全盛時代のハッカパイプ。『駄菓子屋のおもちゃ』（京都書院）より。

素朴な造形がいい味

ハッカパイプは今どきの子どもたちにはあまり人気がないようで、縁日やお祭りに出店する屋台の数はどんどん減ってきている。

怪物くんふりかけ

1970～80年代、人気キャラクターが容器となったふりかけが多種発売されたが、今では希少。1980年頃。

空になったら何を入れよう？

帽子の登頂部がふりかけの口になっているのがポイント。

買い物遊び

60年代vs70年代

買い物遊びは年代によって移り変わっていった。1960年代は紙を切り抜くだけのチープなものだったが、次第にリアルなミニチュアとなり、商品も多様化。

ララちゃんスーパー

商品ラベルから察するに1970年代後半～80年代頃のもの。初代『チェルシー』など懐かしい。やはり一番人気はカップ麺?

くだものやお買物あそび

子どものお菓子といえば、まだ駄菓子がメインだった時代、高級品だったくだものを扱うのは、子どもの憧れだったのかもしれない。

お菓子の景品

ガム、チョコ、キャラメルなどなど…お菓子に付いたおまけや景品は数えきれないが、中にはペット動物や海外旅行など、かなり変わった景品もあったようだ。

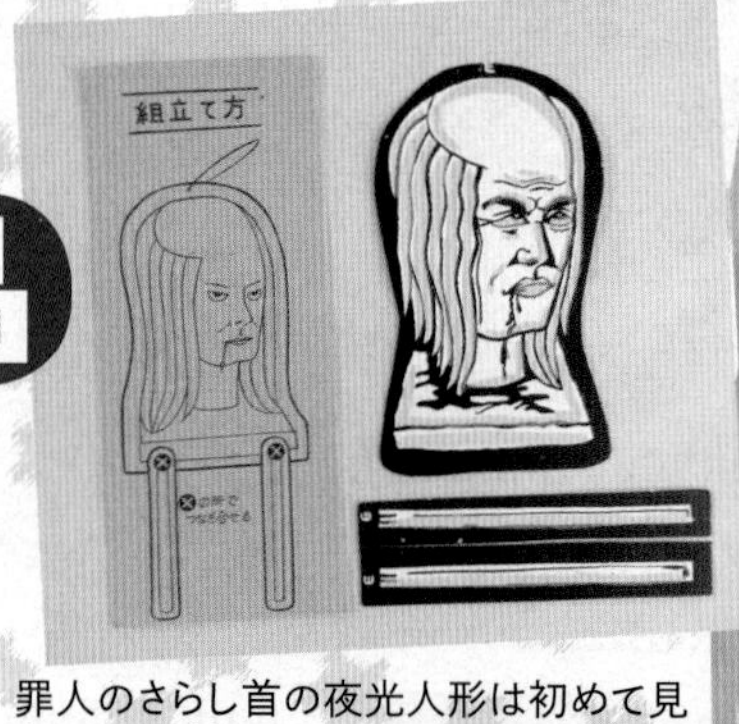

罪人のさらし首の夜光人形は初めて見た。これは怖い！ せっかくチョコを買ってスイートな気分なのに台無し（笑）。

恐いチョコレート

ズバリ、怖いチョコの景品はマジで怖かった（笑）。特賞の大きなガイコツのほか、妖怪や生首などの夜光紙人形が当たる。

磔にされた罪人もあり得ないチョイス。こんなの当たったら女の子だったら泣いちゃいそう。勘弁して～。

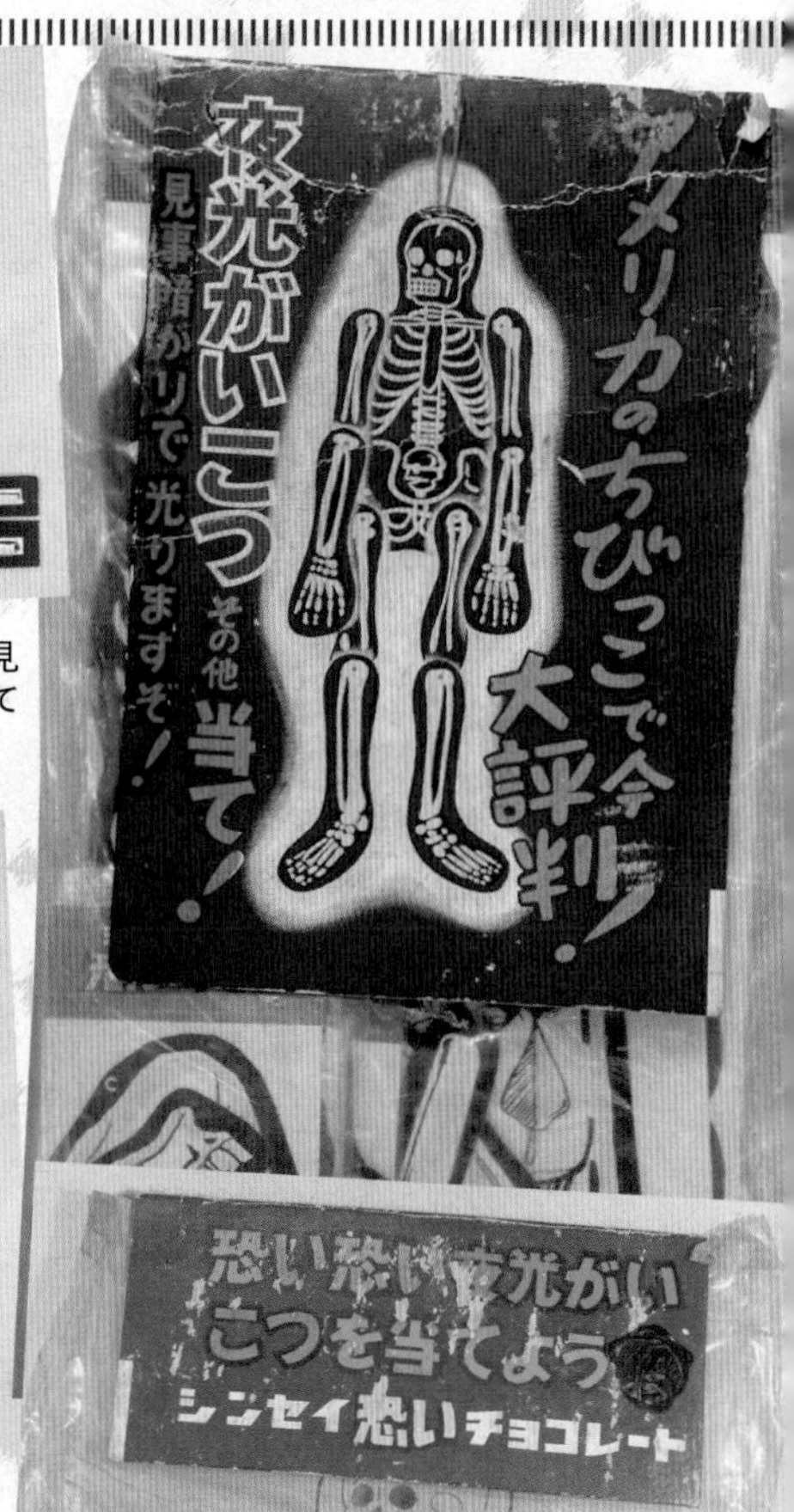

「アメリカのちびっこで今大評判!」って本当か？ 子どもたちの反応はどうだったのか、チョコ本体の詳細も不明。

絶句!! チョコの景品とは思えない怖さ

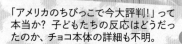

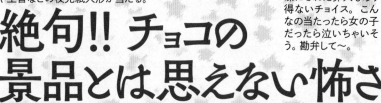

おもちゃ…section 20

昭和 クジ引き 駄玩具 博徒伝

よござんすか!?

駄菓子屋は賭博場だ!

かつての駄菓子屋はチープな菓子やおもちゃを買うだけの場所ではなく、子どもたちの「賭博場」としての役目があった。アメ玉から豪華なおもちゃ(たかがしれているが…)が当たるものなど、さまざまなクジ引きが置かれ、子どもたちはなけなしの小遣いをそれに投じたのだ。クジ引きに夢中になった人は今も競馬や競輪、宝くじなどにハマっているのだろうか? それとも駄菓子屋での経験を教訓として、賭け事から足を洗ったのか? あなたはどっち?

ゲテモノ系

10円玉握り締めての大勝負

見る角度で絵が変わる目の付いたポリ製猫は、時代性があってよい。

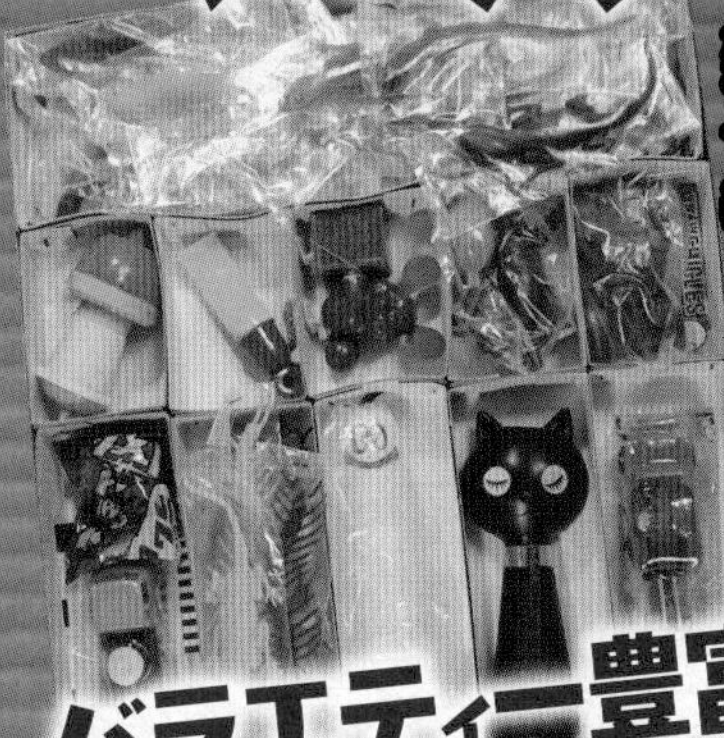

昭和の子どもたちにとって、夏の定番玩具だった水鉄砲。

バラエティー豊富

チープな樹脂製ゲテモノがハズレ。ほかは一般的な玩具という構成。

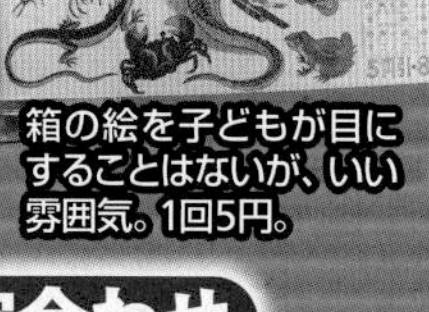

箱の絵を子どもが目にすることはないが、いい雰囲気。1回5円。

ゲテモノおもちゃ数字合わせ

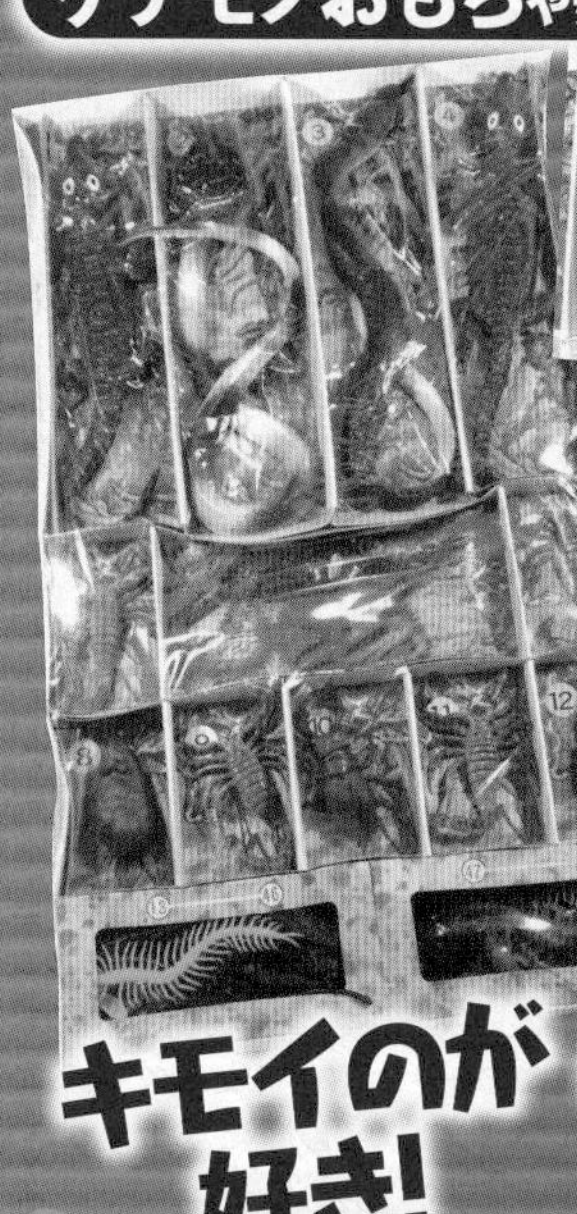

やたらトゲが生えていて気持ち悪いクモ。欲しいような欲しくないような。

当たりは巨大なゲテモノ。子どもの頃、これが欲しくてたまらなかった。

キモイのが好き!

ゲテモノ当

ヘビやワニなどで構成された基本的なゲテモノ当。ゾワゾワするねぇ。

般若当

メッキしたものや迷彩塗装がされたものなど、般若面がズラリ!

当時の子どもたちはどれが欲しかったのだろう。そもそも欲しいのか?

シブすぎだろっ!

ハズレはコマや笛などかなり悲惨。当たるまでやらなきゃ男が廃るぜ。

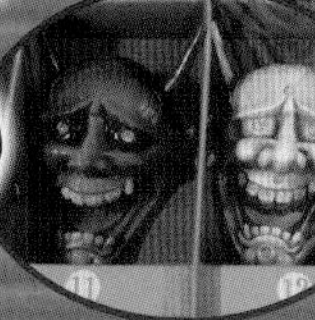

目が光ります!

目にはダイヤカットのガラスがはめ込まれていて、キラキラ光るのだ。

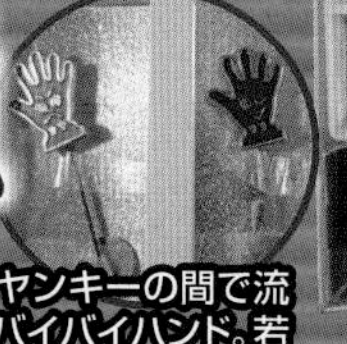
これはヤンキーの間で流行ったバイバイハンド。若い人は知らないかも?

キングコング大当

ジョン・ギラーミンの映画『キングコング』が公開された昭和51年頃のもの。

アクセサリー系

よく見りゃいらない!?

このドクロが当たるまでクジをやめない子どももいたハズ。気持ちはわかる!

アクセサリー大当

当たりといってもプラ製のガイコツやコイン入れなどで、かなりチープ。

ハズレは目も当てられないほど悲惨。もう1回やるっきゃないよな…。

昆虫当

昆虫のブローチも時代とともにブリキ製からプラ製へ。

虫はタダではない!!

当たりは子どもたちに人気があるカブト虫とてんとう虫。

透明樹脂のおかげでセミの造形もリアルになっている。

サイフのひもが固い女の子も参戦

ブリキには色鮮やかな印刷が施されている。プラは手塗りのようだ。

見とれる美しさ

小鳥当

ブリキとプラが混在した小鳥のバッジ。種類豊富で何個も欲しくなる。

当たりは黒目が動くポリ製の大きなふくろうと、プラ製の小鳥。

1羽だけ浮いてる?

ことりあつめ

左のものより少し時代が古いタイプ。台紙の雰囲気がたまらない。

1番の当たりはフィンガー5。映画になったほどの人気だった。

女の子って子どもの頃から、キラキラした美しいものに目がないのです。

1970年代アイドル

スターペンダント当

フィンガー5、郷ひろみ、アグネス・チャンなど懐かしい面々。

ノンジャンル

ルーレット当

クジという賭博でルーレットが当たるというのは、スジが通っているよな。

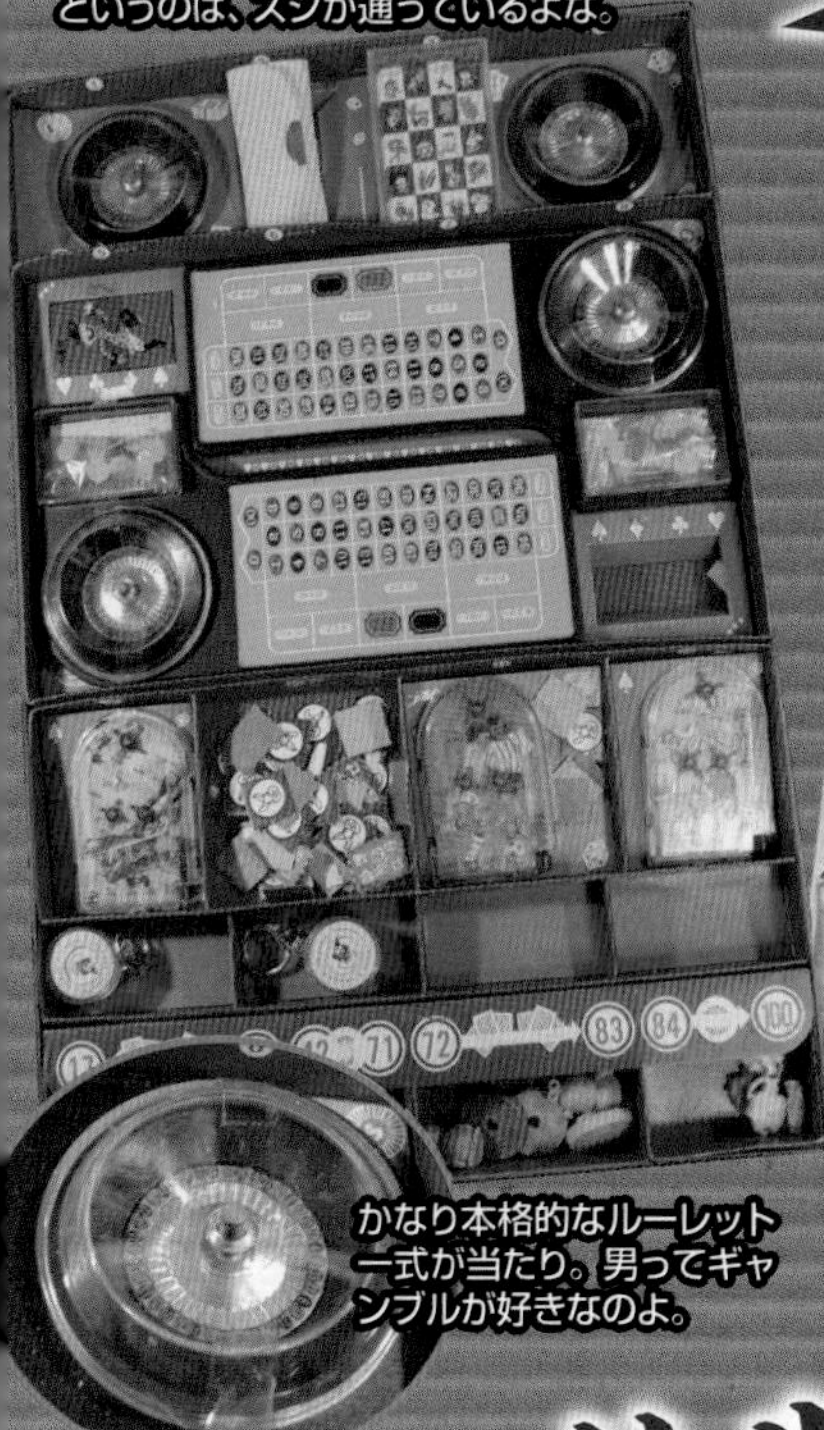

かなり本格的なルーレット一式が当たり。男ってギャンブルが好きなのよ。

キョンシー当

テレビドラマ『幽幻道士キョンシーズ』が流行った昭和62年頃のもの。

キョンシーぶらぶらブレスが1等賞。ハズレはお札が1枚のみ。

カップ当

本来、優勝カップはなんらかの努力をして勝ち取るものなのだが…。

特賞はプラに金メッキ製の大きなトロフィー。原価は安そうだ。

特賞が欲しかったら当てるしかないっ！

ネッシー当

1970年代後半のUMAブーム時のものか。残念ながら1～6等が抜けている。

おそらく売れ残った恐竜のゴム人形ででっち上げた製品だろう。

マグナム銃当

映画『ダーティハリー』シリーズが人気だった1970年代中期のものか？

1等はかなり大型のマグナム弾自動拳銃。気分はイーストウッドだ。

どっきり当

血のりがついたリアルな手首や足首は猟奇的。今ではNGだろう。

子どもたちは誰かを驚かせたい一心で、クジを引いたのだろうか。

1日で小遣いがパー!? 昭和駄菓子屋で大博打

駄菓子屋は商品単価が低く、実入りの少ない商売。そのためか子どもたちの射幸心をあおり、少しでも多く儲けるためにクジ引き（当モノ）が置かれていた。

一般家庭がまだそれほど裕福ではなかった昭和30～40年代、子どもたちの小遣いも少なかった。「10円で数百円相当の特賞が当たるのならば、この勝負に乗ってやるぜ！」と意気込んだのはいいが、あっという間に1カ月分の小遣いを吸い取られるという、苦い経験をした人も多いはずだ。

賭博というのは胴元が圧倒的に有利なもの。最初から当たりが出てしまっては誰もクジを引かなくなるので、当たりを抜いておくのが常套手段だった。そして、当たりを入れる頃を見計らってクジを引くのが、賢い子どものやり方だった。

クジ引きは駄菓子屋が激減してしまった現在も、縁日の屋台に引き継がれて存続している。平成後期では、パチものの「妖怪ウォッチくじ」で、痛い目に遭った子どもが続出したことだろう。

おもちゃ…section 21

駄菓子屋のヘンなヤツら集合〜!!

昭和 ヤバすぎ!! 駄玩具大賞

毎年、師走が近づいてくると「流行語大賞」や「今年の一字」など、さまざまなジャンルにおけるその年のベストの決定が恒例となっていて、話題になるが、大概は無難なモノばかり選ばれてまったく面白くない。そこでこのコーナーは「駄玩具大賞」を開催し、今まで誰からも回顧されることのなかった駄目な駄玩具を集めて、ワースト大賞候補を選抜してみました。これらノミネート作品の中から、ぜひあなた自身で大賞を選んでください。

へんてこシールプレート

裏地がシールになっているプレートが2枚入った引きモノ駄玩具で、4cm×2.5cmの小さな厚紙に1〜2色で印刷されていた。言葉の面白さだけで勝負。

うわっ、いきなりヤバいキャラが登場。勝手にパクっておいて「この人変人」とか「発狂中」とか、ヒドすぎる!

オマエ、誰やねん!?

表紙に「掛布」、プレートに「江川」の文字があるので、両者が活躍した昭和55年頃のものか。どんなイタズラに使おうか考えているときが楽しいんだよね。

時代感のある言葉に思わずニヤリ

かなり直接的な差別用語が並んでいるが…。イタズラでもこんなものを貼られたらケンカになりかねません(笑)。

こちらはカラー印刷のシールが4枚と、上のものと比べるとちょっと豪華。透明ビニール袋入りなので好きな言葉を選んで買える。

メチャクチャシール

ちょっとした偏見的発言もご法度の現代ではあり得ない駄玩具かも…。それにしても投げやりな商品名だなぁ。

辛辣すぎるだろ!!

ワイドサングラス

プラスチック製のチープな子ども用サングラス。ギャグではなく、あくまでも流行のおしゃれアイテムとして売ろうとしているところがスゴい。

ハズキルーペを超えるおしゃれ感!!

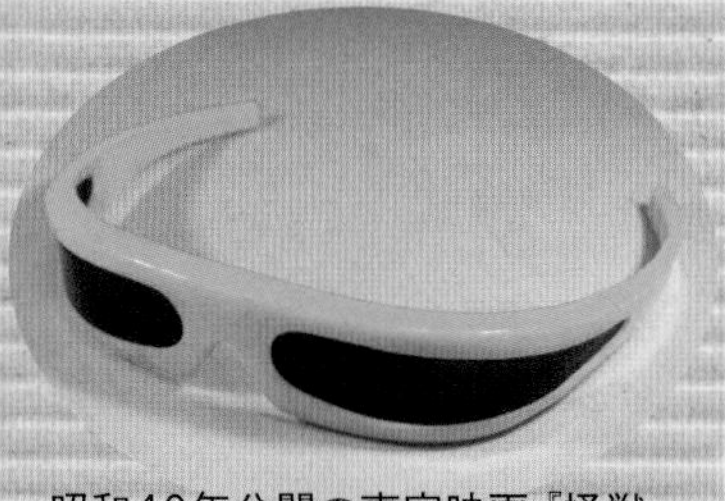

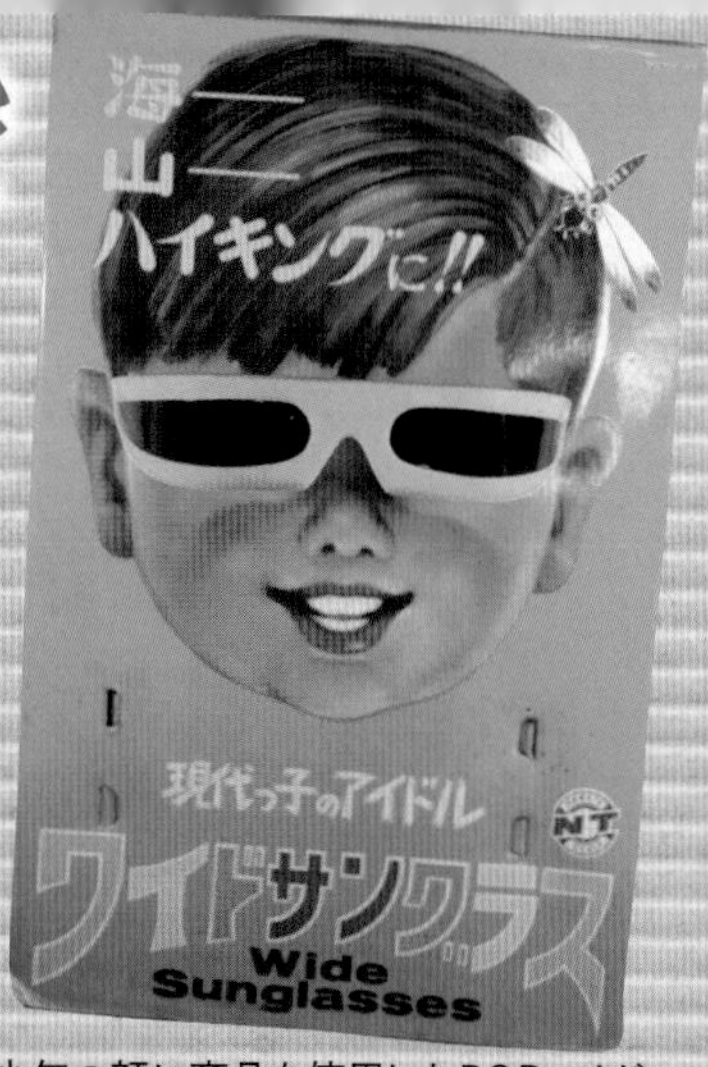

まるで『ハズキルーペ』のCMの渡辺謙と菊川怜のあざとさを先取りしたかのようなツーショットだ。

昭和40年公開の東宝映画『怪獣大戦争』に登場するX星人を彷彿させる奇抜なデザイン。

実物大の少年の顔に商品を使用したPOP。メガネに対して「現代っ子のアイドル」は意味不明だ。

ちびっこ袋

目がヤバイ!!

入っていたのはどこかの鳥類図鑑の図版を適当にコラージュしたカード。

少年は藤子不二雄の漫画『バケルくん』の主人公パクリ。実にシブいセレクトですなぁ。

こちらは機関車の画像をコラージュ しおりくらいにしか使えない。

謎の引きモノ駄玩具。何が入っているのかわからない意味不明の商品名に、ラリってるかのような少年…。危険な匂いがプンプンする。

ピグミーマーモセット下敷き

1980年代に隆盛を誇った自動販売機専門玩具メーカー「コスモス」の商品。エリマキトカゲなどの珍獣ブームに乗ったものだと思われる。

長い尾を除くと体長が11～15㎝程度しかない極めて小さなサル。

流行ったっけ?

コスモスは流行りモノをパクるのがお家芸だったが、このサルが流行った記憶はない。

謎の生物マスコット

板状のプラスチックで作られた人形の顔に、レンチキュラー印刷と呼ばれる見る角度によって絵が変わるシートを貼っただけのチープトイ。

形は2種でカラーは4色。当時、駄菓子屋でこれを買った子どもは芸術的なセンスがあったに違いない。

妖精か悪魔か!?

見る角度を変えると目と口が少しだけ変わった。『ダッコちゃん』を意識しているのだろうか?

顔はサルのようだが、ステッキやバーベルみたいなものを持っていたり…いったい何なの?

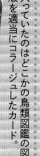

セミシング

塩ビ製のセミのおもちゃ。ほかの用途で使用する紙を流用した地味な台紙からすると、かなり古そう。一見しただけでは遊び方は不明。

お尻に口を着けて吹くと、セミとは似つかない「プワ〜ッ」となんともチープな音を出す。

「セミsing」「セミ寝具」か?「something」はたまた特殊な音響技術「ヘミシンク」のもじり?素晴らしすぎるネーミングだ。

ネーミングがヘン!?

ビクビクドキドキ 怪獣たんけん メンタルコースゲーム

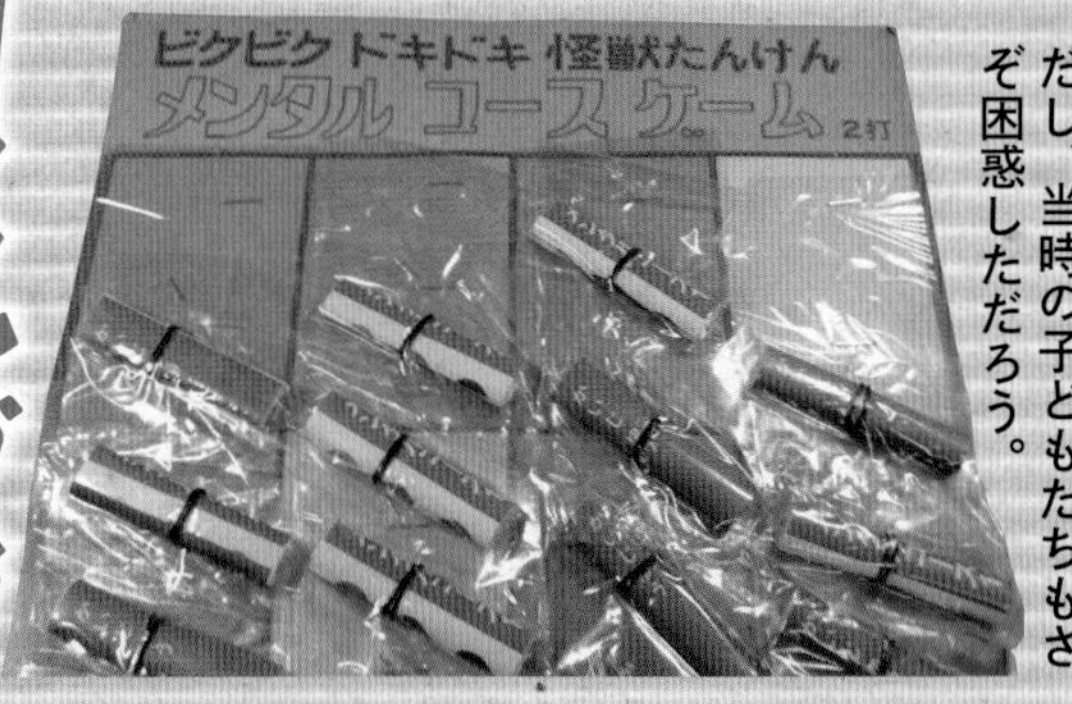

イラストひとつない地味な台紙に巻物のような紙が付いているだけ。商品名も意味不明だし、当時の子どもたちもさぞ困惑しただろう。

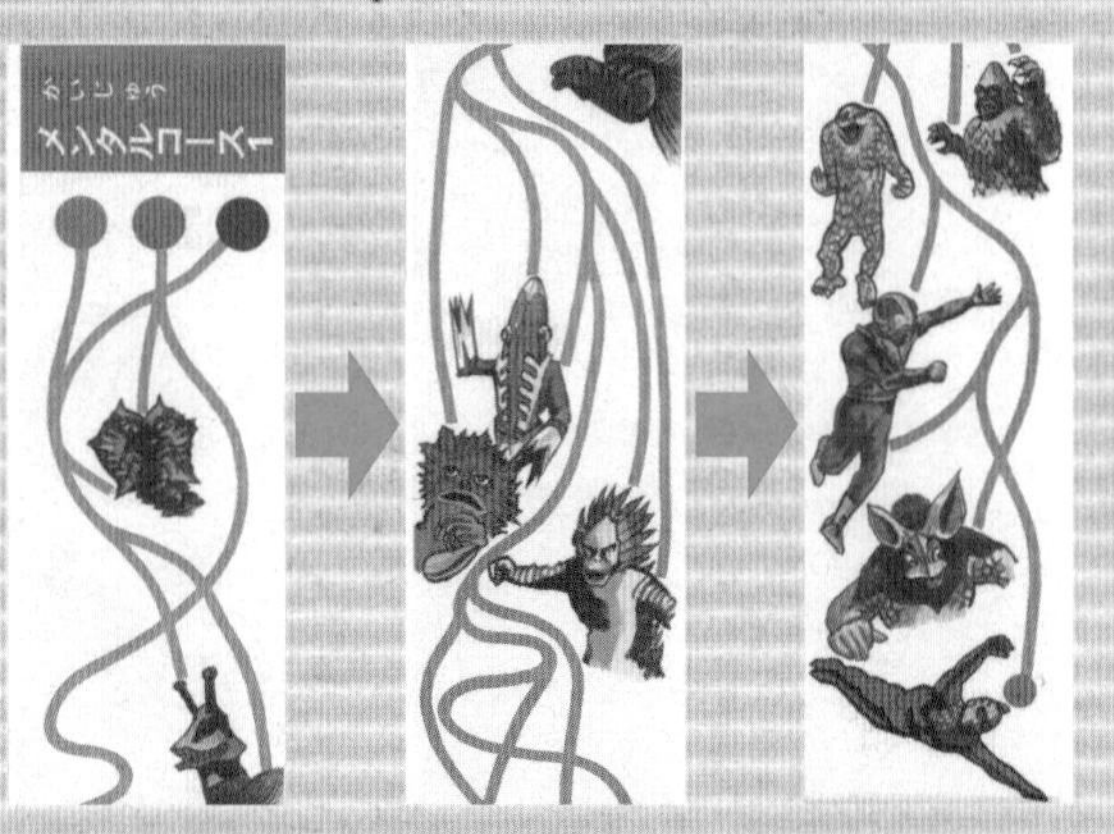

なんのことはない、ただのあみだクジのおもちゃ。運がよければ最後のヒーローにたどり着けるのだ。

怪獣ぬりえ

第二次怪獣ブーム時の無名メーカーのパチものぬりえ。表紙右上の怪獣はサケの顔にしか見えないけどいいの?

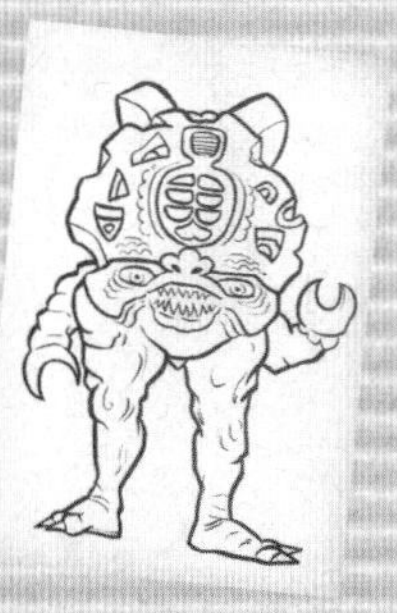

とびきりキモい怪獣たちが勢ぞろい。いや、ニューヨークのアンダーグラウンドでも通用しそうなアシッドなデザインセンス、最高です!

こいつら、ヘンすぎるだろ!!

ウルトラ怪獣シリーズ

おそらく第二次怪獣ブーム時に、香港製のゲテモノに『ウルトラ怪獣』というタグをつけて販売されたもの。確かにスゴい怪獣だ。

テレビで人気のウルトラ怪獣と間違えて、お土産に買って帰ったお父さんもいたかも…子どもは泣いただろう(笑)。

うわ〜、気色悪〜。夢に出てきたらうなされそうなヤツらばかりだが、円谷プロの本家ウルトラ怪獣に負けない個性的な面々だ。右手前は古代生物?

おもちゃ…section 22

昭和の少年なら誰もが夢中になった!!

拳銃玩具マニアックス

昭和30年代中期、日本の各テレビ局がアメリカで人気だった『ローハイド』『拳銃無宿』などを輸入放映するや、西部劇ブームが起こり、子どもたちの間で拳銃玩具が大流行した。続いてイギリス映画の『007』シリーズ、アメリカのテレビ番組『0011ナポレオン・ソロ』によってスパイブームが起きると、子どもたちの拳銃人気に拍車をかけた。この頃、多種多用な拳銃玩具が駄菓子屋やおもちゃ屋に溢れかえったが、その中から特色のあるものを選んで紹介しよう！

火薬銃（百連発）

幅5㎜ほどの赤いロール紙の上に火薬の粒が並んだ「巻き玉」を銃の中にセット。ロール紙なので紙が切れるまで連続して何発でも撃てるのだ。

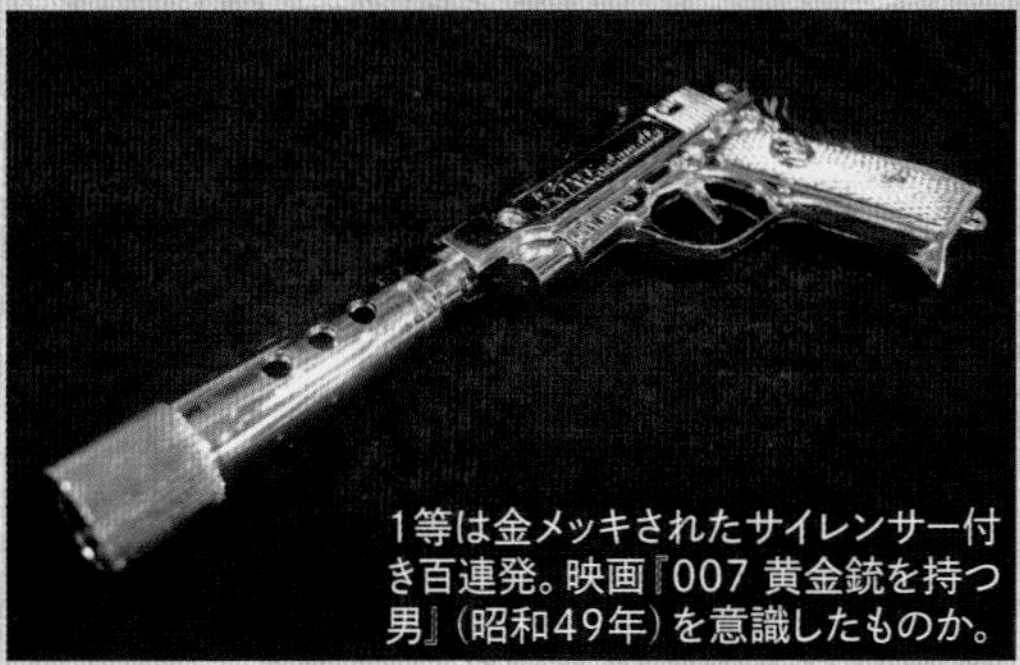

1等は金メッキされたサイレンサー付き百連発。映画『007 黄金銃を持つ男』（昭和49年）を意識したものか。

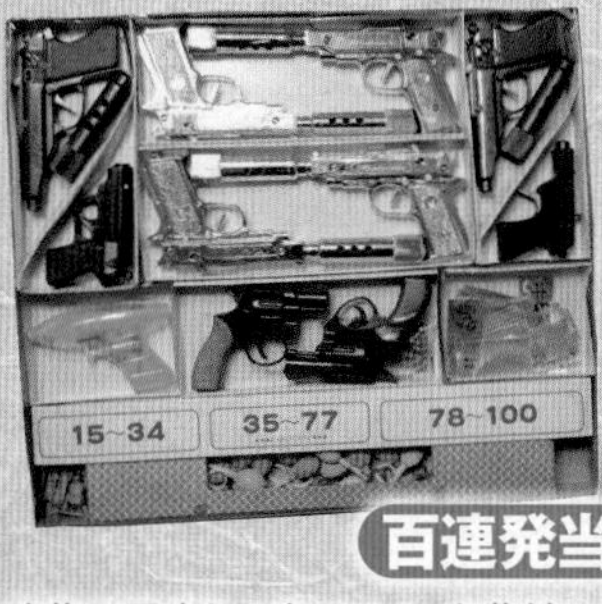

百連発当

駄菓子屋売りの当てモノ。火薬銃から水でっぽうまで幅広いラインナップ。

忘れがたい火薬の匂い

PISTOL GIANT

グリップにさりげなく小型方位磁石を付けて高級感をアピール。

付属のタグ。さびやすいブリキからプラスチックへ移行する時代のものだろう。

化粧箱入り単品で売られていた、ちょっと豪華な百連発。

水でっぽう

もっぱら夏に活躍したのが、水をポンプで押し出す仕組みの水でっぽうだ。当たったほうが涼しくなるので自ら当たりにいったものだ（笑）。

モーガン63 連発水ピストル

水でっぽうでは珍しいリアルタイプ。箱入り単品＆銀メッキ仕様の高級品だ。撃鉄部から水を注入。

LONE RANGER WATERGUN

米国製西部劇『ローンレンジャー』が流行った昭和30年代初め頃のもの。真っ赤な箱絵がイカス！

ほのぼのとした箱絵だが、商品に合わせリアルさを強調したほうがよかったかも？

幼児でも安全!!

銀玉鉄砲

昭和30年代中期に登場した「銀玉鉄砲」が画期的だったのは、高価なプラスチック弾ではなく、50発入り5円の安価な土製の玉を使ったことだ。

しゃれたデザインの箱からは海外輸出もされていたことがうかがえる。

セキデン オートマチックSAP.50

マイナーチェンジをしながら20年近くも売られていたロングセラー。平成21年に復刻販売もされた。

単発式だった銀玉鉄砲を連発式にしたことで大ヒットした名銃。

銀玉

銀玉は昭和男子の魂だ!!

安価な銀玉によって値段を気にせずにバンバン撃てるようになった。

銀玉ならぬ「金玉」もあった（笑）。なぜか主流にはならなかった。

近所の空き地が戦場だった!!

コンバット AUTOMATIC-LIGHT

懐中電灯としても使える銀玉鉄砲。グリップのスイッチで電灯機能のオン・オフが可能。

単三電池2本をライフル弾のように銃身に込めて使用する。

箱絵では光線銃のように描かれているが、時代背景とのミスマッチ感は否めない。

秘密兵器 ウルトラフィンガー

全長8cmほどの大きさなので手に隠し持って使用できる。スパイギア的な銀玉連射装置。

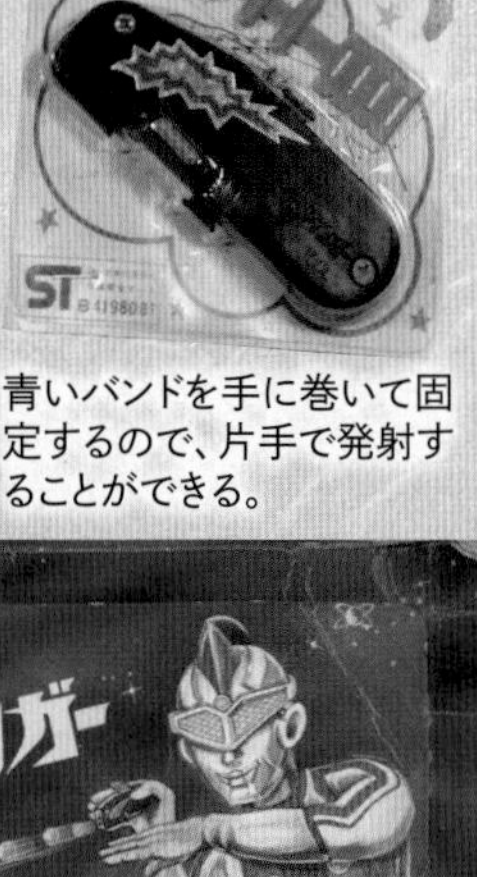

青いバンドを手に巻いて固定するので、片手で発射することができる。

箱絵のパチヒーローがなんともいい味。スペシウム光線ポーズが笑える。

TOYガン その他

駄菓子屋で買えた火薬銃や銀玉鉄砲こそが拳銃玩具の主役だが、拳銃は男子玩具の花形であり、多種多用なおもちゃが発売され、消えていった。

火薬を鳴らしながら、 円盤、矢を飛ばすことができる多機能銃だ。

浮き彫り文字「077」がゴージャスに銀色に輝いているのが泣ける。

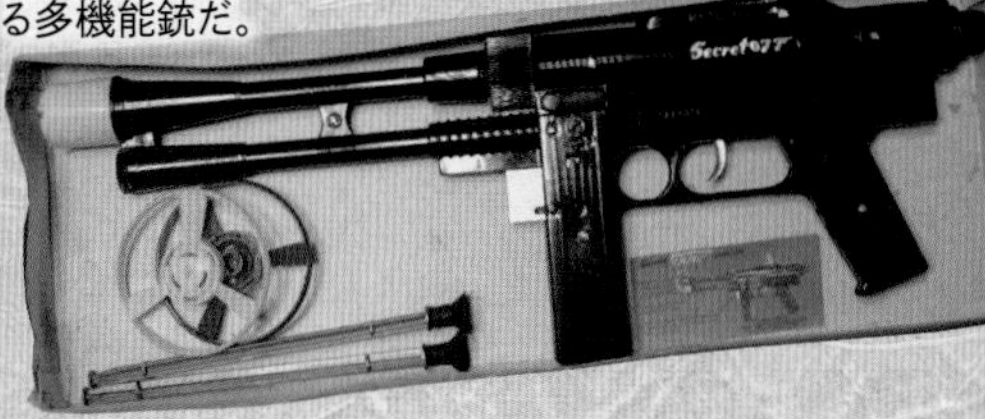

SECRET 077 COSMIC GUN

一見『007』の版権ものだが、よく見ると「077」だ。しかも箱絵の人物は『0011ナポレオン・ソロ』のソロ。

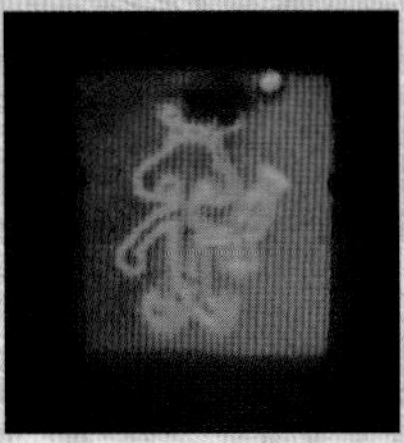

壁に映し出された宇宙人。上の黒いのが照準で、小さい白丸が実際に開いた穴。

的が描かれたフィルムは手動でチェンジ。銃に内蔵された針でフィルムに穴を開ける。

ゴーストガン

内蔵された電灯とフィルムで壁にターゲットを映し出し、それを撃つという変わったギミックだ。

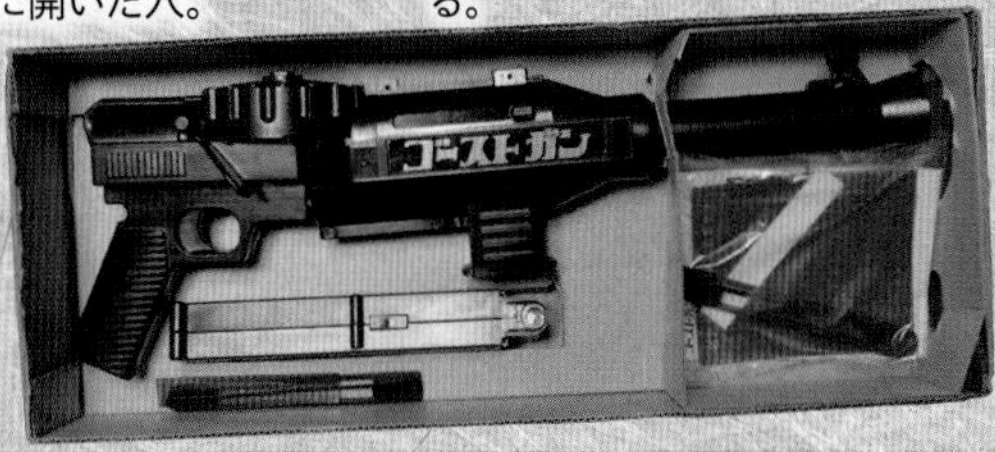

FLYING ACE

プラスチックの板一枚でできたシンプルな構造の輪ゴム銃。箱絵もシンプルで力強い。

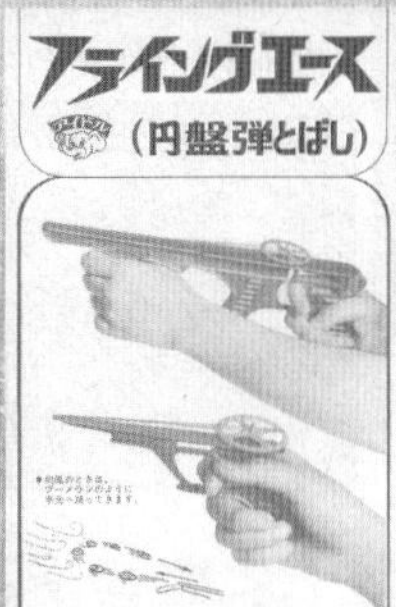

ブーメランのように戻ってきたり、カーブやシュートも思いのまま。

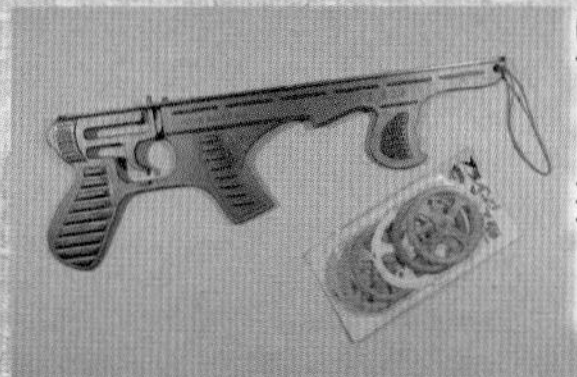

全長30㎝と大きめなので、かなりのパワーで円盤を飛ばすことができる。

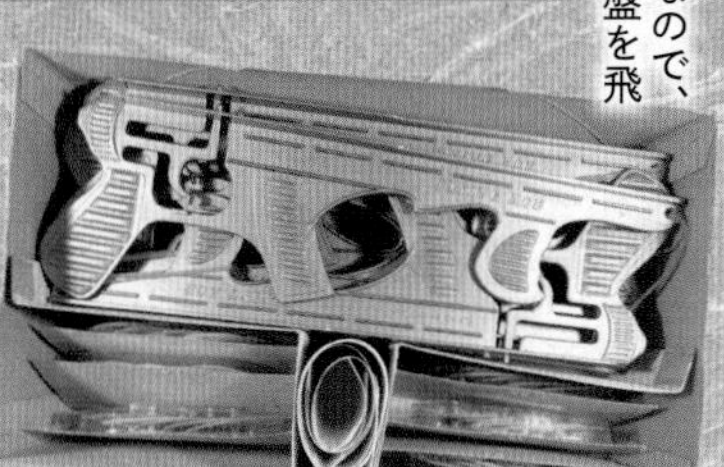

GUNガン行こうぜ!!

円盤銃

タイガー社独自開発による直径2cmの円盤。蛍光グリーンなので、落ちた円盤が見つけやすい。

弾倉が装着可能な大型の円盤銃。下の普及版より強力なパワーを誇る。

円盤は速度が遅く、簡単に避けられてしまうためかあまり流行しなかった。

ジェスコ円バン

銀玉鉄砲のセキデンより発売された円盤銃。台紙には「アクロバットで60メートル」とある。

円盤にはいろいろな模様が描かれているのがウリ。円盤を集める楽しさがあった。

おもちゃ…section 23

未来に つなげる玩具の輪

◉新元号記念◉

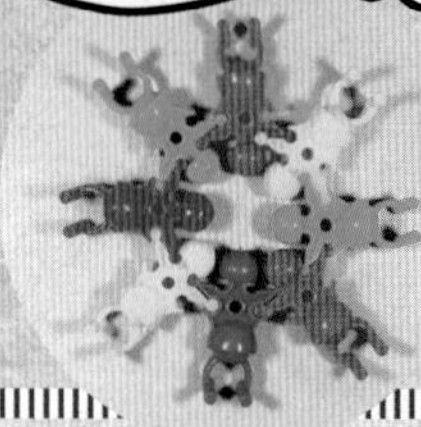

2019年5月1日より、元号の名称が「令和」となり新時代がスタートした。そんなわけでここでは気持ちを新たに、昭和から平成、そして令和へと古きよきものを伝えていくコーナーとなるよう「つながる玩具」の特集としたい。一つ一つのパーツだけでは小さくて役にたたなくとも、それらをつなぎ合わせていくと、どんどん大きく、いろいろな形になっていく。我々もそんなおもちゃに倣い、個々の力を合わせてよりよい社会をつくり上げていきたいものだ。

ギャロック

ウルトラ怪獣など版権玩具で親しまれたブルマァクが昭和50年に発売したブロック玩具。一つのユニットの回転運動が、連結した各ブロックの歯車に連動してアクションをみせる画期的な仕組み。

宇宙基地をカスタマイズ

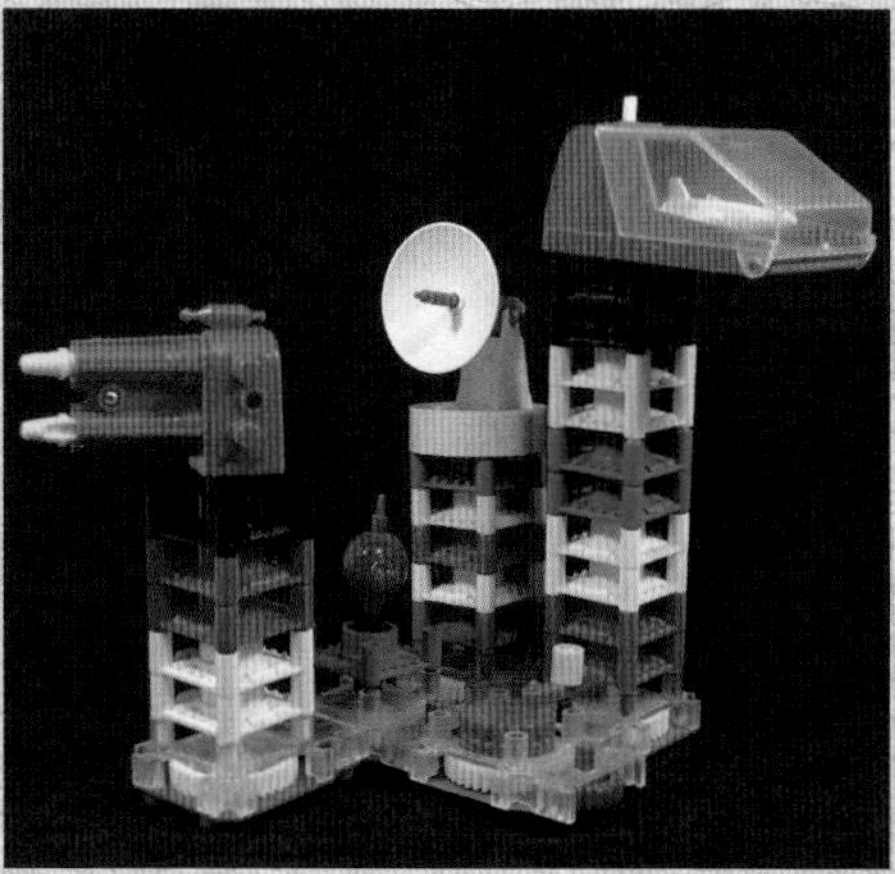

No.4のセットを完成させたもの。高さ、色、向きなど、組み合わせ方は自由なので自分だけの基地を作ることができるのだ。

中央のハンドルを回すと隣り合ったギアが連動し、レーダーやミサイル砲が回転する。

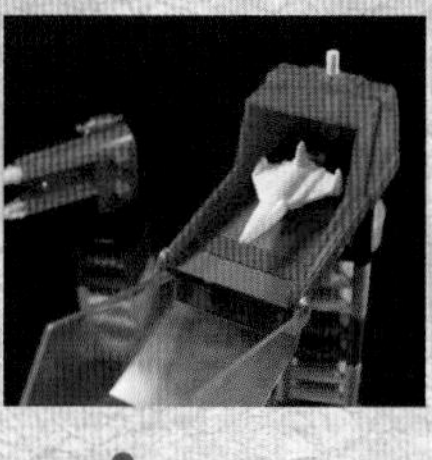

タワーの先端に設置されたエアーポートから情報収集用の超音速ジェット機が発進。

システムNo.4『空中エアーポート』の箱。シリーズは全5種でそれぞれ1800円とかなり高価。

全5種を組み合わせると、こんな壮大な基地が完成する。もちろん、組み合わせは自由自在。

宇宙への夢を育む昭和ブロック玩具

コズミックブロック

丸形、四角形、八角形のブロックと、それをつなげる棒状のパーツで構成された玩具。シンプルだが出来上がったものは幾何学的な面白さがある。

製造・販売は水谷化成工業。価格は2200円。おそらく1960年代後半〜70年代前半頃のものだろう。

ブロックの直径はおよそ5cm。写真の子どもと比較してもその大きさがわかる。

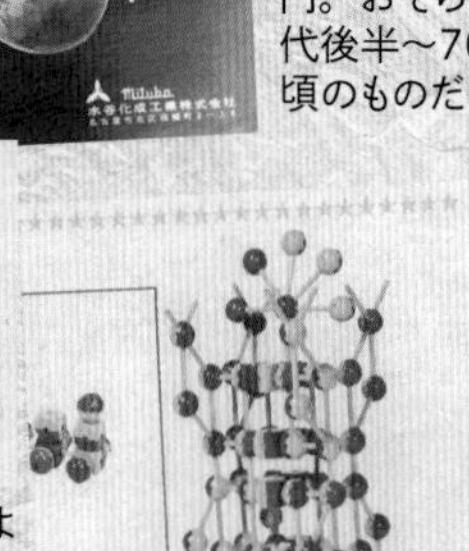

分子構造も作れちゃう

こんな分子構造のように複雑で抽象的なオブジェを作ることもできるのだ。

3種のブロックだけで何を作るか。大いに創造性を育ててくれそうだ。

右のステーションをひっくり返してみた。それだけで違った印象を受ける。

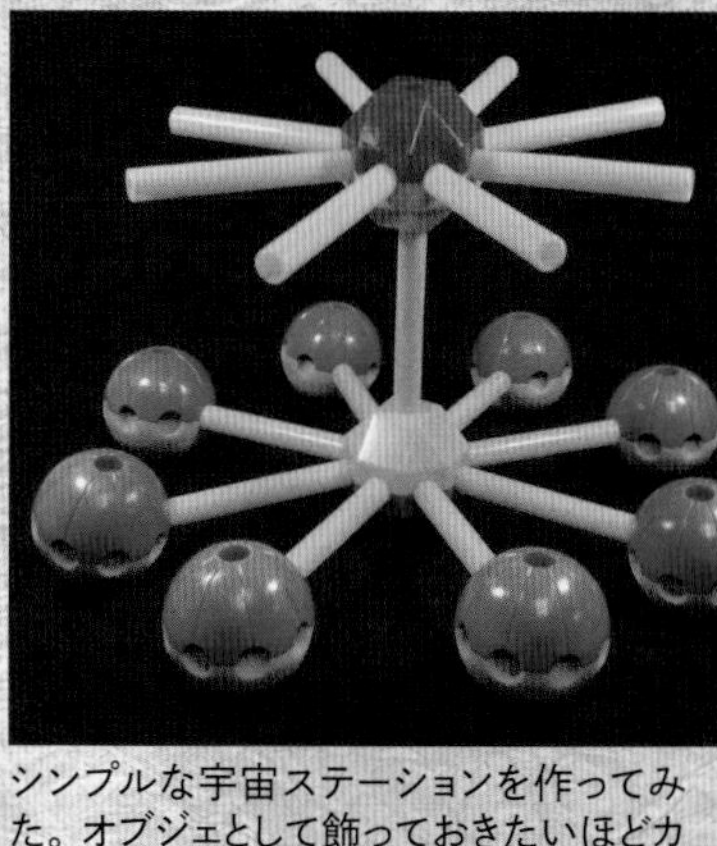

シンプルな宇宙ステーションを作ってみた。オブジェとして飾っておきたいほどカッコイイ。これなら今でもインテリアグッズとして通用するのではないか。

1930年代半ばにアメリカでブロック玩具の源流が誕生して以来、数多くのブロック玩具が登場しては消えていった。アイデアは面白くても、それだけでは生き残れないようだ。

ダイヤブロック

昭和37年から現在まで、カワダから脈々と販売されている国産ブロック玩具の草分け。画像は霞ヶ関ビル着工1年後である昭和41年の雑誌広告。

改良を重ねて世界ブランドに!!

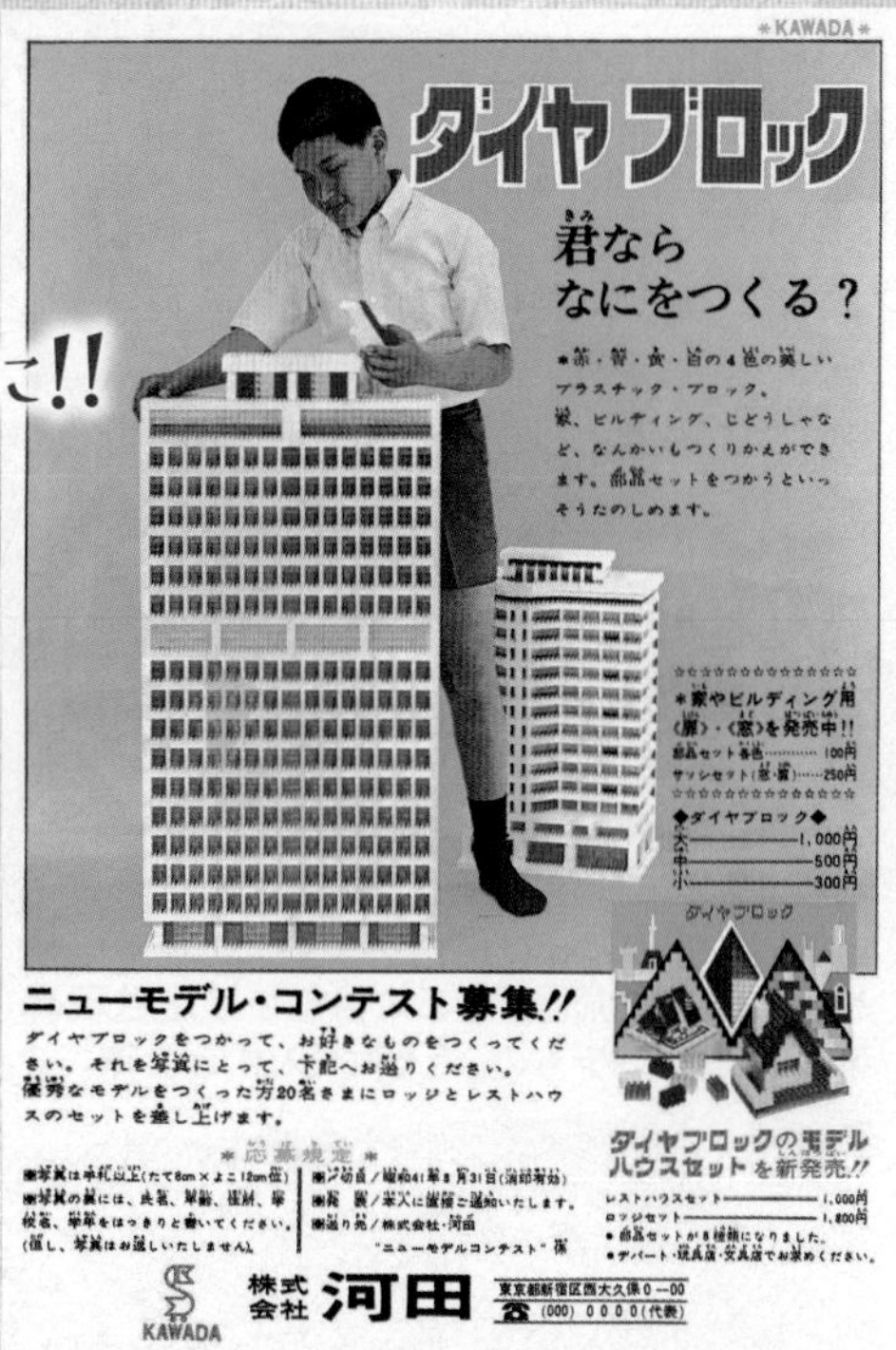

ツボが刺激されそう

ペッタブロック

ブロックの表面に無数の突起物があり、合わせるだけでくっつく。取り扱いが簡単で幼年向け。昭和56年に丸幡玩具が製造販売。

平面構成が得意

XLブロック

自由自在に曲がる、穴が開いたカラフルな棒状の板を組み合わせて遊ぶ。ベルギーで開発され、日本では昭和50年にタケミが販売。

デパートで売られていた高価なブロック玩具は、親が子に与える知育玩具。一方、駄菓子屋で売られたチープトイや、お菓子のオマケは、子どもが自ら選んだ「つなげる玩具」だった。

材質などの変更がありつつも、現在まで継続して販売されているロングセラー。

クィーン・オブ・駄玩具

チエンリング

シンプルさゆえに遊び方に多様性があり、カラフルな色彩はファッション性も抜群。1960年代女子の必携アイテムだった。

女の子のマストアイテム!!

そうそう、私のクラスの女子のほとんどがリングを身に着けていたっけ。

リングを団子状にまとめて使用。チャラチャラと音がするのもグッド。

なるほど、こんな遊び方もあったのか。単純な絵ならリングで描けそうだ。

これも団子状にして石蹴りに。単体ではおはじきとしても遊ぶことができた。

ちびっこリング

幼児の手にもしっくり

一回り小さいタイプ。1960年代の古い物で、値段はなんと一袋5円!

2パーツで構成され、1パーツの本家よりも遊び方にバリエーションがある。

お早よう!! ポコタン

本家より楽しめる!!

昭和49年に明治製菓より発売されたお菓子『ピコタン』のおまけに付いていた人形が、子どもたちに大流行。そこに目をつけた駄玩具業者によるパチもの。5個で50円とお得。

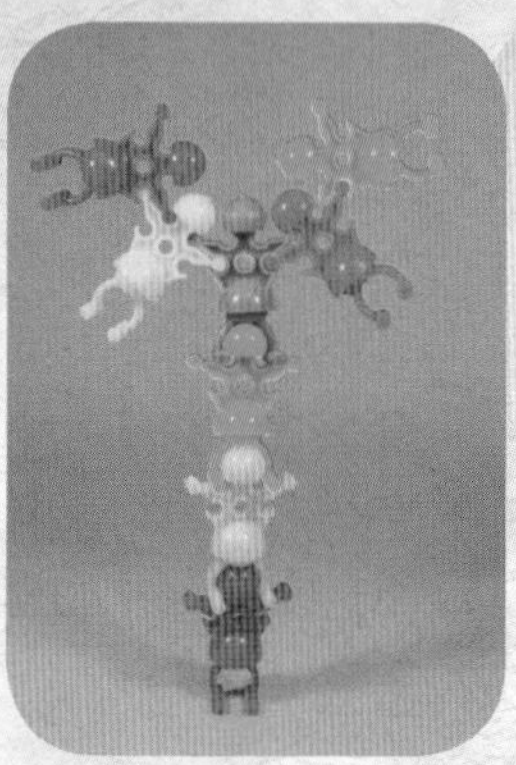

縦にも横にもつなぐことが可能。また下半身パーツを外し、上半身同士をつないだり、違った色を組み合わせたりすることもできる。

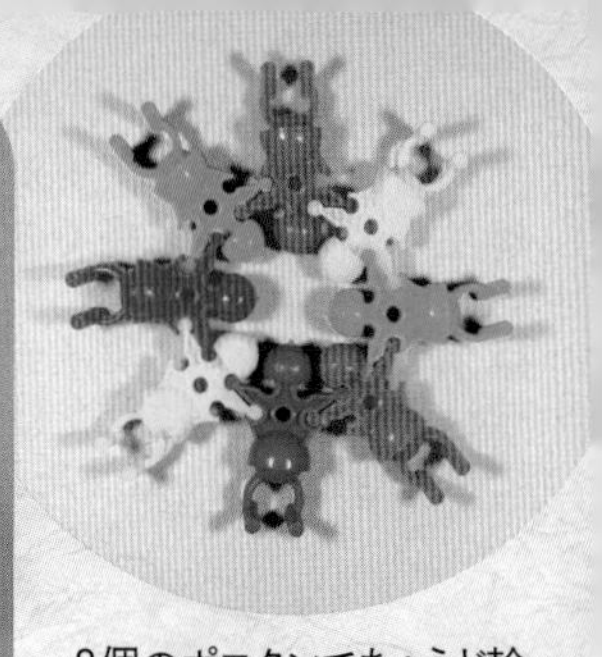

8個のポコタンでちょうど輪ができる。色違いの人形が手をつなぎ合う姿は実に平和的で、人権や個性など多様性の尊重が叫ばれる今こそ復活してほしい。

キングコングならぬキングゴリラ。1980年代のヘタウマ漫画を先取りしたような絵柄だ。

キングゴリラパズル

1970年代の中頃に発売されたカネボウ『チョコボールピーナッツ』のおまけ「サルレンジャー」のパチもの。子どもにとっては高価なお菓子より買いやすかったはず。

何匹つながるかな?

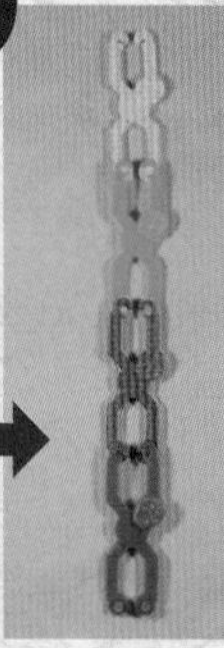

互いの手と足をつなげて一番下のゴリラの足を動かすと、すべてのゴリラが連動して伸び縮みする。つなげすぎると動きが重くなる。

机をカニで埋めつくせ!!

カニさんブロック

カニは多産のイメージなので、こういうおもちゃにはもってこいのキャラクターだ。

当時、流行ったピコタンの亜流の一つ。横、縦、上とカニをどんどんつなげることができる。こういうおもちゃは何個も欲しくなるからメーカーは儲かっただろう。

カニの大きな特徴であるハサミや飛び出た目玉がないので、クモやダニにも見えてしまうのがちょっと残念だ。

授業中の暇つぶしにもってこい!?

レイボール

サンスター文具より1960年代の中頃に発売されていたと思われる。ジョイント部が付いたボールをつなげて、首飾りなどを作って遊ぶ。

ジョイント部が2個のものと4個のものを組み合わせて、いろいろな形にすることが可能。

ガマクジラのイボに使われた!?

なんと、この玩具は『ウルトラマン』に登場したガマクジラの体表にあるイボとして、大量に使われていたらしい。

たこちゅう

昭和52年頃に流行ったロッテのチョコレート菓子『たこちゅう』のおまけ。球体についた2個の吸盤でガラスなどにくっつけて遊ぶ。

お互いの吸盤をつなげて連結させることもできる。チュ～してるみたいでかわいい。

何にでもチュ～♥

前列は後期の「スッポリコダコ」と呼ばれるタイプのもの。よく見るとみんな目がある。

こちらは駄菓子屋で出回ったパチもの。宇宙人やゴキブリ、ウンチまで何でもあり。

もういくつ寝るとお正月!
縁起モノおもちゃ大集合!!

昭和紙製駄玩具事始め

紙は古来より珍重され、最も身近な素材として親しまれてきた。特に日本の和紙は独特の文化を育んできた。また、紙は「神」にも通じる尊いものでもある。昭和30年代以降、急速に普及したプラスチックに取ってかわられるまで、安価なおもちゃはみな紙製だった。私たちはもっと紙の素晴らしさを認識するべきではないだろうか? 1年の計となるお正月こそは、真っ白な紙のように純真な気持ちになり、家族みんな紙製玩具で遊ぼうではないか!

すごろく

起源は古代のメソポタミア。日本では奈良時代に、貴族社会の遊戯として使われていたという由緒あるゲーム。

早く人生上がりたい

スーパーマンガ双六

昭和40年代の人気者が勢ぞろい! 版権無視だからこそできるとんでもない企画。

ドカチン双六

『ドカチン』はタツノコプロが昭和43年に製作したアニメ。もちろん無版権。

福笑い

お笑い耐性が強くなった現代ではすっかり廃れてしまったが、昭和40年代まではお正月の定番ゲームだった。

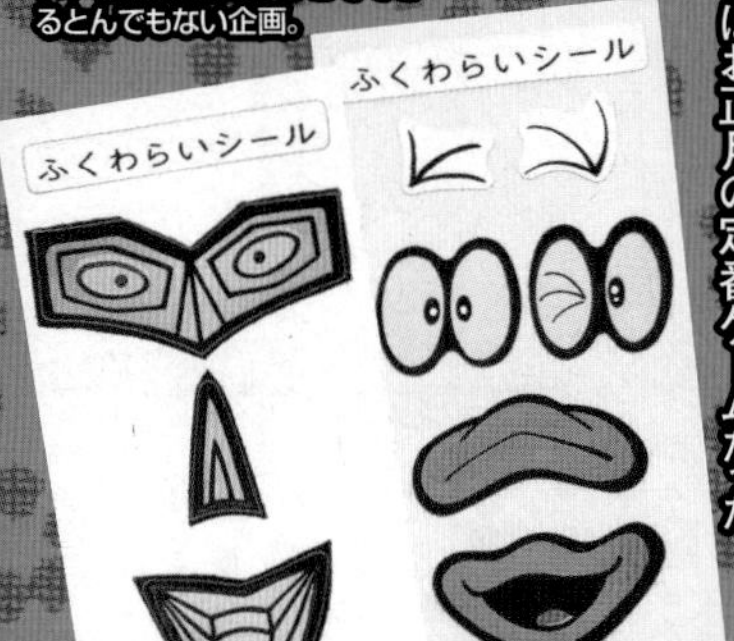

ふくわらいシール

人気キャラをパーツ化し、福笑いにすることで見事に版権もクリア?

福笑い(古典)

畳半畳ほどもある古いもの。ある程度の大きさがないと面白くならないのだ。

ヒーロー目かくしゲーム

絵柄はお多福から人気キャラへ。だけど、この唇は違うでしょ!

苦笑いばかりじゃ福来ない

たこ揚げ

主に軍事用として使われていた「たこ」が、子どもの正月遊びになったのは江戸時代からだ。しかし、街が電線だらけになっていき、遊べなくなってしまった。

上がれ上がれ景気よ上がれ

パチマンガたこ

流行りのマンガのイメージだけを、なんの脈絡もなくコラージュしたような絵だ。

パチ怪獣たこ

怪獣のデザインもすごいが、舌の先を潜り抜ける戦闘機もすごい(笑)。

富士に新幹線たこ

古典的な富士の構図に新幹線が割り込んできた。時代だねぇ。

宇宙ロケットたこ

たこという古風な玩具と、ロケットという未来テクノロジーのミスマッチ。

爆笑!! かるた大会

今日のかるたの原型ができたのは、江戸時代の元禄年間。昭和40年代まではお正月になると、さまざまなかるたがおもちゃ屋の棚を賑わしていたものだ。

かるたは時代を映す鏡だ

子ども用のかるたとしては、ちょっと重すぎやしないか?

スパイや探偵ものが流行った昭和30年代後期の製品。メーカー表記なし。

推理探偵かるた

ちょっ、子どもに麻薬の恐ろしさを説いてどうする?

泣いてる奥さんの身の上が、こっちまで心配になってきちゃうよ!

かなりパチもの臭いが完全オリジナルのスーパーロボット。ピカソ

言葉はカッコイイが、キャラがカッコ悪すぎだろ。

アイアンゴッドかるた

まぁ、ロボットだっていろいろあるよな。 同情するよ。

おいおい、ずいぶん庶民的なスーパーロボットだな。

「ゐ」に代わって「い」が使われるようになったのは昭和21年。『サザエさん』の連載開始も同じ年。

昭和20年代のもの。どこにも『サザエさん』の表記はない。まるまん出版社

ニコニコかるた

この頃のかるたは時代背景から、教育目的のものが多かった。

は〜、本当にいい言葉です。ぜひそうありたいものです。

「宇宙旅行の父」と呼ばれているらしい。今まで知りませんでした。

科学かるた

宇宙開発競争が激化した戦後の、まさに科学万能主義時代のかるた。科学者の名前が出てくるなどかなり高尚だ。

「江戸いろはかるた」に忠実に「京」の札があるのも学術的だ。

テレビの世帯普及率が大幅にアップした東京オリンピック(昭和39年)の頃か。

絵あわせ

本物の家族がなかなか揃わない

明治時代の末期から広まった家族あわせが簡略化し、絵あわせになった。やがて家族がバラバラになる時代になろうとは…。

昭和30年代頃まではポピュラーな遊びだったが、マスコミキャラに押されて消えていった。

十二支合せ

「十二支合せ」は、12種の干支がそれぞれ4枚ずつカードになった遊具。カードにはトランプや花札、番号や季節などが描かれており、多様な遊びに対応。

動物たちのデザインがユニーク。メーカーは毎年同じものを刷ればいいのだから楽だった。

怪獣ブーム時に怪獣ブロマイドを多数手がけた山勝商店のものではありませんか。

動物絵あわせ

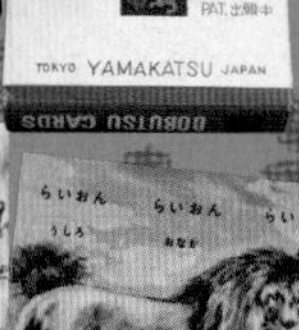

横7cmほどのチョコみたいな箱に入ったチープな絵あわせ。山勝

米国のテレビドラマ『名犬ラッシー』のヒットでおなじみになったコリー。

味わいのあるタッチで描かれたワニ。図鑑の役目も果していた。

カードには点数がついているのだが、ライオンは最高得点の1万点。

プレイするより絵柄が楽しみ

トランプ

世界共通の“カードゲームの王様”と言えばトランプ。正月ともなると、企業がこぞってふろくや景品、ノベルティーにした。

パチトランプ

駄菓子屋で出回ったパチトランプ。まぁ安いんだから仕方ない。アラスカ

熱線を発射する胸の板が、まるまる無いマジンガーもどき。

ポーズまで微妙な感じにしなくてもいいような気がするが…。

「ガッチャマンとちゃいますよ」と胸のマークが主張している。

景品トランプ

昭和40年代初頭、クラシックカーが流行っていた頃のもの。

この後、ノンスメルは怪獣トランプで爆発的なヒットを飛ばす。

ノンスメルの商品を買うともらえた「クラシックカー・トランプ」。

プレイするというより、コレクションカードとして見て楽しんだ。

ヌードトランプ

カードの専門メーカーだった任天堂の商品。カードが紙芝居のように楽しめる。

大人のジョークグッズの定番。カードを温めると黒い部分が透けてくる。

うつし絵

使いたい絵を切り離し、腕などの上に乗せて水をたらす。そしてゆっくり台紙をはがすと、絵が皮膚に張り付くのだ。

バットマンうつし絵

『バットマン』は昭和41年に日本でもテレビ放映され、人気となった。

ターザンうつし絵

この頃のものは印刷の精度が低く版ずれがひどいが、それがいい味になっている。

子ども用インスタント刺青

着せ替え人形

着せ替え人形は昔からの紙遊びの定番。少女雑誌のふろくには欠かせないものだった。素材は紙から進化し、今も健在。

日本製だが、アメリカへの輸出をメインに作られたものだろう。

まだ貧しかった日本の子どもは、豊かなアメリカに憧れて遊んだ。

高価なフィギュアは不要

なんという素晴らしい色彩。美しさで心が豊かになってくる。

こうして見ると、インディアンの衣装はカラフルで実にお洒落だ。

紙のお面

駄菓子屋売りの紙製お面は、マスコミのキャラクターものが台頭する以前の製品。鼻から上だけのものが多かった。

ニワトリ

かなりリアル。ニワトリになりきってどうやって遊んだのかな?

インディアン

この頃、インディアンは西部劇で悪者扱い。悪いのは白人なのに。

原住民1

今では差別的として販売することができないだろう。

ゴッコ遊びの必需品!

原住民2

これもかなり悪意があるデザイン。もはや人間ではなく怪獣だ。

ゴリラ

まるで獅子頭のようなゴリラ。キングコングごっこに使ったのかもしれない。

買いもの遊び

ろくにお小遣いなどもらえなかった時代、子どもたちはこんな紙製の印刷物で買い物ごっこ遊びをして我慢していたのだ。

がっちり買いまショ〜!!

こちらは女の子用。懐かしいポーズ人形やマスコット人形など。

鉄人28号やゼロ戦のプラモデル、キャラメルやふりかけ、ケーキなど。

Chapter 2

駄菓子屋派絵師

メンコ、パチ怪獣ブロマイド、チープなプラトイなど、あまたの駄玩具に駄菓子屋流通のプラモデル…それらを魅力的なものにしていたのは何といっても台紙や箱、商品に描かれた〈絵〉ではないでしょうか。今思えば、駄菓子屋は怪獣・妖怪から兵器に昆虫、宇宙人に至るまで、子どもの大好きな絵でいっぱいの美術館でもありました。決して絵描きとしての素養があるわけではない、いや、むしろ思いっきりヘタなのに人の心をむんずとわしづかみにする力がある駄菓子屋派絵師たちの不思議な絵。そんな絵に豪華な額縁を付け、賞を贈ってあげたいという思いを表現してみたのがこの章のいくつかの展示会企画です。どうぞ、紅茶でも飲みながらごゆっくりとご鑑賞ください。

駄菓子屋派絵師…section 1

流用模型の再生請負人 T.Kamoshita展 ティー・カモシタ

CAPTAIN DOME 4

ゼンマイ動力付
ウルトラ流星1号
Comet

歴史の闇に埋もれた絵師を発掘する駄菓子屋派絵師の章で初めに紹介したいのは、T.Kamoshitaこと鴨下示佳（かもしたときよし）氏のプラモデルパッケージや駄菓子屋カードだ。特に昭和の子ども向けプラモによくあった「再生プラモ」に起用されることが多かった氏の絵は、1960年代のプラモ黄金期の花形絵師、小松崎茂や梶田達二にあえて似せて描かれた感がある。絵を依頼するメーカー側からすれば「確実にヒットを狙え、小技も効く2番打者」的な存在だったと推察。ここにその全貌をご紹介する。

公害怪獣
ヘドロ
静岡県の田子の浦に発生した公害で製紙工場から出たクズが海底に沈殿したものです。人間や魚などに害のあるガスを発生します。

公害怪獣シリーズ② 田子の浦ヘドロ

公害怪獣
スモガ
石油コンビナートのある四日市では石油を精製する時に大量のガスと煙が出ます。空いっぱいに広がり目やノドが痛くなったりします。

公害怪獣シリーズ① 四日市スモガ

ごあいさつ

鴨下示佳氏は昭和13年に東京の小金井に生まれ、昭和36年に日大を卒業後、パッケージデザインなどに関わり、昭和42年に独立。ビークルを中心に書籍、パンフレット、ポスター、ボックスアートに透視図や外観を描いていたイラストレーターだ。今回紹介した作品は独立後、30代に手がけたもので、第一次怪獣ブーム時に発売されたプラモデルを、第二次怪獣ブーム時に再販したものがほとんどだ。氏の若き日の力強く自由闊達な筆致をお楽しみいただきたい。

公害怪獣
ギャオー
自動車が走る時やビルを作る時、非常に大きな音が出ます。そのため付近の人々はビル工事などあると夜も眠れなくなったりします。

公害怪獣シリーズ③ 騒音怪獣ギャオー

公害怪獣シリーズ アリイ

昭和42年にイッコー模型が発売した3種の宇宙人プラモの金型が昭和46年にアリイに渡り、公害が社会問題だった世相を反映して「公害怪獣」として再発売されたときの箱絵。どこかかわいい風貌の宇宙人を不気味な公害怪獣に仕立てた鴨下氏の筆力を見よ!

上の大きい図版は、プラモの箱絵（右）の原画を流用した画質のいい駄菓子屋売りのカードを掲載。ギャオーの暴れている場所は、当時の日本で一番高かった世界貿易センタービルのある浜松町。

公害怪獣シリーズ③
（ソーオンカイジュウ）
騒音怪獣 ギャオー
組立がかんたんなイージーキット
TOKYO MONO LAYL
ARII PLASTIC MODEL
うでが上下にうごく・かわいらしいマスコット人形 ¥50

スモガ
ARII PLASTIC MODEL
うでが上下にうごく・かわいらしいマスコット人形 ¥50

宇宙人プラモが巨大怪獣化!!

SFビークル

アリイ

昭和42年にコグレが発売した4種のSFボートを同社倒産後、昭和48年にアリイが別名で再販。上の2点は金型をそのまま用いたが、下4点は船底部を4輪を持つ車体に置き換え、地上走行に改造したもの。鴨下氏が得意とするメカだけあってブラシワークがさえている。

秘密兵艇 ライダーV8

戦隊ヒーローを先取りしたポップなデザイン!!

秘密兵艇 ウルトラV7

地球防衛部隊 ワイルドスター2号

地球防衛部隊 ウルトラマシーン1号

地球防衛部隊 キャプテンライダー4号

地球防衛部隊 GOGOファイター3号

怪獣

ナカムラ

ギジラとザイキングは同社より昭和42年に発売された「トゲラ」と「サイゴン」の名称変え再販品。コドラはコグレの「ザラビン」の金型を流用したもの。それぞれ初版の箱絵に勝るとも劣らない大迫力だ。

ギジラ

怪獣コドラ

ザイキング

日本の動脈を蹂躙する鴨下怪獣!!

怪獣ゴーゴンバット

怪獣ゴーゴンキジラ

アリイ

昭和42年、日本ホビー発売の「黄金ウルトラバット」と「キジラ」をアリイが名称を変えて再販。「ゴーゴンキジラ」では、国会議事堂と霞が関ビルの間に皇居とお堀が！ 日本怪獣映画のタブーを蹴散らした傑作だ。

冷凍怪獣ゴメラ

海洋怪獣ラドゴン

オリエントモデル

冷凍怪獣ペギラス

昭和41年にマルサン商店が発売したウルトラ怪獣のプラモを名称変えで再販。「ゴメラ」の中身はゴメスだが、なぜか箱にはギガスが描かれている。ラドゴンのみ駄菓子屋カードを掲載。

資料提供／ほうとうひろし

駄菓子屋派絵師…section 2

昭和駄菓子屋プラモ 春の怪獣大絵画展

1960年代第一次怪獣ブーム期編

半世紀以上前、わが国に「怪獣ブーム」が巻き起こり、映画やテレビではゴジラを筆頭にガメラ、レッドキング、バルタン星人などのスター怪獣があまた誕生した。しかし、ブームの影で名前も覚えられずに消えていった怪獣は数知れず。プラモデル製造会社がでっち上げた怪獣たちもまたしかり。しかし、中身はチープでも箱絵は優れたものが多かった。そこで今見てもシビれる怪獣の箱絵を集めて展覧会を開催してみた。忘却の彼方から蘇った無名怪獣たちの雄叫びを聞け！

GYAOOOOO!!

原子怪獣ドラゴン（日東）

高度経済成長の象徴である新幹線ひかり号を破壊する恐竜型の怪獣。のちに頭部のトゲを省き、「恐竜ステゴザウルス」として再発売された。

怪力, 潜水怪獣グジラス（サンキット）

マブチモーターが昭和42年に発売した水中モーターのブーム時には、水もの怪獣が多数発売された。体はクジラ、顔は竜のような怪獣。口の横のヒレがイカス。

ザニラ（ミヤウチ）

富士山をバックにひかり号を破壊する、という怪獣映画お決まりの構図だが、巨大ザリガニという異様さもあってものすごいインパクト。

ドマイナー怪獣大決戦!!

海底怪獣水中ワニゴン（日東）

元はゼンマイ動力で四足歩行する怪獣だったが、水中モーターブーム時に金型を改造して水中仕様に。日東怪獣の絵師の筆が走った名画。

BAREEEEN!!

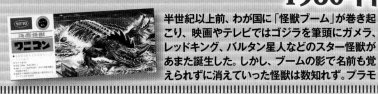

メーカー別怪獣大図鑑

童友社

「怪獣レーサー」とは、特殊ゼンマイ動力で走行するカートに怪獣が乗ったもの。米国でブームだったエド・ロスの怪物カー・プラモの影響。

暴走怪獣参上!!

怪獣レーサーペピラ

恐竜戦車よりも先に「巨大車両に乗った怪獣」を考えた斬新な模型。口からミサイルを吐き、怪奇植物が生えた宇宙というシュールさ。

怪獣レーサーナゴン

こちらのほうが恐竜戦車により近い外観。東京タワーを片手でわしづかみ、舗装道を爆走中という、これまた異常なスケール感に目まいを覚える。

クラウン

今回の中で最もこだわり感の強い会社。当時、ガイコツキーホルダーの両目に埋められていた模造ダイヤが、怪獣の目玉として付くのも独特。

ラドンガ

プラモの箱絵とは思えないほどタッチが粗雑だが、怪獣の獰猛さを見事に表現している。ゼンマイ動力で両腕を交互に振り上げながら足を上げて歩く。

野蛮さナンバーワン

ロケットカー対ガメス

子どもが描いたような絵だが、何ともいえない野蛮さがあってよい。車をひとのみにするギミックは、古い玩具『Fish Eating Whale』の引用だ。

緑商会

数々の傑作SFメカを自社デザインした栄光ある模型会社の数少ないオリジナル怪獣。箱の中身は、絵とはまるで異なるデザインなのが衝撃。

ウルトラ怪獣ガルネラ

怪獣の皮膚感も見事に表現した達者な絵は、雑誌でも健筆を振るった中西立太画。SFメカが描かれているところが緑商会らしさ。

素晴らしい筆致

怪獣ゴレム

こちらの絵は、緑商会の初期に「ミドリまんがシリーズ」の箱絵を手がけた画家の筆で、昭和41年を最後に同社の箱絵では見かけなくなった。

ナカムラ

『黄金ドクロ』などの珍品プラモを多種発売した中村産業だが、怪獣はこの2体だけ。モールドはどちらも米国パイロ社の恐竜プラモのコピー。

見得切りポーズキマったぁ〜!!

サイゴン

首を大きく曲げ、見得を切ったポーズで、画角いっぱいに怪獣を納めたプロフェッショナルな構図は、のちに東宝でガイガンをデザインする水氣隆義の仕事。

トゲラ

「港の水際で陸戦兵器と対戦し、大暴れする恐竜型怪獣」という、レイ・ハリーハウゼン映画のようなシチュエーション。ポスターにしたい。

イマイ

50円で買えるテレビキャラのプラモを多数発売し、子どもに大ウケしていた今井科学。大ヒットした『サンダーバード』と同時に怪獣も発売。

オラオラオラァ〜!!

怪獣バギラ

キャラクタープラモのイマイだけあって怪獣のキャラも立っている。箱絵に画家のサインは見えないが、筆致から梶田達二の画と思われる。

コグレ

プラモ史上に燦然と輝く『サイボーグ』では、両腕連動で膝を曲げて歩行、という特許技術を見せたコグレだが、この2体はフリクション走行。

ベンゲラ

まるで水墨画のような淡白なタッチは、怪獣絵としてはかなり異質。2種類ついた頭を付け替えると別怪獣「ガビンダ」になるという小技つき。

名前も絵も独特!!

ザラビン

背景が真っ白というのがいかにも水墨画的。余白に小さく書かれた「Usui」というサイン同様、味わいが薄い。掛け軸に表装して床の間に飾ろうか。

怪獣ブームのあだ花 大部屋怪獣への賛歌

昭和41年、まだ100円以下の安手なプラモデルを過半数の模型会社が製造していた時代に、突如として「怪獣ブーム」が勃発。いち早く『ゴジラ』の東宝と『ウルトラマン』の円谷プロのプラモ化権を独占したマルサン商店は、続々と人気怪獣を高額商品化したため、他のメーカーは独自に怪獣をデザインしてプラモ化するしかなかった。

しかし、ウルトラシリーズの立役者の一人である成田亨のような名デザイナーが二人といるはずもなく、各メーカーは恐竜や既存の怪獣をもじったりしながら、珍怪獣を生み出した。

だが、この安価な無名怪獣たちは、高額のマルサン電動怪獣を買うことがかなわない子どもたちにとって、ひとときの慰めになったのだ。半世紀以上を経た今、見返してみるとなんと味わいのあることか。大スターのようなカリスマ性はないが、どれも個性的で、言わば〝大部屋俳優〟のようなアクの強い魅力に溢れているではないか。

本企画でまた一堂に集まれたことを、怪獣たちは喜んでいるだろう。

資料提供／ほうとうひろし

駄菓子屋派絵師…section 3

駄菓子屋感満点プラモ画家

E.Matsumura イー・マツムラ 展

昭和のプラモデルブーム時に、大手模型メーカーのボックスアートで活躍した小松崎茂、梶田達二、高荷義之などスター絵師たちの陰に隠れ、主として駄菓子屋売りのマイナープラモデルを舞台に個性を発揮していた絵師たちがあまた存在した。今回は50年もの間、誰にも気づかれず、評価されることのなかった謎の絵師「E.Matsumura」こと「マツムラえいじ」が描いたと思われる箱絵を発掘し、検証を試みた。本邦初の個展をここに開催します！

じしん坊

おどろじい

クラウンモデル

妖怪ブーム時にページ下段の有名妖怪3体を50円で発売したが、左のオリジナル妖怪も発売。同社の金型を流用した車に妖怪を乗せた怪プラモ。メジャー妖怪とは違い、裁量が任されたためかE.Matsumura氏の筆も走っている。

ごあいさつ

「E.Matsumura」氏は昭和41年に、東京シャープ模型の『ライトニングバットサンダー』の箱絵で活動開始。翌年のバットマンブーム、翌々年のサンダーバードブーム、昭和43年の妖怪ブームに際し、正規の版権をとることがかなわなかった弱小メーカーで、パチものプラモの箱絵を担当。「E.Matsumumura」「M.Eiji」「E Mate」「E.I.R.」「えいじ」「B.Mstriroro」「Jo,Mat'」「M.YUZURU」など、数種類もの筆名を使い分けたが、名前を伏せても隠しきれない強烈な個性を発散した。

奇天烈で自由奔放な空想世界

謎のコスモス版

1980年代、カプセルトイのコスモスからクラウンをコピーした商品が発売された。箱絵もE.Matsumura氏のタッチを真似したものだった。

ろくろっ首

ひとつ目小僧

オバケ傘

東京シャープ模型

確認できる範囲では、左上の作品がE.Matsumura氏の箱絵として最も古い。活動開始期から類まれなる個性をいかんなく発揮している。宇宙空間に奇妙でラブリーな宇宙生物が描かれており、駄菓子屋感があってよい。

宇宙パトロール 月光ガード隊 **ライトニングバットサンダー**

宇宙捜査隊 **ニューフライングサンダー101**

宇宙捜査隊 **サンダージュニア**

宇宙捜査隊 **サンダーファースト**

国際宇宙救助隊 **ファイヤージェット**

国際宇宙救助隊 **スーパーゴースト**

水・陸両用ミサイルジェット **ウルトラロビン**

シュールな宇宙生物に注目!!

オリエントモデル

倒産したマルサンのゴメスとペギラの金型を流用した怪獣と、東京シャープの「スーパーゴースト」「ファイヤージェット」をセットにした模型の箱絵を担当。有名怪獣を模して描くのが嫌だったのか、投げやりな印象だ。

ウルトラ科学追跡機シリーズNo.1 **ウルトラエックス**

ウルトラ科学追跡機シリーズNo.2 **ウルトラゼット**

岡本プラスチック模型

妖怪ブーム時に多数の怪奇プラモデルを発売。その多くの箱絵をさまざまなペンネームを使い分けて担当した。軽妙なタッチのロゴが氏の絵とマッチしている。「怪物さん」は、あからさまな「怪物くん」のパチもの。

怪物さん ドラキュラ

怪物さん フランケン

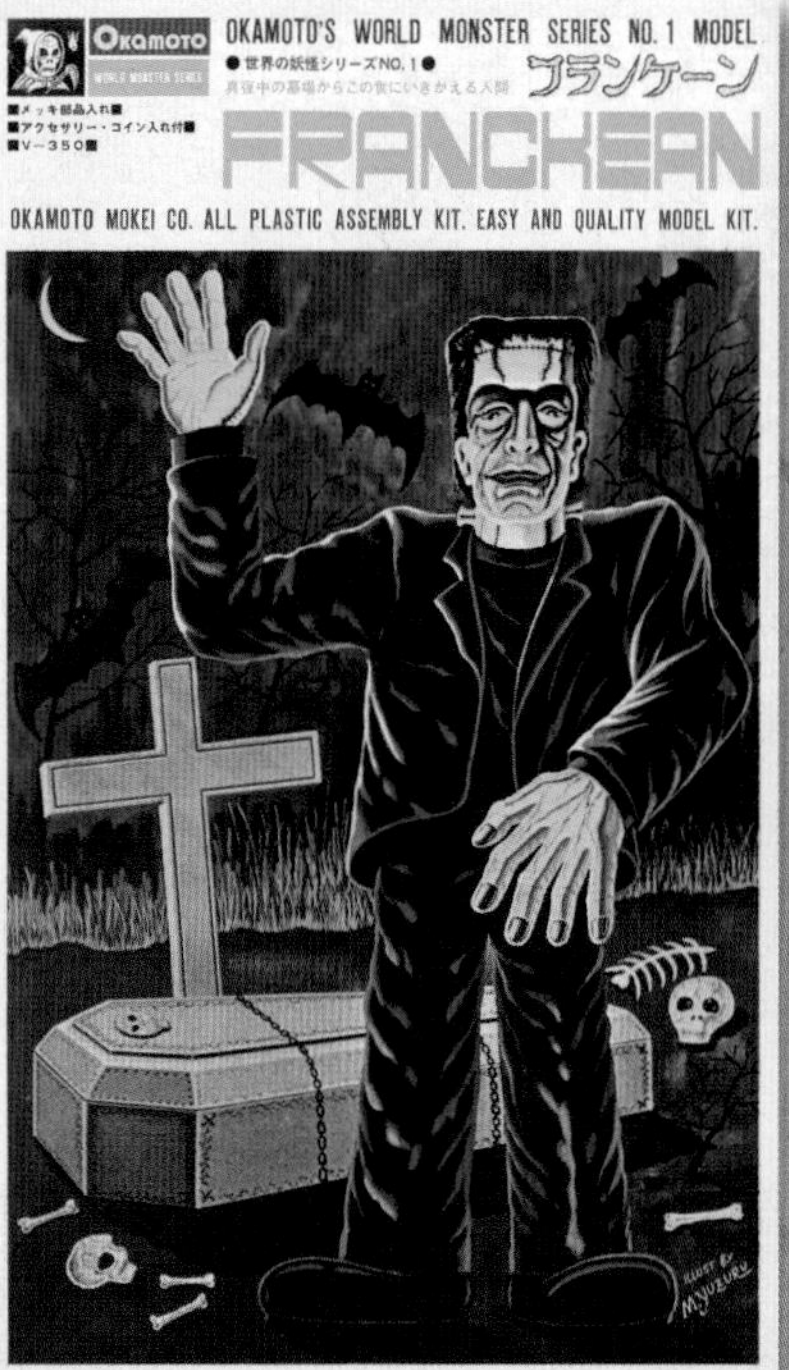

世界の妖怪シリーズNo.1 フランケーン

妖怪シリーズNo.1 青うみぼうず

際立つチャイルディッシュな個性

尾高産業

同時期に発売された東京シャープ模型のSFメカシリーズと似ていることから、E.Matsumura氏がデザインも担当していたことがうかがえる。これだけのオリジナルSFメカ画を担当していたことは、模型史的にも注目に値する。

宇宙パトロールサンダー部隊 SFロッキード2世

宇宙パトロールサンダー部隊 SFサンダーボルト1号

宇宙パトロールサンダー部隊
SFアベンジャー3世

宇宙パトロールサンダー部隊
SFハリケーン5号

世界宇宙救助隊
エンジェルキング, 9

SF宇宙パトロール 円盤空母 コンコード7

宇宙SFシリーズNo.1 ジャンボ・エース

ミニ・ロボット3点入

資料提供／ほうとうひろし

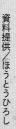

駄菓子屋派絵師…section 4

昭和 駄モノ プラモ箱絵展覧会

プラモの名画鑑賞マニュアル!!

プラモデルはバラバラのパーツの寄せ集めにすぎない。箱に描かれた絵こそが子どもたちの購買意欲をかき立てる最も大切な要素だった。つまり、中身の出来が悪くても箱絵さえ魅力的であれば、売れる商品となり得たのである。昭和時代のボックスアートは、昨今のCGで描かれたリアル一辺倒なものとは違い、絵師たちの個性が際立っていた。当時の模型屋は、子どもたちにとっての「美術館」でもあった。当時の傑作絵画をじっくりと鑑賞していただこう。

怖い絵部門

昭和の怪奇プラモは、箱絵の怖さに比べてその中身は至ってチープ。そのギャップが魅力だった。

ゴーストボックス

●サンキット（昭和42年）
硬貨を置くと箱から手が出てきて、箱の中に引き入れるというギミックで人気となった。画像のゼンマイ動力型のほか、モーター動力型があった。

金

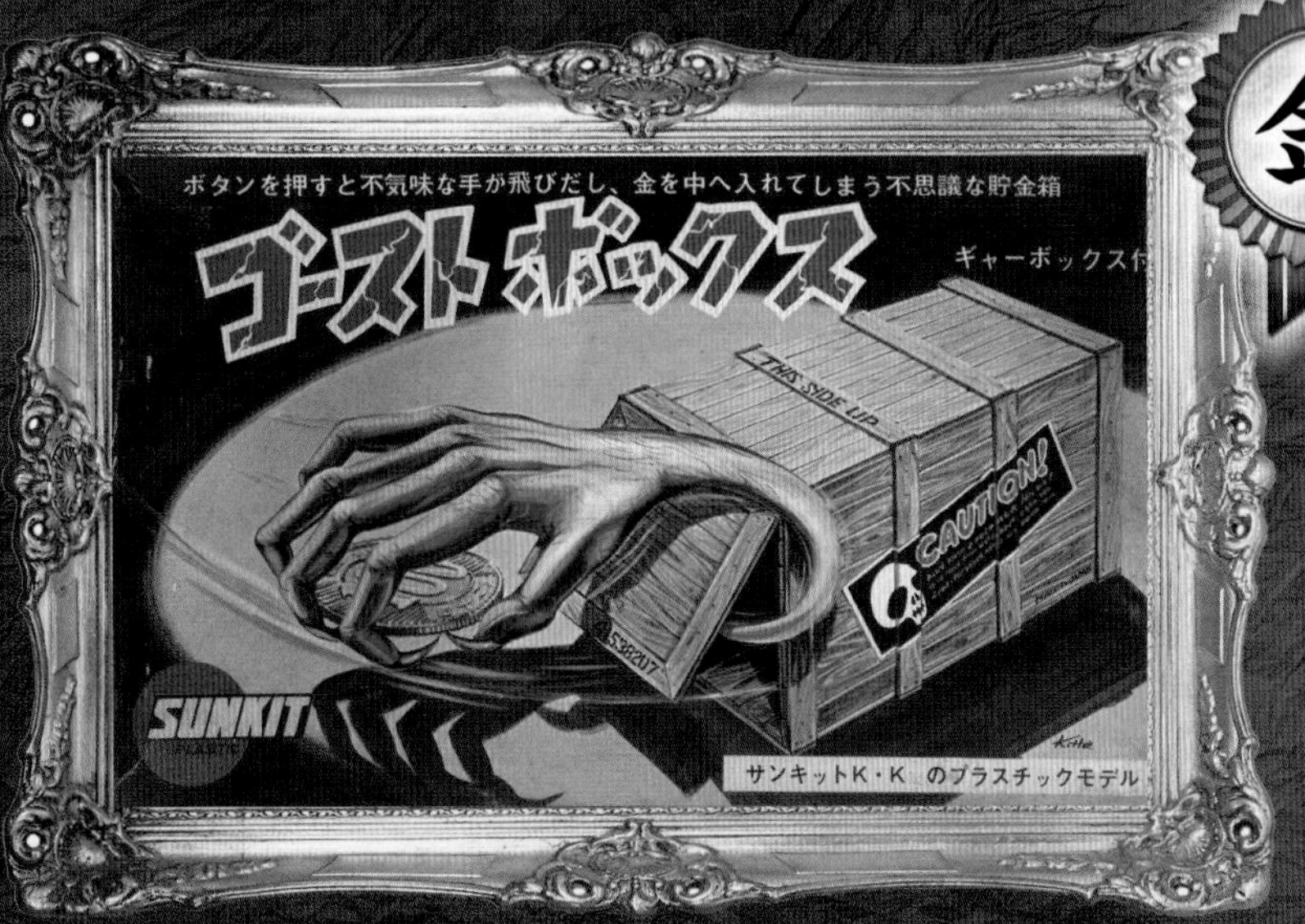

〈鑑賞のポイント〉
17世紀に活躍したオランダ絵画の巨匠・レンブラントの油彩のように、深い陰影が味わい深い。タイトルのマンガっぽさもよい。箱からニュッと出た手がつかんでいる硬貨には、昭和42年の刻印が…。見る者を昭和ロマンに誘う傑作。

本当に怖い昭和の怪奇プラモ

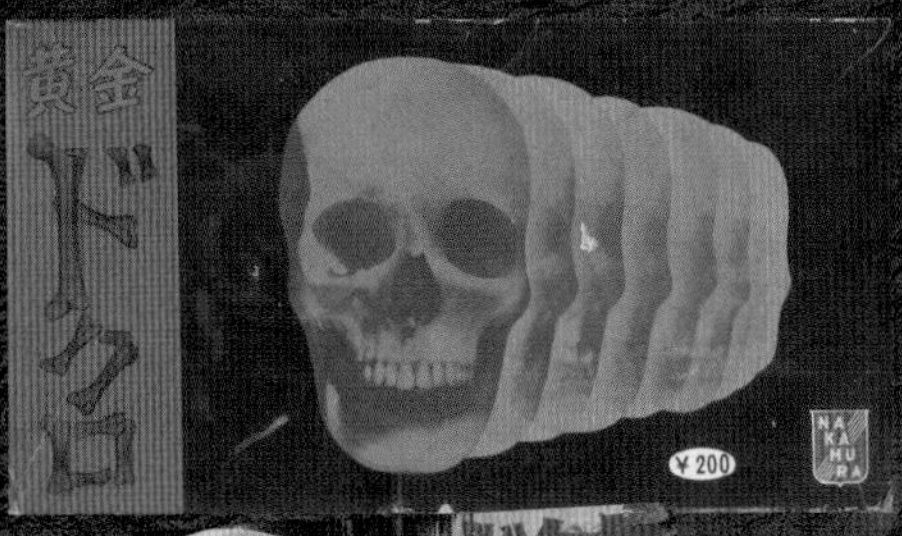

黄金ドクロ

●中村産業（昭和42年）
アンディ・ウォーホルのポップアートを彷彿させる、ドクロのコラージュが印象的だ。下の再販版の筆致も見事。

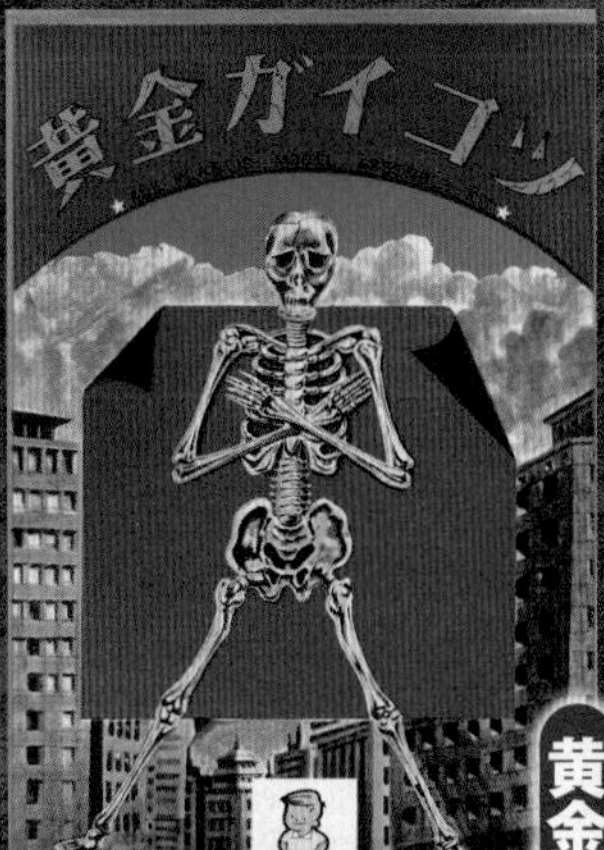

黄金ガイコツ

●岡本模型（昭和42年）
金色ガイコツの背後にマントというデザイン処理で、同時期の人気アニメ『黄金バット』に錯覚させるという技法か。

歩く手首

●マルイ（昭和42年）
少年雑誌などの挿絵画家として、同時期に活躍した石原豪人によるボックアートは、ドン引きするほどの怖さ。右の『歩く生首』はほかの絵師によるものだが、やはり怖すぎる。

風景・静物部門

昭和時代、建築物や静物などの牧歌的なプラモが多数発売された。大人も楽しめる懐の深い趣味だった。

金

オランダ 風車型扇風機

●童友社(昭和41年)
風車の形をした扇風機のプラモデル。本来、風を受けて動力とする風車を、電池を使って風を起こす扇風機に見立てるという、まさに逆転の発想だ。

〈鑑賞のポイント〉
19世紀半ばに西洋美術界を席巻した、印象派のモネやシスレーのような筆致で描かれたボックスアート。このようなプラモが雑然と置かれていた昭和40年代の模型屋は、いかに芸術的な空間であったことか!

小便小僧

●クラウン(昭和54年)
1619年に彫刻家のジェローム・デュケノワにより製作された有名な彫刻を、放水機能も含めてプラモ化した傑作。

昭和の和み系プラモでほのぼの～

駄菓子屋

●河合商会(昭和57年)
こんな駄菓子屋を見たことのない若い人にも、どこか懐かしいと思わせてしまう絵画の力。これは日本人の心象風景なのだ。

剣と鹿

●岡本模型(昭和41年)
西洋の富豪の屋敷にしかない装飾品が、チープなプラモとして増殖する。このこと自体が現代アート的なのだ。

憩い

●河合商会(昭和58年)
アメリカ市民の日常を明るいタッチで描いた、ノーマン・ロックウェルを思わせる画題。幸福感に満ち溢れた絵だ。

東京タワー

●尾高産業(昭和40年)
戦後を生き抜いた人々にとって、東京タワーは経済成長の象徴であり、富士山と同様に日本人としての心のよりどころとなった。

人物部門

人物モチーフのプラモは少ないが、箱絵に描かれることは多々ある。中にはこんな傑作もあったのだ。

金

YAMADA HANDY FAN

●山田模型（昭和47年）
昭和40年代、プラモデルメーカーは競ってハンディファンを開発した。本作はそんな夏向けプラモの定番に、子どもに人気の拳銃の要素をプラスしている。

〈鑑賞のポイント〉
ドラムの練習に熱中する黒人青年と、そこに差し出されるハンディファン。心温まる一瞬を重厚な油彩タッチで描いた、日本模型史上に燦然と輝く傑作。ドラムのプラモに見えかねないこの絵を採択した、メーカーの冒険に拍手を送りたい。

人物画は絵画の基本にして、最も奥深きもの。

宇宙船型自動鉛筆削り

●日東科学（昭和38年）
素朴で教科書の挿し絵のような人物のタッチは、このプラモが教育的な側面を持っていることを暗に主張しているのだ。

ゴールド大名駕籠

●ヨーデル（昭和47年）
参勤交代で江戸に向かう大名行列のひとコマだろうか。富士山を背景に絢爛たる江戸の意匠をあしらった。

秘密デンワ

●中村産業（昭和40年代）
スパイ映画のアクションシーンを一枚の絵で巧みに表現。絵の稚拙さがかえって味わい深さを醸し出している。

おでん屋

●ヨーデル（昭和50年）
プラモはその時代を映し出す鏡でもある。これは同時代の広告的な表現を取り入れ、時代感が濃厚な一枚だ。

●マルイ（昭和47年）
当時、人気のあった俳優の似顔絵を大胆にフィーチャー。そのそっくり度から、絵師の技術の高さがうかがえる。

国際秘密警察ナイフガン・ミニピストル

昭和 第2回 プラモ箱絵展覧会

美術館には絶対ない名画を発掘!!

もし、プラモデルが完成写真を添えただけの透明な箱に入っていたら、まったく売れなかっただろう。完成したおもちゃなどと違って、プラモデルの場合は想像力をかき立てる箱絵が何よりも重要なのだ。いや、逆に中身で箱絵のイメージを補完している、といっても過言ではない。当時の絵師たちも「俺の絵でこのプラモデルを売ってやる！」と、気概に溢れていたのではないか？ 本展覧会でそんなパッションを感じていただきたい！

ロボット部門

ガンプラ以前のロボットプラモは、モーター動力で歩くことを前提にデザインされていたため、短足かつ胴太が基本体形だった。

壮烈!! 緑商会ロボット三勇士

ミサイルロボット

今まさに被弾して倒れゆく兵士を前面に配し、生々しい戦場の様子を伝えている。白地をバックに文字を上部にまとめたデザインも、スッキリしていて実にカッコイイ。

金

ブラック・サタン

肩のマークは日の丸のようにも見えるが、名称と米軍の魚雷艇が帯同していることから米軍のロボットか？ 横長の箱全面にロボットを配した大迫力の構図。絵師は3点とも中西立太。

スチールジャイアント

敵の戦闘機P-36を蹴散らす巨大ロボット。目線を左下から右上へ誘導し、ロボットの巨大感を強調。実在した兵器のリアルな描写が、漫画チックなロボットに信憑性を与えている。

〈鑑賞のポイント〉

緑商会の箱絵は傑作ぞろい。中でも昭和40年に発売された100円ロボットシリーズの初期イラストは、第二次世界大戦時の戦場にロボットを配した架空戦記風で、群を抜いて素晴らしい。

生き物部門

金

箱絵と中身のイメージが最も食い違うジャンル。プラモの完成品をまったく反映してない箱絵も多かった。

およぐにしきごい

ウロコ一枚一枚まで丁寧に描かれた精緻な筆致。今にも箱から飛び出しそうな、生き生きと描かれた鯉だ。この箱絵につられて2種買ってしまった子どももいたはずだ。絵は2点とも鴨下示佳。ナカムラ(昭和42年)。

およぐひごい

水面を優雅に泳ぐ緋鯉の姿を全面にあしらった、日展に出品してもおかしくない作品だ。日本模型史上で最も深い禅的な魅力をたたえた箱絵と言っていいだろう。ナカムラ(昭和41年)。

〈鑑賞のポイント〉

成型色にマーブル模様と朱色を使うことで、見事に一つの金型から2種のプラモを生み出したナカムラのアイデアが秀逸。写実的な鯉の箱絵が、そのアイデアの具現化に裏付けを与えている。

額装して居間に飾りたい名画たち

小松崎茂 生物画ミニ個展

小松崎茂は『サンダーバード』のSFメカをはじめ、戦車、戦艦など兵器の箱絵を量産したが、生き物に関しても才能を発揮した。若い頃、日本画家に手ほどきを受けたたまものだろう。

ハマガニ

存在感のあるハマガニの描写。そして雲、波、石の一つ一つにまで魂の入った筆致に、思わず見入ってしまう。エイダイ(昭和46年)。

動物ボウリング・サイ

ボウリングのピンに突進するサイの躍動感あふれる描写。この絵が玩具的プラモに説得力を与えている。バンダイ(昭和45年)。

クロオオアリ

昆虫図鑑にも負けない観察力と描写力が、「精密20倍」というキャッチに多大なる信憑性を与えている。バンダイ(昭和45年)。

アブラゼミ

夏、冷房などない昭和の駄菓子屋でこの箱絵を見たら、絵から「ジージー」という鳴き声が聞こえてきそうだ。エイダイ(昭和47年)。

アバンギャルド部門

芸術とまったく関係がないプラモというジャンルだからこそ、思いもよらない大傑作が誕生することがあるのだ!

金

ミニミニたこ ザ・チュッピーズ

どんな絵師が描いたのだろう…タイトル、ロゴ、構図、色彩…見事としか言いようがない。もし今、活動したら大ヒットしてCGアニメ化され、CDが発売されたかもしれない…と夢想。ナカムラ(昭和43年)。

〈鑑賞のポイント〉

ギターを持った2匹のタコが口に付けた磁石でチュ～するという、駄菓子屋50円売り究極の駄プラ。発売当時に流行していたGSやサイケを取り入れ、歴史に残る名画に仕立てた。

プラモがアートを超えた!?

妖怪百物語 うしおに

大映映画『妖怪百物語』に登場したキャラを50円でプラモ化し、大ヒット。当時は気づかなかったが、字が読めないほどものすごいサイケで、異端な箱絵だった。絵師は柳柊二。日東(昭和43年)。

秘密武器 ターゲットパンチ

ロボットや武器をパーツに分けて、たくさんの商品を買わせるという戦略だが、このようなシュールなものが…当時の子どももさぞあきれたことだろう。アリイ(昭和50年)。

キジラ

なんと、桃太郎の鬼征伐にお供したキジが、680年たって神通力を得、地球のために超大型の黒わし(ブラック・イーグル)と戦っているという設定なのだ。日本ホビー(昭和42年)。

アンドロ星人

誰もが一見ギョッとする箱絵。どこから着想を得たのだろう? このシュール極まりないデザインの宇宙人を、きちんと動力ギミック付きで製品化したところがスゴイ。三共(昭和42年)。

迷画鑑賞マニュアル!!

昭和 駄モノ絵師美術展

美術界はおろか商業デザイン界からもいっさい評価されることなく、消えていったあまたの駄モノ玩具絵師たち。この仕事を足がかりにして、出世した者がいたのだろうか…いや、いまい! しかし、当時に子どもだった僕たちは、あなたたちが描く絵を目を輝かせて見つめ、心を躍らせていました。学校で学んだどんな名画よりも、心に深く刻まれているのです。ささやかではありますが、今、ここに駄モノ玩具絵師の偉業をたたえたいと思います。

SF部門

SF玩具こそは、絵師たちが自由に空想の翼を広げて描ける分野。駄玩具界に小松崎茂はいたのか?

アポロ・ロボット

チープなロボットのパズル玩具。アポロブームに便乗し、名前を変えて再販したものだろう。アポロ計画にロボットは関係ないが、これでいいのだ。

金

〈鑑賞のポイント〉

絵師に課せられた任務は、チープなデザインのロボットをいかにソレっぽく見せるか。つまり、大嘘である。アポロ月着陸計画そのものがでっち上げだという陰謀説もあるが、この絵にはそんな説をも笑い飛ばすパワーがある。

これぞセンス・オブ・ワン駄〜!!

銀

コバルトZ

ベニスから発売されたビニパス。『宇宙戦艦ヤマト』や『コン・バトラーV』など、1970年代の人気アニメの要素を凝縮したセンスがスゴイ。

透明宇宙探検車

未知の惑星を疾走する孤高の探検車。画面いっぱいに描いた構図は大迫力。カラーリングは『仮面ライダー』のサイクロン号を意識した?

うちゅうじんがくれたてればしーけむり

薬品を指でこすると煙が出る玩具の絵。まるでやる気を感じない、虚無感さえ漂う画風がすごい。これはまさにポップアートだ!

パチ部門

人気キャラをパクらなければならない絵師の心境は…。オリジナルを超えてやろうという矜持があったのだろうか？

金

家族

『なめ猫』のパチ玩具。写真をコラージュしてでっち上げたもので、本物の猫を使って撮影した本家よりも動物愛護の精神に溢れる。

〈鑑賞のポイント〉
こたつに入り、みかんを食べながらテレビを楽しんでいる家族。しかし、その団欒に父親は入れてもらえない…。現代人の孤独を写実的に描き、人間社会を痛烈に批判した画家のエドワード・ホッパーを彷彿させる大傑作だ。

サイケなニャロメ

ニャロメのパチブロマイド。『もーれつア太郎』が連載されていた時代のサイケブームが、この作品に大きな影響を与えていると思われる。

オリジナルを“破壊”する魅力

銀

大ナメクジとトラヒゲ

意外な組み合わせを行うことによって、受け手を驚かせ、途方にくれさせる「デペイズマン」という、シュルレアリスムの手法を使用。

イーテー

大ヒット映画『E.T.』のパチカード。ダダイストたちが多用した現代絵画の技法・コラージュによる傑作。破壊は創造に繋がるのだ。

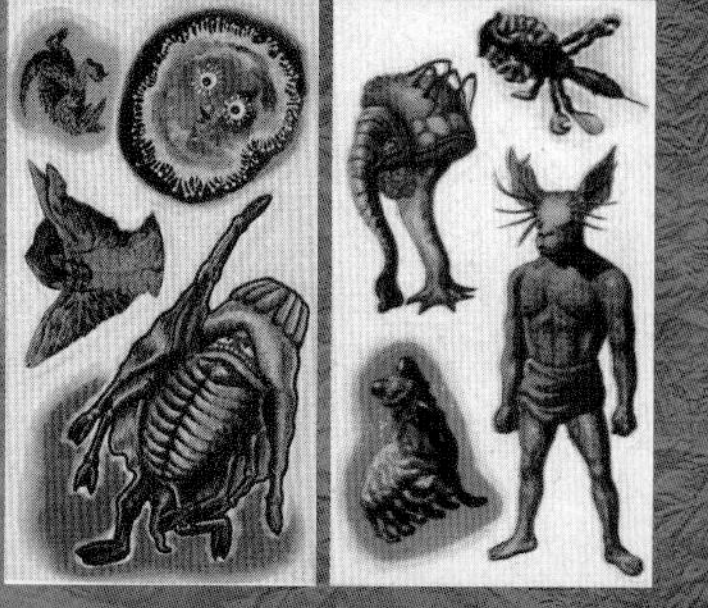

不安になるシール

パチ怪獣は製作者のセンス次第だが、このシールは脚が左右非対称だったり、どこか不安定で陰鬱さが漂う。これも作家の個性か。

レトロモダン部門

古風で懐かしい絵柄の中に、現代的な洗練さを感じさせる。まだ戦争の記憶が残る昭和20〜30年頃の駄玩具たち。

金

WATER FLOWER

水をはったコップの中に入れて観賞する紙製の造花。昭和30年代ごろの喫茶店などでよく見られた。画像は詰め合わせセットの箱絵。

〈鑑賞のポイント〉

よく見ると、商品とは関係ない少女や魚などが描かれており、この世ならざるファンタジックな世界観が素晴らしい。チープな印刷がかえって商品の本質をよく伝えている。この時代にしか表せない独特の魅力がある作品だ。

BUILD A HOUSE BLOCKS

幼児向け積み木の箱絵。日本が米軍に占領されていた時代の名残を感じる。描かれている洋館は、戦後の日本人が憧れた心象風景か。

銀

お手玉と姉様

お手玉とお嫁さん人形がセットになった女子向け玩具。古風な角隠しの花嫁と、昭和30年代頃の流行を身にまとった少女の対比が面白い。

古さの中に“美”がある!

特別出品“猿”部門

金

猿の世界

大ヒットSF映画『猿の惑星』をパクった日本のSFドラマ『猿の軍団』を、さらにパクったシールの台紙絵。これぞ駄玩具の世界…。

〈鑑賞のポイント〉

銀河宇宙を感じさせる円盤を中央に配した構図が素晴らしい。『猿の世界』というタイトルに哲学的な深みを感じる。

来年も夜露死苦!!

ゴリラシール

明治製菓の景品『おれ、ゴリラ』のパチシール。指先まで神経の行き届いた繊細な描写力だ。

銀

SMOKING MONKEY

タバコを吸う猿のチープトイの台紙絵。ユーモア溢れる素朴な描写が、どこかレトロで魅力的。

駄菓子屋派絵師…section 7

名を知られることもなく活躍した
絵師たちに捧ぐ

昭和パチメンコ美術展

子どもが初めて感情を動かされる絵画とは、教科書に載っているゴッホやルノワールのような行儀のいい絵では決してないだろう。それは駄菓子屋で買ったメンコかもしれない。私はそこに描かれたケバケバしいまでの過剰な表現に、頭がクラクラしたものだ。駄モノ絵師たちにとって、メンコは才能をぶつけるキャンバスだったに違いない。誰からも評価されることなく、消えていった絵師たちに感謝を込めて、ささやかな美術展を開催します。

パチ絵師ミニ個展

特

昭和40年代に幼少時代を過ごした人なら、この絵師が手がけた駄玩具を必ず目にしているはずだ。駄菓子屋業界への多大なる貢献をここにたたえたい。

〈鑑賞のポイント〉
丸みを帯びた優しいタッチと原色を多用したわかりやすい色彩。昭和30年代の人気漫画の要素を凝縮したような絵だ。眺めているだけで当時の思い出が、鮮やかに蘇ってくる。

特別功労賞

パチヒーロー①

絵師オリジナルの怪獣を中央に配した迫力のある構図。怪獣は真珠を埋め込んだ男根のよう(笑)。トヨタの看板、自動車への襲撃など、交通戦争に対する批判だろうか。

ゴメス

トドラとナメゴンを合わせたような怪獣だが、名前はなぜか「ゴメス」。愛嬌があっていい。この絵師が描いた怪獣を忠実に立体化したソフビ人形が欲しい。

この絶対的駄菓子屋感

パチヒーロー②

この絵師は主役のパチヒーローより怪獣をメインに描くことが多かった。判官贔屓だったのだろうか。版ズレ具合も素晴らしい作品。

パチ怪獣

この絵師が描く人間が怪獣に襲われているシーンは、どれもなぜか牧歌的な雰囲気でいい。手前の女の子がやたらかわいいなぁ～。

ラモス

「モスラ」をもじったら後年のサッカー選手の名前になってしまった(笑)。怪獣のタッチは一峰大二に似ている。もしかして関係があるのだろうか?

ホラー部門

金

1970年代のオカルトブーム以前は、ほのぼのとした古典的妖怪が多かったが、やがて映画や漫画に登場するキャラクターが描かれるようになった。

1970年代のオカルトブームを1枚に凝縮

オカルトメンコ連作

大ヒット映画「エクソシスト」(昭和48年)公開時に発売された思われる16枚つづりのメンコシート。絵柄のほとんどが「世界妖怪図鑑」(立風書房)と「週刊少年マガジン」の図解からの引用だ。

〈鑑賞のポイント〉

引用した図版をコラージュし、蛍光色のような色を重ねて独特の雰囲気を醸し出している。16枚並べても色彩に統一感があり、構図も安定している。時代性が濃厚で素晴らしい。

はらばけ

水木しげるキャラが席巻する以前の妖怪メンコ。「はらばけ」という妖怪はこのメンコで初めて知った。巫女のようだが、どのような素性の妖怪なのだろうか?

対立

苦虫を噛み潰したような顔をしたドラキュラの背後に、エジプトの神・ホルスが立つ。奇しくも紀元前から続く、西洋とエジプトの対立を表現したコラージュとなった。

お化けちょうちん

愛嬌のあるかわいい表現が特徴のこの絵師も、昭和40年代の駄玩具でよく見かけたが、なぜか妖怪絵が多い。駄玩具業界でメンコの絵柄は専業化されていたのだろうか?

シュール部門

金

パチメンコはオリジナルをいじって別モノにしている性質上、シュールなデザインになりやすいが、絵柄そのものがシュールなものも多い。

ソフビ・イン・スペース

異次元空間に浮かぶ2体のソフビ人形。子どもの頃、このメンコを初めて手にしたとき、妙に感動した覚えがあり、今でも脳裏に焼き付いて離れない。今思えばこれが芸術的な表現との出会いだったのかもしれない。

〈鑑賞のポイント〉

SF映画の金字塔『2001年宇宙の旅』のラストシーンを彷彿とさせる、深い精神性を感じさせる作品だ。その色彩感覚はサイケデリックアートの領域。絵師はキメながら制作したのだろうか?

メンコはシュールアートの宝庫だっ!!

場違い

東宝特撮映画『キングコングの逆襲』に登場するコングと、まったく関連のない3匹のお化けと、コングと同じポーズをした人間。意外なモノを組み合わせるシュールアートの手法の一種だ。

場違いな二人

仁王様とスフィンクスが一緒にいるというシュールさ。実は『週刊少年キング』昭和41年7月17日号に掲載された絵物語「ミイラの呪い」の挿絵が元ネタなのだ。

オリジナルは『ウルトラQ』のゴローだが、貴重なキリストのフレスコ画を、素人のおばあちゃんが勝手に猿のような顔に修復してしまった、あの絵に似ている。

謎の生物

異形のバイク乗り

すべてがあまりに唐突すぎる。右下の物体が上を向いた猿だとわかるのにかなりの時間を要した。ライダーの顔も気持ち悪いし、バイクのハンドルは自転車だ。

駄菓子屋派絵師…section 8

昭和駄菓子屋的アール・ブリュット

パチメンコ絵師3人展

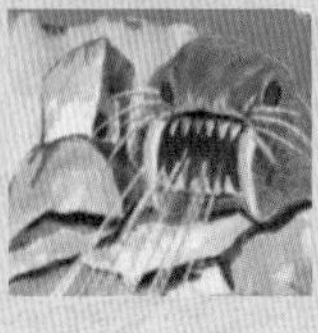

正統的な美術教育を学ばずに我流で絵を描き続けた結果、 独自性の強い画風に到達した人々の作品群を「アール・ブリュット」と呼ぶ。昭和40年代、駄菓子屋で売られたメンコの中にも「昭和駄菓子屋アール・ブリュット」としか呼びようのない独特な美術世界が存在した。今回はその中から特に個性的なお三方を選んで、誌上展覧会を開催する。残念ながら名前も素性もわからないが、名無しでは格好がつかないので勝手ながら仮名をつけさせていただいた。

不気味な宇宙人

大ガメ

妄想で描く世界 谷内五郎（仮）

私の手元にある氏が描いたと思われるメンコは、ほとんど『ウルトラQ』の絵柄だ。おそらく昭和41年を中心に、ほんの短い期間だけ活躍した絵師ではないだろうか。

〈鑑賞のポイント〉

特筆すべきは、どの作品も少年漫画誌のイラスト、写真、文を元に、劇中にはないシーンが童話の挿絵のようなタッチで描かれていることだ。絵を見ていると思わず独特な世界に引きずり込まれてしまう。

特 現実を超えた幻想世界

人気特撮番組連作

観覧車の中の人々を巨大UFOに導く不気味な宇宙人、劇中では空を飛ぶ大ガメを海の中で泳がせてみたり、原作に縛られない、自由奔放な発想が素晴らしい

怪ロボット

飛行場を襲うロボット怪獣。劇中にない、スペクタクルに溢れたシーン。『週刊少年マガジン』昭和40年12月26日号掲載の南村喬之氏の絵からの模写。

大グモ

劇中ではグロテスクで非常に恐ろしい大グモが、かなりかわいく描かれている。氏の怪獣に対する温かい視線のようなものを感じられる作品だ。

怪奇植物

人物の表現はかなり童画調で、『週刊新潮』の表紙を担当していた画家・谷内六郎氏の絵にも通じる。子どもが描いたような素朴さを感じさせる。

大ナメクジ

『週刊少年マガジン』に掲載されたモノクロの絵を模写し、氏の想像でカラー化したもの。

日本画的な淡い色彩
西山魁夷（仮）

当時、人気だった怪獣に紛れて、動きのない動物の絵を描いていた風変わりな絵師。その絵からは時が止まったかのような「静」的な余韻が感じられる。

〈鑑賞のポイント〉
駄菓子屋で売られている商品は、原色を多用してとにかく派手にするのがセオリーだが、そんなことは意に介さず、東山魁夷が描く日本画のような透明感のある淡い色彩で描いていることに驚く。

パラケラテリウム

ウミイグアナ

アルシノイテリウム

特 動物連作

怪獣やヒーロー、乗り物など、男の子が喜ぶものを描くのが当たり前のメンコ業界で、子どもにはあまりなじみのない、絶滅した古代の動物をほのぼのとしたタッチで描くなど、かなりマニアックな絵師だ。

チルアウト感がたまらない!!

大モグラ

この絵師にしては珍しい派手な色使いの作品。大モグラの目が黒目がちなところが木馬座のキャラクター・モグタンを思わせてかわいい。

巨大ヒーロー対宇宙怪人

『週刊少年マガジン』に連載されていた楳図かずおの漫画を模倣しているため、この絵師の個性はあまり表れていない。動物画に比べると色がどぎつい。

巨大カメ対巨大トカゲ

怪獣からまるで活気が感じられないが、タッチには不思議な魅力がある。P104の同モチーフ作品と比べると、作家の個性がよくわかる。

地底怪獣

画面全体の色調を崩さぬためだろうか、グリーン系に塗られた地底怪獣は珍しい。額装して居間に飾っても違和感のない落ちついた色彩だ。

巨大トカゲ

狂暴怪獣

宇宙大怪獣

小細工のないイノセントな世界
蛇子能収（仮）

「ヘタウマ」に属する絵だが、本人は自覚して描いているのだろうか？ ただ、このような子どもの素朴さを感じさせるような絵は、大人になるとなかなか描けない。

〈鑑賞のポイント〉

一見、子どもが思いのままに描きなぐったような稚拙な絵に見えるが、そうではない。タッチは粗削りだが力強く、構図も見事だ。透明感のある水彩からは繊細さも感じる。

怪獣連作

当時、卓越したテクニックで怪獣絵師として人気を博していた画家・梶田達二氏の精緻な画風とは対極にある絵と言っていいだろう。どの怪獣も個性的でよい。

みなぎるパワー!! 爆発する幼児性

巨大カブトムシ

『週刊少年キング』昭和41年6月5日号に掲載された「怪獣カブトドン対妖獣ザンギラ」の前村教綱氏によるカブトドンにアレンジを加えたもの。

巨大カメ対巨大トカゲ

映画のスチール写真を忠実にトレースしたかのよう。上の巨大トカゲと比べるとかなり写実的だ。2種のタッチを使い分けていた模様。

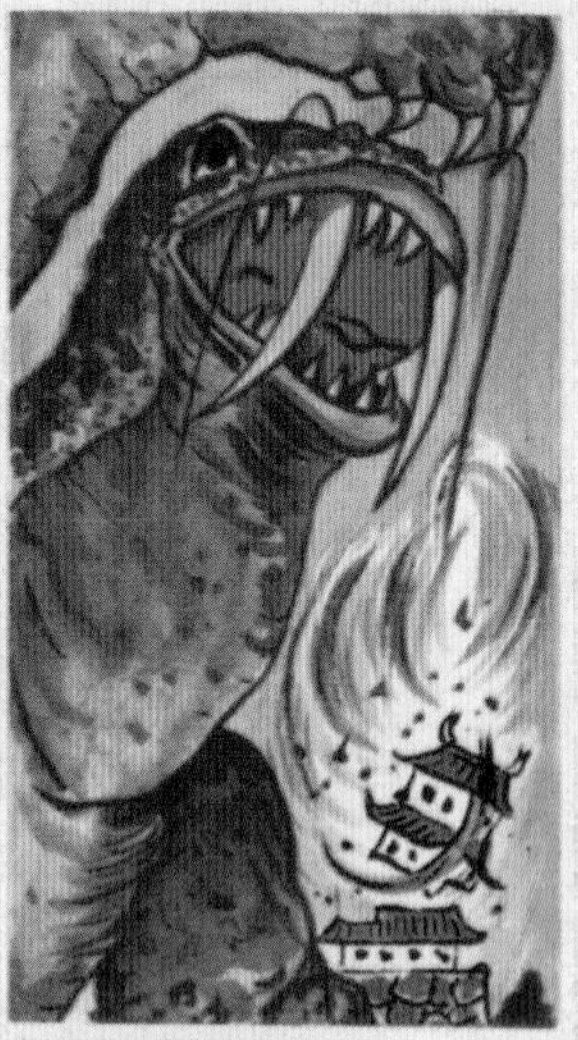

大アザラシ

こちらもかなり写実的。やはり上の狂暴怪獣のような空想で描いたような作風がこの絵師には一番合っているような気がする。

水爆大怪獣

『週刊少年マガジン』に掲載された図解記事の模写。いろいろな絵師が模写した図柄だが、中でも最もほのぼのとしたものとなっている。

駄菓子屋派絵師…section 9

あの時、友達になれなかった怪獣たち

オールパチモノ 怪獣総進撃!!

空前の怪獣ブームの中、テレビや映画で華々しく活躍する円谷プロや東宝の怪獣は、いわばエリート怪獣。そんなスターたちの陰に隠れ、その存在を駄菓子屋や少年漫画誌でひっそりと主張していたパチもの怪獣たち。有名怪獣を適当にコラージュしてでっち上げられた彼らの姿はどこかマヌケでユーモラス。憎み切れないろくでなしどもだ。誰からも名前すら覚えられずに消えていった怪獣ブームのあだ花たちに、今こそ哀れみのバラードを捧げたい。

アナザーワールドへようこそ 愛しきブロマイド メンコ怪獣

レッドキングやバルタン星人が欲しくて引いた「怪獣ブロマイド」。出てきたのが、風俗なら「チェンジ!!」と叫びたくなるようなパチ怪獣ばかりだったときのショックときたら……。

で、どっちの怪獣がレッカカトリスさんなの？

うひゃあ〜、バカでかい猫が空飛んでるぞ!!

でっかい牙が逆に、お腹に不気味な顔が!!

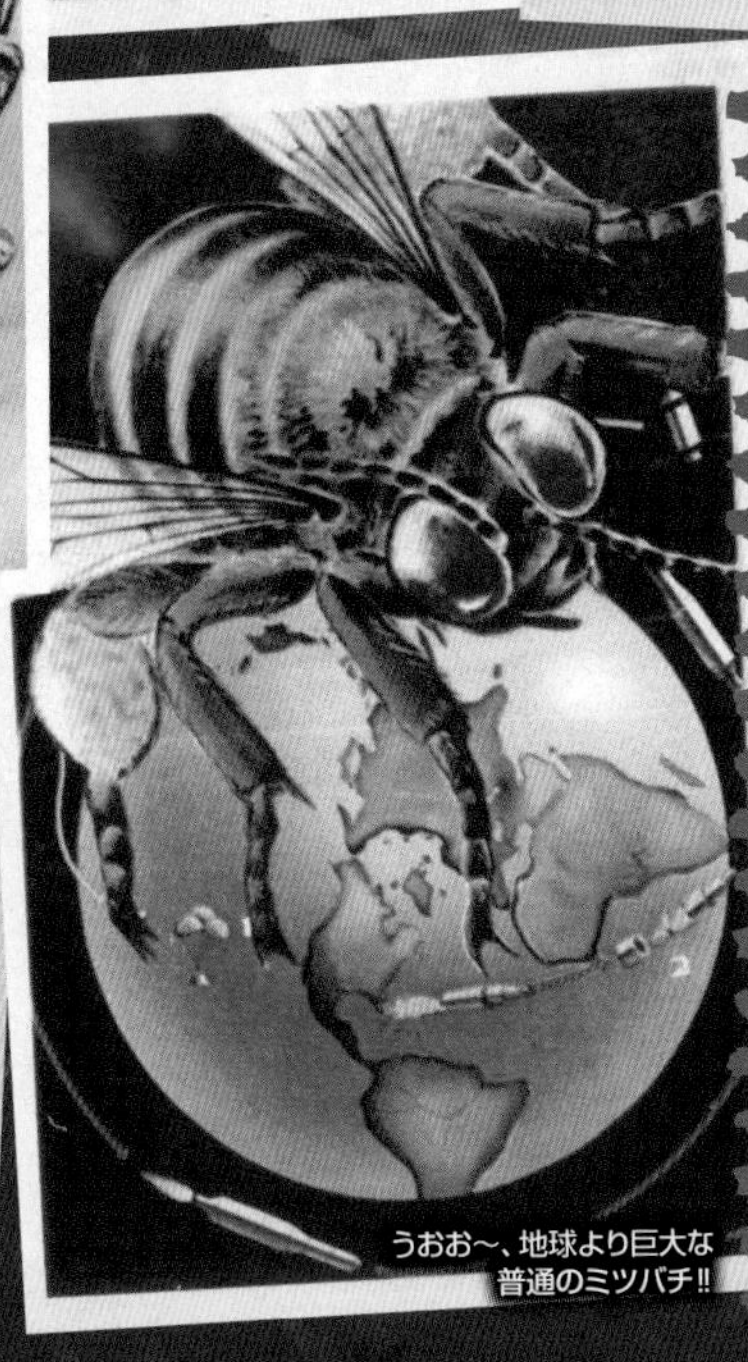
うおお〜、地球より巨大な普通のミツバチ!!

あまりにシュールすぎて脳がゲシュタルト崩壊。

COLUMN 「変な名前で出ています」

なぜかパチ怪獣の名前は変テコなものが多い。そのネーミングセンスには最近のキラキラネームもかなうまい。

ゲームより面白い
爆笑!! トランプ怪獣

白元ノンスメルの景品『怪獣トランプ』の大ヒットにあやかろうと、数種のパチ怪獣トランプが誕生した。52種類もの怪獣を考案するのは面倒だったのか、でっち上げ感アリアリのしょーもないヤツらばかり。思わず笑っちゃってゲームどころじゃないよ。

おバカ怪獣のロイヤルフラッシュ!!

ゴロボアス
もう、何の怪獣だかわかんねぇよ!

ハイタワゴン
その顔、品がないにも程があるでしょ。

バッハラー
四つ脚怪獣を無理矢理立たすんじゃねぇよ!

ミルメデス
なんちゅうイヤらしい目つきしとんねん。

キム
これって普通によくある韓国人の名前じゃんか!

オクトバス
首から手が生えてたらエサ喰えないだろ。

もはや、アートを超えた!? 怪獣＊スリエ

オレンジ色の怪獣
ウサギのような耳とつぶらな瞳に違和感が…

大怪獣おりがみ
生物としてアリなのか?という不気味なデザイン。

スペーストイ
全身の剛毛と唇が生理的に受け付けられない。

怪獣スリエ
上の怪獣の顔、オリジナリティあるな。

カメラ型秘密兵器
メフィラスもどきも不気味だが、隊員も…

駄菓子屋に潜む 妖しげな怪獣

パチ怪獣にだって「オレはパチである!!」というプライドがあるのだろう。正統派怪獣との違いを強調するあまりに、とんでもないデザインになってしまったヤツも多い。中には現代アートか?と思わせるのもあったりして、思わず感心してしまうのだ。

マジック怪獣
サイケデリックアートを彷彿とさせる色使いだ。

名も無き怪獣 BEST3

怪獣の世界には、テレビ番組にレギュラー出演したり、企業の広告キャラクターに採用されながらも忘れ去られた、いわば〝エリート怪獣脱落組〟も大勢いる。その中から独断と偏見で選出したベスト3がこれだ!!

ゴキドン
岩谷産業のゴキブリ捕獲器『インタック』のキャラクター。

ガリガリとベロベロ
『マチャアキ・前武 始まるヨ!』(日本テレビ)に登場。

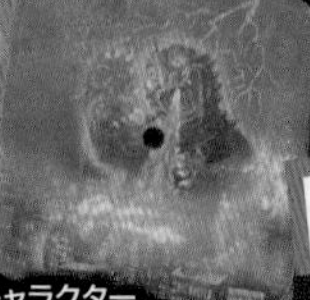

エレキドン
森永『トコちゃんキャラメル』のキャラクター。

父ちゃん、コレじゃないヨ!!

哀愁のおもちゃ怪獣

怪獣ブーム時に爆発的に売れたのがマルサンのソフビ怪獣たち。各メーカーから類似商品が発売され、有象無象の怪獣玩具が市場に溢れ返った。「ゴジラが欲しい」と息子に言われ、間違えて「ゴメラ」を買ってきた父を誰が責めることができようか…。

ダボラ

名前も造形も
なげやりすぎでしょ。
(ヨネザワ)。

セビラ

セビラ対ダボラ…
マイナー大決戦。
(ヨネザワ)。

ゴメラ

メカは他のロボット玩具を流用か。(ヨネザワ)。

怪獣大回転

これも中身はロボット玩具の流用。(トミー)。

発火恐竜

この頃の怪獣玩具は愛嬌があるから
憎めないのだ。

怪獣ボーシ

こんなのかぶってたら
いじめられちゃう?(三栄貿易)。

名も無きソフビ怪獣軍団

どうせオレたちゃ、身元不明のやさぐれ者。
なりすまし詐欺でしのぐしかないのよ。

おもちゃ屋の隅っこでボクらを待っていた

ミズゴン

カッコは悪いが、水陸両用で遊べる
スゴイヤツ。(トミー)。

無名怪獣のフィクサー

中岡俊哉プロデュース怪獣

ミイラ怪獣イガール

太陽より強い光を放つ
頭には1メートルくらいの
ツノが3本はえている。

怪獣パンシダ

全身は青黒い半透明。
不気味な手を動かすと、
戦車が横倒しになって
吹っ飛ぶ。

怪獣ドルゴ

長い鼻と尾は強大な
破壊力を持ち、鼻から
猛毒ガスを放出。
ブラジル出身。

ヒトデ怪獣バシャジャ

鋭いキバを持つ5つの口、
短い4本の脚があり、口から毒を
もった細い糸を出す。

宇宙怪獣バグン

四つ脚になって
駆けることも、
ときには羽を使って
飛ぶこともできる。

中岡氏の膨大なオカルト関連著作の中でも
異彩を放つ実話怪獣(架空)シリーズ。

インチキ怪獣を大量生産!!

いるハズのない怪獣を、まるで実在するかのようなドキュメントタッチ・ルポでっち上げ、子どもたちを困惑させたのは、日本のオカルト研究の第一人者・中岡俊哉だ。

化け物カタツムリタム

カタツムリの殻が
赤・黄・黒・白・緑の
5色になっている。
キューバ北部出身。

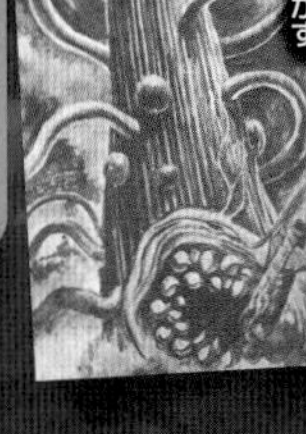

植物怪獣サボラ

植物怪獣だが、ジャンプしたり、飛んだりもする。口からでる液体で何でも溶かす。

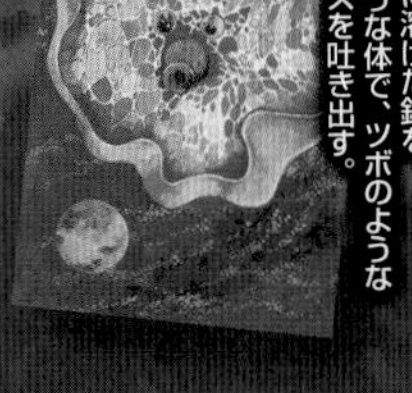

宇宙怪獣レッポ

ドロドロに溶けた鉄を流したような体で、ツボのような口からガスを吐き出す。

怪獣モルドン

自分の体から放電して建物を破壊する。
体長はたったの2メートル。

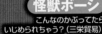

駄菓子屋派絵師…section 10

夏だ!お化けだ!! 納涼企画

昭和トラウマ怪奇画廊

ギ、ギギ〜〜ッ。ようこそ「昭和トラウマ怪奇画廊」へ。当画廊は昭和40年代に幼少時代を過ごした方が、当時、目にしたかもしれない、とびきり恐ろしい絵画を展示しております。まだ一般家庭にエアコンなどない時代、怖いプラモを作ったり、少年漫画誌の怪奇特集記事を読んだおかげで、ゾォ〜ッとできたものです。中にはあまりに怖すぎて、トラウマになってしまった絵もあるかもしれません。それでは、懐かしさとともにしばしお涼みください。

プラモデルの間

昭和40年代、夏になると駄菓子屋にはチープな妖怪や怪物のプラモがズラッと並んだ。箱絵は怖いが、中身はかわいいものが多かった。

コミックスリラー ブウ(ナカムラ)

「ブウ」と「ギョロ」は米国のリンドバーグ社のプラモをパクッたもの。この時代の日本の著作権意識はそんなものだった。確かに日本のプラモにしてはあか抜けたデザインだ。昭和42年。

コミックスリラー ギョロ(ナカムラ)

デブとヤセの妖怪という愉快なコンビネーション。メリハリのある色彩、ギャグタッチの描写はどこか悪夢のようだ。子どもの頃だったら2台に追いかけられる夢を見そう。昭和42年。

夏を彩ってくれたスリラープラモ

怪人オオカミ人間(オカモト)

この時代、怪物のプラモといえば米国オーロラ社が定番だったが、オカモトがいち早く国産の西洋モンスターを発売。オーロラ社ゆずりの箱絵も実に恐怖感があって素晴らしい。昭和42年。

怪人フランケン(オカモト)

オーロラ社のプラモはリアルで無可動な置物だったが、このフランケンとオオカミ人間は火を吐きながら歩くのだ。当時、日本のプラモは動くのが当たり前だった。昭和42年。

スリラー3点入(童友社)

ドクロとクモとサソリのチープな蓄光素材のプラモが入って50円。当時は「スリラー」という言葉が流行。「スリラー3点入」という商品名もアナクロでよい。昭和41年。

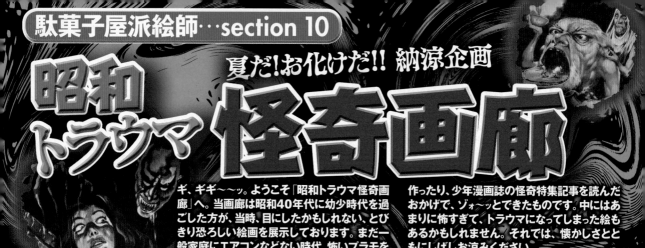

少年マンガ誌図解の間

少年漫画誌はたびたび怪奇特集をして子どもたちの気を引いた。絵師たちも妖怪や怪物は好みの題材なのか、喜々として描いている感じだ。

ひとめでわかる世界のミイラ

ミイラとはいえ、人間の死体をここまでリアルに描いて掲載するとは驚き。特に右上のほし首のミイラの不気味さときたら…『週刊少年マガジン』昭和38年10月20日号。

『少年キング』表紙絵

西洋モンスターたちが乗った車を追い抜こうとしているのは、なんとロボット。ユニークな発想の表紙絵だ。『週刊少年キング』昭和41年6月26日号。

変身妖怪びっくりランド

世界のドラキュラから日本の清姫まで、人間から怪物へ変身する様子をリアルに描いた綴じ込み4ページの大迫力図解。『週刊少年キング』昭和42年11月19日号。

絵師渾身の恐怖画に凍りつく!!

ヨーロッパの妖怪城

小松崎茂の筆による「王女と王子が絵からぬけ出しておどる大ホール」「黒ミサ室」…こういった図解を一晩中眺めては妄想に浸ったものだ。『週刊少年マガジン』昭和42年7月30日号。

死をきざむ振り子

エドガー・アラン・ポーの短編小説『落とし穴と振り子』のワンシーンを描いたもの。子どもの頃、よく悪夢に見たシチュエーションだ。『週刊少年マガジン』昭和44年5月11日号。

駄玩具の間

夏の駄菓子屋は妖怪、怪物関連の商品が溢れ、ちょっとしたお化け屋敷のようだった。10円の夜光紙人形を引くのが楽しみで通った。

駄菓子屋でゾォ~ッ

妖怪うつし絵

映画やアニメの影響で、リアルな妖怪が台頭し始めた昭和40年代以前は、こんなほのぼのとした妖怪の駄玩具が主流だった。砂糖細工にして食べたい。

世界の妖怪!ゆうれい!変化!

古今東西のあらゆる化け物をラインナップしたカード玩具のアルバム。絵の上手さ、怖さは文句なし。まるでオールスター出演映画のポスターのような見事な構図にシビれる。

夜光 怪奇カード①

ロン・チェイニー・ジュニアのミイラ男がメインの渋いカードアルバム。カードは付属せず、アルバム単体で駄菓子屋で発売されていた。

夜光 怪奇カード②

昭和32年の米映画『戦慄!プルトニウム人間』に登場した怪物がメインのマニアックな表紙。「夜光」とあるが、特に光らない。

妖怪牙

塩ビ製の牙を自分の歯にセットして変身ごっこに使う駄玩具の台紙絵。ドラキュラの顔を緑色にするなど、かなり斬新で不気味なデザイン。

書籍の間

昭和40年代後半〜50年代にかけて流行した子ども向け百科図鑑には怪奇ネタも多く、当代の人気絵師たちが筆を競って恐怖を描いた。

思わず息をのむ迫力!!

大焦熱地獄

『地獄大図鑑』(立風書房/昭和50年/石原豪人・画)より。肌をズルリとむきながら、熱した鉄の棒を押しつける鬼の躍動感がすごい。

さかさ男

『世界妖怪図鑑』(立風書房/昭和48年/柳柊二・画)より。この「さかさ男」の絵がトラウマになっているという人がかなりいる。

一寸法師

『少年版江戸川乱歩選集』(講談社)の表紙はどれも怖い。中でもコレが一番。描いたのは『スター・ウォーズ 帝国の逆襲』『ゴジラ』(昭和59年度版)などのポスターで活躍した生頼範義。

資料協力◉ほうとうひろし

昭和 駄玩具 台紙&箱 秘画展

ヒミツの"アノ"部分を大公開!!

かつて駄菓子屋には、1ダースほどのチープトイが台紙にホチキスどめされて並んでいた。チープトイが付いていたスペースにも、実は絵が描かれていたのだが、子どもたちがその全貌を目の当たりにすることはまれだった。また、当てモノの箱絵に至っては、最初から子どもには見ることができなかった。そんな陽に当たることのない絵が、駄菓子屋には密かに存在していたのだ。昭和40年代限定ではあるが、本企画でとくとご覧いただきたい。

駄玩具台紙絵

子どもの頃はおもちゃばかりに目がいって気にすることはなかったが、あらためて台紙全体を眺めると、描かれたイラストやデザインの面白さに気づかされる。同じ台紙を使い回すことも多かった。

捨てられる運命の名画たち

New Style TOYS

メインの絵が描かれたヘッダーは赤と青の2色、貼り付け部は青で印刷。レトロフューチャー感満載の素晴らしい台紙に仕上がっている。

SPACE TOY

ヘッダーの絵はカラー、おもちゃを貼り付ける部分の絵は単色で描かれることが多かった。サンダーバード2号のようなＳＦメカがナイス。

ULTRA M.S号

ウルトラホークのパチものチープトイの台紙。子どもの頃はパチものだとは思わなかった。3原色のベタ印刷がレトロ感覚でよい。

Fujita TOY

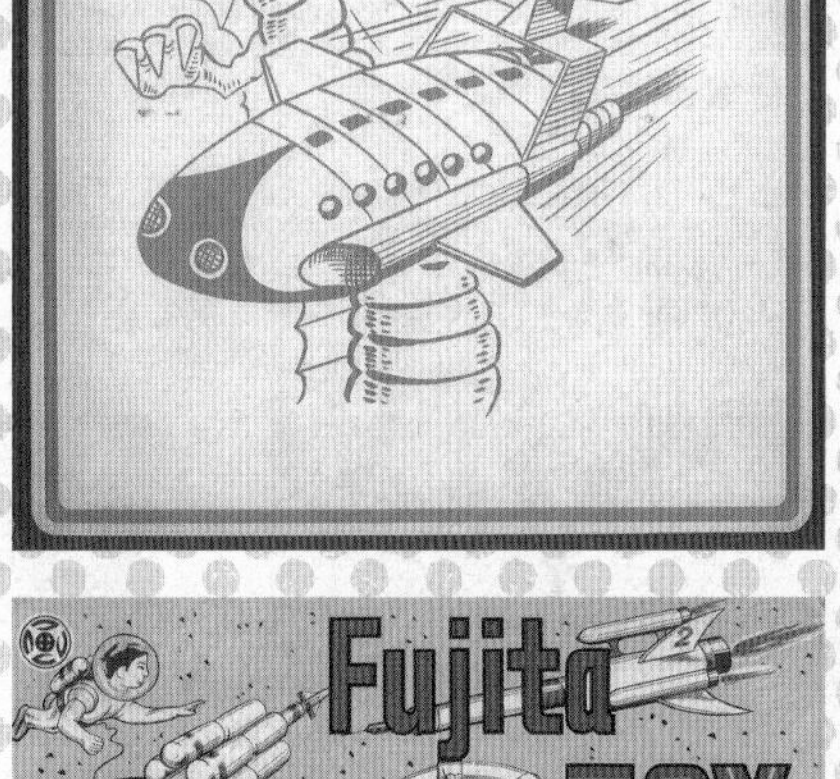

あえてパチもの感を抑えているのは、隠れて見えない部分だからか？ 円盤の光線にグラデーションをかけているところに、職人の意地を感じる。

ブーメラン戦法

特撮番組『怪獣王子』にあやかったブーメラン玩具の台紙。著作権表示はない。こんな素晴らしい絵が隠れてしまうのはもったいない！

宇宙ロボット

特撮テレビドラマに登場するロボット似の宇宙ロボが、胸がすくほどの活躍を見せる台紙。ノスタルジックでほのぼのとした味わい。

隠された全貌を暴く!!

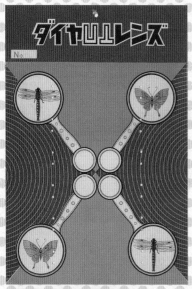

ダイヤ凹凸レンズ

えんじ色、草色、黒色の3色で構成。商品である虫メガネをうまく画面にあしらい、スッキリとセンスよくまとまったデザインだ。

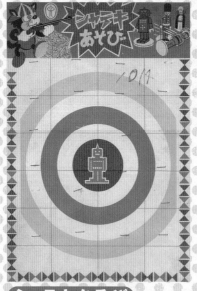

シャテキあそび

射的の玩具にふさわしい、的を台紙全体に大胆にあしらったデザイン。中央にチャームポイント的にロボットを配しているのがミソ。

ベビーヘリコプター

今回紹介した中で唯一の3原色に黒を加えた4色刷りの台紙。おかげでグッと締まって見える。商品名の連呼パターンも珍しい。

当てモノ箱絵

絵が描かれた上箱は商品を並べるときには不要なので、決して子どもの目に触れることがない。そのせいもあって、多くは単色だった。描いた絵師は子どもに見せられなくて無念だっただろう。

子どもたちが見られなかった世界

潜艦タイガーシャーク当

双眼鏡の中に一等賞の大滝のプラモデルを描いたユニークなデザイン。なぜか昭和40年代に活躍したコント55号の似顔絵が…

大迫力!!

ネッシー当

ネッシーがくわえているのはサメ。昭和50年の映画『ジョーズ』の頃の商品か。書体は同時期のアニメ『はじめ人間ギャートルズ』の影響大だ。

ゲテモノ当

大蛇の首にかじりつかんとするマングース！緊張の一瞬を見事に捉えた素晴らしい箱絵。右下の「般若」といい、ＹＫＴの箱絵はセンス抜群。

ゲテ物親子当

「香港製の本物のスバラシイゲテ物が当る!」と書かれているが、“本物”とはリアルという意味? 描かれているゲテ物たちはかわいい。

シブイ!!

般若面当

リアルに描かれた般若面のペン画を、中央にあしらっただけのシンプルなデザイン。とても子ども向け駄玩具の箱絵とは思えない雰囲気。

ゲテモノおもちゃ数字合せ

当てモノとしては珍しく3色でカラフルに印刷された箱。子どもたちは見れずとも、問屋に買い付けに来た駄菓子屋にはアピールしただろう。

文字がイカス!!

駄菓子屋派絵師…section 12

おもちゃに隠されたヒミツの絵

昭和 駄玩具台紙㊙画展

あらゆる印刷物は見られることを前提に製作されているが、その全貌を目のあたりにする機会がないものがある。それが商品が完売し、全体が現れた瞬間に存在意義を失ってしまう駄玩具の台紙だ。なんとも自己矛盾的な存在だが、実は絵師やデザイナーの工夫やセンスが光っており、忘れ去ってしまうには偲びない。そこで当コーナーでは1960～70年代に発売された懐かしの駄玩具の中から、特徴のある傑作台紙を多数展示。台紙の魅力を読者にアピールしたい。

あなたも台紙フェチに!!

ごあいさつ

駄菓子屋で無造作に売られていた粗末なおもちゃ。そのおもちゃを売るために、本体に負けないオーラを放っていた台紙の魅力を再発見し、評価しようという画展の第2弾です。どうぞ、ごゆっくりお楽しみください。

どんなおもちゃにも対応可能

BEST TOYS

香港製の台紙。オールカラーで印刷の精度も絵の技術も高い。36個のマスの中に子どもの好きなものがギッチリ。見てるだけでうっとりしてしまう素晴らしい台紙だ。

目立つ原色で攻めろ!!

UFOステーション

緻密なトップの絵に対して、おもちゃを貼り付ける部分は至ってシンプルな原色の格子模様。実はこのような単純な図案と原色を使ったデザインの台紙が最も多い。

ユニークな面々が登場

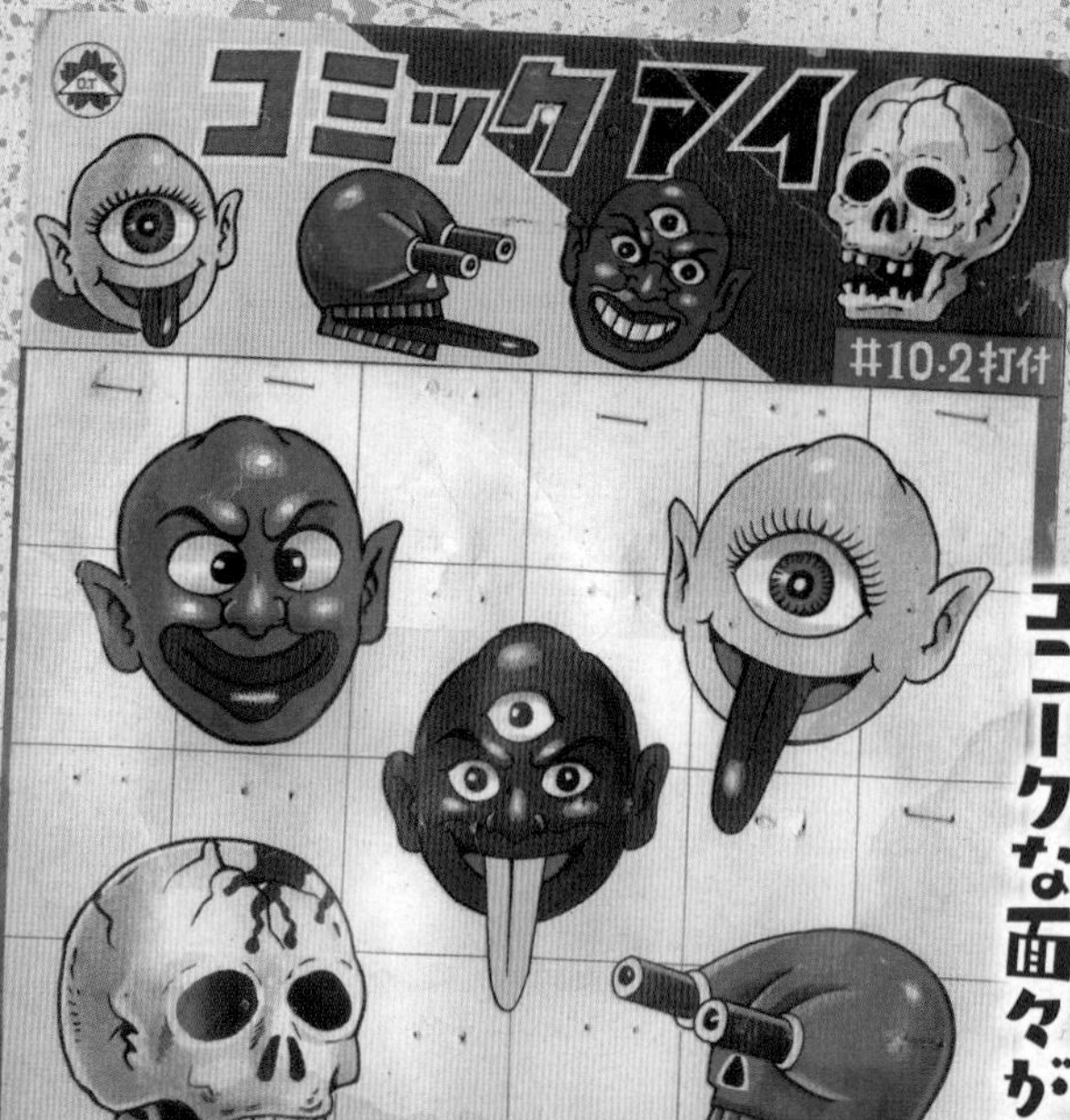

コミックアイ

目が飛び出たり、まぶたが開閉する香港製チープトイの台紙。個性的なおもちゃのため、商品の絵だけでも十分に魅力あふれる台紙になっている。いま見たら迷わず台紙ごと買うだろう。

台紙はでっかいキャンバスだ!!

人気ヒーロー登場

黄金バット

黄金バットを表現するには青色は必要ないので、赤、黄、黒の3色刷り。おもちゃ（キャラ）によっていかに無駄なく印刷するかを考えるのも、台紙製作者の役割だ。

インパクトありすぎ

夜光マホーメガネ

黒色を省いた3原色で印刷し、輪郭をぼかすことで幻想的な雰囲気を醸し出すのに成功している。商品は蓄光樹脂でできた単なるメガネ。台紙の魔法で買ってしまいそう。

台紙からテレパシー出てます

みんなのマスコット 宇宙人

一見、子どもが手作りしたような粗野な台紙に見えるが、おもちゃを貼り付ける部分のデザインは安定感のあるプロの仕事。アウトサイダー・アート感あふれる素晴らしい台紙だ。

チエンリング

商品の遊び方をかわいいイラスト入りで解説した、子どもに親切なありがたい台紙。商品が全部売れてしまっても、しばらく駄菓子屋店内に貼っておいてほしいなぁ。

遊び方を解説

圧倒的な色彩!!

時代剣劇集

赤系に発色のいいピンクと濃い赤の2種類を使い、この時代独特のビビッドでレトロな雰囲気を存分に醸している台紙。『笛吹童子』が大ヒットした昭和20年代末頃のもの。

時計だけにタッチもおしゃれ

WATCH

童話の『赤ずきんちゃん』をあしらった女児用時計玩具のおしゃれな台紙。アニメキャラ全盛となる昭和40年代以前のものか。絵師の技量は高く、精巧なタッチで描かれている。

影絵がおしゃれ

リング遊び

中原淳一をイメージさせる影絵をあしらった女児用アクセサリーキットの台紙。女の子向け玩具としては原色を多用したインパクトのある色使いになっている。

隠されることを前提としたはかない絵

ミニ台紙コーナー

小さい台紙にくくり付けられた駄玩具を、大きな台紙に貼り付けて売られていた「台紙もの」があった。そんな小さな台紙にもおのおのの特有の味わいがある。駄玩具鑑賞のポイントの一つと言っていいだろう。

夜光ドル入

色あせてしまっているが、黄色の地に赤と黒で印刷された台紙。このように、ミニ台紙は2色+黒の3色で印刷されたものが一般的だ。

ジュニア バンビ

特色4色ベタで印刷されたミニ台紙。裏側には黒色で印刷された組み立て方が掲載されているので合計で5色。なんともぜいたくだ。

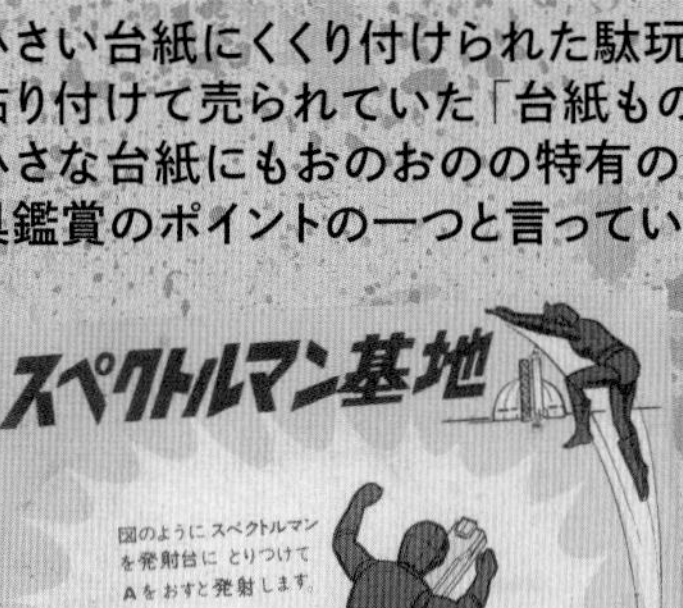

スペクトルマン基地

台紙は実際の商品よりも盛って描くのが通例だが、実物よりもしょぼい雰囲気なのはご愛嬌。タッチは花くまゆうさく的な味わい。

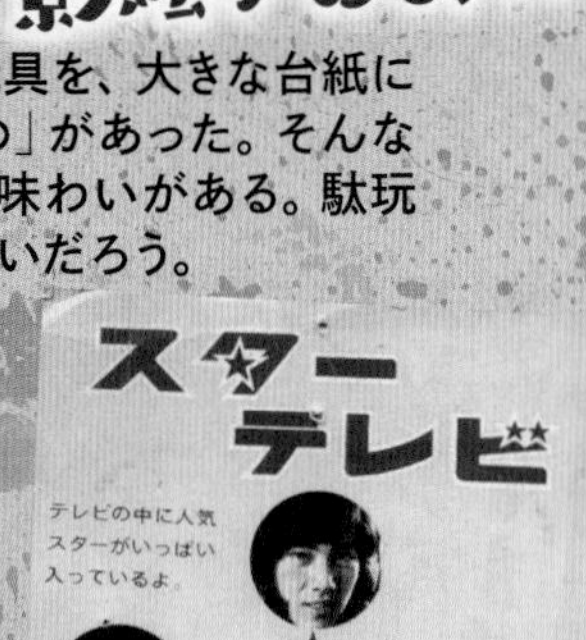

スターテレビ

昭和40年代後半を代表するアイドルの顔を星形にあしらった4色刷りの台紙。もちろん無版権。青色をほとんど使ってないのがもったいない。

駄菓子屋の魅力――ここにあり!!

駄菓子屋㊙箱絵展

おもちゃコレクターの間ではよく「箱が大事」と言われるが、駄菓子屋業界では箱は常に粗末に扱われてきた。お店に並べるときは上箱は必要がなく、子どもたちの目に触れることもないので、単色刷りで単純な図案でいいわけだ。しかし、思わず独自の世界観に引きこまれてしまう素晴らしい箱絵もあまた存在し、それを拝めたのは大人のバイヤーの特権であった。今回の特別展示で、駄菓子屋の〈知られざる美の世界〉をとくと堪能いただきたい。

当てモノ駄菓子

クジの結果でお菓子の大きさが決まるという賭博性で、子どもたちの射幸心をあおった駄菓子屋の名物的存在。クジにオリジナルのキャラクターを使用したものも多かった。

大当りくろぼう　怪獣デメゴン

主に関西から九州で売られていた黒糖と小麦でできたお菓子のクジ。ヒーローは一峰大二の『ミサイルマン マミー』（昭和42年）のまんまパクリ。

ごあいさつ

子どもの頃、駄菓子屋に足を踏み入れると、その毒々しいまでの極彩色の世界にめまいがしたものでした。しかし、そこには子どもたちが目にすることができなかった〝特別な絵〟が隠されていました。それが駄菓子や駄玩具の箱をキャンバスに、絵師たちが描いた絵です。常識やパターンにとらわれない実にユニークな表現をお楽しみください。

箱絵から伝わる高揚感!!

まんが大行進

中央に大きく描かれた1等の大黒様の周辺に、昭和40年頃の人気キャラクターが勢ぞろいしたユニークな構図。原色を多用した独自の色彩感覚だ。

花火

花火はその商品の特徴がわかるように説明的な絵が描かれたものが多かったが、ここに紹介した2点はかなり独自でフリーキーな世界観だ。

駄センス・オブ・ワンダー!!

Z BANG

ヒモを引くと大きな音を出して紙テープが舞う小型クラッカー。ヒーロー、ロケット、F-1カーが飛び出している大げさなデザインが最高。

銀の滝 ナイヤガラ

火花が滝のように落ちる美しい花火なのに、箱絵には花火とは関係ない異様な怪物が…コンセプトは謎だがエキゾチックさは満点だ。

メンコ

一般に「メンコ」と呼ばれる駄玩具の箱を見ると、業界では「カンカン玉」と呼称していたことがわかる。素材に鉛を使用していた時代の名残だろうか。

一色刷から ホイル加工まで!!

マネービルカンカン玉

「マネービル」とは株などで利殖をする意の経済用語。子どもには意味不明だ。コインに「昭和43年」と書かれているのでその頃のものか?

特厚カンカン玉カード

中に入ったメンコ同様、キラキラ輝くホイル加工された豪華な箱。キャラから類推すると昭和46～47年頃のものだろう。

カンカン玉

黄色一色だけで文字と怪獣の顔が描かれた箱。それにしてもなぜ、わざわざこんな識別しにくい色を使ったのだろうか?

金入りカラー天然色カンカン玉

こちらは通常のカラー印刷に金色を加えてゴージャス感を演出。表紙に中身のメンコの絵柄を載せた良心的な箱だ。

おもちゃ

箱自体が店頭に並ぶわけではない駄菓子屋売りの駄玩具の箱絵は、かなり独特。やっつけ的な仕事も多かったが、ここに紹介したような傑作も多かった。

キラリと光る職人技!!

シャボン玉

なぜか怪物くんの口からシャボン玉が。お座りしている白い犬はただのにぎやかし？「玉娘」という社名、商標デザインも風変わりだ。

東開の食玩

詳細は不明だが、オマケ的なチープトイを作っていた会社だろうか。空間を大胆にあしらったセンスのいいデザインだ。描かれたキャラのかわいさは特筆もの。

Fuji Pistol

銀玉鉄砲以前に流行った火薬銃の箱絵。真っ赤な空にそびえる富士山を背景に、黒光りするピストルが描かれている。なんとも雄々しいデザインだ。

キングコング当て

こちらも3色。1色分だけでも節約しようという配慮だろう。手練れた職人の仕事で、イラストのタッチやデザインはかなり洒脱。

カップ当

このように赤、青、黒の3色で描かれた箱絵は多かった。文字も大きく、内容も非常にわかりやすい、見本のような箱絵だ。

拳銃当て

エアブラシを用いて『ダーティハリー』のクリント・イーストウッドを描いた、実に1970年代らしいタッチのイラスト。額装したいほどの力作だ。1等はマグナム銃。

駄菓子屋派絵師…section 14

駄菓子屋周辺の懐かしレトロ図案集

世の中に流布しているイラストやデザインは、常に時代とともに変化している。我々が今ではもう廃れた図案などを見て「懐かしい」と感じるのも、それがある特定の時代と密接に結びついているためだろう。原色を使った版ズレの激しい図案を見ると、たちまちタイムスリップしてしまうのがいい例だ。今回は昭和40〜50年代に幼少期を送った人が目にしたであろう、懐かしい図案をジャンルを絞って紹介。その懐かしさの秘密はどこにあるのだろうか？

駄モノ怪奇グラフィックス

昭和の時代、夏になると必ず目に入ってきた怖い雰囲気たっぷりに書かれたおどろおどろしい文字。駄玩具や雑誌、お化け屋敷の看板などでこれらの文字を見かけると、それだけで背筋がゾクゾクしたものだ。

ゾゾ〜!!

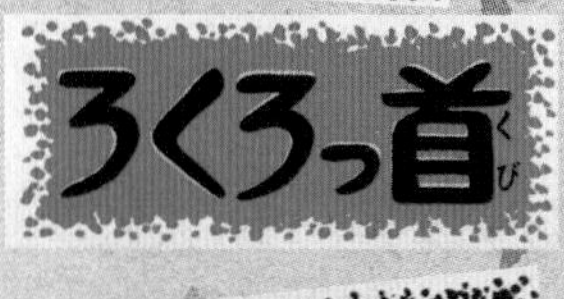

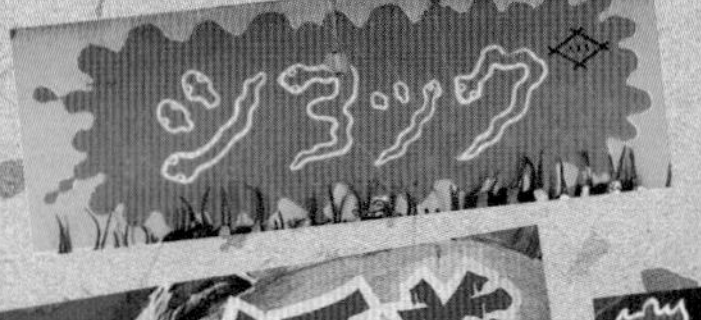

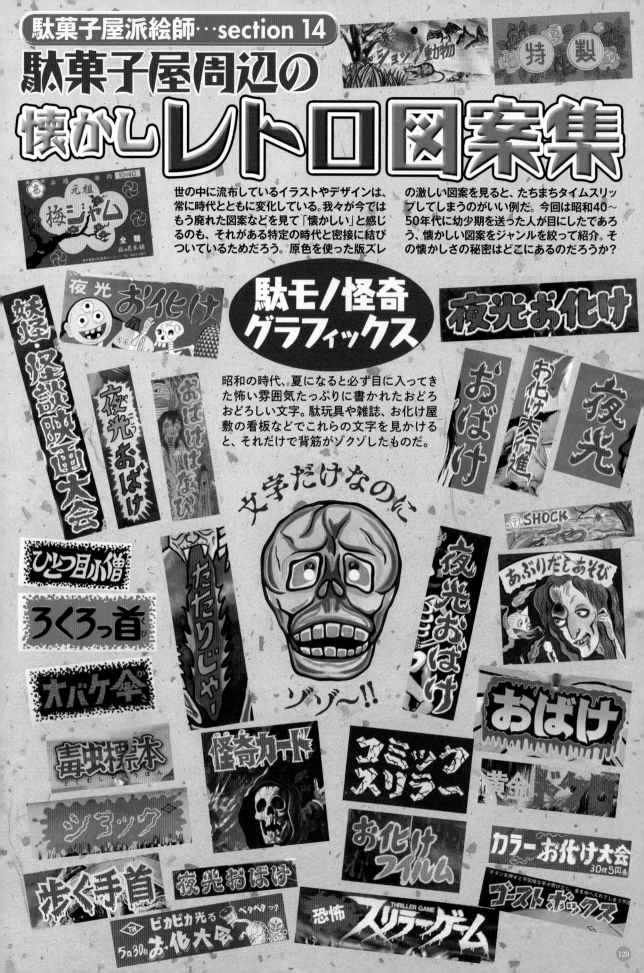

駄菓子傑作図画集

駄菓子の懐かしさはその味はもちろんだが、子どもの頃とまったく変わらないパッケージデザインによるところが大きい。駄菓子ならではのユニークさも記憶にとどまるために欠かせない要素だ。

忘れられないのは味だけじゃないっ!!

動物

クッピーラムネ（カクダイ）

このキャラあってのクッピーラムネだが、昭和38年の誕生から何度かマイナーチェンジしているのだ。

モロッコヨーグルりんご村（サンヨー製菓）

昭和58年発売のヨーグルの姉妹品。カートン箱に描かれたイラストはまるで絵本のワンシーンのようで素晴らしい。

カステーラ（佐藤製菓）

串に刺したカステラといえばこのパンダ。当然、昭和47年以降の発売。老舗駄菓子にパンダ柄はない。

ミルクボーロ（イワモト）

5種の動物キャラで人気のお菓子。どのキャラもひとくせあり、かわいさよりもアクが大事と痛感。

人物

コギャルチョッパ梅（駄菓子サークル）

コギャルに婆さんという取り合わせ、「ホラ、くれてやるよ」というセリフもたまらなく刺激的。

らあめんババア（よっちゃん食品工業）

一度見たら忘れられない強烈なキャラクター。よっちゃん食品はほかにも『タラタラしてんじゃね〜よ』など、キャラクター作りがうまい。

きびだんご（見田製菓）

きびだんごといえば桃太郎。カートン箱の正統派なイラストが実直な味を如実に物語っている。

ヤッター!めん（ジャック製菓）

どう見ても『おそ松くん』に登場するイヤミ。著作権法ギリギリの危険なニオイも駄菓子に欠かせない。

老舗意匠

あんずボー（港常）

あんずの木と少年、かやぶき屋根。この素朴な絵を見ると子どもの頃を思い出してつい買ってしまう。

ココアシガレット（オリオン）

大人の真似をしたい子どもたちのために、あえて発売以来このシブいデザインを変えていない。

フルーツ引（清水製菓）

カートン箱のイラストはまるで美術の先生が描いたような静物画。額に入れて飾っておきたい。

カットよっちゃん（よっちゃん食品工業）

個性的なキャラクター、目立つデザイン、親しみやすい商品名。これぞウケる駄菓子の見本。

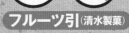

おもちゃのラッピングペーパー

誕生日などに玩具店で少し高価なおもちゃを買うと、楽しい絵柄がついた包装紙に包んでもらえるのがうれしかった。オリジナルデザインの包装紙を使用していた店舗も多かった。

開けるときのワクワク感!!

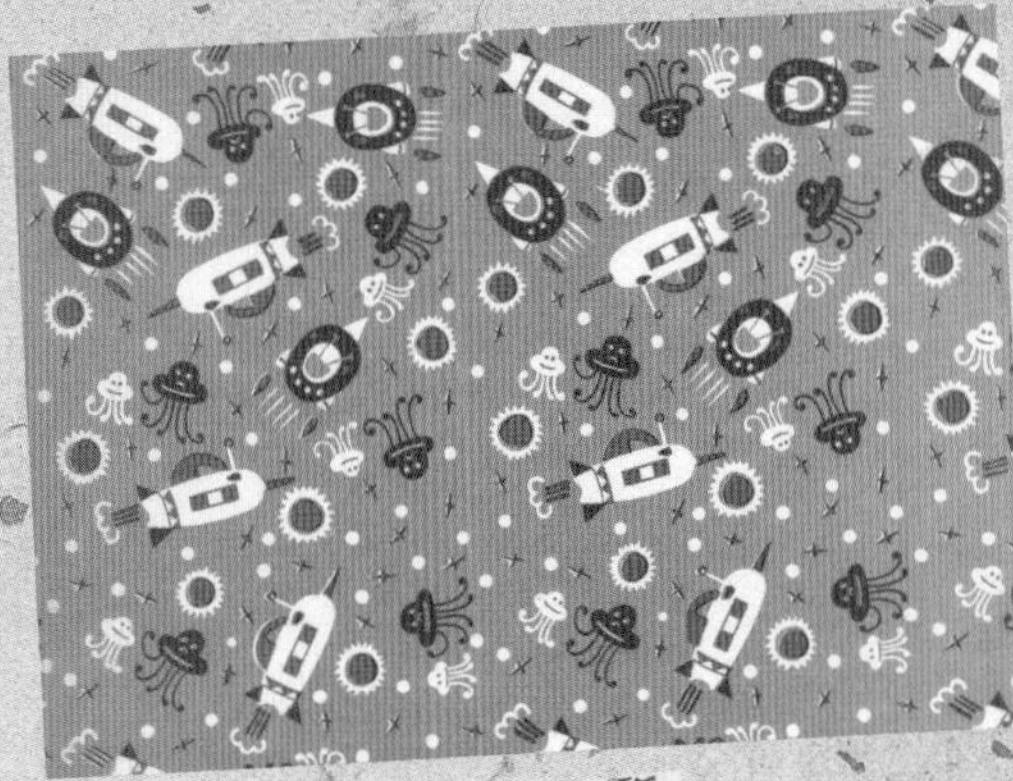

SFビークルにタコ型宇宙人。こんな楽しい包装紙なら破り捨てずに取っておきたくなっちゃう。

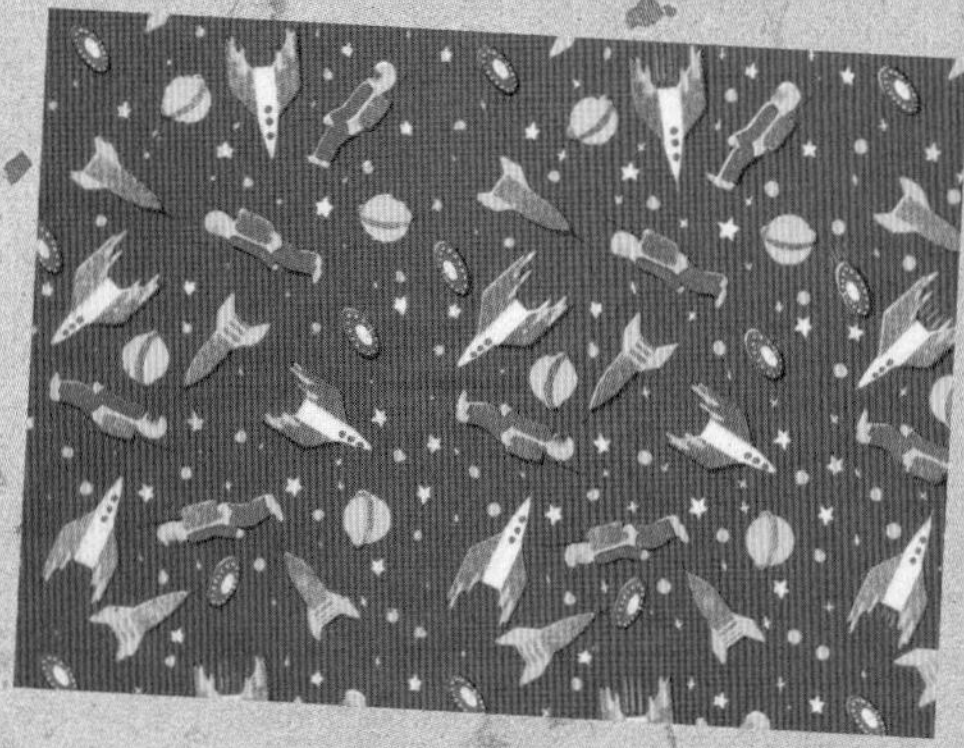

ロケットに宇宙飛行士、星を図案化。米ソ間の宇宙開発競争が盛んだった1960年代のものだろう。

原色を使ったカラフルな蝶の模様。夏用だろうか。季節によって使い分けていたのかもしれない。

鮮やかな草花柄の包装紙は女の子用の定番。小さく切って千代紙として使った子もいたかな。

古風な色彩と模様の包装紙。女の子の顔が鈴と同じように描かれている図案が面白い。

おもちゃぶくろ

こまごまとした駄玩具や駄菓子をまとめて入れるための袋。左の4種は絵柄が印刷された薄い紙で、ありものの安価な袋にホチキスでとめて使用。これだけでお宝感が倍増!

駄玩具まとめてお宝袋!!

松本かつぢ風の顔をしたバレリーナ。頑張ったご褒美か、プレゼントがいっぱいだ。

男の子の視線は女の子に、女の子の視線はアヒルに。何気ない図案だが、奇妙な緊張感が…。

手提げ袋を持ったどこか悲しげな女の子(お人形かな?)。そばにあるおもちゃがかわいい。

何かを訴えている猫。それを聞いている子どもたち。もしかして『長靴をはいた猫』が元ネタ?

ドイツ空軍のミサイル兵器に乗った男の子と女の子。後方に見えるのはコンコルドだろうか。スピード時代への突入を感じさせる絵柄だ。

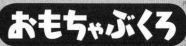

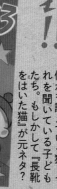

Chapter 3

絶滅危惧種

普段何気なく使用し、終わったら迷わずに捨ててしまうもの、学校の校門に前にいたいかがわしい行商人、子どもの頃に毎日通っていた駄菓子屋や模型屋、昨日まで普通に買えたお菓子、記憶が染みついた見慣れた風景…そういったかけがえのない日常が、ある日突然あとかたもなく消滅してしまう。そんなまさに絶滅危惧の真っ只中にあるもの、残念ながら絶滅してしまったものをノンジャンルで紹介しているのが本章です。東京のような都会でも、散策していると、ふと迷い込んだ路地裏に古いマーケットがあったり、町の小さな総菜屋に氷冷式の冷蔵庫があったり、懐かしい昭和の面影を発見することがまだまだできます。さぁ、スマホを置いて町へ出よう！

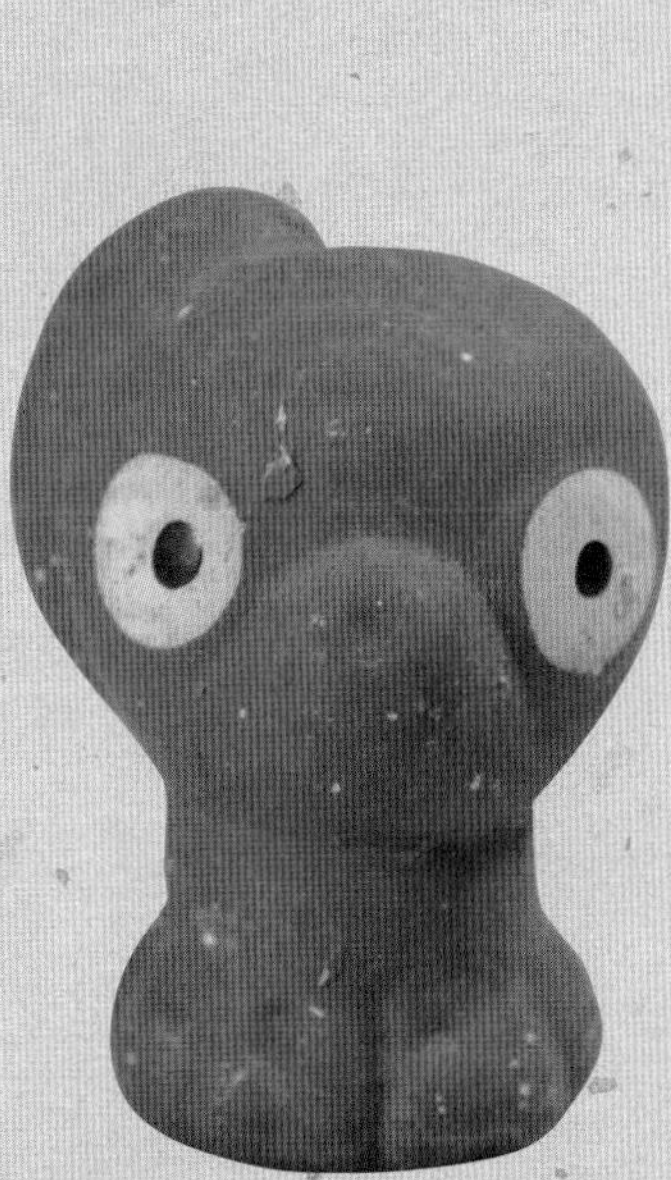

絶滅危惧種…section 1

いつの間にか消えていた!
身の周りの絶滅危惧種品評会
RED DATA FILES

世の中のテンポが早くなったせいか、ついこの前まで身近にあったのに、気がつくといつの間にか見かけなくなってしまった…なんてモノは意外と多い。そして、それらはやがて忘却の彼方へと去っていく。総理大臣なんてのはいい例でしょう(笑)。IT機器もサイクルが早すぎて、何がなんだかさっぱりわかりません。ああ、諸行無情、盛者必衰。役目を終えて人知れず消えていったモノたちへ、敬愛の念を込めてこのページを捧げます。

ハイトリック

大正から昭和初期に活躍したゼンマイ式自動ハエ捕り器。エサを塗った部分がゆっくりと回転していて、そこにハエがとまると知らず知らずと中に引き込まれていく仕掛け。

素晴らしいカラクリ!!

中央の板がゆっくりと回転し、とまったハエを中に引き入れる。ぜひ、現代に復活してほしい。

捕獲されたハエをのぞいて確認できる。前面はガラスが入れられており、まるで家具のようだ。

尾張時計株式会社とある。時計の会社だからこそ、この精巧な仕掛けが作れたのだ。納得。

ゴキブリ捕獲器

昭和48年に使い捨ての粘着式ゴキブリ捕獲器『ごきぶりホイホイ』が発売される以前は、洗って何度も使うタイプが主流だった。

洗って何度も使う!

鳥もち

鳥や昆虫を捕まえるのに使う粘着性の物質。棒の先などにつけて使う。『おそ松くん』など昭和の漫画にはよく登場したが、都会っ子にはなじみが薄い。

使ったことある?

現在でも売られているが、スーパーなどで見ることはない。古くなると中身がカチカチになってしまう。

昆虫採集セット

夏休みの宿題として「昆虫採集」があったのも遠い昔の話。駄菓子屋などでも売られていた夏の定番商品だったが…。

夏休みの必需品だったが…

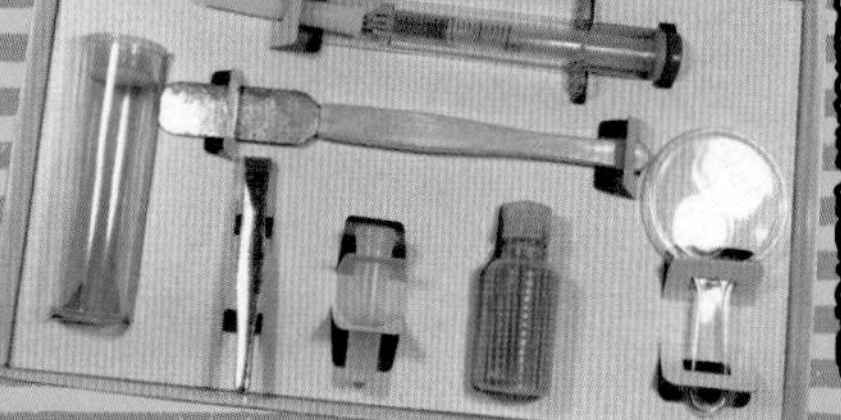

捕らえた昆虫に注射を打って殺すときに、ゾクゾクするような快感を覚えた人もいるのでは?

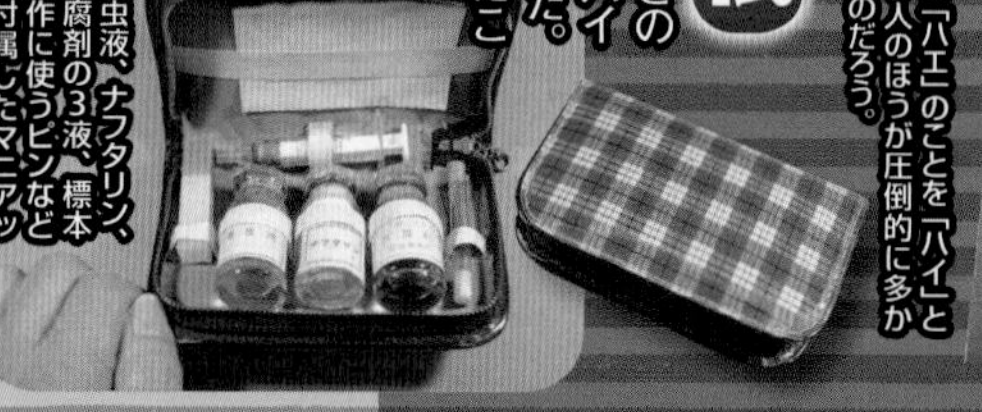

殺虫液、ナフタリン、防腐剤の3液、標本制作に使うピンなども付属したマニアックな構成。

ハイトリ紙

ハエが多い田舎の農家などの軒先には、必ず何本ものハイトリ紙が垂れ下がっていた。髪の毛にくっついて困ったことも…。

捕れすぎて真っ黒に…

昔は「ハエ」のことを「ハイ」と言う人のほうが圧倒的に多かったのだろう。

フーセンガム

昭和40年代、お菓子のチャンピオンはフーセンガムだった。なんたって長時間楽しめるし、おまけは付いているし、膨らませて遊べるのだ。

半世紀前のガムを開けてみたら…

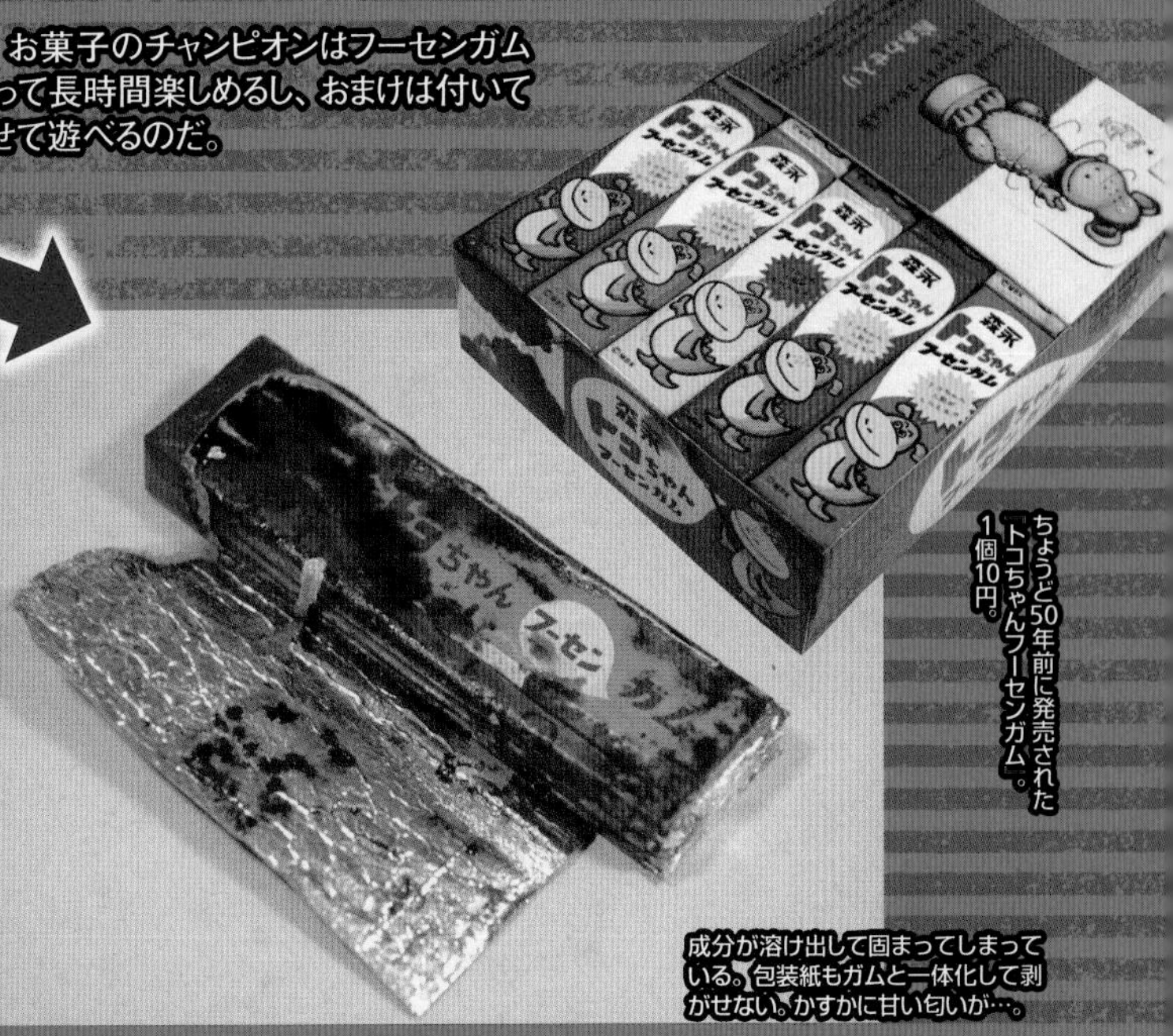

ちょうど50年前に発売された「トコちゃんフーセンガム」。1個10円。

成分が溶け出して固まってしまっている。包装紙もガムと一体化して剥がせない。かすかに甘い匂いが…。

電球テスター

昔の電球は球切れが多かったのでテスターが電気屋に必ずあったが、最近は見ることがなくなった。LEDは球切れなんて絶対に起こさないから必要ないのだ。

LEDの登場で絶滅!?

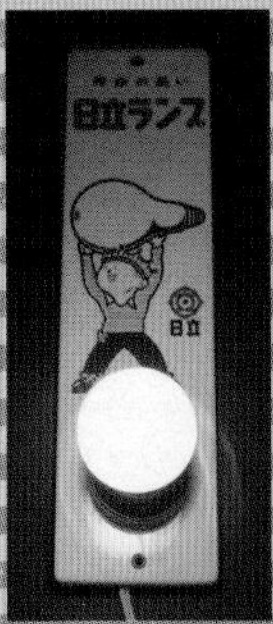

少年のキャラクターがレトロっぽくていい感じ。ネジ式ではなく、簡易差し込み式だ。

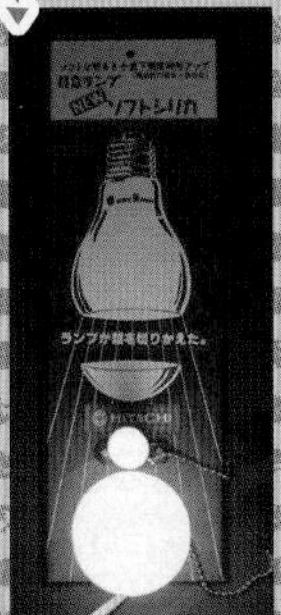

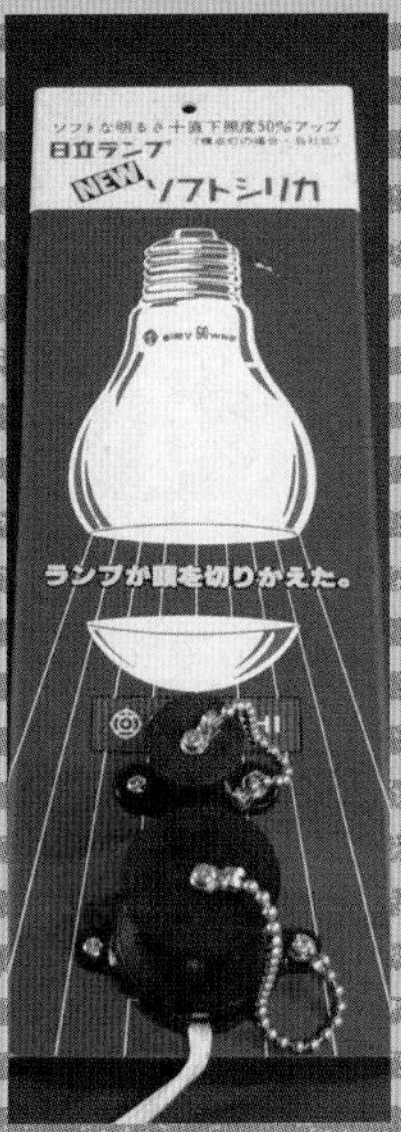

ソフトシリカは内側に拡散膜を塗布した、ソフトな明かりの電球だったが、生産は終了。

エレクトロビジョン

なんでも電磁波の力で視力を回復する器械らしい。今や電磁波は人体に悪い影響を及ぼすのは常識なのだが…。本当に効果があったのだろうか?

なんだ、コレは!?

商標には日本精密光学研究所眼研部とあるが、なんとも怪しげな商品だ。

パチもん免許証

なめ猫やエリマキトカゲなどがブームになると、子ども向けのパチ免許証が出回ったものだが、最近ではお目にかからない。免許証が子どもの憧れではなくなったためだろう。

若者の車離れで死滅!!

西山浩猫

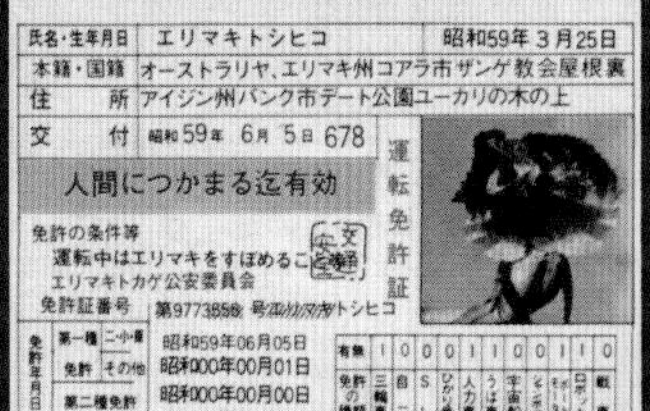

エリマキトシヒコ

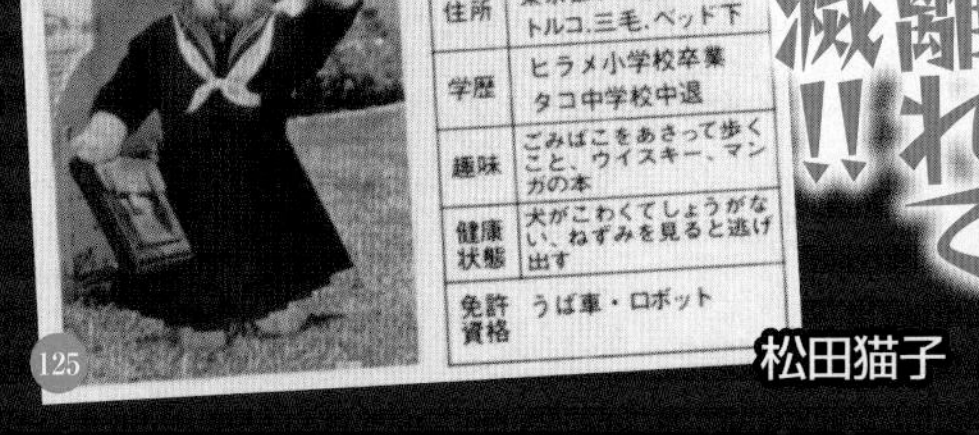

松田猫子

野村義猫

エリマキトカキチ

レコード袋

レコードがCDになり、MP3になり、今やクラウドとなって音楽は持ち歩く必要がなくなった。カッコイイ「レコード袋」を持って街を歩くのは誇らしかったが…。

お洒落の一部だった!!

1…一般店用

サクソフォンがメインのデザイン。

2…CISCO

渋谷などに店舗があった輸入盤専門店。

3…石丸電気

黄色で目立つ。イラストは和田誠。

4…新宿レコード

真っ赤な地にスカッと黒文字。

5…一般店用

英字を楽器に見立てたデザイン。

6…ROCKWORKSHOP

レンガ模様の地に金色の文字が映える。

7…Kinnie

白地にピース紺でスッキリ。

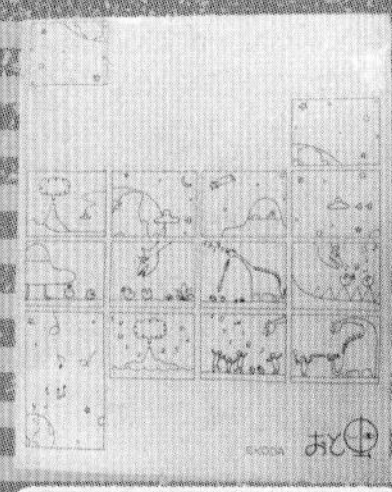
8…おと虫

和田誠風のイラストがかわいい。

9…SEIBU DISKPORT

西武のイメージを崩さないデザイン。

ステレオグッズ

今や音楽はスマホで聴くもの。ステレオが子どもたちの憧れだったのは遠い昔だ。ステレオを模したいろいろなグッズがあったのも懐かしい。

システムコンポは憧れ!!

貯金箱

ターンテーブルにコインを乗せてボタンを押すと回転し、遠心力でコインはスピーカーの中に入る。

AMラジオ

ラジオの音楽番組を聴きながら、まるでステレオでレコードを再生しているような気分になれる。

カセットテープ

あれだけ隆盛を誇ったカセットテープ文化も、今ではほぼ完全に消え去った。技術の進化は無情なり。

お世話になりました!!

1980年代のソニー

今ではパッとしないソニーだが、1970〜80年代は『ウォークマン』をはじめ画期的な商品を連発していた。広告のセンスも抜群だ。

ソニーの栄光よ、今一度!!

※昭和63年に『ホットドッグプレス』（講談社）に掲載された連作広告。

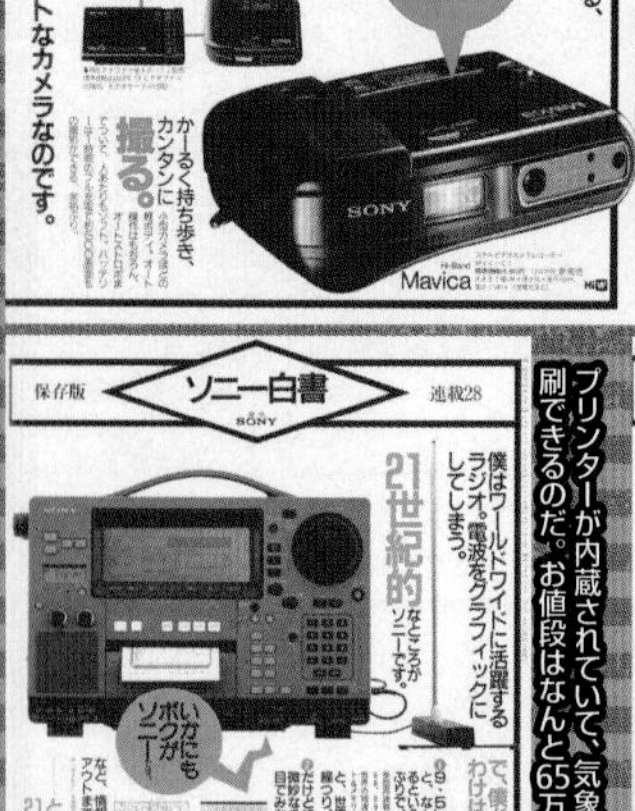

フロッピーカメラ

なんと初期のデジカメはフロッピーに記録していたのだ。撮影枚数はたったの50枚。

ハイエンドBCLラジオ

プリンターが内蔵されていて、気象写真などを印刷できるのだ。お値段はなんと65万円!

小型液晶カラーTV

さすがはソニー、1970年代にカラーテレビを小型化していた。デザインもお洒落。

小便ジョークグッズ

1960年代に香港で作られたのもの。日本でも輸入代理店が販売していた。こんなジョーク商品、今では絶対に販売できないだろう。

ジョ〜ダン♥メンゴ

ヒッピー小便

ドアを開けるとヒッピー風のオッサンが振り向いて、チンチンからオシッコを出す。最高!

レディースオンリー

こちらは女性版。チンチンではなくオッパイから水が出るのだ。そりゃそうだ。

小便ガイコツ

棺を開けるとガイコツが起き上がり、オシッコをピュッ! ガイコツにチンチンあるの?

絶滅危惧種…section 2

さよならだけが人生だ!?

身の周りの絶滅危惧種品評会 PARTⅡ

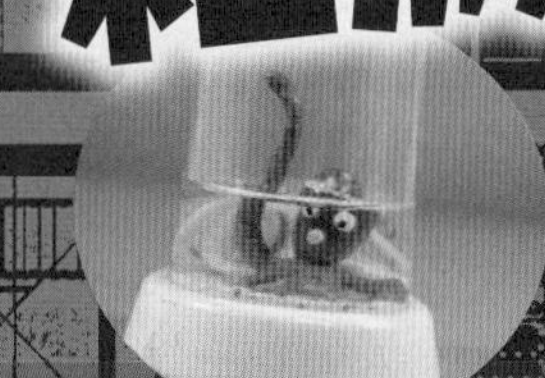

1964年の東京五輪では、古くからあった多くのものが失われ、東京の景観は大きく変わってしまった。2020年開催の東京五輪でも、同じような愚行が繰り返されるだろう。実に嘆かわしいことである。経済が繁栄しさえすればそれでいいのか？ 新しくするものと残すものを吟味することが、肝要なのではないか？ さて、ここに紹介する絶滅危惧種は、果たして残す（復活する）べきなのか否か…あなたはどう判定する!?

コイン遊具

昭和30年代初頭～昭和40年代にかけて、全国で隆盛を誇った屋上遊園地だが、近年は閉園が相次いでいる。同時にコイン遊具も消滅してしまうのか!?

もう動かない哀しき遊具に愛を!!

桐ヶ丘団地のおもちゃ屋の前に放置された遊具。後ろ姿にも哀愁が漂う。

平成26年頃まで赤羽の桐ヶ丘団地にあった昭和の特撮ヒーローの遊具。腕がもげ、満身創痍。

年季の入ったパンダの遊具。果たしてコインを入れると動くのだろうか？

撤去されるまで40年以上も放置されていたのは、奇跡に近いだろう。

動く気配もないが、乗ってみるとずいぶん小さく感じる。今までご苦労さま！

万年カレンダー

回転式の万年カレンダーは主に観光地のみやげものとして、東京タワーや通天閣などのランドマークとセットで作られた。

職人が途絶えて絶滅

専門的な技術を持った職人がいなくなり、みやげもの売り場から姿を消した。

地球ゴマ

ジャイロ効果の原理を応用した科学玩具で、名古屋にあるタイガー商会が販売していた。後継ぎの不在などの理由により、残念ながらその歴史に幕を閉じた。

生産終了したが現在は復活!!

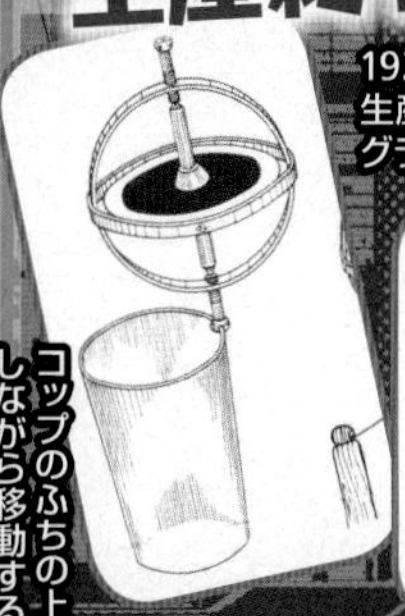

コップのふちの上を回転しながら移動する。ほかにも多様な技がある。

箱の中にコマを入れたまま、箱ごと回転させることができるのだ。

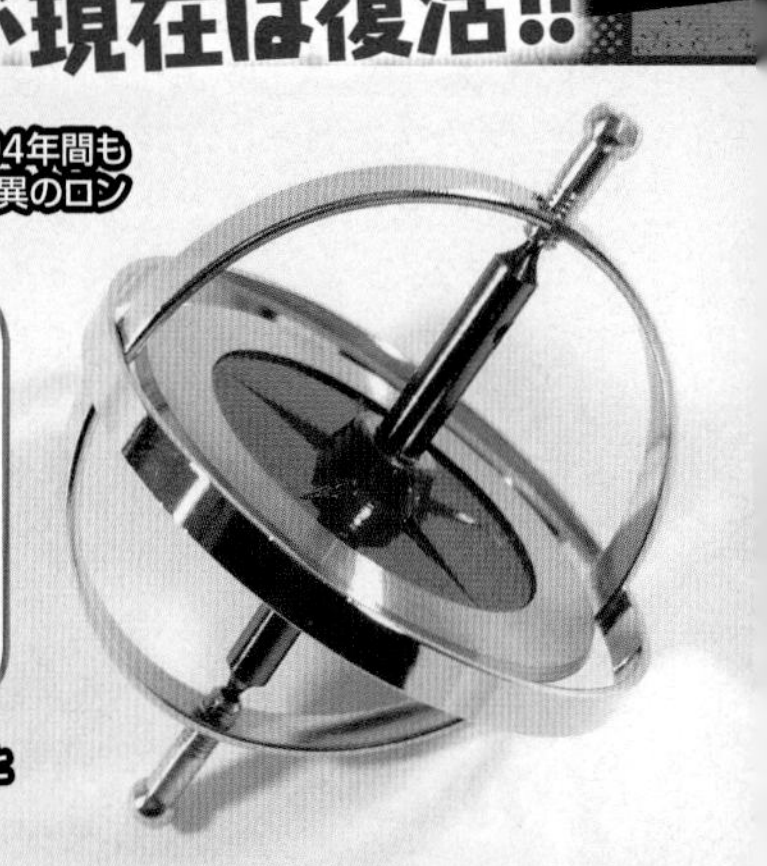

1921年の誕生から94年間も生産され続けた。驚異のロングランヒット玩具。

日本の正しいみやげもの

ガラスケース入り観光みやげ

昭和の時代には、ガラスケースの中に小さなこけしなどが入った、ジオラマ仕立てのみやげものが売られていた。近年はコスパの悪さからか見かけなくなった。

右が昭和のもので、左が最近のもの。その魅力の差は一目瞭然だ。

本を模したケースの扉を開くと、ガラスケース入りのミニジオラマが!

凝った作りの松島みやげ。バックの鏡には手塗りで背景が描かれている。

牛乳瓶のフタ

かつてはガラス瓶入りの牛乳が学校給食用、宅配用として普及していたが、現在は紙パックに取って代わられてしまった。当然、フタの希少性も高まっている。

工作や遊びなどいろいろな使い道があった。コレクション性も高い。

遊び道具だった!!

牛乳瓶のフタを取る専用器具。指の爪で無理に取ると失敗して牛乳をこぼす。

手作りおはじき&石蹴り

おはじきという遊びは、奈良時代に中国から伝わったといわれているが、ガラス製になったのは明治時代。機械が導入される以前は、手作業で一つ一つ作られていた。

手作りのガラス製石蹴り。石蹴りという遊びも、伝承されずに消滅しつつある。

大きさや形がそれぞれ違うおはじき。不ぞろいのほうがかえって愛着が湧く。

味わい深い!!

カタ屋

粘土や着色粉などの材料を買って作った作品をカタ屋のオヤジが評価して点数券を配る。点数券がたまると、大きなカタがもらえるシステムだった。

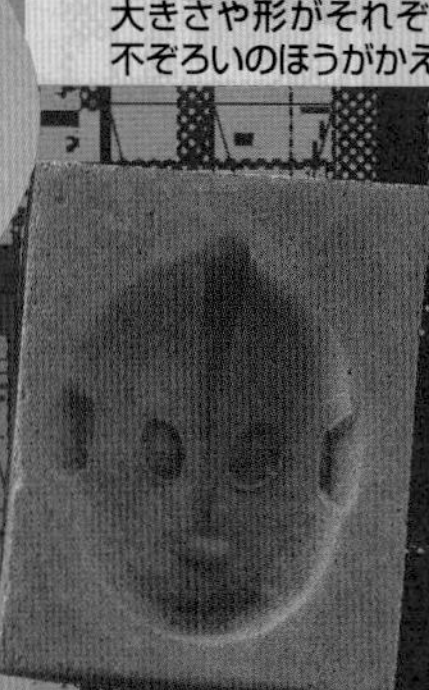

みんなの券がたまってきた頃、オヤジは街からドロンするペテン商売だった。画像は『駄菓子屋のおもちゃ』(京都書院)より。

結局、カタは子どもの手に入らなかったので、現存数は非常に少ない。

夢があった大ペテン!!

カラーひよこ

かえったばかりの雄のひなを無理やり染料で着色したカラーひよこは、昭和40年代頃まで縁日や学校付近の路上で売られていた。動物虐待だということで日本ではほとんど見かけなくなったが、フィリピンや中国などではまだ人気?

アジアに生息中!!

コンドーム自販機

昭和の時代は、薬局が営業していない夜に需要があったのだろうが、24時間営業のコンビニが普及してからは減少傾向にあるようだ。

現在、主流のスリムな壁掛けタイプ。自販機のカラーや中の商品はいろいろだ。

コンドーム製造会社や自販機設置会社などが管理運営しているようだ。

墨田区で見かけたボロボロの旧型。果たして稼働しているのだろうか？

セックスレス化とともに減少中!!

紙せっけん

昭和40年代に小学生女子の間で流行した、携帯に便利でいい香りがする紙状のせっけん。三鳩化学工業という大阪の会社が今でも製造販売している。

かろうじて存命中!!

ごく一部の駄菓子屋で現行品が流通している。台紙はレトロな味わい。

薬箱と置き薬

江戸時代から始まり、戦後に飛躍した富山の置き薬だが、現在はニーズが激減。後継者不足やコスト増などの問題を抱えながらも、細々と営業を続けている。

ドラッグストアの普及で消滅寸前!?

箱は薬の宣伝を兼ねているので、薬の名前が大きく書かれているのだ。

厚紙製の薬箱はデザインがユニークなものが多く、インパクト大だ。

かぜ、熱、キズ、胃腸など、初期症状の治療に必要な薬がメイン。

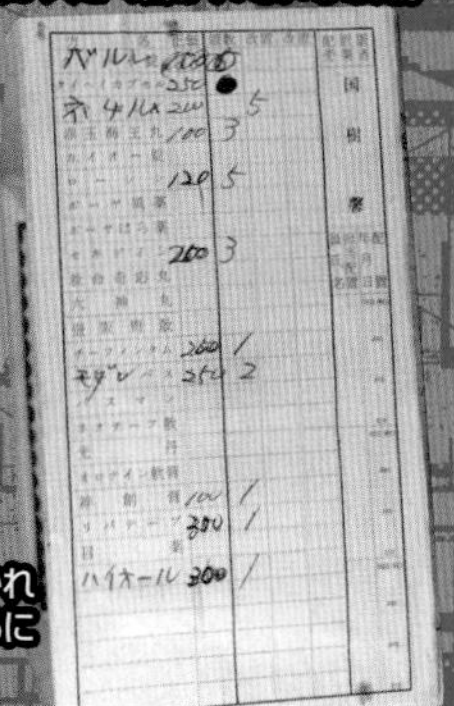

薬のリストと値段が書かれた表が、引き出しの後ろに貼られていた。

オートダイヤラー

携帯電話が普及する以前、電子電話帳に自動ダイヤル機能が付いた電子機器が発売されていた。販売期間が短かったので、認知度は低いかもしれない。

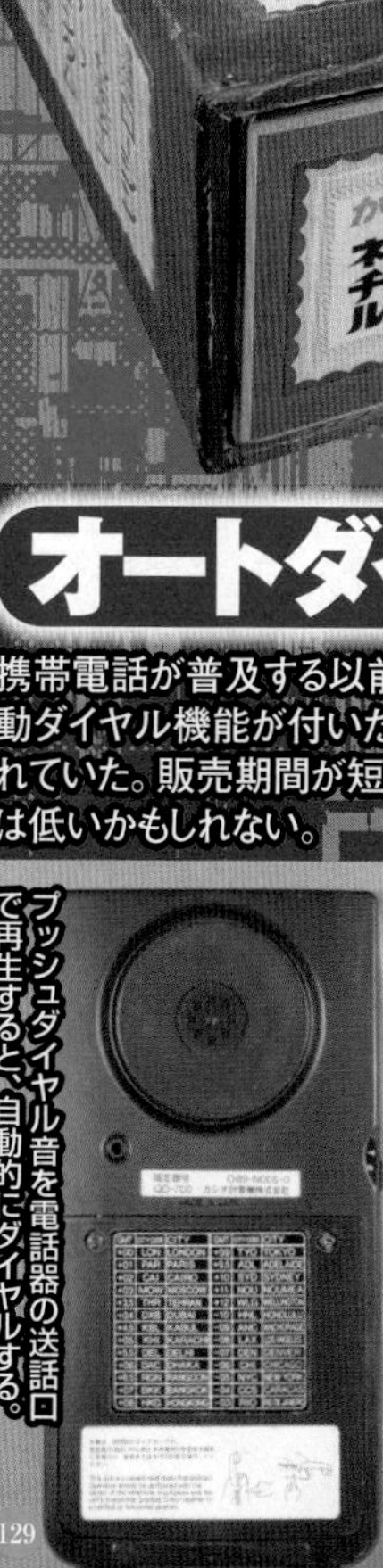

プッシュダイヤル音を電話器の送話口で再生すると、自動的にダイヤルする。

営業マンの必需品だったが…

カシオのQD-700。オートダイヤルのほか、電話帳、計算機、時計機能付き。

マイコン

CPUにマイクロプロセッサを使用したコンピュータの略称。昭和50年代中頃～末期にかけて流行。昭和59年には刑事ドラマ『太陽にほえろ!』（日本テレビ系）にマイコン刑事が登場した。

スマホへと進化!!

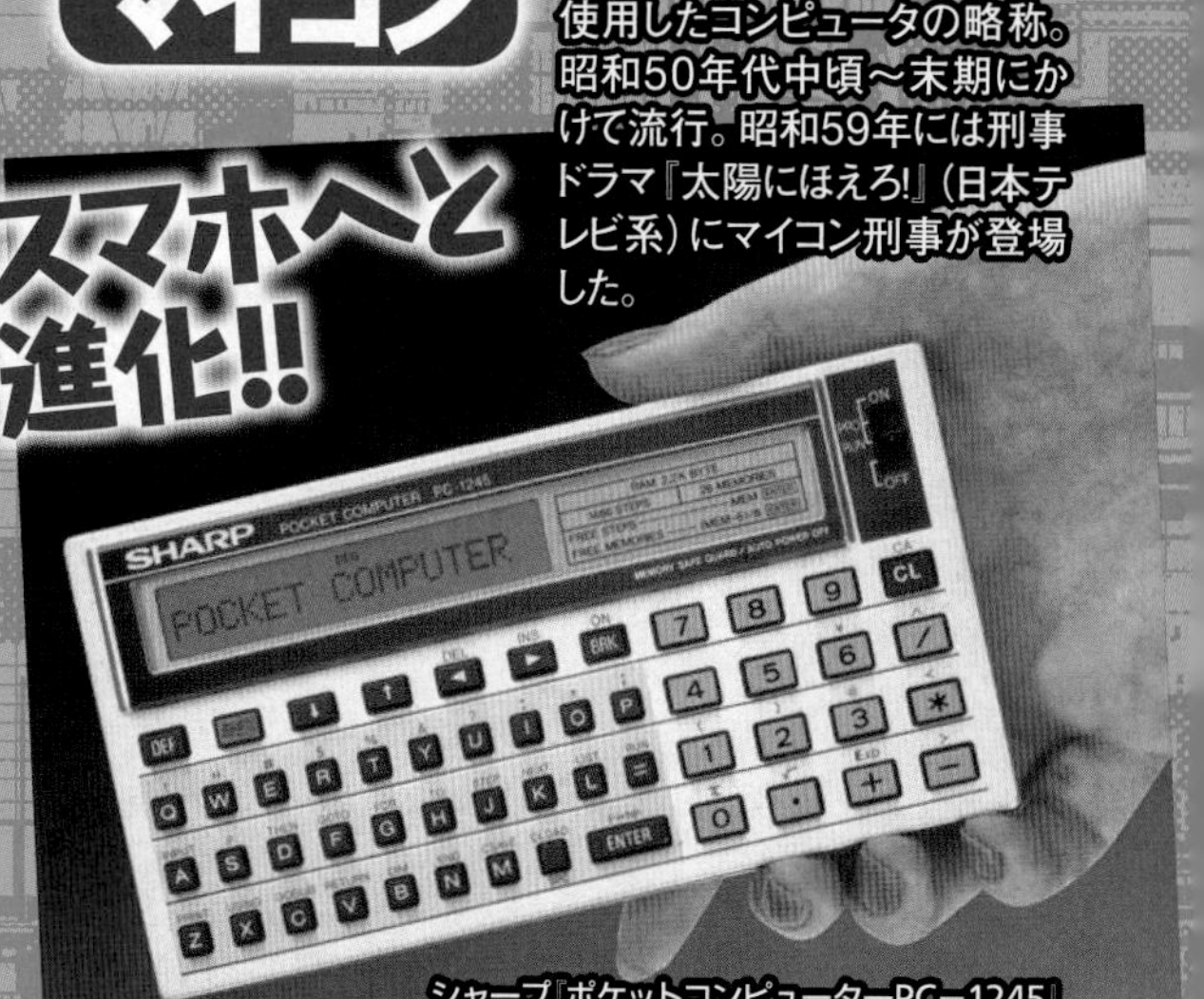

シャープ「ポケットコンピューターPC－1245」（昭和58年）。主に理系の学生用だった。

絶滅危惧種…section 3

どうぞこのまま…
身の周りの絶滅危惧種品評会 PART Ⅲ

「昔はよかった」と言い出したら老いの始まりというが、その昔の人も、またその昔の人も「昔はよかった」と言ってたわけで…そうなると文明などない原始時代が一番よかったことになってしまう。平成27年、若者が映画『マッドマックス 怒りのデス・ロード』に熱狂したのは、文明社会が壊滅した世界への憧れなのだろうか? オジサンとしては、まだまだ懐かしいものに溢れた世の中が存続してほしいと願うのみだが…。

街の風景と合体した遺産

放置看板

古い町並みを散策していると、廃業した店舗の放置されたままの看板を見かけることがある。そこだけ時間が止まった異次元空間だ。

廃業した模型屋に残された古い看板。マークから察するに昭和40年代半ば頃。

エーダイと大滝は残念ながらもう存在しない。ニチモも模型の製造を終了した。

古いおもちゃ屋に今もひっそり掲げられているロンパールームの看板。

誰も来ることがない店に、その男はいつまでもじっと佇んでいる。

ペンキで描かれた看板は、時がたつにつれてどんどん渋味が増してくる。

駄菓子屋ケース

駄菓子屋などで使われていた、ガラスのフタが付いた木製ケース。全面的に中が見えるので、お気に入りのコレクションを入れて飾るとおしゃれだ。

コレクションの収納に!

駄菓子屋の減少により希少品に。ネットオークションで入手しよう。

丈夫な筆箱

「ゾウが踏んでも壊れない」のCMで有名なアーム筆入(サンスター文具)に対抗し、アポロ筆入は「ダンプより丈夫」とアピール。小学生の気をひくため、熾烈な戦いを繰り広げた。

アーム筆入は現在も流通している、超ロングセラー商品なのだ。

ゾウVSダンプ!

実際に筆箱をダンプにひかせて、確認した子どももいただろう。

苦労の末、復活していた！

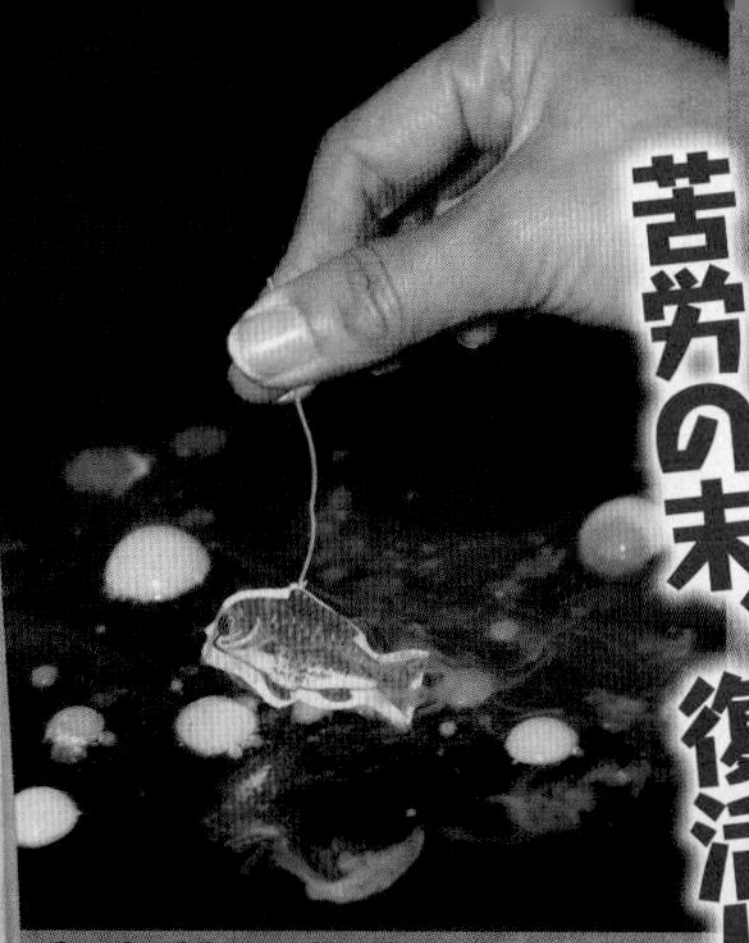

水の中で揺らめき輝く炎は、まるで金魚が泳いでいるかのよう。

日本の花火業界をリードするオンダが開発。当時の味わい深いパッケージ。

旧・金魚花火

水中金魚花火

水の中でも燃え続ける不思議な花火。一時期人気を博したが、昭和50年代初頭には消えてしまった。しかし、数年前に復活していた！

こちらは現在売られている新バージョン。次世代に伝えていきたい花火だ。

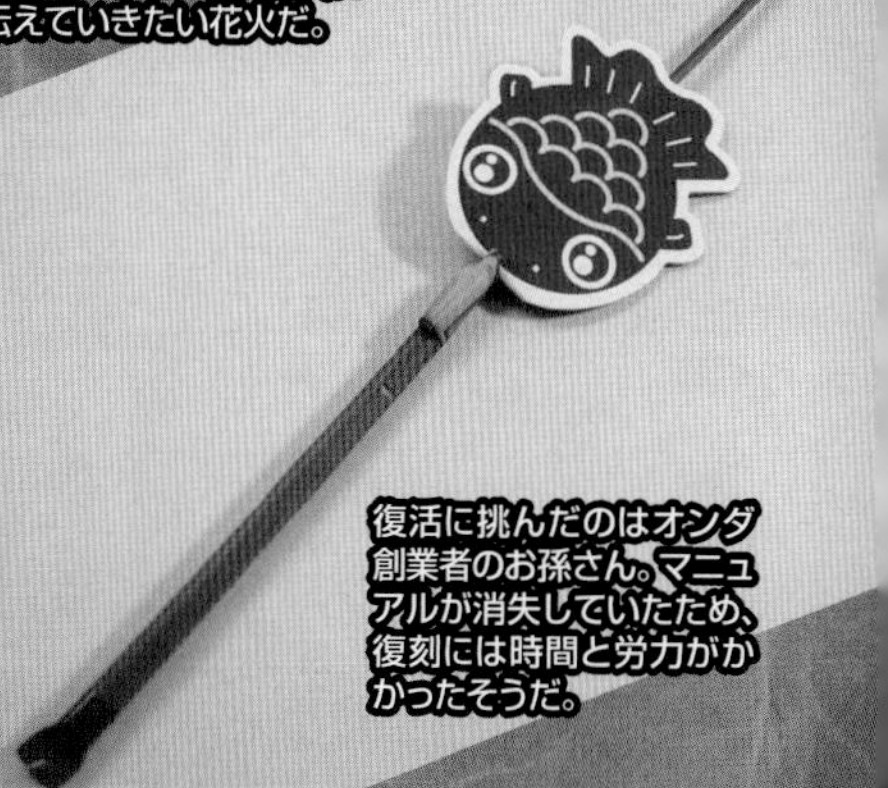

復活に挑んだのはオンダ創業者のお孫さん。マニュアルが消失していたため、復刻には時間と労力ががかったそうだ。

人工衛星

鋭利な金属製の円盤が勢いよく回転。どこに飛んでいくかわからないため、昭和42年に警視庁が業者に対して危険勧告した商品。

警視庁より危険勧告！

箱絵には真上に飛ぶように、平らな板の上で点火する少女の絵が描かれている。

水風船ヨーヨー

夏の縁日の定番だが、すぐに割れたり、しぼんだりする旧来品に替わり、キャラクターが印刷されたビニール製のものが主流となりつつある。

現代化の波が…

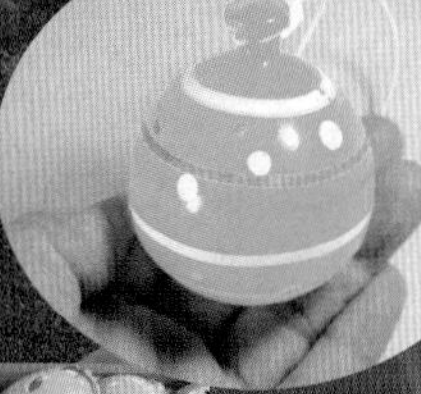

上は絶対に割れない塩ビ製の水風船。インテリアにも使えそうだ。

テレビでおなじみの顔がたくさん。子どもたちのウケもこちらのほうがいい？

しょうのう舟

しょうのうが溶けると強まる水の表面張力で推進するセルロイド製の舟。とっくに無くなったと思ったら、東京・蔵前の問屋でまだ扱っていた。

製造は終了しており、ストックが切れたら入手するのは難しいとのこと。

夏の思い出が蘇る！

レトロなブリキ製のたらいに浮かべて、のんびり観賞。癒やされます。

御座フキ紙

薄いろう紙にかわいい絵が印刷されたもの。これで机などを拭くと、ろうの効果でピカピカになる。いろいろな使い方があったが、昭和40年代には消滅した。

商品の入った袋を束ねた表紙は、昭和30～40年代に大流行したポーズ人形。

用途はよくわからず…

西洋と和の人形が仲良く描かれている。昭和の少女が一番憧れた商品だ。

今やコレクターグッズのこけしだが、昔は子どもたちの遊び道具だった。

番号やジャンケンマークがあるので、カードゲームの要素もあったようだ。

ねり消しゴム

一昔前のねり消しゴムというと、左のようなイメージだが、最近の売り場に行って驚いた。カラフルでラメ入り、香りまでついてるのだ。

あまり用途はなかったが、授業中に粘土のようして遊んだ人も多いはず。

超進化していた！

SEEDの現行商品。タイトルはなんと『宇宙がキラリ』だ！

よく伸び、ラメが輝いてきれい。普通に使って汚してしまうのは本末転倒？

軍人将棋

昭和30年代までは子どもたちの間で普通に遊ばれていたが、最近ではほとんど見かけない。昨今の右傾化の波に乗って復活するか？

『ミサイル行軍』と現代的なタイトルがつけられた比較的最近の商品。

また流行るかも!?

実際は駒の文字面が見えないよう伏せて使用する。ゲンバクなど物騒な駒もあった。

サトちゃんムーバー

昭和40年代にはあちこちで見かけたサトちゃんムーバーだが、近頃は遭遇率が激減。現在も製造は続いているそうなので、大型店舗を探してみよう。

現在も製造中！

サトちゃんムーバーは昭和39年に誕生。画像は平成8年に登場した新型だ。

昭和風物模型

昭和の模型屋の定番『風物詩シリーズ』などを発売していた河合商会は、平成24年に倒産してしまった。現在はマイクロエースが金型を引き継ぎ再販している。

河合商会は数々の日本人の心象風景を具現化。まさに模型の文化遺産だ。

倒産後も販売は継続！

河合商会『DX風物詩シリーズ 芝居小屋』。喧騒が聞こえてきそうだ。

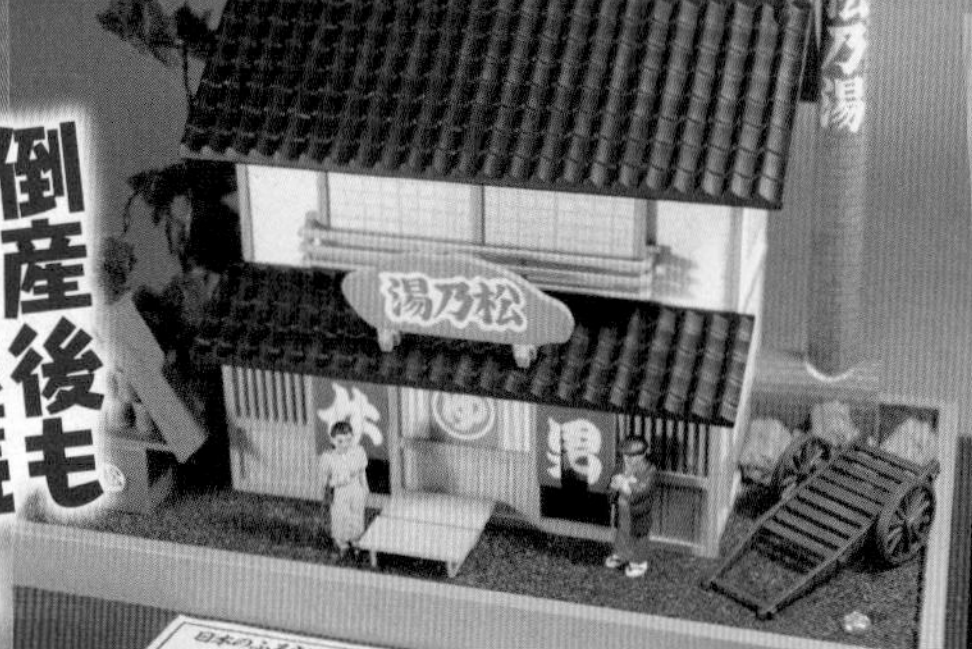

河合商会『DX風物詩シリーズ 松乃湯』。人物や小道具が付き、ジオラマとして楽しめる。

絶滅危惧種…section 4

昭和 身の周りの絶滅危惧種 レトロ遺産

幻でかまわない 時間よ止まれ!

久しぶりに訪れた街が再開発により、一変していて愕然とすることがよくある。その一方で、インターネット上では個人が持ち寄ったレトロな画像が日々、飛び交っている。リアルで失われたレトロ遺産が、電脳空間にアーカイブ化されているのだ。今ある、見慣れた風景やモノがいつまでもあると思うのは禁物だ。スマホやカメラを持ち歩き、身の周りのレトロ遺産を撮影する習慣を身につけてみてはいかがだろう？

模型屋のショーウインドウ

かつて東京・曳船に存在した模型店のウインドウ。日東の『ガマロン』（中央）、コグレの『マーキュリー2000』（下段左）など（平成10年撮影）。

これもかつて曳船に存在した別の模型店のウインドウ。ガンプラ、お神輿、帆船などが飾られた標準的な構成だ。

現在も東京・柴又で営業している模型店のウインドウ。河合商会の情景シリーズが並んでいる。ホッとする光景だ。

個人経営の模型店がどんどん消滅している。憧れの模型を眺めたショーウインドウとともに。

ひたすら見つめた少年時代

水中モーター

吸盤などで取り付けることで、あらゆるものを水中走行玩具に変身させてしまう画期的商品

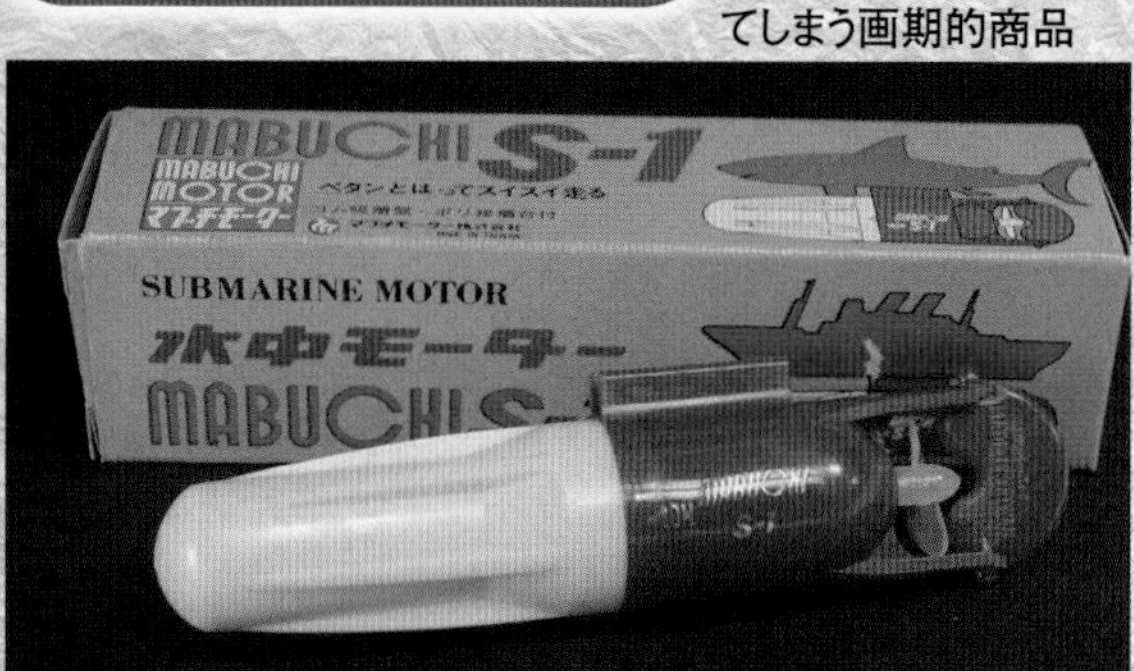

昭和42年3月発売。当時の価格は160円。発売と同時に爆発的な人気を呼び、発売後2年だけで約1000万個という、驚異的な売り上げを記録した。

バンダイの『怪獣サーフィン』。バルタン星人が乗るサーフボードの推力は、もちろん水中モーター。

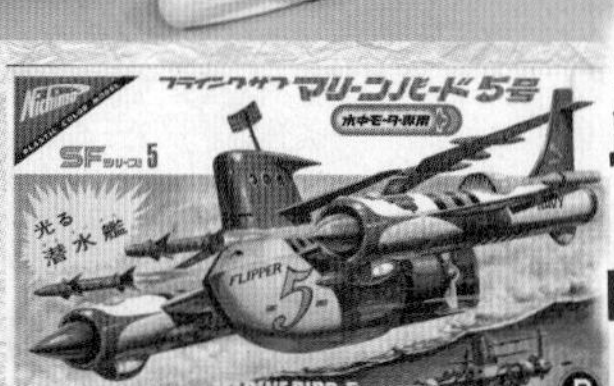

昭和40年代の水モノ模型は、ほぼ水中モーター仕様だった。

昭和の夏の必需品

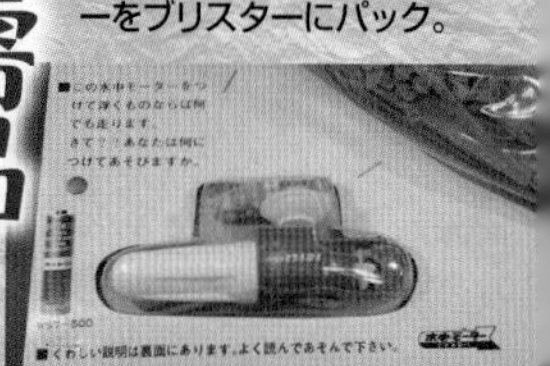

バンダイの『戦艦大和』は、リアルな模型と水中モーターをブリスターにパック。

忘れられないスイートメモリー

おもちゃ容器入り菓子

現在は出来のいいフィギュアが付いた食玩が主流だが、昭和には容器がおもちゃとなるお菓子が子どもたちにウケた。

食べて遊んで二度オイシイ!!

チーリンの『タコの8ちゃん』。かわいい容器の底が吸盤になっている。残念ながらすでに製造は終了。

コリスの『スピードカー フーセンガム』。昭和50〜60年代頃の商品。車のおもちゃとして遊べるのがうれしい。

パチ茶わん

昭和40年代までは無版権の子ども茶碗が市場に出回っていた。

似てないのが玉にきず

いくらパチもんだとはいえ、ここまで不細工に描かれたケロヨンは珍しい。

『サスケ』は昭和43年のアニメ。当時はこんな茶碗が出回っていた。

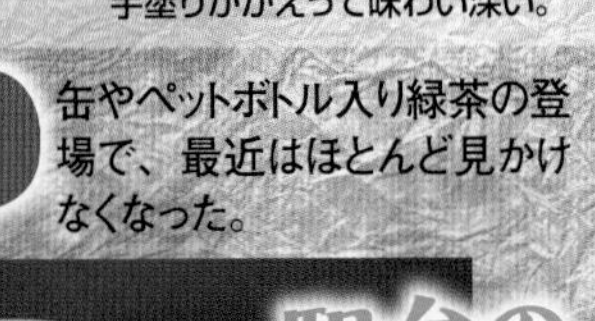

『怪物くん』はまだマシなほう。雑な手塗りがかえって味わい深い。

子ども箸箱

昭和の幼稚園では、アニメ絵のついたスライド式の箸箱が大人気。

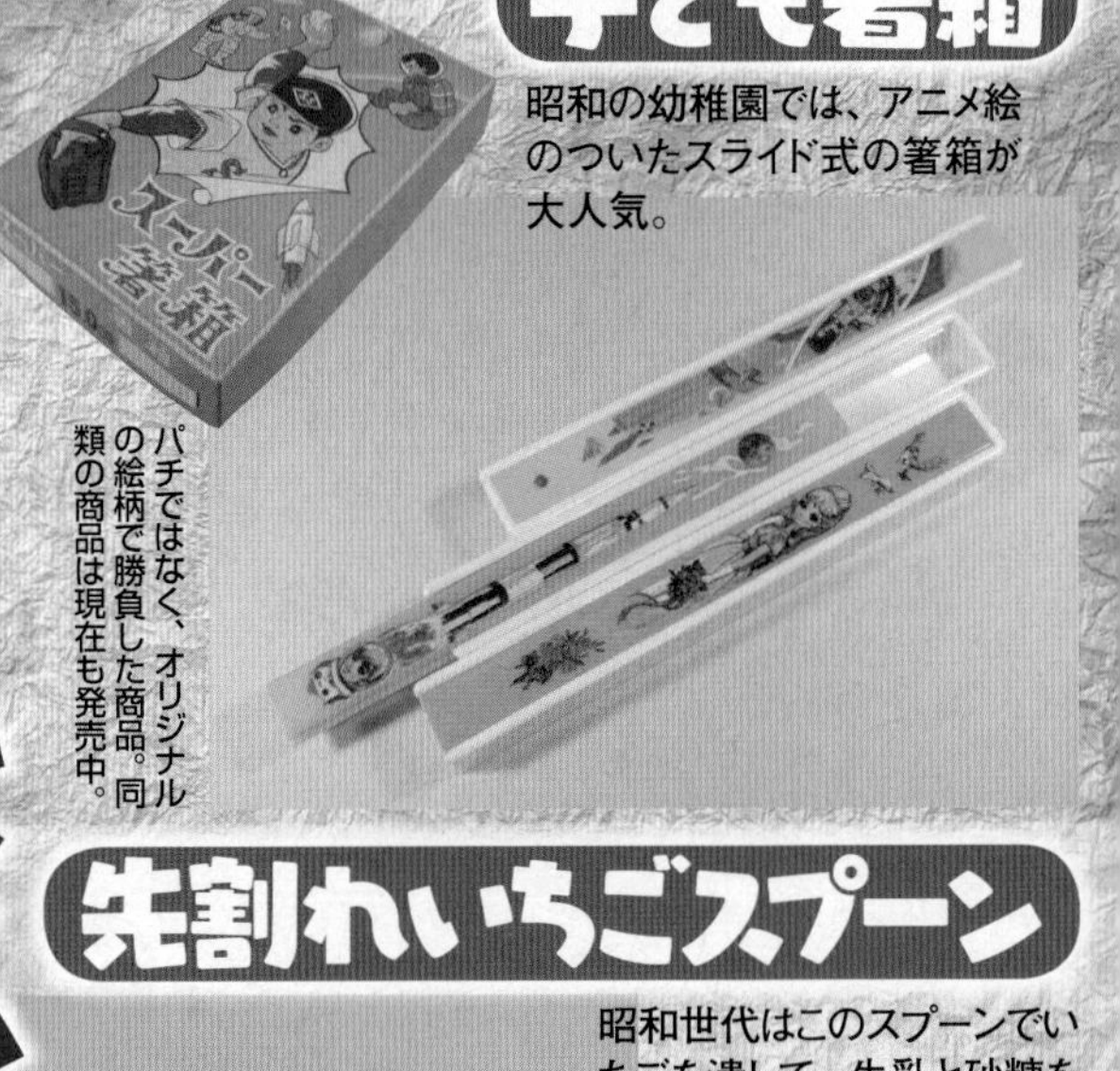

パチではなく、オリジナルの絵柄で勝負した商品。同類の商品は現在も発売中。

先割れいちごスプーン

昭和世代はこのスプーンでいちごを潰して、牛乳と砂糖をかけて食べたものだ。

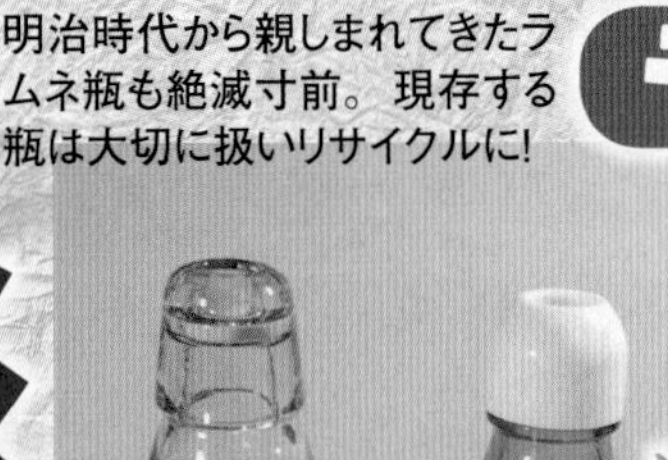

東京のかっぱ橋道具街でも、扱っているのは数軒のみ。入手はお早めに！

ポリ茶瓶

缶やペットボトル入り緑茶の登場で、最近はほとんど見かけなくなった。

駅弁のお供に…

かっぱ橋道具街で5個200円という安価で売っているのを発見！

ラムネ瓶

明治時代から親しまれてきたラムネ瓶も絶滅寸前。現存する瓶は大切に扱いリサイクルに!

涼しげな音もうれしい

2000年代から、左のような洗浄しやすい、瓶口がプラスチックのものが普及している。

レトロ観光グッズ

射的のまと

温泉など観光地の定番娯楽「射的場」の数は減る一方。景品の「まと」を製造する業者も、もはや絶滅寸前か？

どことなくマヌケで哀愁のあるお姿…

1980年代に江ノ島の射的場でゲット。素焼きの人形に手塗りで彩色してあり、独特の味わい。

これも右と同時代のもの。けっこうバラエティーに富んでいた。

左が1980年代のもので、右が現在のもの。趣がだいぶ違う。

海のおみやげ貝細工

海の定番みやげといえば貝細工。昭和レトロなデッドストック品がまだまだ残ってるぞ！

ほっこり夏の思い出

昭和40年代頃のもの。貝の合唱隊という発想が面白い。下と比べると目の位置が違う。

目玉は劣化して黄ばんでしまったが、貝はまったく劣化していないのがすごい。

画像4点は現在、江ノ島のおみやげ屋で取り扱い中。タヌキ300円はお値打ち。

本物の貝とガラス細工でできたヤドカリ。デッドストックで350円。

たくさんの貝を羽に見立てて作られたフクロウの置き物。なかなかの労作だ。非売品。

亀や犬など、多様な貝を組み合わせればできない形はない？ 現行品でもレトロな味わい。

海女さんこけし

昭和の温泉というと、新婚旅行、愛人とのお忍び旅行、ストリップ観賞…という、エロスのオーラが濃厚な場所だった。もちろん、旅館の売店で売られていたお土産も色気ムンムン。

昭和のエロスの匂い

ワイングラスの中でニッコリ微笑む海女さん。惚れます！

こちらは行水中のお嬢さん。お背中お流ししましょうか？

木でできているとはいえ、なんとも艶めかしいもんですな。

色白ぽっちゃりの海女さんが最高。貝が象徴するのはヤハリ…。

絶滅危惧種…section 5

失って愚かだったと
想うときが来るのさ…

昭和 身の周りの絶滅危惧遺宝探し

目まぐるしく何もかもが移り変わっていく現代。スクラップ・アンド・ビルドによって遊園地が無慈悲に取り壊され、町の商店街が大規模な商業施設に置き換わっていく。「何か」につかまっていないと、どんどん早い流れに巻き込まれていく不安が、昭和レトロ礼賛傾向につながっているのかもしれない。過去を振り返り、少しでも時間の流れを止めたい…それは決して後ろ向きな行為ではないはずだ。このページがお役に立てたら幸いです。

接着剤と塗料でシンナー中毒に!?

あの頃のプラモデル

ゼネコン

手回し式の小型発電器。高価な電池の代わりになるという狙いはよかったが、非常に疲れるので人気は続かなかった。（マブチモーター）

水中モーターほどヒットせず

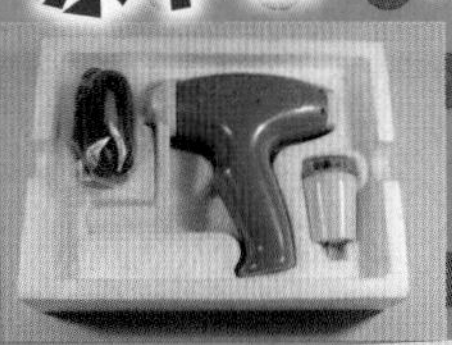

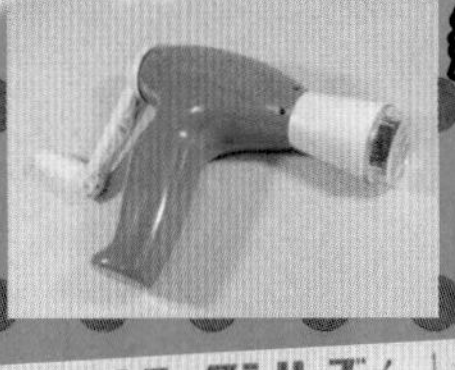

製品には強力ライトが付属。これだけでもガンタイプの非常用懐中電灯として使えた。

ゼネコンが付属した商品も発売されたが、電池の便利さには勝てず、尻すぼみに終わった印象。

接着剤

プラモデル用の接着剤といえば「セメダイン」が思い浮かぶが、単なる商標であり、各メーカーで呼び名はまちまちだった。

セメダイン

模型用接着剤でトップシェアを誇ったセメダイン。小型プラモに付属していた接着剤。

コーパルP

コグレのプラモに付属。コーパルとは数万年前に樹脂が固まったもので、ニスや接着剤の原料。

実はいろいろあった

バンダイン

バンダイのプラモに付属。社名と「セメダイン」をかけたシャレたネーミングだ。

エスダイン

積水化学工業の製品で多くのメーカーが採用。「エス」は積水のローマ字表記の頭文字か？

塗料

プラモ最盛期の専用塗料は「レベルカラー」「Mr.カラー」「タミヤカラー」が主流。使用当時のデザインが懐かしい。

マメラッカー

プラモデル専用の塗料が発売される前に使われていた。ツートンカラーが鮮やか。

高価でそろわない

パクトラタミヤ

昭和46年、タミヤが米国パクトラ社との提携で販売したエナメル塗料。紙枠は初期のもの。

カラーパネル

模型塗料が普及し始めた頃に発売された商品。1枚のプラスチック板をただ塗り分けて、パネルを完成させる画期的商品。

プラスチック塗り絵

凸状の線は金メッキで縁どられているので、非常に塗りやすい。

塗料は付属しないが、筆が1本と専用のパレットが付いた親切な商品。

遊園地

突然消える見慣れた風景

上野こども遊園地

終戦の翌年から続いた遊園地がついに閉園。土地を貸していた東京都の一方的通達によるもので、東京五輪の犠牲か…。

遊園地を訪れた大勢の子どもたちを長年見守り続けてきたコビト。どこか寂しげだ。

東京五輪の美名のもとに…

←ダンボのような象さんがくるくる回りながら、宙に上がっていく「空飛ぶぞうさん」。

⬆園内は5つのアトラクションのほか、小さなコインライドが所狭しと設置されていた。

お疲れさまでした

浅草花やしきBeeタワー

雷門と並んで浅草のレトロ感に一役買っていた花やしきのBeeタワーだが、老朽化により解体されることになった。

昭和35年誕生。宇宙開発に注目が集まっていたこともあり「人工衛星塔」と名づけられた。

紙芝居舞台

街角の紙芝居屋は絶滅したが、保育園や図書館などではまだ需要があり、現在も紙芝居舞台は製造されている。

名作もよい舞台あってこそ!!

左右天、3枚の開閉自在な扉板によって、立体的な舞台空間を作り出している紙芝居舞台。

扉板はピタッと1枚板に戻る構造。持ち手も付いていてトランクのように運べる。

アンティークの紙芝居舞台を食堂のメニューに使用している例。ほかにも用途がありそう。

昭和30〜40年代の紙芝居や舞台を貸し出し、現代に継承する活動を行っている人たちもいる。

絶滅寸前!!

縁日の屋台

まだある! 懐かし屋台大集合

カメすくい

環境省は2020年をめどにミドリガメの輸入を禁止することを決定。縁日も許可制となっており、その数は激減中だ。

カメは子どもに人気ということもあり、昭和にはよく見た風景だが、今はほとんど見かけない。

射的

子どもたちが射的に夢中になる姿は縁日ならでは。正直、買ったほうが早いが、景品を落としたときの喜びはいつの時代も不変だ。

ヤバイ的が(笑)

お菓子や人形などに混じってヘンな的が…大人客への配慮なのだろうか(笑)。

サメつり

サメがくわえている紙に書かれた番号の景品がもらえる。映画『ジョーズ』(昭和50年)が流行った頃に誕生したものか?

使用されているサメのおもちゃはボロボロ。景品よりもこっちが欲しいのだが…。

『ジョーズ』の頃から?

スマートボール

18世紀に誕生した古いゲーム。日本では昭和初期に流行した。観光地にはまだ専門店が現存するが、屋台では珍しい。

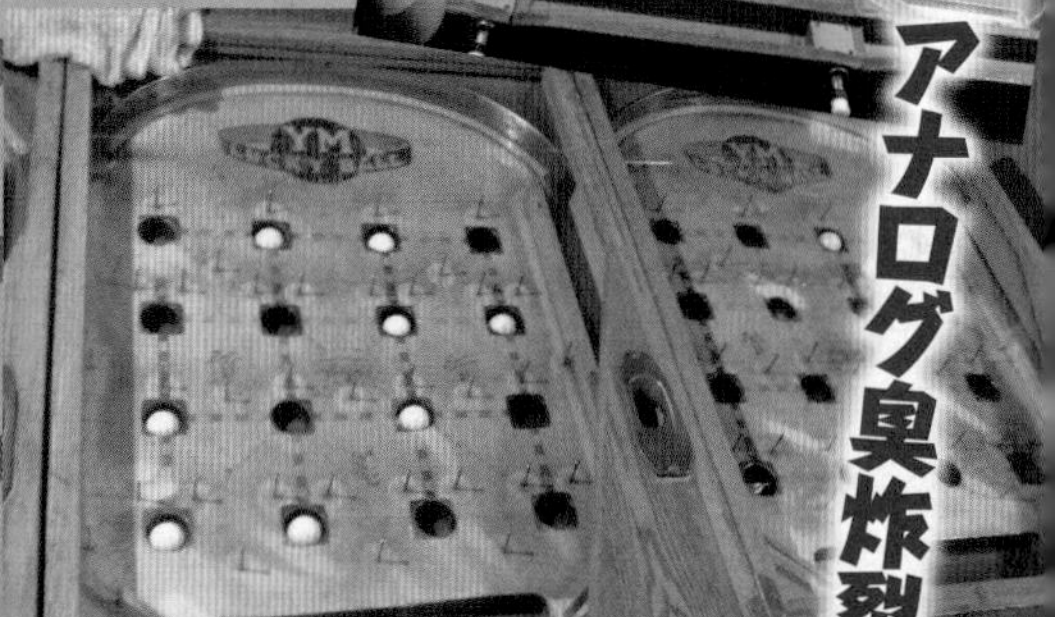

アナログ臭炸裂!!

レトロな雰囲気のものから、子どもに人気の現代的なキャラクターが描かれたものまで。

ゲテモノ当て

昭和40～50年代頃、駄菓子屋や縁日で見かけたゲテモノはかわいいものだったが、リアルに巨大化して存在中だ。

巨大ゲテモノ!!

ノートから昆虫の写真が消えてしまう現代、こんな屋台もいつまで生き残れることやら…。

クジ引き

ムム!? あの国民的アニメの名前が冠せられた屋台だが、どうやら「タマ」という白い猫のグッズが景品のようだ。

謎すぎる屋台!?

縁日ならではのいかがわしさがたまらないが、ハズレのない良心的屋台だった。

絶滅危惧種…section 6

呼びかけたい。遠く過ぎ去るものに…

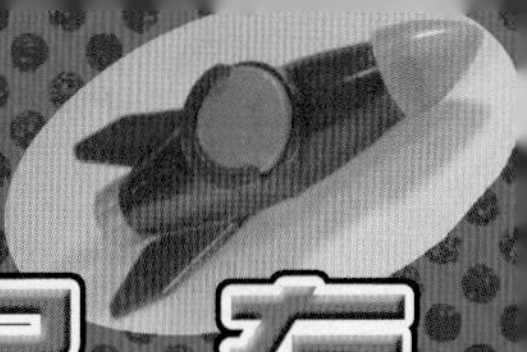

昭和絶滅危惧種保存委員会

「とんかつの2020年問題」というのがあるそうだ。外食文化の最盛期に開店したとんかつ屋さんが、加齢に伴う体力的な事情や後継者問題により店を閉めざるを得なくなるのが2000年〜2020年の間だというのだ。とんかつだけではない。零細な家内制手工業による駄菓子製造も後継者がおらず、当代で最後という会社も多い。人の命に限りがあるのは仕方ないが、独自の味はかけがえのないもの。どうか、人から人へ伝えていただきたいものだ。

見世物小屋

屋外に仮設小屋を建てて行う「見世物」の仰々しい呼び込み、けたたましいベルの音、見終わった後の驚嘆と落胆の混じった観客の顔…こんないかがわしさ満点の仮設興業も、いよいよ絶滅寸前。幻として消えていく運命だ。

このような巨大ないかがわしい絵看板が小屋に飾られ、観客の好奇心を惹きつけた。もちろん、絵と実際の見世物には天地の差があった。

ヘビ娘

狼少女

「全世界は広しといえども、これ古今東西を通じまして初めてこういう人たちが存在します」見事な口上についフラフラと…。

謎の人魚

「この女の子のやることなすことがケダモノと同じ。ハイ、こういうオネーサン二度と見られません」…果たして謎の人魚の正体は？

『オール見世物』(珍奇世界社)。

伝えたい!! 猥雑な昭和の記憶…

現代の見世物小屋

最盛期には数百軒を数えたという見世物小屋だが、その最後の一つといわれる大寅興行社の見世物は、今も全国を巡回して喝采を浴びている。

「カッパのボイン」「驚異の怪力女」「お色気マヂック」などの妖しい言葉が並ぶ。

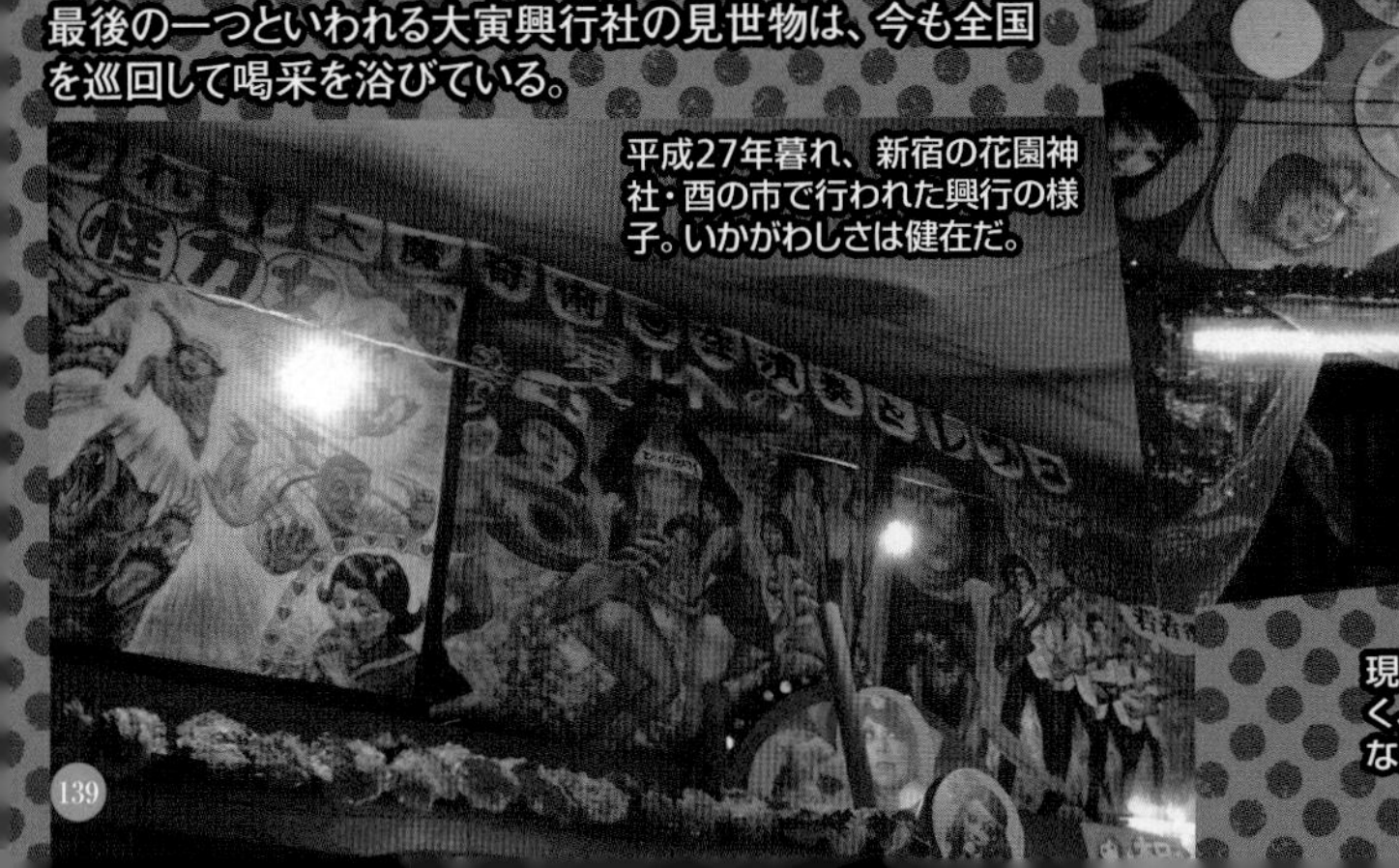

平成27年暮れ、新宿の花園神社・酉の市で行われた興行の様子。いかがわしさは健在だ。

現在は奇形などをウリにした芸はなく、お笑いを中心としたアップテンポなショーとなっている。

昭和の遺物

再開発でどんどん街が破壊され、画一的な景観になっていく。残された昭和の遺物に出遭ったときは、旧友と再会したかのごとくうれしいものだ。

そこだけ時空がゆがんで見える

電笠に白熱電球…わびしくも温かみのある、なんと昭和的なたたずまいだろうか。

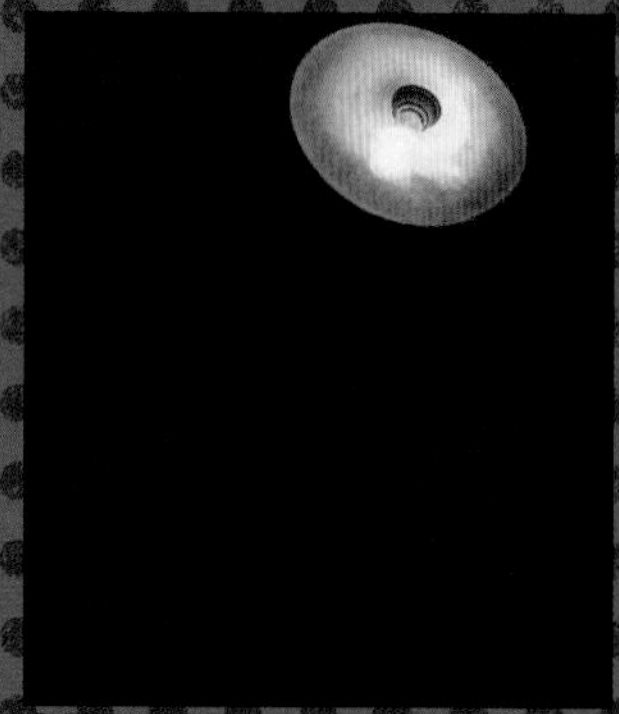

会社から家のある町に帰ってきて、こんな明かりが迎えてくれたらどんなに癒やされるだろう。

東京では電笠電柱はほぼ絶滅したが、北千住の一角に町ぐるみで電笠電柱を保存しているところがある。

電笠電柱

日本中の電柱の電灯が急速にLEDにとって替わっている。確かに明るくて長持ちするのかもしれないが、ギラついていて情緒がないのが残念だ。

氷冷式冷蔵庫

高度経済成長期以前、家庭用電気冷蔵庫は高価だったため、上部にある氷室の冷気で下部の食物を冷やす仕組みの、氷冷式冷蔵庫が一般的だった。

たまたま入った古い乾物屋の奥に、氷冷式冷蔵庫が鎮座していてビックリ！ 業務用のため、かなり大きい。

現在は内部を改造して、電気式冷蔵庫として使っているという。いつまでも元気に活躍してほしい。

タイル

外壁にタイルが盛んに採用された時代はモダンだったのかもしれないが、ちょっと廃れた今から見ると、なんともいえない懐かしさがある。

古い豆腐屋さんのタイル。大理石模様のモザイクと小さなモザイク、そして店名のコラボ。

模型屋さんのショーウインドウのタイル。古いものには骨董磁器のような風合いが出てくるのだ。

アナログ上皿はかり

今では0・1㎎まで正確に量れるデジタル式が主流だが、電源がいらず、ハードな使役にも耐えうるアナログ式も、まだまだ現役だ。

神棚や賞状が飾ってあるような古い店には、やっぱりアナログ式のはかりがよく似合うのだ。

お菓子を量り売りしている駄菓子屋さんにあったはかり。そうそう、駄菓子は大ざっぱでいいのよ！

日用雑貨

日用品の中には技術の進化によって革新的な変容を遂げて、不用になっていくものもある。せめて「お疲れさま」と声をかけてお別れしたい。

いつの間にか消えていた…

宣伝入りカレンダー

昭和56年、地方のお菓子屋さんが配布した、長辺17cmほどの壁掛けカレンダー。ポーズ人形がかわいい。

かつては捨てるほどもらえた会社やショップの宣伝が入ったカレンダーだが、最近は不況や生活様式の変化に伴って減少した。

缶切り

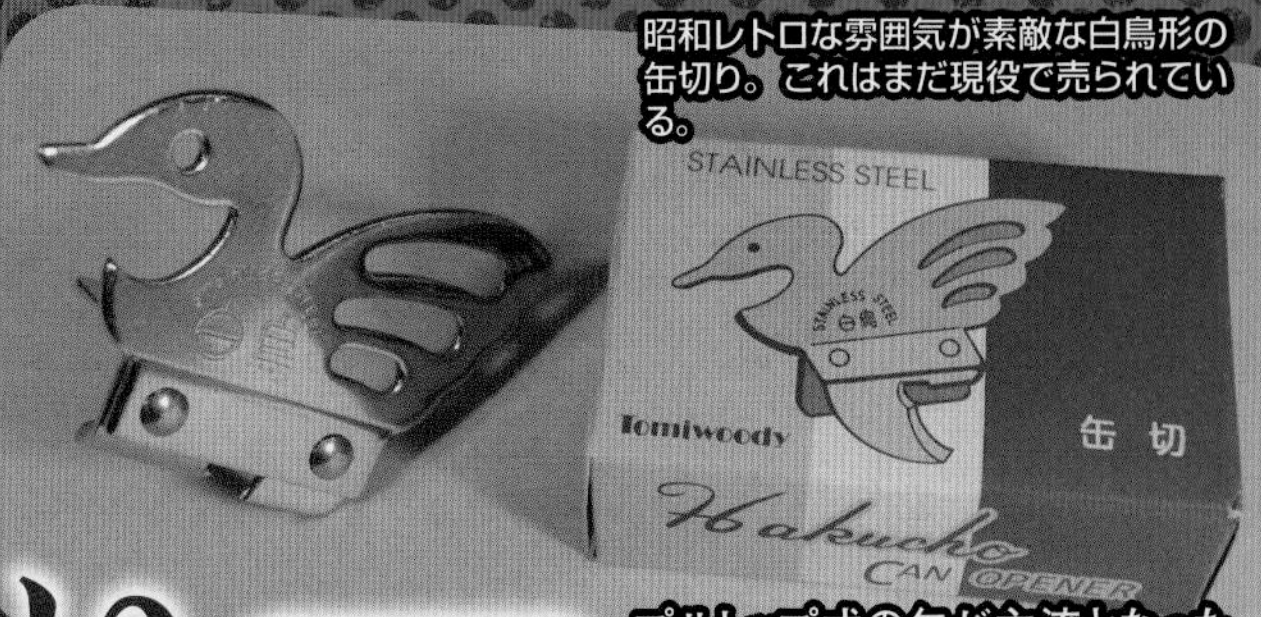

昭和レトロな雰囲気が素敵な白鳥形の缶切り。これはまだ現役で売られている。

プルトップ式の缶が主流となった現在、缶切りの使い方を知らない子どもが増えているとか。ついに絶滅秒読み段階に入ったか…。

りんご娘人形

昭和40年代頃、ポーズ人形の全盛期には観光地とタイアップした人形が盛んに作られた。青森県とタイアップした『りんご娘』が代表的。

現在の観光地では"ご当地"キティちゃんやリカちゃんが売られているが、その先駆けだろう。

ウインドウステッカー

ファンシー文化が花開いた昭和40年代、窓ガラスにステッカーを貼ることが流行。しかし、一度貼ったステッカーをきれいに剥がすのは困難だった。

古い民家に貼られたままのステッカー。散歩の途中で見かけるとつい足を止めてしまう。

ミドリの『アクセサリーシール』。大勢の人に見られる窓に貼るには勇気とセンスが必要だった。

模型屋の窓ガラスに貼られたもの。当時、率先してステッカーを貼ったのはショップだった。

コイン入れ

数十円あれば駄菓子屋で買い物が楽しめた時代、今よりコイン1枚に重みがあった。子どもたちもコイン入れに大切に収納して持ち歩いたものだ。

コミックドル入れ

口を開けると目と舌が飛び出すユニークな駄玩具。裏側はコイン入れというサービスぶり。

ピックメモ

メモ帳が入ったケースの裏がコイン入れになっており、コインが5枚だけ収納可能だった。(サンスター文具)。

ビニパス

昭和の小学生の必需品だったビニパスにはコインを収納する機能があり、財布代わりに使えた。(サンスター文具)。

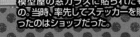

絶滅危惧種…section 7

失った夢だけが美しく見えるのはなぜ？

絶滅危惧 昭和 恋慕

最近、年をとったせいか昔のことばかり考えるようになってしまった。同じような読者も多いのでは？ ああ、「昭和」と聞いただけで胸がキュンとして切なくなる。街で昭和の面影を見かけると、つい、いつまでもその場にいてしまう。これはもはや、別れた恋人を思い出して悶々としているフラレ男のようなもの。そんな不器用にしか生きられない「健さん」のような殿方に贈る、昭和遺産発掘コーナー、未練たっぷりに楽しんでいただきましょう！

夜光玩具

「暗いところで光る」ただそれだけの付加価値で成り立っていたおもちゃ。昭和の子どもたちには、それを楽しむ「情緒」があったのだ。

妖しい光にうっとり…

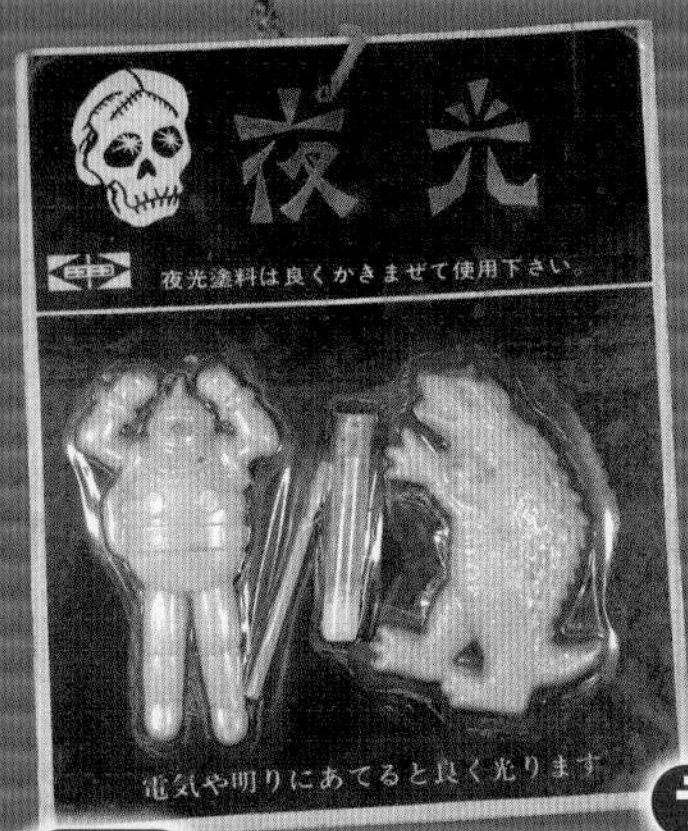

夜光

蓄光素材で光る樹脂でできたチープな人形と夜光塗料のセット。塗料を自由に塗って遊べる。タイトルの金文字とガイコツがいい雰囲気。

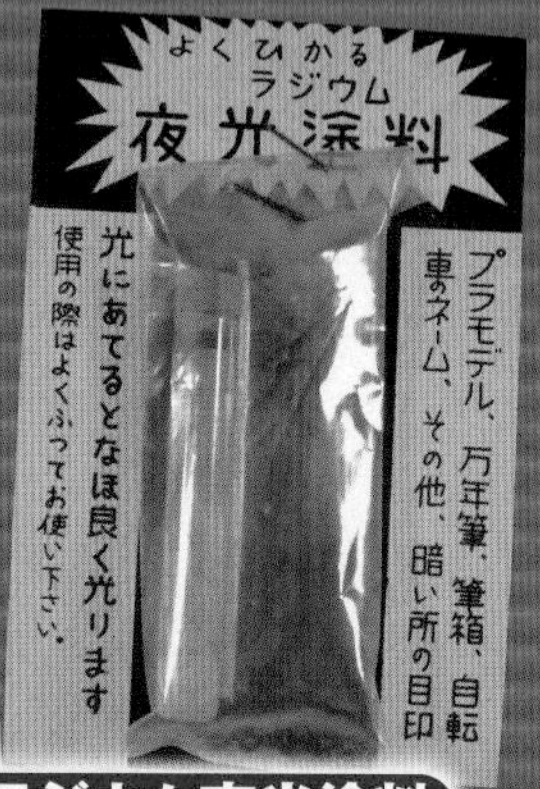

ラジウム夜光塗料

なんと、今では使用を禁止されている放射性物質ラジウム入り！ 少量なので人体に影響はなかったと思うが、工場の人たちは被ばくしたかも？

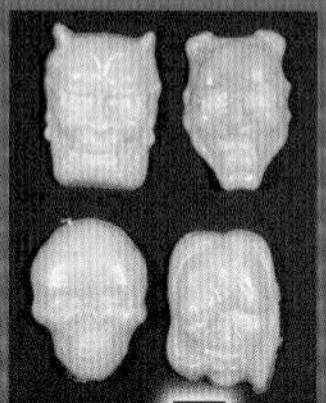

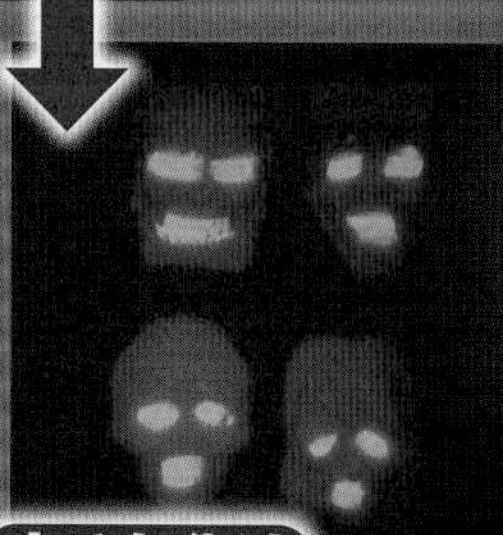

光るお化け

夜光塗料を塗っただけのチープ極まりない、3～4cmほどの玩具。こんなものでも買ったらすぐに家に帰って、押し入れに飛び込んだものだ。

夜光おばけ

パーツを切れ込みに差し込んだだけの紙製の人形に、夜光塗料が塗られていたもの。暗闇にボ～ッと浮かび上がる姿は妖しさ満点だ。

情緒ただよう昭和玩具

尾舞鳥

紙製の鳥に糸をつけて空中でグルグルと回すと、薄い木の板でできた尾が回転し、まるで本物の鳥のように「キ～キ～」という音が出る。

キキキキ～ッ!!

尾と連動する金属製円盤が回転すると、鳥に付けられた金属の針と擦れてカン高い金属音が出る。

尾を左右に広げるとうまく回転する。鳥形が一般的だが、蝶や飛行機などの形をしたものもあった。蝶は鳴かないと思うのだが…。

姉様人形

「姉様（あねさま）」とは花嫁や若い女性を親しんで呼ぶ言葉。江戸時代に女の子の遊びとして普及した、着せ替えごっこの源流だ。

簡素に手描きされた顔は、親しみのある雰囲気。

少女の憧れ…

人形と千代紙がセットになった商品。このような手作りの頭部が付いたものは高級品だった。着物は折り紙の要領で自分で折って作る。

まげは縮緬（ちりめん）で作られており、桐塑（どうそ）製の頭部には胡粉（ごふん）が塗られている。

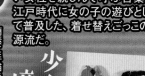

昭和遺産 秘境マーケット

昭和30〜40年代頃にできた、ごく小規模のマーケットが人目につかない場所にひっそりと存在していることがある。それはまるで都市に残された秘境だ。

迷宮的タイムスリップ空間!!

小向マーケット（川崎）

川崎市内の静かな住宅地に存在する、まるで映画のセットのような昭和臭が漂うマーケット。昭和28年にできたそうだ。幅2mにも満たない薄暗い通路の頭上には、色あせた万国旗が…物悲しさを一層引き立てていた。

昼間でも薄暗いマーケット内。知らない人がここに入るには、かなり勇気がいる。

店舗は数軒を残し、廃業しているが、旧字体の古い看板がそのまま残されている。開店当時のものだろうか。

雑二ストア（雑司が谷）

古い町並みが残る雑司が谷のとある商店街。その一角にポツンと存在する短いマーケット。中はひんやり湿った空気。ただ1軒の八百屋を残して、ほかの店はすべて廃業していた。まるで洞穴の中にお店があるような不思議な光景だ。

オープン時の華々しさはまったくない。残された看板だけが、当時のにぎわいを想像させてくれる。

この通路に入り、八百屋の前を黙って通りすぎるのは気が引ける。バナナを一房買ってマーケットを出た。

中央マーケット（小岩）

駅前から続く大きなアーケードの中ほどに存在する小規模のマーケット。すでに全店が廃業し、そこだけ切り取られたような穴がポッカリと開いていた。その漆黒の闇は、まるで都会の喧騒を飲み込むブラックホールだ。

すべての店のシャッターが下ろされた風景は、ゲームに登場するダンジョンそのもの。

古びたガラス板の看板が歴史を物語る。再開発によりまもなく消滅する。

失われてゆく見慣れた情景

突然消える風景

茫然自失!!

ある場所を久々に訪れ、その変わりように愕然とすることがある。そこにあるのが当たり前と思っていた光景が、ある日を境に消滅するのだ。

左は十数年前に撮影した風景。右は同じ場所で撮影した現在の様子。風景は絶えず上書きされていくのだ。ここを訪れる人は、昔の風景など気にすることなく生活するのだろう。

JR南千住駅操車場にあったコンクリートサイロは取り壊され、巨大なホームセンターになってしまった。できればそこに、ずっと存在し続けてほしかった。ホームセンターには世界中の珍しいペットが高額で売られていた。

射的のジッポーライター

縁日やお祭りに欠かせない屋台の射的。キャラメルなどのお菓子、置物などとともに定番の景品が、ジッポー風ライターだ。しかし、重量があるため落とすのは容易ではない。

絶対落ちない!!

なぜか毎年、同じジッポーが並んでいる。落とされないから同じものがいつまでもそこにあるというわけだ(笑)。景品のジッポーは花札模様が多いが、このようなジョークっぽい柄のものもあって笑わせてくれる。

もはや都市伝説

『昭和の貌』(弦書房)より。昭和40年頃に熊本市で撮影。はんてんにゲタ履きがイカス。何年修行したら、このような曲芸まがいのことができるようになるのだろう。

出前持ち

昭和30年代頃までは、信じられないくらいの高さまでそばを積み上げ、自転車を片手運転して出前するいなせな兄ちゃんを見かけたものだ。昭和のドラマやコントでは、ひっくり返ってそばを派手にぶちまけるシーンがよく見られた。

積み上げてはいないが、自転車を片手運転する出前持ちを見かけたので思わず追跡してまった。自転車を降りるときの身のこなしは、なかなか見事だった。

今、そこにある昭和に歓喜

閉店の貼紙

最近、個人商店の閉店を知らせる貼り紙を、目にする機会が増えたような気がする。近所に大きな商業施設ができたなど、いろいろな事情で次代までお店を持ち越せなかったのだろう。そのたびに胸を締めつけられるような思いだ。

読んでいるだけで涙が…

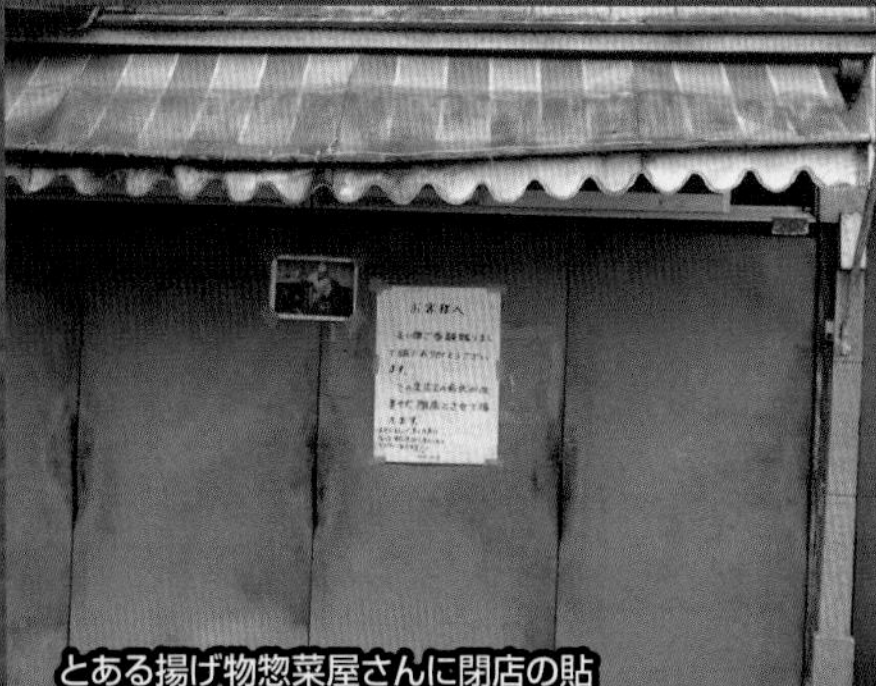

とある揚げ物惣菜屋さんに閉店の貼り紙。近寄ってみると、そこには常連客が書いた励ましのメッセージが!

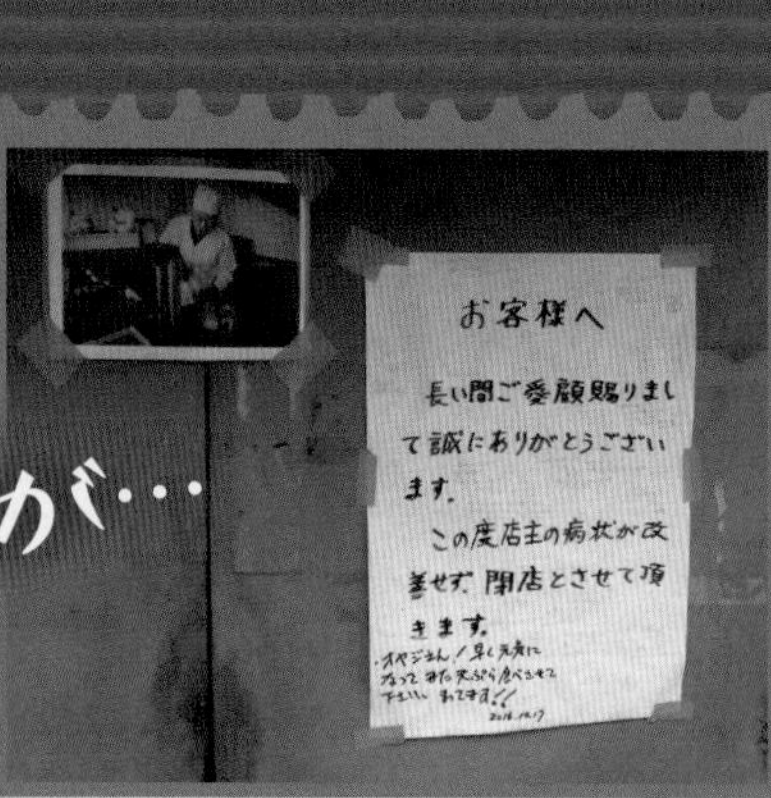

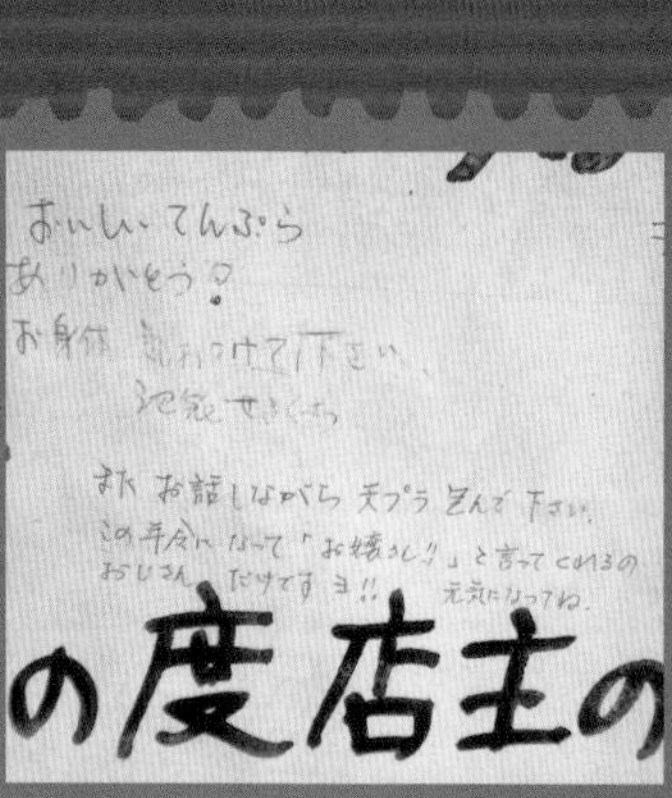

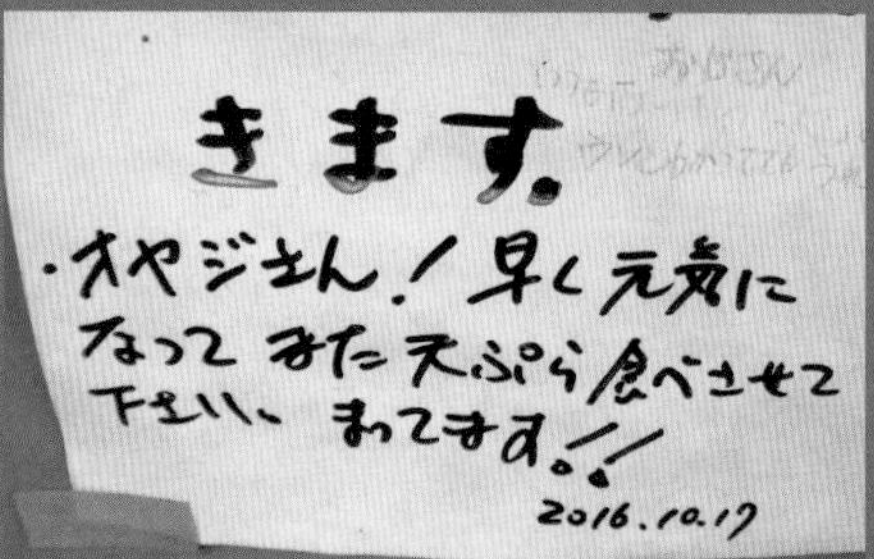

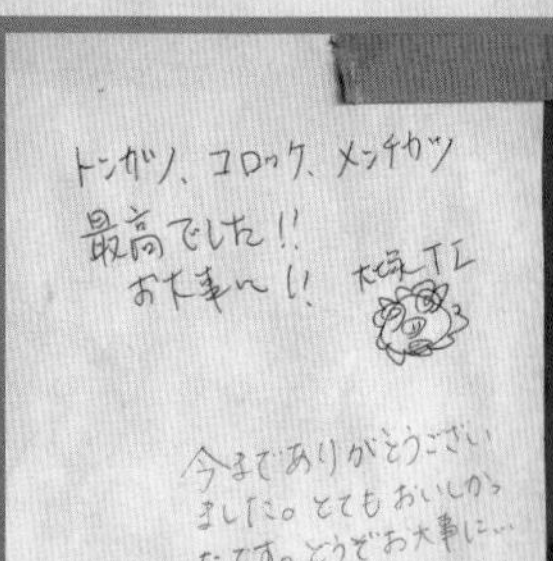

「この年齢になって「お嬢さん!!」と言ってくれるのおじさんだけですヨ!! 元気になってね」「たかが病に負けるな!」「小学生の頃、よくコロッケ買いにきてました」など激励の数々。いいお店だったんだなぁ。

絶滅危惧種…section 8

どうぞこのまま…やめないで

昭和 絶滅危惧 非常線

子どもの頃に憧れた有名人の訃報を耳にすることが多くなった。スターたちだけではない。懇意にしていたお店の廃業の知らせもしかり。そして、気がつけば子どもの頃から慣れ親しんだ駄菓子のあれやこれやが、なくなりそうというではないか。長く生きていれば当然のこととはいえ、日々、積み重なっていくこの喪失感…これが人生の悲哀というものだろうか。しかし、われわれにはそれらとともに過ごした思い出がある。次世代に語り継いでいくほかないのだ。

昭和の希少駄菓子

がんこ職人一代限りの味!!

70年間子どもたちに親しまれてきた梅の花本舗の元祖『梅ジャム』が、ついにその製造を終了した。唯一の作り手である高林博文氏(87)が体力に限界を感じ、引退したためだ。高林氏は16歳から引退までひたすら梅ジャムを作り続けた職人で、その作り方を知っているのは彼だけだという。今、梅ジャムは伝説となったのだ。

梅ジャム(梅の花本舗)

傷物の梅干しの果肉に甘味を加えるなどして、昭和22年に完成。紙芝居とともに普及。平成29年12月、惜しまれながら製造を終了。

消える駄菓子界の巨星

トンガリ(井桁千製菓)

井桁千製菓の創業は昭和27年頃。現在、トンガリ菓子を作っているのは、ここを含めて名古屋近辺の4軒くらいだという。

頑張れ!! 長寿駄菓子

あんずボー(港常)

大正4年創業。日本であんずの駄菓子を専門で作っているのは、現在ここだけ。『あんずボー』は関東だけの流通。

あんこ玉(植田製菓)

昭和初期から続く人気駄菓子。独特のあんときな粉の風味がたまらない。2代目が引き継いでいるので安心だ。

フルーツ引(耕生製菓)

束ねてある糸を引っ張って飴を選ぶ。個包装されていないため、一般的なスーパーやコンビニなどで販売されない。

すもも漬(ナマイ商店)

ナマイ商店が作り始めたのは昭和43年。廃業に伴い、現在は製造メーカーが変更されてしまっている。

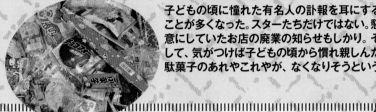

消えた駄菓子問屋街

忽然と消えてしまった終戦後の原風景をしのぶ

現在の高層ビルが立ち並ぶＪＲ日暮里駅東口前の光景からは想像できないが、かつてここに駄菓子問屋街が存在していた。しかし、戦後の闇市時代から続いた問屋街も、平成19年より始まった大規模再開発によってあっけなく消滅。簡素な小屋が並び、駄菓子の甘い匂いがたちこめたかつての問屋街は、訪れる人を一瞬にして郷愁の世界に引きずり込んでしまうレトロ空間だった。現在はビル内に数件の駄菓子問屋が残り、営業している。

嗚呼、夢か幻か…ありし日の日暮里駄菓子問屋街

2階は住居となっていたのだろう。洗濯物が干してあったり、生活感がある場所だった。

この写真を撮った平成16年時点では、狭い路地の両脇で10店舗ほどの小さな駄菓子問屋が営業していた。

東口バスロータリー前、『六文そば』の横を入ったところにあった。

ここに来れば誰でもタイムスリップが味わえた。

路地を抜けた大通り沿いには大棚の問屋が数軒並んでいた。都内の駄菓子屋が減り、経営は大変だっただろう。

問屋街だが、個人向けに割引価格でバラ売りもしていた店がほとんど。休日ともなれば親子連れの客でにぎわった。

プルタブ大捜査線

下を向いて歩こう

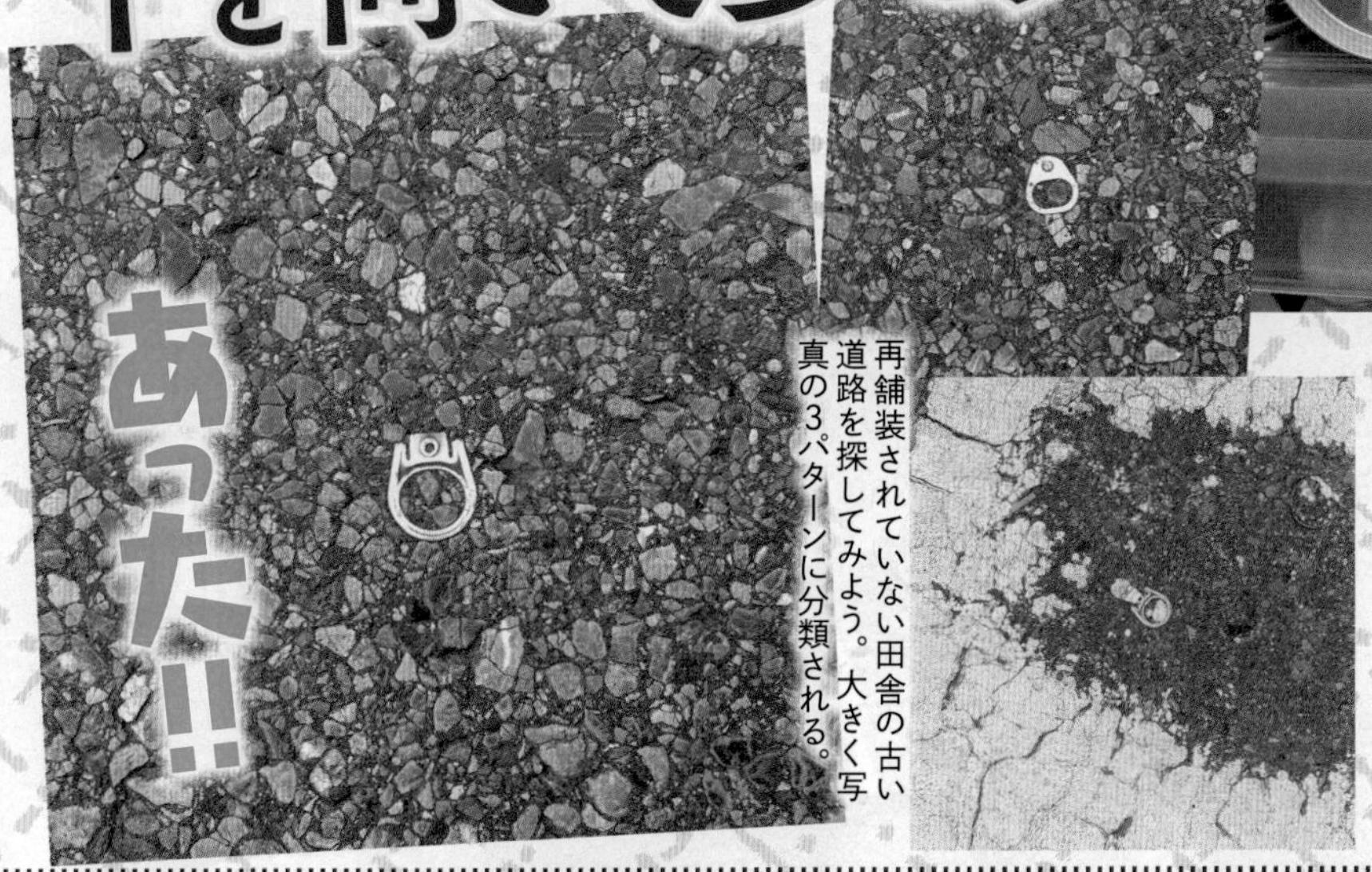

再舗装されていない田舎の古い道路を探してみよう。大きく写真の3パターンに分類される。

一番右が「ステイオンタブ式」で左2つが「プルタブ式」。

アスファルトに埋もれた昭和の遺物を探そう!

現在、ジュースやビールなど飲料缶は「ステイオンタブ式」と呼ばれる、タブが缶に残るタイプのものがほとんどだが、かつては開けるとタブが缶から離れてしまう「プルタブ式」が主流だった。しかし、そのおかげで、今でも採集や観察が可能なのだ。

オバケのQちゃんきせかえ

服の上に服(笑)

出た! 昭和のムチャぶり駄玩具

昭和40年代頃までは、紙製「きせかえ」が駄菓子屋で10円で売られていた。このきせかえが面白いところは、Q太郎が設定上着ていることになっている白い服の上に、さらに服を着せていることだ。

無版権ならではのアナーキーさが素晴らしい。

影春画遊び

ポケットサイズの粋なおもちゃ

直径5㎝ほどの鉄製の枠で挟んだ2枚のガラスケースの中に、裸の男女の人形が入っている。ガチャガチャと振ると、いろいろな体位でまぐわっているように見える、大人の影絵的なおもちゃ。古そうだが詳細は不明。

妖艶で風流な大人の影絵

戦前あたりに温泉街などで土産品として売られていたものだろうか?

知能玩具 えがたあそび

小学館の幼年誌『幼稚園』昭和32年2月号ふろく。まず画用紙に「絵形」を置き、輪郭を鉛筆でなぞる。色を塗ったり、自由に絵を描き加えて遊ぶ。

レトロな味わい

TELEMER

覚えてますか?

昭和40年代、電電公社（現NTT）が回線契約者に配布した粗品。3分10円の時代だったので、3分刻みで計15分の手動ダイヤルが付いたタイマーだ。

よろしくメガドック

懐かしすぎるネーミング

平塚七夕で見かけたホットドッグの屋台。昭和59年にアニメ化された『よろしくメガドック』のパロディーだが、古すぎて子どもにはわからないでしょ!

大和の1ねんりかセット

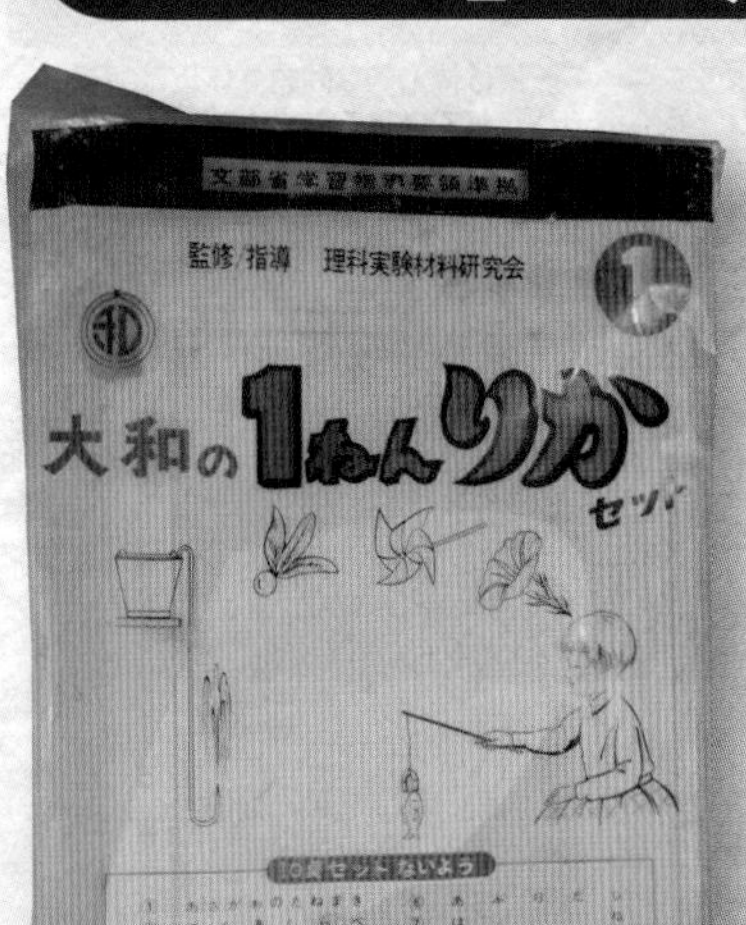

大阪の教材専門会社・大和科学教材研究所の昭和30年代の商品。理科が学べる10種の道具がそろったセット。教材で遊ぶ…もとい、勉強するのが楽しみだったなぁ。

あさがおのたねまき

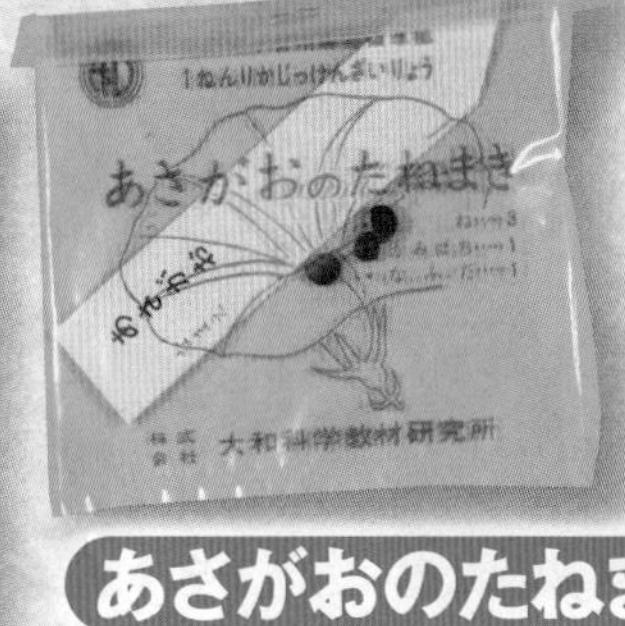

朝顔の種が3粒と名札のセット。自分が植えた朝顔が一番早く育ったらさぞうれしいだろうな。

じしゃくあそび

糸の先に磁石を付けた竹ヒゴの竿で、金属片の付いた絵を吊り上げる。なんとバイクや車まで!

かげえあそび

切り抜いた絵に竹ひごを付けて影絵人形の出来上がり。この6つの絵でどんな物語ができるかな?

大和のかがみ

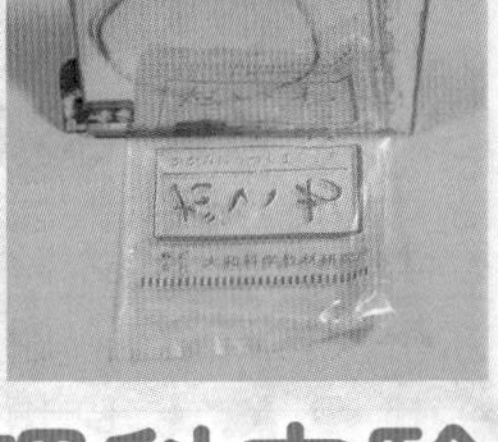

ビニール袋に反転した「だいわ」の文字が印刷されている。これを鏡に写すと…。

ワクワクドキドキの理科実験

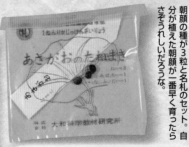

絶滅危惧種…section 10

あの頃の私に戻ってあなたに会いたい

昭和恋し思い出横丁

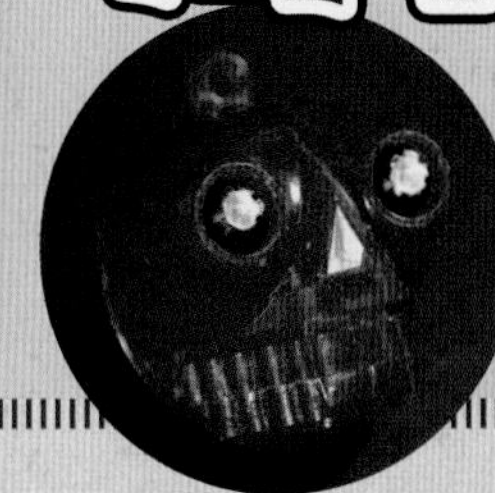

NHKの人気番組『チコちゃんに叱られる！』によれば、大人になるとあっという間に1年が過ぎるのは「人生にときめきがなくなったから」なのだそうだ。確かに何事にも無関心になり、時間が恐ろしいスピードで過ぎていく気がする。だが、われわれ懐古主義者は、昔の思い出や古いモノに「ときめく」ではないか！ もっともっとときめいて、心もあの頃にタイムスリップすれば、老化が防げるかもしれない。このコーナーがその一助になれば幸いです。

貝殻の容器

古くは平安時代から昭和20年代頃まで、堅牢性と密閉性が高いハマグリの貝殻は、軟膏やお菓子の容器として使われていた。

昭和20年代頃の薬袋。ガマがハマグリに入った軟膏を運んでいる意匠がなんとも味わいがある。

驚異の密閉性!!

出雲の西八製菓が復刻販売している「ニッキ貝」。ホンビノスガイではなく、本物のハマグリを使用。

カッチカチに固まったニッキ飴を、外した片方の貝殻でガリガリと削り、貝についた飴を食べる。

まだ買える昭和グッズ

タコのマジックキーホルダー

昭和43年の週刊漫画誌に掲載された通販広告の商品が、なんと現在もマジックグッズの通販サイトで売られていた！ ビックリしたなぁ、もう。

上が当時のまつみ商会の通販広告。現在は『マスコットタコ君』という商品名で流通している。

50年間生き続けたタコ!!

少年探偵団フィギュア

令和元年冬に開催された造形イベント『ワンダーフェスティバル』で見かけたフィギュアに、思わず釘づけになった。ムム、妙に懐かしいが、これって何だっけ!?

実は半世紀も前からポプラ社版『少年探偵団』シリーズの裏表紙に描かれているイラストを立体化したものだ。

ピンときたらワンフェスへ!!

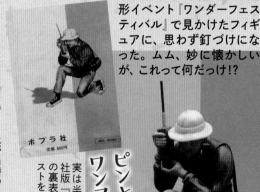

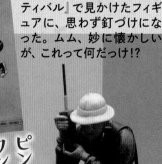

祝 ガチャの日認定!!

昭和40年、玩具流通に革命が起きた

昭和40年2月17日、日本初のガチャ専門オペレーターとなるペニイ商会が、東京・蔵前に創立されたことを記念して、現ペニイが2月17日を『ガチャの日』と認定した。当時はアメリカから輸入したガムボールマシンに、香港製トイを入れて販売していたという。

※画像は『アサヒグラフ』昭和41年1月28日発売号より

飛びだす十円オモチャ

号外 球体新聞 The Gacha Times

ガチャの日認定

54年目の今日 決まる

ペニイ創立日を記念日に

カプセルの中身は、アゴを動かすと目と舌が飛び出すガイコツ、小型の聖書、砂時計、怪奇な面などであった。

バラエティーに富んだプラスチック製トイがカプセルに入っているというコンセプトは、当時の子どもたちにバカ受けした。

めでたい駄玩具大集合

ガチャ創成期、子どもたちに一番人気があったのが、右の画像にある目が飛び出すガイコツ。それにちなんで、同類の駄玩具を集めてみた。

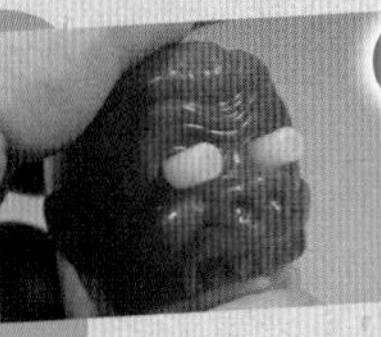

ゴリラ

ガイコツと同様のギミック。ほかにもいろいろな種類があったのだろうか。全貌が知りたい。

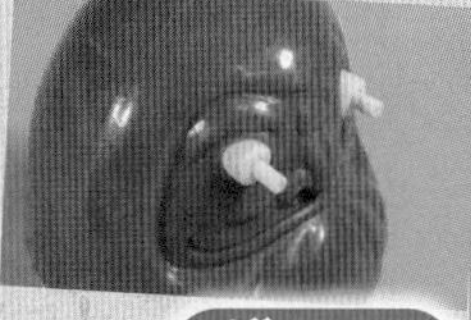

ダルマ

前方に傾けると目から棒が飛出す貯金箱。ダルマと目玉は何かと縁が深いようだ。

ガイコツ

昭和40年当時、子どもたちを魅了したガイコツがコレ。アゴを動かすと目と舌が飛び出す。実にユーモラス。

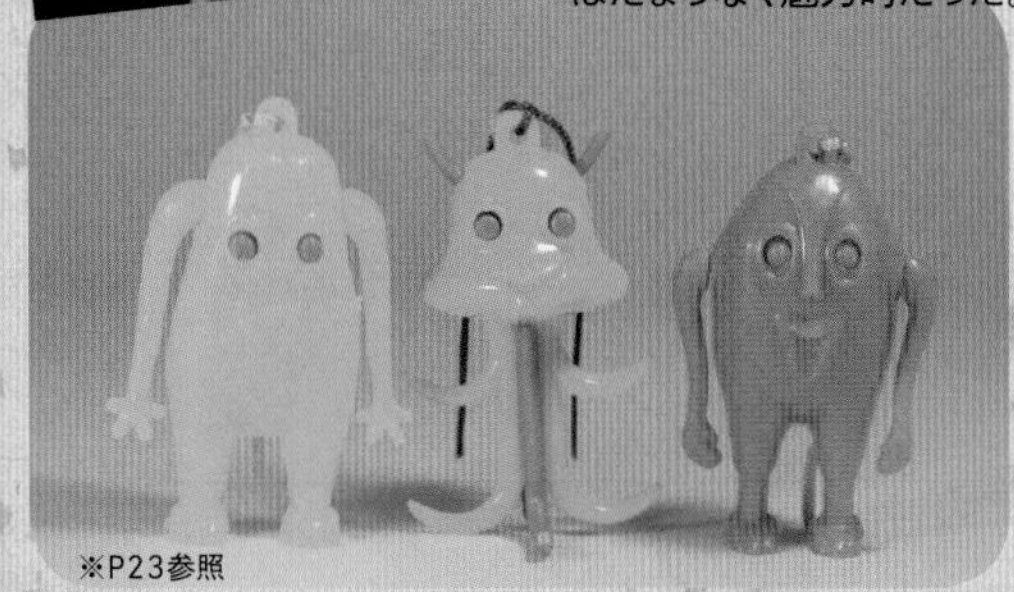

宇宙人

傾けると目がヒョコッと飛び出す。こんな単純なギミックでも子どもにはたまらなく魅力的だった。

※P23参照

鬼太郎&カラカサ

こちらも一つ目という以外はガイコツ同様のギミック。胴体があるので持ちやすい。もちろん無版権。

おもしろライト

「根暗」なんていわれたら一大事。性格も部屋も明るくなければ…。そんな強迫観念があった時代もありました。時代が明るくなるとともに多種多様な照明器具が発売された。

UFO電傘

電気をつけると、まるで部屋にUFOが浮かんでいるように見える。

ライト付きベープ

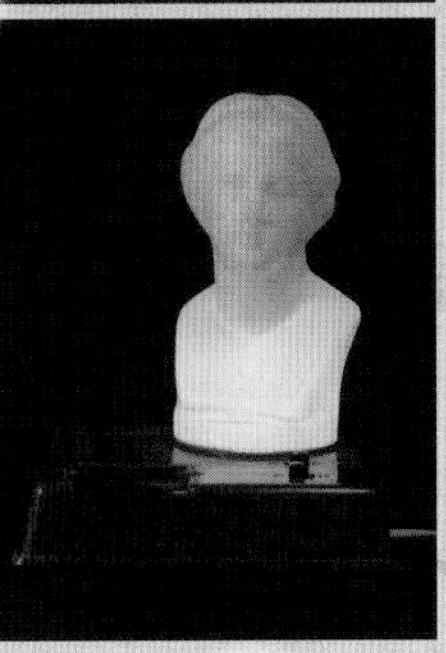

蚊取りマットにミロのヴィーナスのライトがついていてもいいじゃないか。

花魁常夜灯

固形の樹脂の中に花魁が閉じ込められている。非常に高度な職人技が必要とされる。

ユーモアでより明るく!!

ロボットランプ

カエルのような顔をしたロボットの口がパカッと開き、そこから明かりが漏れる。

フクロウライトラジオ

地震などで揺れると自動で目玉が光る機能が付いた防災用ラジオ。

スピッツスタンド

昭和を代表するペット犬・スピッツの付いたレトロな味わいのスタンド。

ビンテージ梅ジャム

平成29年末に廃業した梅の花本舗の『梅ジャム』を部屋のガラクタの中から発掘。5年以上前のものだが、いまや希少なだけに捨ててしまうのはもったいない。少し食べてみることにした。

5年前の梅ジャムの味は!?

硬化していて、色も臭いもヤバイ。舐めてみると脳に突き刺さるような刺激しかなかった。

科学万博高級ケース

昭和60年に開催された国際科学技術博覧会のマスコット・コスモ星丸は、日本全国の小中学生から公募されたものを選考委員の和田誠が仕上げた。

金メッキの星丸が堂々と鎮座したゴージャスな小物入れ。当時はバブル景気直前。バンバン売れたのかも。

つくば博といえばコスモ星丸

Chapter 4

雑貨・その他

子どもの頃に使っていた鉛筆や手帳、貯金箱などには、高価なおもちゃよりも思い入れがあるものが少なくありません。小学生のとき、クラスでは鉛筆の収集が流行りました。まったく必要がないのに、コレクションのために文具を買う時代となったのです。私の場合、必要のないコレクションの最たるものがユニの鉛筆を買うともらえた『ユニ坊主』でした。ただの丸いボールに穴が3つ。消しゴムなのに角がないから字をまったく消せないし、大きくて筆箱にも入らない。すぐ転がってしまうので、机の上にも置けません。でも、以来、およそ50年間も手放すことができない相棒です。そんなユニークな雑貨などを集めたのが本章です。あなたの相棒はいるでしょうか？

雑貨・その他…section 1

退屈な授業を楽しくしてくれた

昭和懐かし文具パレード

高度経済成長の波は、本来、質実剛健であるべき学校にまで押し寄せ、文具は瞬く間に多機能・高級化していった。それは買える者と買えない者との差別を生じさせたり、玩具化した文具が授業を妨害するなどの弊害を生み、学校への持ち込みが禁止される文具も出る始末。しかし、日々進化していった文具が学校生活を一層楽しいものにしてくれたのは間違いない。文具は光り輝いていた小学校時代にタイムスリップさせてくれる、魔法のアイテムだ!!

進化は止まらない!!

鈴筆・ペン・筆箱etc.

高級鉛筆

uni(三菱鉛筆)第1弾は昭和33年、1本50円で発売。銭湯の大人料金が16円の時代だったが、飛ぶように売れた。

MONO(トンボ鉛筆)昭和38年、1本60円で登場。高級鉛筆2強の時代へ。女の子はリカちゃんのイメージか?

ペンがゲームに変形!!

ストリートバスケ

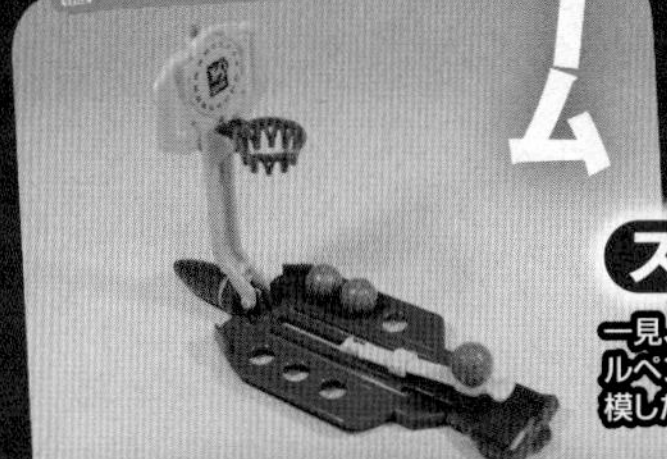

一見、ただのカラフルなボールペンがバスケットボールを模したゲームに早変わり。

多色ペン

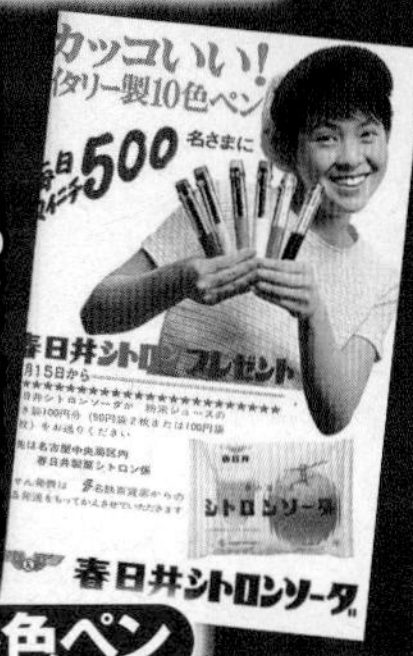

イタリー製10色ペン(春日井シトロンソーダ景品)おそらくこれが多色ペンの元祖では? 昭和42年。

ゲームペン

ビッグペン(タカラ)玩具メーカーも文具業界に参戦。こんなペンを持ち込まれたら学校もたまらない。昭和52年。

クルクル消しゴム

斬新な鉛筆型の紙巻き消しゴムを開発したのは、コーリン鉛筆。広告のデザインも秀逸。昭和43年。

シャープ芯

GOLD(コーリン鉛筆)シャープ芯は黒いもの、という概念をひっくり返したアイデア商品。昭和49年。

サインペン

当時、大人気だったニャロメが描かれたぺんてるサインペン。サラサラとした書き心地が最高だった。昭和45年。

学園は文具天国!!

万年筆

エリートS(パイロット)大橋巨泉の「ハッパふみふみ」のCMはメチャ流行りました。昭和44年。

パイロットのイメージ広告。この頃、中学の進学祝いは万年筆に決まっていたのだ。昭和50年。

アーム筆入

昭和40年発売。「象が踏んでも壊れない」のCMで有名な筆箱は、現在も流通しているロングセラー商品。写真は現在発売中のもの。(サンスター文具)。

多面筆入

5面マチック筆入(サンスター文具)1970年代後半から80年代初頭にかけて多面筆入が大ブーム。

多機能・高級化する文具

子どもの数が多かった昭和時代、文具のシェア争いは今よりも熾烈だったに違いない。どんどん差別化が進み、市場は魅力的な商品で溢れ返った。次から次へと新商品が出るので、どれを買っていいものか迷ったほどだ。せっかく買ってもらったシャープペンが、学校持ち込み禁止になったときはショックだった。

ラジカセ缶ペンケース

高機能筆入の反動か、シンプルな缶ペンケースが大流行。机から落ちると「ガシャーン!!」というものすごい音がした。(サンスター文具)。

アニメ缶ペンケース

1980年代に大流行したカンペンケース、なぜかローマ字を多用したスタイリッシュなデザインのものが多かった。

多機能机は僕のコクピット
学習机・鉛筆削り

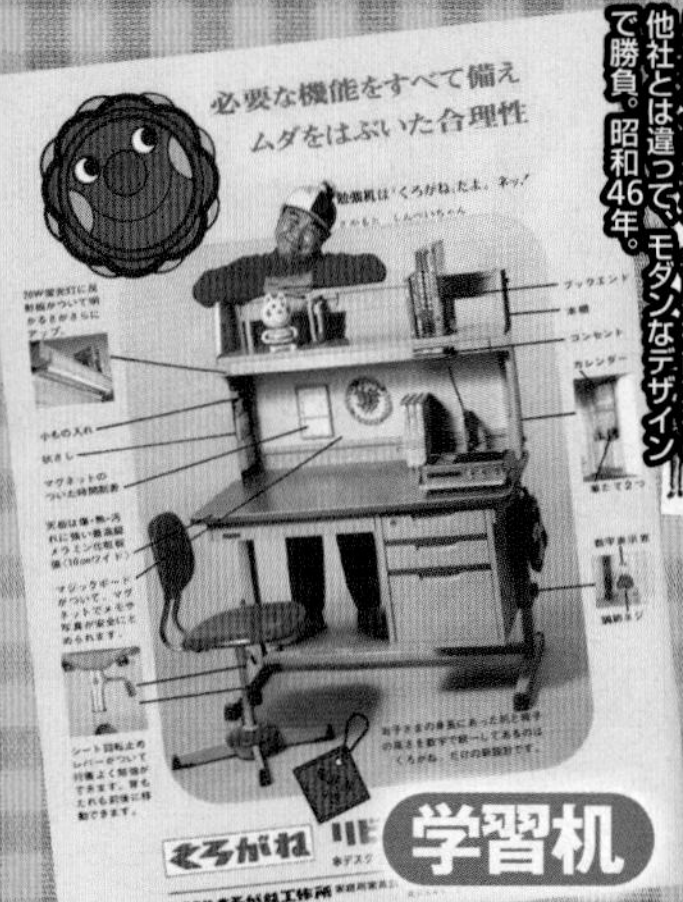

学習机

リビングデスク・チェア（くろがね）キャラクターは「ママとあそぼう！ピンポンパン」（フジテレビ系）の新兵ちゃん。昭和45年。

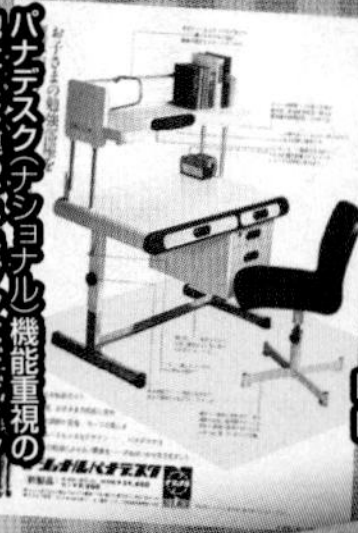

パナデスク（ナショナル）機能重視の他社とは違って、モダンなデザインで勝負。昭和46年。

イトーキカタログ

昭和45年のイトーキ学習机カタログの表紙は、当時の人気子役だったケンちゃんこと宮脇健（康之）。

ジュニアハンガー

ランドセルや上履き入れなどを掛けて収納。部屋を共有している場合の間仕切りにもなる。

ジュニアロッカー

さすがに勉強部屋に、自分専用のロッカーを買ってもらえた子どもは少数派だろう。

これが理想の勉強部屋だ!!

自分の学生時代の勉強部屋をミニチュアで再現。BCLラジオ、FM雑誌、アイドルポスターはマストアイテム。

成績が上がる保証はない

鉛筆や筆箱などと違って、高価な学習机はおいそれと買ってもらえるものではない。各社「大きくなってからも使える」「お父さまがよくご存じの会社です」など、宣伝文句に知恵を絞り、母親の財布をいかに緩めるかに必死だった。

ロケット・ロボット型鉛筆削り

上部が鉛筆削り、下部が掃除機という構造。実用性と玩具性が合体した夢のある商品だ。

カプセル型鉛筆削り

大阪万博でお披露目された「カプセル型人間自動洗濯機」にそっくり。未来を感じさせるデザイン。

なぜかいくらでも買ってもらえた…
ノートその他学用品

文具プラモデル

宇宙船型自動鉛筆削り（日東）モーターで小型の鉛筆削り器を回転させる。たぶんうまく削れないと思う…。

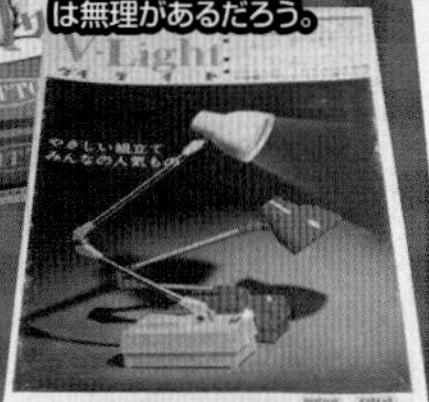

V−Light（マツオモデル）いくらなんでも豆電球1個の明かりでは、勉強するには無理があるだろう。

スティックのり

ウフ（三菱鉛筆）口紅型のスティックのりは、1970年代以降、急速に普及した。昭和48年。

家庭用学習機材

マイ・ティーチャー（リコー教育機器）最先端技術だった磁気シートを利用した家庭用学習機材。昭和45年。

地球儀

コスモ18（クツワ）オルゴールが付いていて、回すとメロディーが流れる。これって必要？ 昭和44年。

勉強時計

勉強時計（ナショナル）60分まで10分ごとにセットでき、時間がきたら音が鳴る。昭和44年。

ノート&スケッチブック

昭和40年代以前は牧歌的な表紙が多かったが、それ以降はマスコミキャラクター全盛に。

アクセサリーシール

今も昔も文具コーナーを賑わせているのはかわいいシール。1970年代、ミドリは高品質シールのブランドだった。

文具選びは密かな楽しみ

おもちゃはなかなか買ってくれないくせに、文具だけはホイホイ買ってくれるのはなぜ？ 怪獣が表紙のノートなんてブロマイド代わりに買ったし、鉛筆削りのプラモデルなんて、メーカーもよくやるよって感じだ。

グッズに宿る気高い企業精神

三菱鉛筆プレミアグッズ

パチものが出回った!!

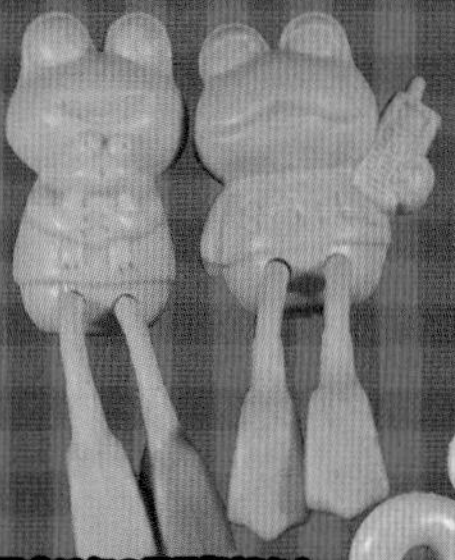

平成10年の景品「ぶらりんケロリンズ消しゴム」のパチ。主にガチャで出回った。

平成9年の景品「ぐるぐるモンキーズ」のパチ。本物とほとんど見分けがつかない。

ユニ坊主

筆箱には入らないし、転がりやすい…そんなモノを製品化してしまうところがスゴイ。昭和47年。

野菜えんぴつ

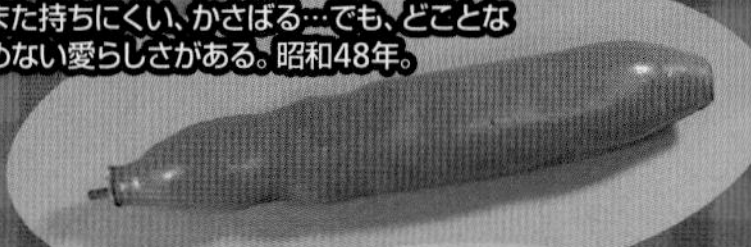

これまた持ちにくい、かさばる…でも、どことなく憎めない愛らしさがある。昭和48年。

ペッカーの景品

こちらは高級シャープペン・ペッカーを買うともらえたジーンズ筆入れ。キャラクターは堺正章。

どんどん消しゴム

おい丼、ヨーイ丼、ポセイ丼、キツネう丼、丼キホーテの5種類。内部にユーモラスな人形が。平成元年。

ユニークさがバカウケ

昭和46年の背中がかける特大鉛筆「ジャンボユニ」が初代。以降、平成20年まで次々とヒットを飛ばし、各世代に認知されている。ヒットの秘密は毎回80もの候補の中から1つに絞り込み、素材や色に徹底的にこだわったことだという。

おでん消しゴム

大きさをのぞけば本物とそっくり、おでんが消しゴムに。からし付きという芸の細かさ。昭和61年。

かみつきばあちゃん

入れ歯をしたばあちゃんが鉛筆やシャープペンに噛みつく！ この発想はどこから？ 昭和62年。

こにぎり消しゴム

昆布、タラコなど5種類の具のおにぎり型消しゴム。のりやたくあんも見事に再現。昭和63年。

学校持ち込み禁止続出!!

流行りモノ文具コーナー

アイドル消しゴム

花の中三トリオ、新御三家、ピンクレディ。まさか消しゴムになっていたとは本人も思わなかっただろう。

ノック式のボールペンのヘッドで弾いて遊んでいたが、のちに専用の発射台も発売された。

スーパーカー消しゴム

昭和50年頃からのスーパーカーブームに呼応して、安価な塩ビ製スーパーカー玩具が大流行。

ゲームウォッチ消しゴム

ゲーム機は学校に持ち込み禁止だけど、これならOK！

ウォークマン型鉛筆削り

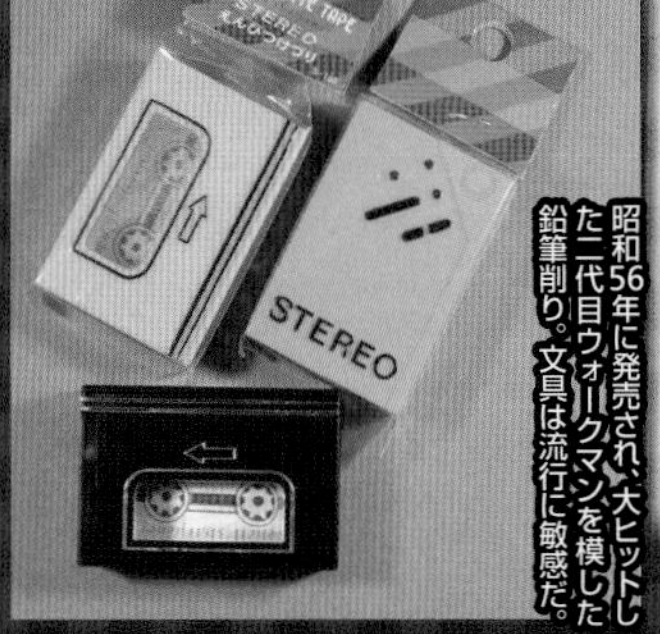

昭和56年に発売され、大ヒットした二代目ウォークマンを模した鉛筆削り。文具は流行に敏感だ。

グルービーケース

昭和40年代に流行った、小中学生用のセカンドバッグ。厚紙でできており、ファッション性が高かった。

ポケットザウルス

玩具のバンダイより昭和60年に発売された恐竜型の文具。キャラクター性が受け、お菓子やテレビゲームなども商品化された。

文具というより、もはや玩具!!

昭和の小学校史では、ある文具が子どもたちの間で大ブームを巻き起こすことがたびたびあった。そのブームの大きさを検証するには、出回ったパチものの量を調べればよい。今は全国レベルで流行る文具はあるのか？

 資料協力 ほうとうひろし

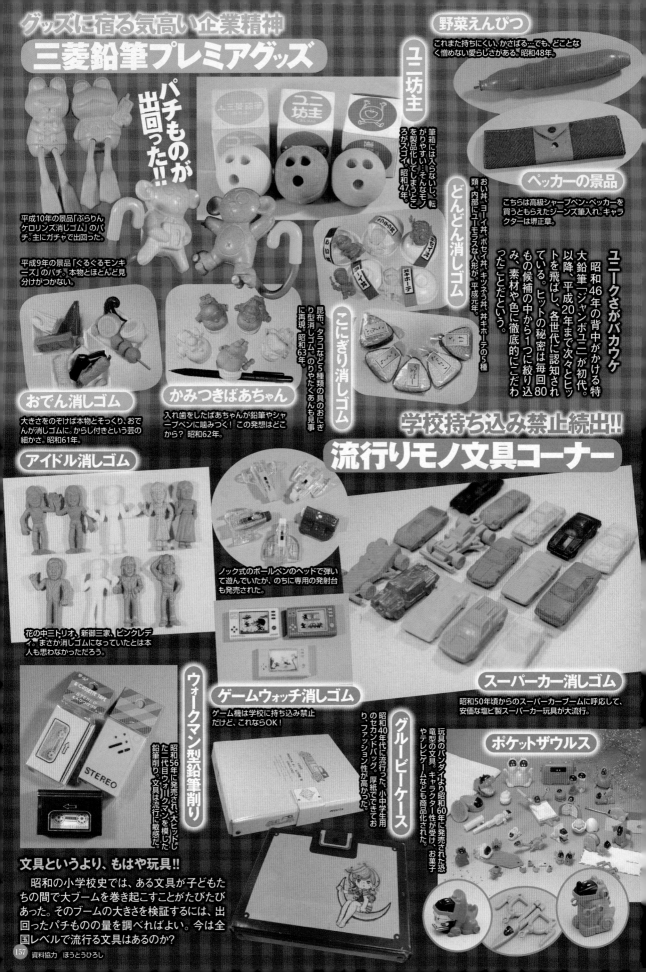

雑貨・その他…section 2

昭和懐かし 少年手帳 ザ・パック

これがあれば大人の気分になれた！

初めて学生手帳をもらって胸ポケットに忍ばせたときの、なんともいえない誇らしい気持ちが、忘れられない人も多いのではないだろうか。パソコンなど夢の存在だった昭和の少年にとって、手帳は知的でクールな大人アイテムの象徴だった。昭和40年代には『少年探偵手帳』に代表される、玩具的要素を含んだ子ども向け手帳がブームとなり、多種多様な商品が発売された。それらは当時の万能情報ツールであり、現代の「スマホ」の元祖的存在だった。

昭和二大手帳!!

少年探偵手帳

『完全復刻版 少年探偵手帳』（光文社文庫・串間努）の特別装丁版。

光文社のドル箱だった「少年探偵団」シリーズの宣伝用に作られたのが始まり。『少年』（昭和37年1月号）。

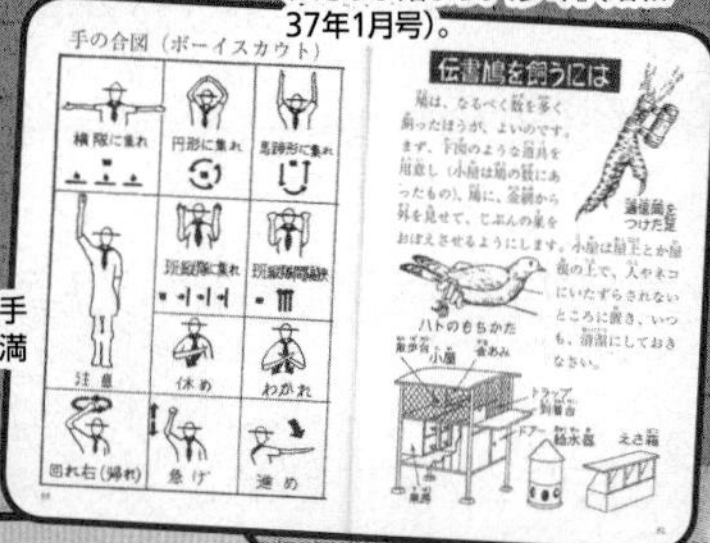

手帳には伝書鳩の飼い方や手旗信号など、実用的な情報が満載されていた。

スパイメモ

（サンスター文具）

水に溶けるメモ、団員証、バッジなどが、一つの手帳に収納された画期的商品だった。

昭和44年にサンスター文具から発売されるや、年間200万冊も売れる大ヒット商品になった。

当時のCMの制作風景。子どもが主役のものは初期だけで、だんだん大人っぽくなっていった。

胸ポケットに秘めた思い

マイライセンス

「まんが家マイライセンス」はモデル人形、吹き出しプレートなど漫画家養成セット。

「秘密指令マイライセンス」はミラーリング、暗号表などスパイ手帳のインスパイヤ商品。

「天才マイライセンス」には各種のパズル玩具がセットになって入っている。

中一コース手帳

持つだけで自分が変わる手帳の不思議パワー！

雑誌『少年』（光文社）のふろくとして一躍人気となった『少年探偵手帳』は、持っているだけで自分が探偵団の一員になった気がする"なりきり玩具"だった。その手帳を新時代の素材とセンスでリニューアルしたのが、サンスター文具の『スパイメモ』だ。圧倒的な支持を受け、手帳玩具というジャンルを開拓した。

年間講読予約をすると、特典として万年筆と一緒にもらえた手帳。これが欲しくて予約した人も多いのでは？（昭和51年・学研）。

芸能や占いなど、やはり思春期の男女が興味がある情報が多い。

日本万国博エスコート手帳

大阪万国博の会場で売られていたと思われる、天地11cmほどのかわいい手帳。イベント表や地図など基本情報がよくまとまっている。

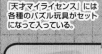

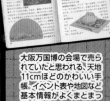

パスケース＋メモ帳＋キャラクター ビニパスブーム到来!!

ビニールのソフトタッチ甘い匂いにメロメロ!!

最先端素材のビニールが子どもたちを魅了した！

『スパイメモ』が大ヒットしたサンスター文具は、同時期に透明ビニールという新素材を使い、パスケースとメモ帳を兼ねた文具『ビニパス』を発売。マスコミキャラを取り込む作戦でこれまた大ヒットした。この頃のサンスター文具は、神がかり的だった。

キャラクタービニパス

3〜4つ折り型で、パスケースにメモ帳、コインポケット、シール、時間割表などが付いた、いわば子ども向けの簡易システム手帳。さまざまなキャラクターのビニパスが発売された。

野球手帳（ベンドリ）

王・長嶋が活躍していた巨人軍全盛時代のもの。後楽園球場でも売られていた。

オカルトブームだ!!

円盤ビニパス（サンスター文具）

オカルトや超常現象ブームに便乗した商品。輪ゴムで飛ばす円盤が付いていた。

スピードレースS・L（ベニス）

SLが新旧の乗り物とスピードを競っているよくわからないコンセプト。

少女ビニパス（サンスター文具）

女子向けということで、なんとコンパクトミラーを収納していた！

APOLLO手帖（サンスター文具）

観音開きとなる4面を採用。そのワイド感はパノラマ映画を彷彿させる。

ついに4面登場!!

アメリカンフットボールビニパス（サンスター文具）

アメフトは当時、フィンガー5の歌にもなったほど人気だった。

モンスター化した手帳

サンスター文具“三大セット”

チープなおもちゃで究極のごっこ遊び!!

『スパイメモ』や『ビニパス』の大ヒットで手応えを得たサンスター文具は、手帳としての機能を省き、遊びの要素に特化したセットシリーズを展開。とても文具メーカーとは思えない悪乗りセンスは、暴走気味と言えなくもない。しかし、この時代でしか出せない味わいがある、素晴らしい商品だ。

お手軽にスパイにヘンシ〜ン!!

「スパイヘンシンセット」

「ドクロ団変身セット」などスパイの20大作戦を収録した『スパイメモ』の発展形。

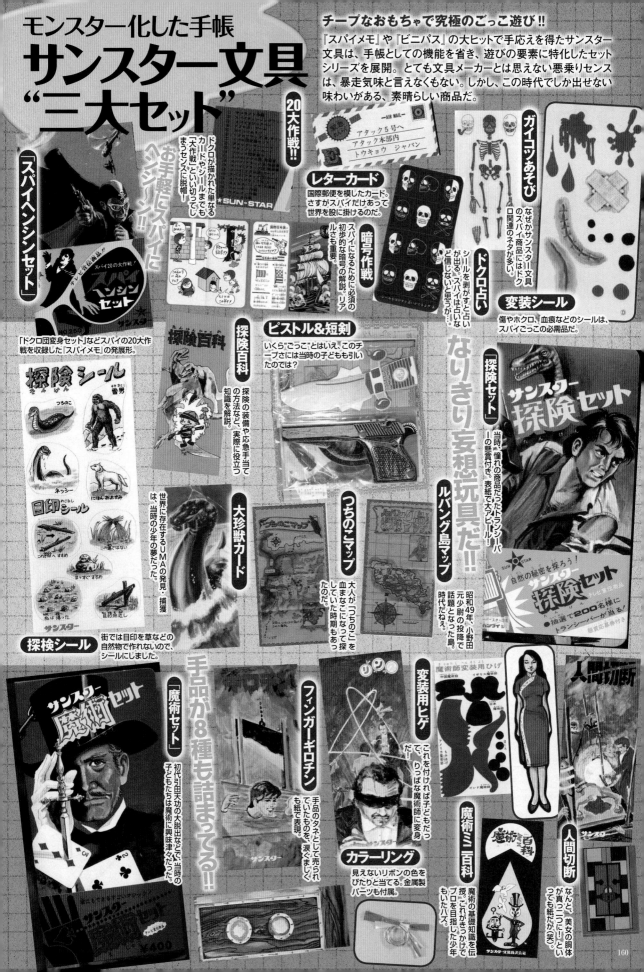

20大作戦!!

ドクロが描かれた単なるカードやシールまでも「大作戦」といい切ってしまうセンスに脱帽!

レターカード

国際郵便を模したカード。さすがスパイだけあって世界を股に掛けるのだ。

暗号作戦

スパイになるために必須の初歩的な暗号の解説。リアルさも重要。

ドクロ占い

シールを剥がすと占いが出る。スパイは占いなど信じないと思うが…。

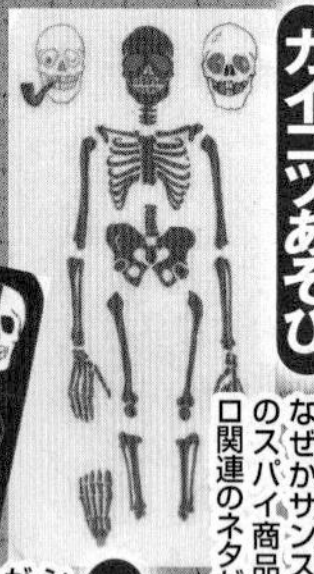

ガイコツあそび

なぜかサンスター文具のスパイ商品にはドクロ関連のネタが多い。

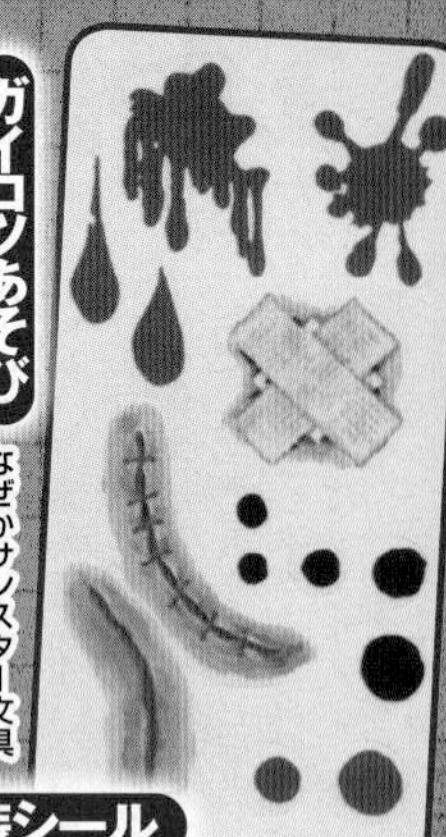

変装シール

傷やホクロ、血痕などのシールは、スパイごっこの必需品だ。

なりきり妄想玩具だ!!

探険百科

探険の装備や応急手当ての方法など、実際に役立つ知識を解説。

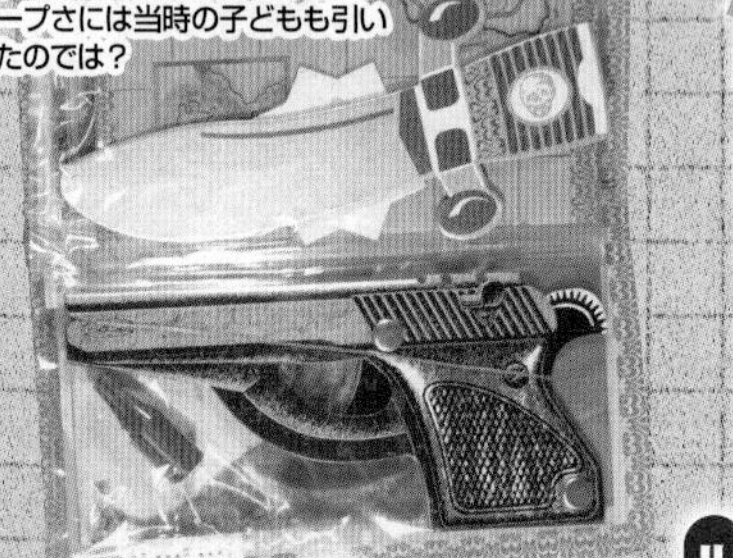

ピストル&短剣

いくら“ごっこ”とはいえ、このチープさには当時の子どもも引いたのでは?

「探険セット」

当時、憧れの商品だったトランシーバーの懸賞付き。表紙で大アピール!

探検シール

街では目印を草などの自然物で作れないので、シールにしました。

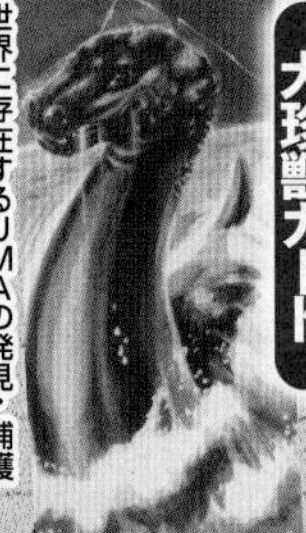

大珍獣カード

世界に存在するUMAの発見・捕獲は、当時の少年の夢だった。

つちのこマップ

大人が「つちのこ」を血まなこになって探していた時期もあったのだ。

ルバング島マップ

昭和49年、小野田元少尉の投降で話題となった島。時代だねえ。

手品が8種も詰まってる!!

「魔術セット」

初代引田天功の大脱出などで、当時の子どもたちは魔術に興味津々だった。

フィンガーギロチン

手品のタネとして売られていたものを、涙ぐましくも紙で表現。

カラーリング

見えないリボンの色をぴたりと当てる。金属製パーツも付属。

変装用ヒゲ

これを付ければ子どもだって、りっぱな魔術師に変身だ!

魔術ミニ百科

魔術の基礎知識を伝授。これがきっかけでプロを目指した少年もいたハズ。

人間切断

なんと、美女の胴体が真っ二つに! といっても紙だが(笑)。

雑貨・その他…section 3

昭和少年キラキラバッジ商店街

あの頃の少年の胸に！帽子に！

金属製でキラキラと輝くバッジは、それだけでとびきりの宝物であり、たった1個付けるだけでいろいろなキャラクターになれる"魔法のアイテム"でもあった。シェリフバッジを付ければ、西部劇の辣腕保安官に、流星バッジを付ければ科学特捜隊の隊員になれたのだ。しかし、いつしか本物の階級・身分を示す、校章や社員バッジを付けざるを得ない日がやってくる。子どものときに付けていたバッジは、それまでの夢の象徴なのかもしれない。

最もチープな金属製玩具 ブリキのバッジに感動!!

物資の乏しかった終戦後から次第に豊かになり、ようやく子どもたちのおもちゃにも金属が使われ始めた。初めて金属製のバッジを手にした子どもたちの喜びは、さぞ大きかっただろう。

古くなっても味がある！

バッジ数字合セ

昭和20年代後半～30年代前半頃のもの。まだ表面に印刷がされていない。

電車やバイク、動物、野球など素朴なネタが多い。

状態がよくないが、それでも金属製は味わいがある。

あの頃の日本の誇り！

各種競技の絵と国旗。「TOKYO 1964」の文字が輝く。

紋章の形をしているので「ワッペン」という名称なのだろうか？

東京五輪ワッペン

あの頃の日本の誇り！ 昭和39年に東京で開催された五輪に合わせて発売された。

誇らしげに輝く金属バッジ

西部劇バッジセット

日本で西部劇が流行った昭和30年代の中期頃に作られたもの。

地の金属の光沢を活かしたクリアな印刷が美しい。

小鳥バッジセット

美しいカラフルな小鳥たち。当時のブリキ印刷技術は高かった。

昆虫バッジセット

トンボやハチの羽のスジまで克明に印刷されているのがスゴイ。

美しい印刷にうっとり！

駄菓子屋で昆虫ゲット！

昆虫採集

番号クジを引くタイプの駄菓子屋売りのバッジ。台紙が素晴らしい。

一見、本物のセミと見紛うほどの細かい印刷だ。

怪獣ブーム時に大量に出た怪獣バッジ

第二次怪獣ブーム時、小学館が学年誌で通販した怪獣バッジが大人気を呼んだ。ブームに乗り、チープなものから豪華なものまで、各社から多種多様な怪獣バッジが発売された。

ウルトラ5兄弟が十字架に磔(はりつけ)にされたバッジ。マニアックなチョイスだ。

『帰ってきたウルトラマン』『ミラーマン』に登場する怪獣の混合。

『帰ってきたウルトラマン』に登場した人気怪獣たち。

アルミ合金製でカラフルな塗装。5個で100円という手頃な価格が魅力だった。

小学館の怪獣バッジ

当たりが出るまで買った景品バッジ

昭和30〜40年代、今はなきコビトやシスコ、ハリスなどの菓子メーカーがこぞって金属製バッジを景品にして販促を展開。

その場でもらえたことが子どもたちの射幸心を大いに煽った。

プラ製怪獣バッジ

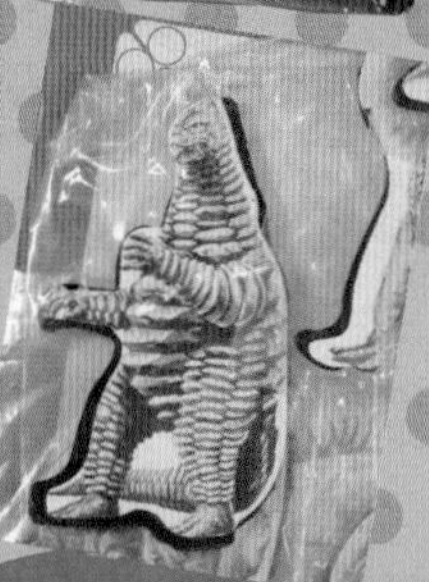

プラスチック製の板にシールが貼られただけのチープなバッジ。台紙に「30円」の殴り書き。

怪獣バッジ(美研)

素晴らしい台紙絵が描かれたブリスターに、専用のプラスチックケース付き！

これを付けなきゃ仲間ハズレ!! 昭和三大バッジ

昭和30〜40年代生まれの人なら、この3種類のバッジのうちどれか一つくらいは付けたことがあるのではないだろうか。今でもたびたび大人用のものが発売されるほどの大人気バッジだ。

これぞ団員の証だ!!

少年探偵団BDバッジ

江戸川乱歩の『少年探偵団』シリーズに登場。雑誌『少年』(光文社)などで通販された。

宇宙テクノロジーのスーパーバッジ

パーマンバッジ

写真は昭和58年にバンダイより発売された、デジタル時計内蔵のもの。

♪胸につけてるマークは…

科学特捜隊流星バッジ

シスコの景品をまねた駄菓子屋向けのパチ。当時、爆発的に流通していた。

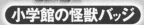

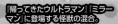

ナウなヤングに大流行!!

スマイルバッジ

ベトナム戦争に反対するアメリカの若者たちの間で、自由と平和の象徴として使われていたスマイルマーク。昭和46年に大ヒットした!

心にスマイル、胸にバッジを。

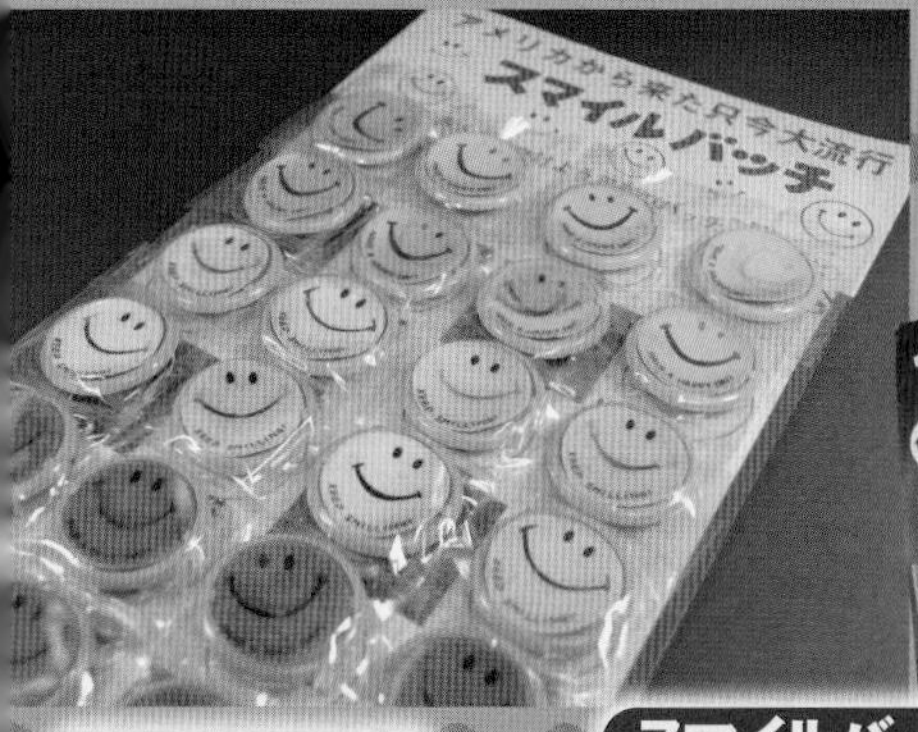

スマイルバッチ

見る角度によって絵がチカチカと変わるレンチキュラー方式のバッジ。

スマイルバッヂ

大きなスマイルマークの周囲にバッジをあしらった素晴らしいデザイン。

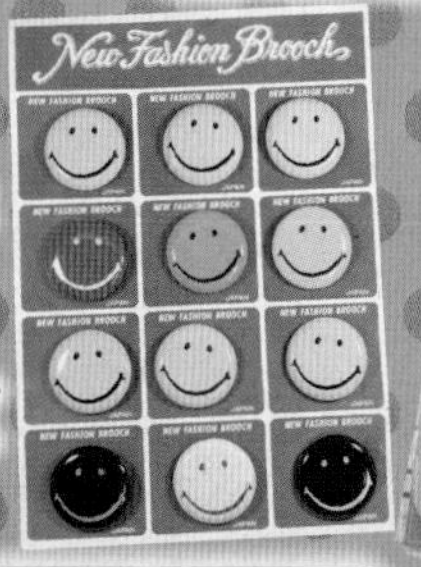

New Fashion Brooch

定番の黄色以外の配色が斬新。

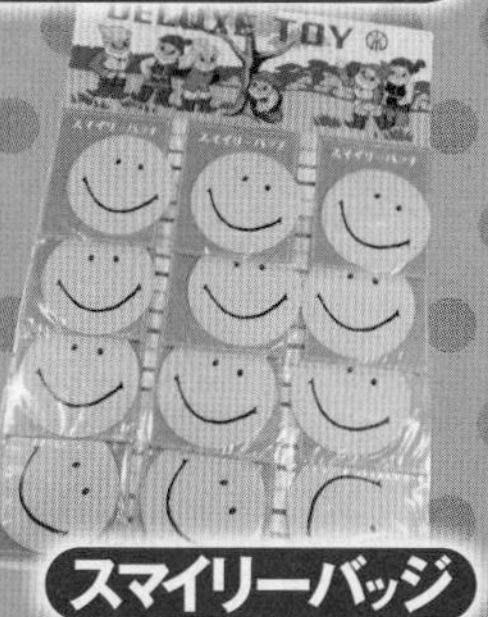

スマイリーバッジ

薄いプラ板にスミ印刷されただけのチープな駄菓子屋売りのバッジ。

TPOでバッチリ決めろ!

いろいろバッジ

少女Aバッジ

中森明菜の第2弾シングル「少女A」の販促品。鏡としても使える。

黄金バットバッジ

絵柄はチープだが、アンテナが付いているところがポイント高い。

投稿写真バッジ

雑誌『投稿写真』(サン出版)に写真が掲載されるともらえた名誉のバッジ。

行事に参加するともらえたバッジ

釣り大会

これは努力賞。たいていフナやコイの形だった。

野球大会

野球に関するバッジはやたら多かった気がする。

バッジが欲しくて参加した!

大東京祭

都民の日に付けていると、都営施設が割引になった。

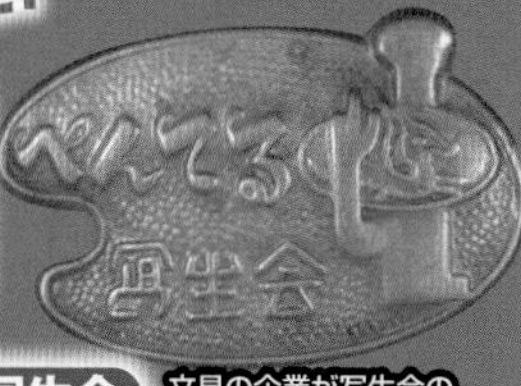

写生会

文具の企業が写生会の普及のために作ったのか?

パンダバッジ

1970年代のパンダブーム時には狂ったように関連商品が出回った。

バッヂロボット

アニメで合体変形ロボが流行った頃のものか? カッコ悪りぃ〜。

バッジは流行に敏感だ!

ウーパールーパーバッジ

昭和60年に謎の大ブーム。オリジナルの"ゆるキャラ"も登場。

ガスパビリオンバッジ

大阪万博会場で売られていた記念バッジ。

エリマキトカゲバッジ

昭和59年に大流行。今になって見ると恥ずかしいだけ…。

インベーダーバッジ

昭和53年に大流行し、日本人の頭の中を侵略した。

観光バッジ

記念でつい…

銀閣寺

土産物屋をさんざん物色したので1個だけ買った。

鎌倉

修学旅行で買ったもの。一度も使ってません。

日光

いらないけれど捨てられず、長年机の中で眠っていた。

スパイごっこが盛り上がる

スパイバッチ

プラ板にマークを刻印しただけのもの。このチープさがかえってよい。

昭和の子どもたちの属性はつけてるバッジでわかった

子どもの頃、野球帽にズラッとバッジを付けていた。なぜ、昭和の子どもたちはバッジを付けたがったのか? 今のように親がブランドの洋服など買ってくれなかった時代、付けているバッジでアイデンティティーを確認していたのかもしれない。いろいろなレッテルを貼られてしまう現在は、バッジでささやかに主張することも許されないのだろうか?

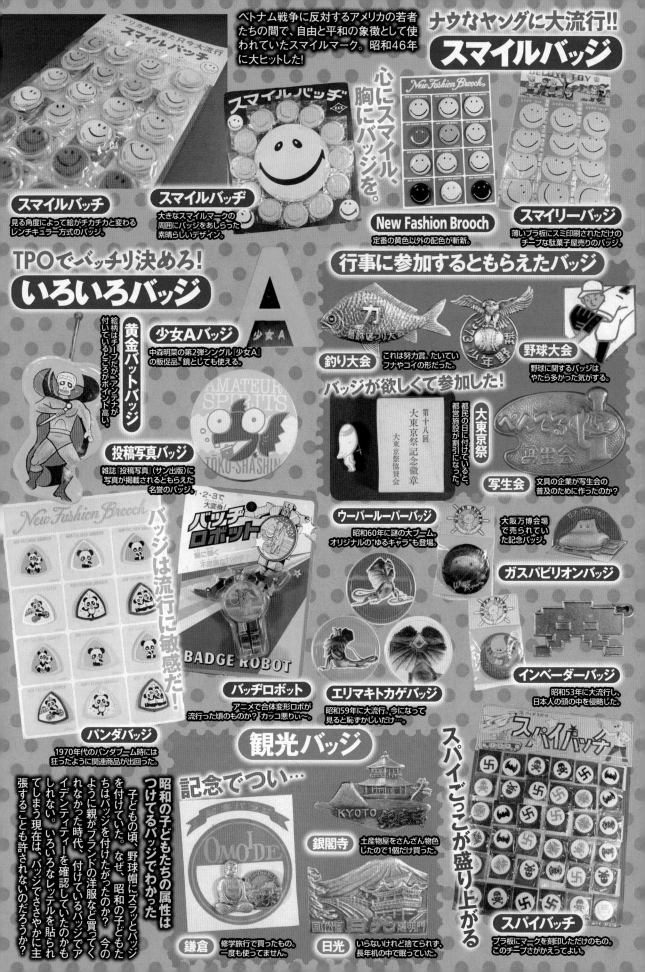

雑貨・その他…section 4

シールは時代を映す鏡だ!

昭和 懐かシール切り貼り帳

たまに実家に帰り、茶だんすなどに子どもの頃に貼ったシールがこびりついているのを見ると、なんともいえない郷愁を感じる。家中の窓ガラス、柱、家電製品などにシールを貼りまくって親から叱られたことも懐かしい。あの頃、1枚のちっぽけなシールになぜ、あんなに心が躍ったのだろう。多くのしがらみの中で慌ただしく生きている現在…あなたはとるに足らないシールを大切にする気持ちを、今も持ち合わせているだろうか?

もちろんシールが目当て!
ガムのおまけシール

アトムシール以降、シールはおまけの王道として定着。特に折っても皺にならないマジックプリントはフーセンガムの包み紙として利用され、ガムの売上に大いに貢献した。

電車の顔を集めたシール。こういうの、なんだかたまらなくコレクションしたくなる。

お目当てのキャラが出ないと悔しくてもう1個買っちゃう。

戦争兵器のガムまで登場。プラモの箱絵ばりのカッコよさ。

海外の人気キャラも登場。切手の絵柄のようなデザイン。

クラシックカーブームとあらば、すぐにシール化された。

おまけシール合戦が勃発
シールブーム

家中にペタッ!!

小さなシールがバカウケ!!

「鉄腕アトム」（昭和38年放送開始）のスポンサーだった明治製菓が、マーブルチョコレートに小型のアトムシールを封入して発売したところ爆発的ヒット。以降、会社がスポンサーしているテレビ番組のキャラクターシールをこぞっておまけに付けだし、シールブームが巻き起こった。

企業販促シール

僕にも貼れます

興和

おなじみのカエルキャラと当時、大人気だったピンキーとキラーズが共演。

富士写真フイルム

大阪万博の開催時、参加企業は万博仕様の宣伝でこの祭りを盛り上げた。

パディスコ

当時の人気アイドルを起用。メインとなる購買層にアピール。

ヤクルトアトムズ

スワローズが、昭和45年～48年にかけて使用していた球団名。

マルボロ

F1チームのスポンサーを務めてきたマルボロの昭和52年のシール。

日立製作所

コーティングされた鮮やかなシールで、カラーテレビの性能をアピール。

コカ・コーラ社

のどかな海外の風景画で、スプライトの清涼感をさらにイメージアップ。

費用対効果が抜群

高価なおもちゃがおいそれとは買ってもらえなかった時代、店頭に置かれた販促用のシールは、おもちゃの代わりとしてたちまち子どもたちに奪われ、町中に貼られることになった。企業は「こりゃいい宣伝になるわい」と、ほくそ笑んでいただろう。

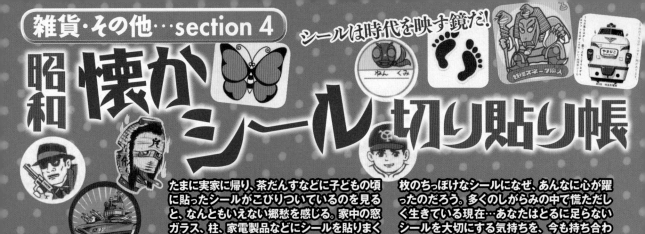

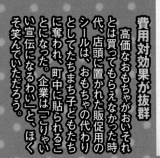

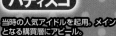

チープな味わいがグ〜
駄菓子屋のシール

心から剥がれない、思い出のシール

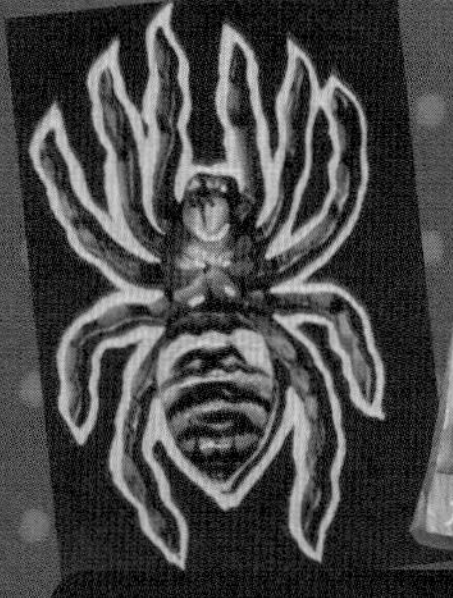

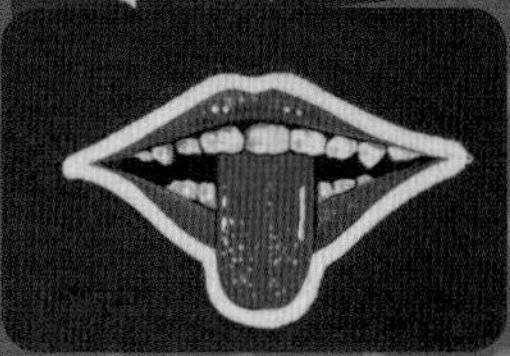

ショックシール
リアルに描かれた気持ち悪いイラストのシール。しかも夜光だ。

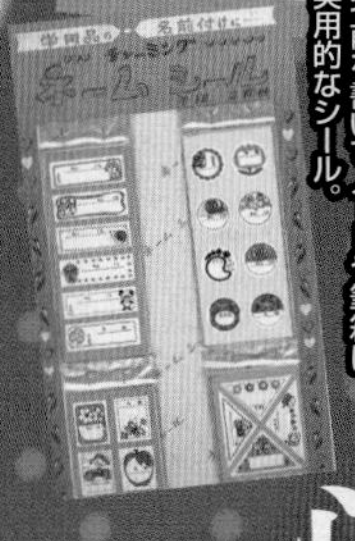

ネームシール
自分の名前を書いてノートや筆箱に貼る、実用的なシール。

怪獣シール
本家そっくりに描かれているが、もちろん著作権表示はない。

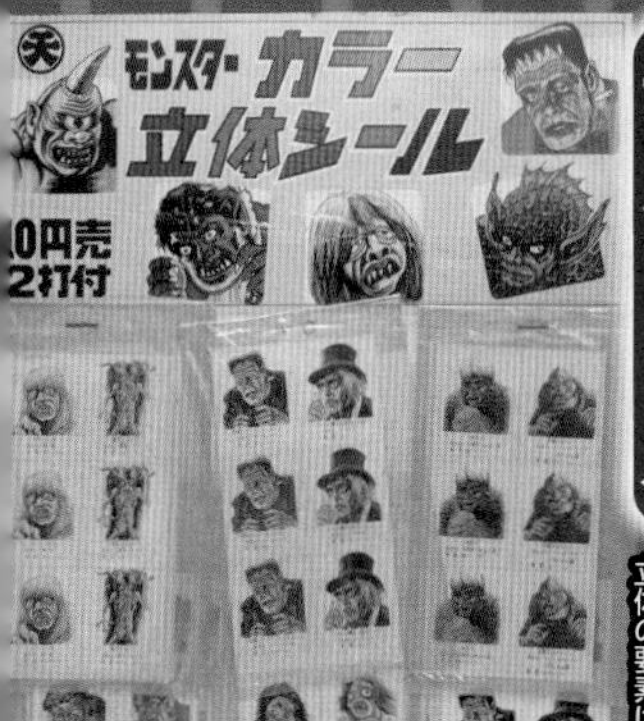

モンスターシール
舶来の怪物を集めたシール。しかし、立体の要素はどこにもない。

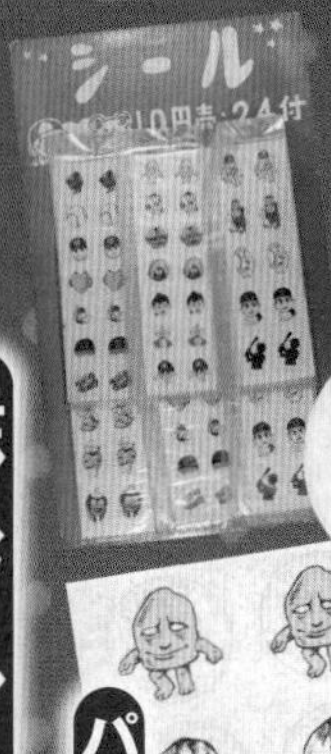

パチシール
チープな絵柄がたまらない魅力。これぞ駄菓子屋売りの真骨頂!

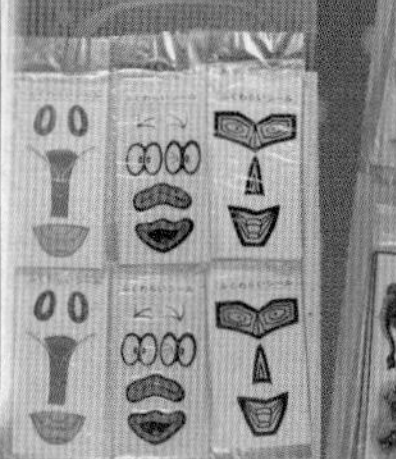

ふくわらいシール
これはナイスアイデア! いろんなキャラを混ぜたらさらに面白い。

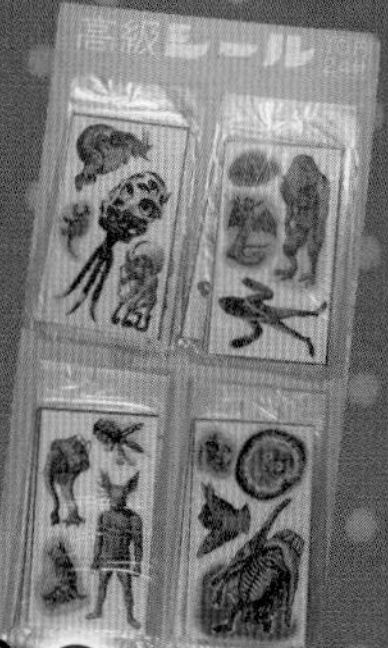

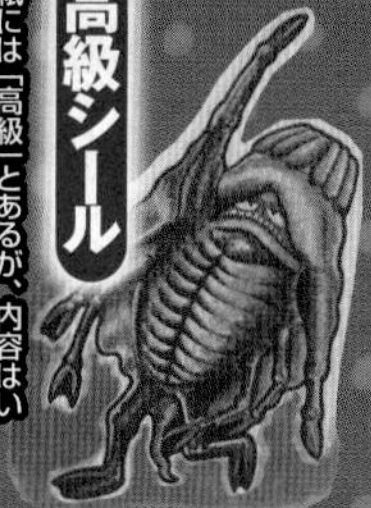

高級シール
台紙には「高級」とあるが、内容はいたって低級でありますな〜。

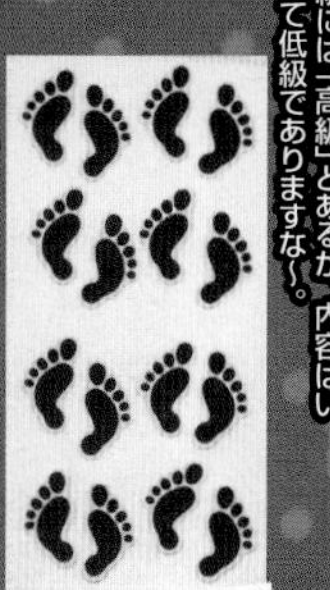

趣味のシール
足跡のシールが流行ったことがあった。あれはなぜだったんだろう…。

ベーベーシール
大ヒットした森永「チョコベー」のおまけ「ベェシール」のパクリ。

ゴリラシール
明治製菓の「おれ、ゴリラ」が流行ったときのシール。かなり洒脱。

ワッペンバッチ
古臭い絵柄がなんとも言えずイイ雰囲気。バッチではないと思うが…。

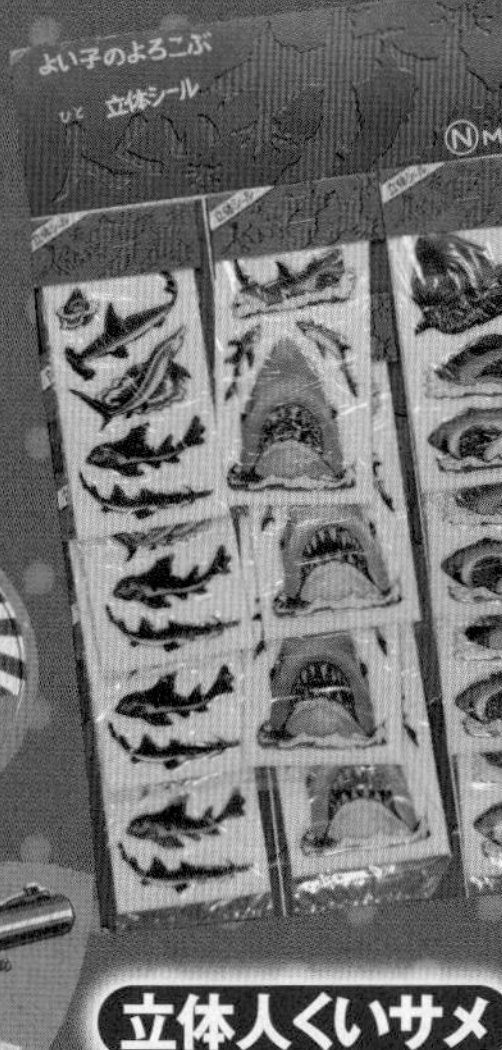

立体人くいサメ
映画「ジョーズ」の人気にあやかったパチ商品。立体加工された3Dジョーズだ。

今も昔も安価なおもちゃNo.1

シールは製造の手軽さから、おまけや販促品として急速に普及し、やがて最も安価なおもちゃとして定着。もっぱら男子用は駄菓子屋、女子用は文房具屋で売られていた。デコシール、プリクラ、マスキングテープなど、シールは今も女子中高生の間で大人気だ。

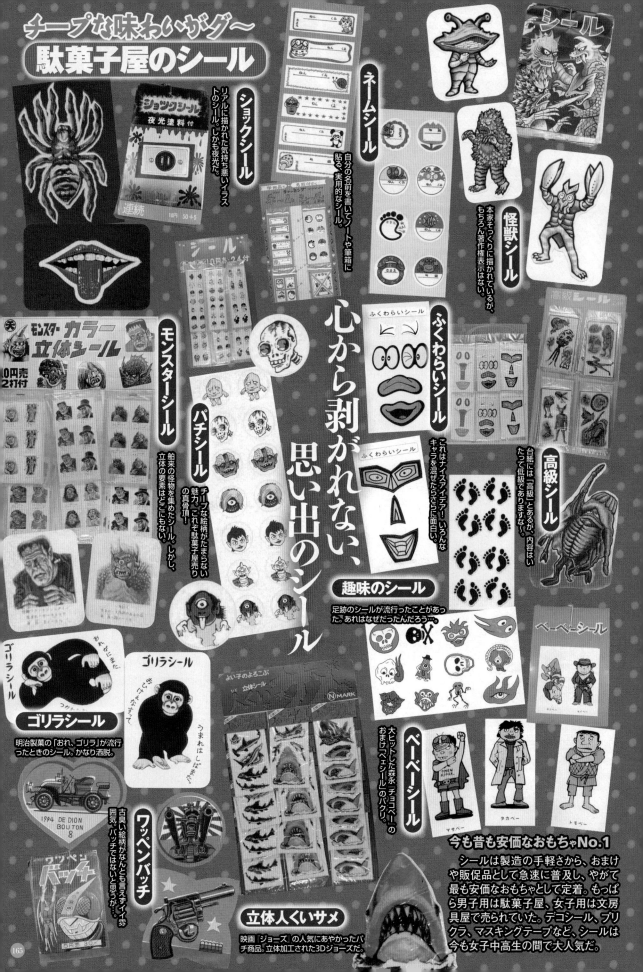

ギターケース&アンプ専用
音楽関連シール

ガキの頃のシール集めの癖が治らず、中高生になっても楽器屋でステッカーをもらってきては、ギターケースやアンプにビッシリ貼って喜んでいたっけなぁ…。

楽器メーカーシール

高級感のあるステッカーがタダでもらえたので、思わず集めてしまった。

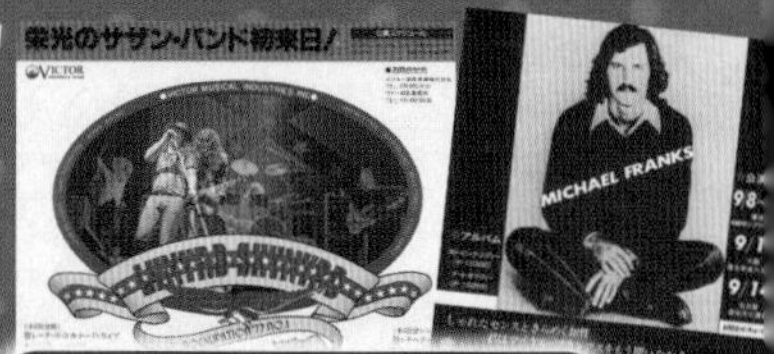

来日アーティストシール

好きなアーティストの来日が決定すると、まずステッカーをもらいにいった。

文具やカバンに貼りまくった
アイドルシール

昭和の二大アイドル雑誌『明星』(集英社)と『平凡』(平凡社)に、必ず綴じ込みで付いていたアイドルシール。おまけのシール集めからすっかり転向。思春期だねぇ。

アイドルのシールは、ノートの裏などにこっそり貼ったものです。

なんとなく嬉しかった
本のふろくシール

シールと出版物との相性は抜群で、シールの綴じ込みふろくは子ども向け雑誌の定番企画だった。逆にシールが付いていないと、なんとなく寂しい気分になったものだ。

シールはすべて学年誌のふろく。田村セツコのイラストやファッション、フルーツなど。男の子用にはスポーツカー。

シール史上空前の大ヒット!
ビックリマンシール

昭和60年8月に発売された『ビックリマンチョコ 天使VS悪魔シリーズ』は、発売以来2年間で1億5000万個を出荷する爆発的なヒット。

キラキラと光るホログラム仕様のシールを採用したことも、大ヒットの要因だろう。

2コマ漫画を表現
カラッペハレハレシール

ハリスの『カラッペガム』でもらえた絵が変わるシール。ナンセンスギャグを表現した傑作おまけ。

特殊な印刷技術で、見る角度によって2種の絵が入れ替わり表示。

自由の女神が、ビキニのカワイ子ちゃんに!

美女の正体は…なんと、恐ろしい化け猫!

雑貨・その他…section 5

昭和「憩い」グッズの集い

「癒やし」でも「慰め」でもない世界

「憩い」…現代ではあまり聞かなくなった言葉だ。今日的な「癒やし」「リラックス」などとは、ニュアンスが違う。高度経済成長期、仕事は忙しくてつらいけど、未来は明るい希望で光り輝いていた。そういう時代にこそ似合う、どこかおおらかで観光地を旅してるような楽しさが感じられる言葉だ。昭和の憩いの象徴である「たばこ」の銘柄にも、やはり『いこい』があった。そんな憩いが感じられるグッズばかりを集めたこの企画で、しばし昭和を感じていただこう。

〈絶版プラモ『憩い』を作る!!〉模型制作／タンゲ・アキラ

左右8cmほどの小さな模型だが、丁寧に作り込めば立派なインテリアになるぞ。

素組みの状態。箱絵に描かれている犬が付属していないので、箱絵をコピーして作製する。

『憩い』(河合商会／昭和58年)ほのぼのとした雰囲気の部屋を立体的に再現した斬新な模型だ。250円

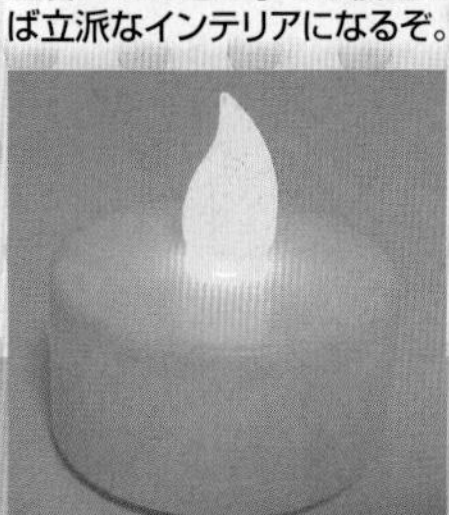

100円ショップで、まるでローソクのようにユラユラと光るLEDライトを購入しよう。

画像のように左のライトを裏面に仕込めば、スタンドとしても利用できる。

肝となる炎のパーツは透明樹脂に置き換え、クリアカラーできれいに塗装する。

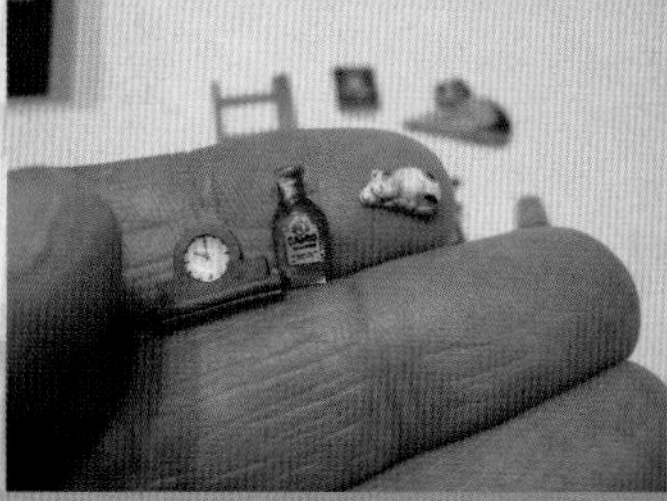

ガラス瓶は透明樹脂に置き換えるなどして、小物をリアルに再現する。

見事、暖炉の火がユラユラと光る絵画模型が完成。便利なライトが入手できる現代にこそ、作るべき模型だろう。

Cut model series2『憩い』

夢の遠近絵画モデル

そのものズバリ!!「憩い」がテーマ

モノの名前ではなく「憩い」という、心の状態を示す言葉がタイトルとなった唯一のプラモデルではないだろうか。しかも、遠近絵画の技法を立体的に再現した画期的な作品だ。絵画を描くような気分でじっくりと作ろう。ポイントは暖炉の火を、100円ショップで売っているLEDライトで再現することだ。

憩いの素材

セルロイド玩具

セルロイドが日本に輸入されたのは明治10年頃。主要原料の樟脳（しょうのう）は安価な上、おもちゃへの加工が容易で仕上がりが美しいため、実用プラスチックとして工業化が急速に発達した。しかし、可燃性が高いことが問題となり、市場から排除されてしまった。

ロバ車

「私たち、これからお城で開かれる舞踏会にお出掛けなの」という声が、聞こえてきそうだ。

赤ちゃんメリー

揺らすと「カラ〜ンコロ〜ン」と心地よい音が響く。その音色は赤ちゃんだけでなく、大人もメロメロに。

置けばそこが憩い空間

明治〜昭和の儚い記憶…

ひよこ

造形もかわいいが、全体が「ふいご」のような構造になっていて、頭を押すとピ〜ピ〜と鳴く。

浮輪と少女

おちゃめな表情の少女が、浮輪でぷかぷかと浮かんでる姿に、思わずほっこり憩ってしまう。

熊と鮭

民芸品の熊の木彫りをあえてセルロイド素材にしたことで、なんともいえない味わいが出ている。

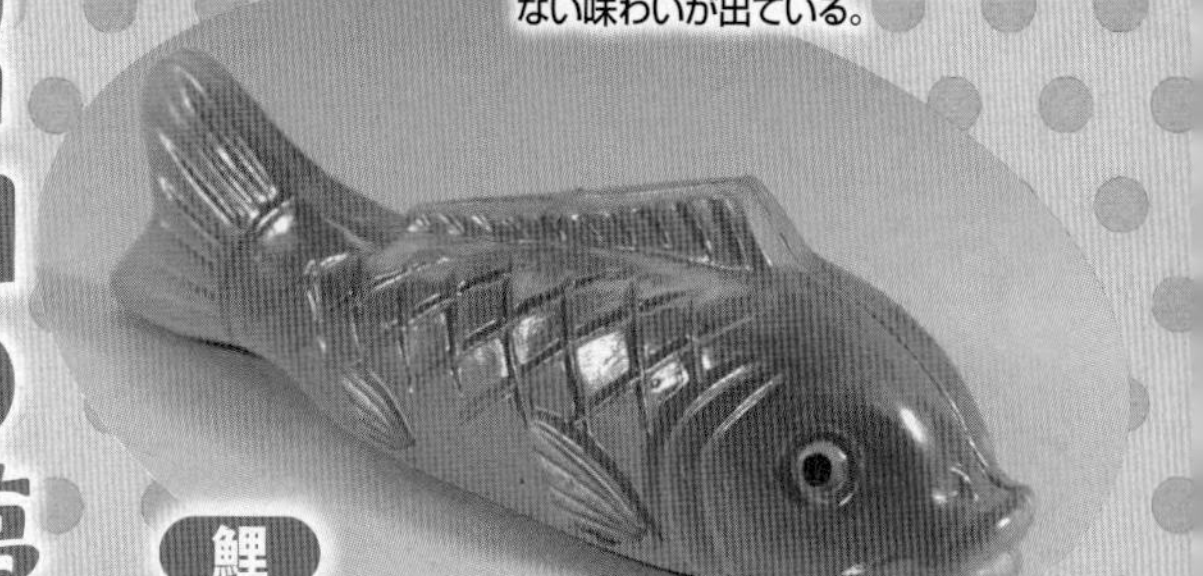

鯉

実際にはこんな色をした鯉はいないが、まるで砂糖菓子のような色合いが幻想的でよい。

怪獣相撲

ポンプで伸縮するゴム筒でリングを叩くと、怪獣が闘っているように動く。尻餅をついたほうが負け。

ボートカップル

キューピーみたいな男の子と女の子。西洋人っぽいのは、主に輸出用として作られていたためだ。

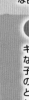

憩いの雑貨

昭和の高度経済成長期、人々は雑貨類をも消費して生活の潤いとした。大量生産されたそれらは、程よい「憩い」を大衆にもたらしたのだ。

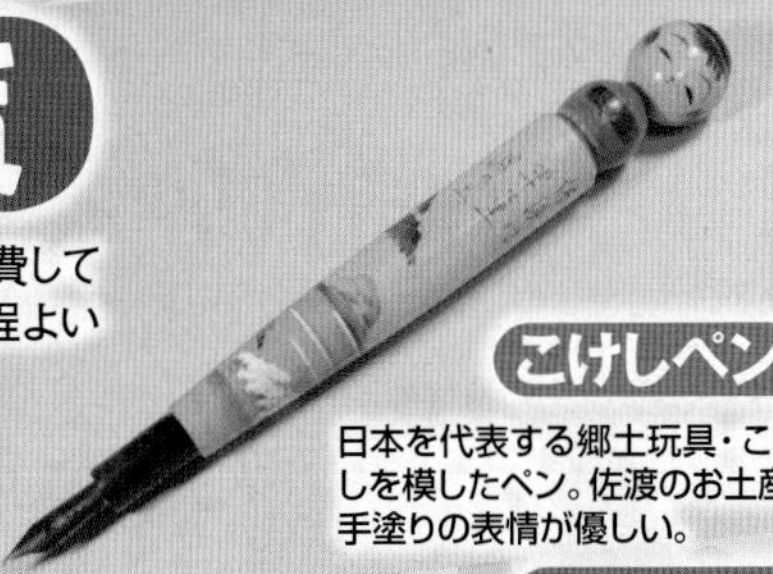

こけしペン

日本を代表する郷土玩具・こけしを模したペン。佐渡のお土産。手塗りの表情が優しい。

蝶とカエル

ゼンマイ仕掛けのカエルが跳ねると、細い針金の先に付いた蝶が揺れ、戯れているように見える。

ロバと籠

セルロイドの籠とプラスチック製のロバのチープトイ。素材の違いがお互いを引き立てあう。

ゼンマイ小鳥

ブリキの鳥が、ゼンマイ動力で頭を素早く上下させる姿が笑いを誘う。顔がかわいくないのもご愛嬌。

造花桜

ガラスケースに入れられた樹脂製の桜の花。今の造花ほどリアルではないが、それがまたいい感じ。

河童のポーズ人形

昭和のある時代、河童が流行った。しかし、この妙な色気はなんだろう？

昭和チックな憩いのひとときを…

3D写真

昭和40年代は新しい技術だった3D写真。当初はもてはやされ、額に入れて飾る家庭も多かった。

ポーズ人形

きれいなドレスを着たすまし顔のポーズ人形もいいが、こんな普段着で笑顔の人形も素朴でよい。

ドールマスコット

昭和30～40年代は、こんな人形が車のフロントガラスにくっついて、ユラユラと揺れていた。

水中花

小さなコップにユラユラと漂う、枯れることのない毒々しい色をした花…その「もののあはれ」は多くの日本人の共感を得た。

水をはったコップに入れると、閉じた花びらが水を吸収して膨らみ、鮮やかに開花する。

昭和30年代頃には、こんな立派な化粧箱に入れて売られていた。

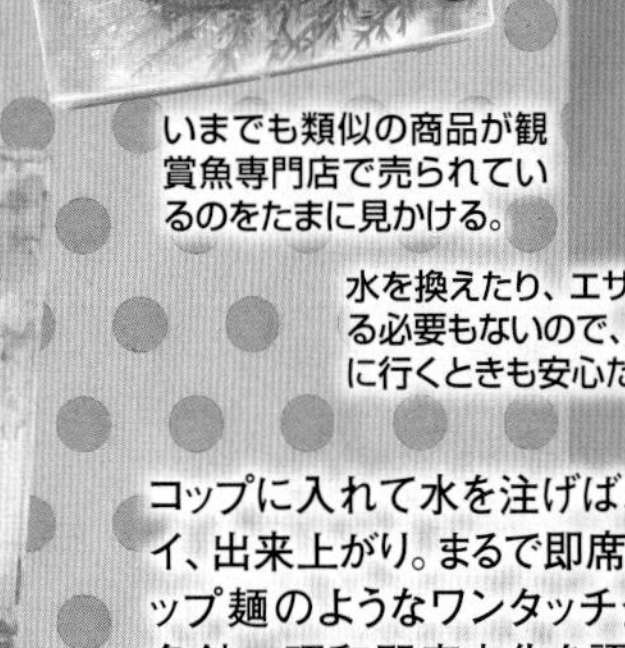

いまでも類似の商品が観賞魚専門店で売られているのをたまに見かける。

水を換えたり、エサをやる必要もないので、旅行に行くときも安心だ。

コップに入れて水を注げばハイ、出来上がり。まるで即席カップ麺のようなワンタッチ金魚鉢。昭和即席文化を語る上で欠かせない。

水中金魚

ユニーク 昭和40年代マスコット大行進

あの時代ならではのハレハレなヤツら!!

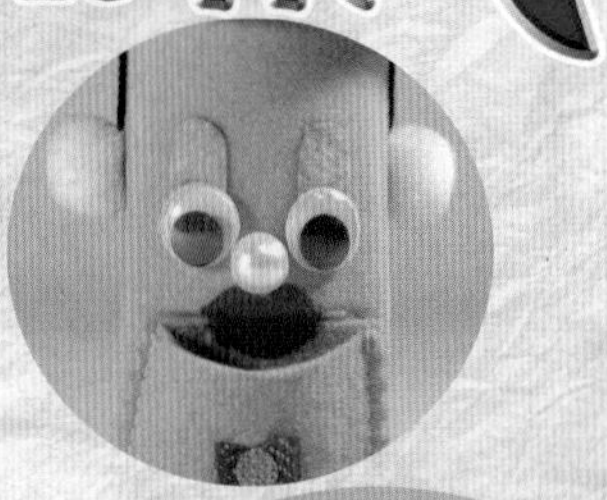

高度経済成長期を経て、庶民は夢だったマイホームやマイカーが持てるようになると、自分だけの空間を演出する一つの手段として「マスコット」がもてはやされた。マスコットがブームとなった昭和30～40年代は、技術の進歩により、一気に化学合成素材が増えた時代でもあった。これまでよりずっとカラフルでポップな表現が安価で可能になり、まさに「マスコット百花繚乱時代」となったのだ。このコーナーでその片鱗をご覧いただこう。

オトボケちゃん

顔は小さな点が3つ並んでいるだけのシンプルさ。自動車のフロントガラスにぶら下げたい。

頭部は発砲スチロールを芯に、アクリル繊維で肌や髪の毛を表現。胴体は金属製の棒が芯になっており、鍵などを下げることができる。

ノッポくんモノ入れ

ペンなどを収納できるマスコット。頭部はプラスチックにフロッキー加工、フェルトで目や口をつけてある。箱も時代感があってステキ!

「ノッポくん」と「オトボケちゃん」以外の目は動眼と呼ばれる黒目が動くタイプを使用。

カワイイ♥

けどどこかヘン!!

首と頭はスプリングでつながっていて、触れるとユラユラ。胸についた白い羽がチャームポイント。

トラちゃん貯金箱

ここに紹介したマスコットの素材は、「オトボケちゃん」以外は「ノッポくん」とほぼ同じ。商品名は不明だったので勝手につけたもの。

本物とそっくりな素材でできたソンブレロは取り外し可能。取った姿もユニークで楽しい。

ソンブレロおじさん貯金箱

メキシコの民族衣装ソンブレロをかぶったエキゾチックムード満点のヒゲおじさん。昭和43年のメキシコ五輪ブーム時のものか。

シルクハットは昭和43年～47年にかけて活動し、人気を博した『ピンキーとキラーズ』の影響かな。

カメさんペン立て

真っ赤な縦長の甲羅に黄色い顔をしたユニークすぎるカメさん。首がスプリングなので、ちょっと頭をつついてやるとプルプルして愛嬌バツグン。

良い品が安く!! 郵便切手でも手軽に買えます!!
あなたのほしい品物をカミにかいて、品物のだいきんぶんだけのキッテまたは、コガワセをフートーにいれておくってください。バラ銭はいけません。琉球の方は特別送信切手券をだいきんぶんだけおくってください。つぎしだい品物が家にとどきます。 しめきりはありませんいつでもかえます
おくりさき
東京都新宿郵便局私書箱第108号
マノック産業 株式会社 F-4係
此の品は全部有名会社で製作された高級品です全部送料共の価格ですから此の商品金額分だけを御送り下さい

まるまる1ページ マスコット通販広告

『週刊少女フレンド』(講談社)昭和44年2月25日発売号に掲載されたマノック産業の通販広告。1ページに59点もの商品をギュッと詰め込んで紹介。

首フリサル1コ¥270 高さ110おしゃれなサルでプルンと首を振るとかわいいジシャク付スチール机ならどこでもつく

動物が半纏(はんてん)を着た珍しいマスコット。サルは右端だけで、ほかはライオンやクマがモチーフのようだが…。

長さが36cmもあるダックスフンド。寸が足りないジーンズの上着に鳥打帽がとってもオシャレ。

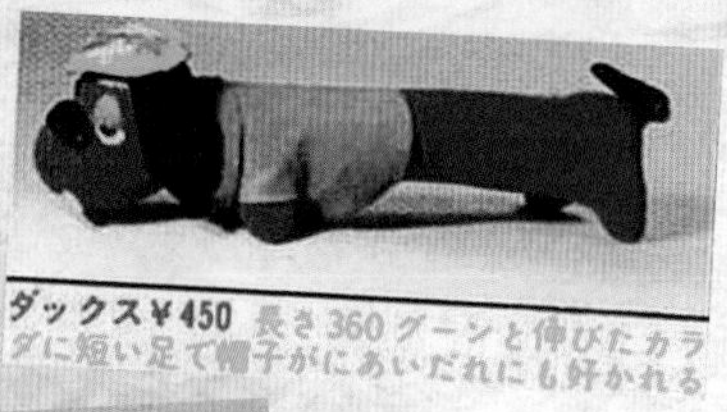
ダックス¥450 長さ360グーンと伸びたカラダに短い足で帽子がにあいだれにも好かれる

メガネ小物入1コ¥490 高さ100おしゃれで髪の色と形がよくにあうユビワや宝石がいっぱいいれられる色がとてもきれいな高級品

これまた斬新で粋なデザインの小物入れ。友達につい自慢したくなって買っちゃうんだろうな。

ふわ〜、カワイイ!このへたれ感は現在人気の「リラックマ」や「ぐでたま」に通じるものだ。

ネコサイフ¥300 高さ160お金入り目がとてもかわいい猫

個性ありすぎ!! 目移りしちゃう

シール動物 業界誌広告

『玩具商報』昭和44年10月1日発売号に掲載されたキグチ社の広告。シールとは化学繊維でできた毛皮のような布のこと。当時、新素材として多用された。

#02 ダンディ (パンダ熊)

パンダが日本に来日する前の商品なので〝パンダ熊〟という表記に!?

#01 ミッキー (ネズミ)

う〜ん、とてもネズミには見えないなぁ。名前には納得するけど(笑)。

#10 トンキー (ロバ)

かわいいというよりマヌケな表情のロバくん。いろんな個性があっていいね。

#04 ネネ (キツネ)

すました表情の「ネネ」ちゃん。もちろん「ジュン」もいます。

どれも現代の〝カワイイ〟表現からはちょっとズレた感じ。性格が表情に表れていて面白い。

お店に、お部屋に明るいムード
パル・シール 動物シリーズ
#01 ミッキー (ネズミ)
#02 ダンディ (パンダ熊)
#03 ジュン (プードル
#04 ネネ (キツネ)
#05 トランク (トラ)
#06 ボス (ダルメーション)
#07 スキャット (猫)
#08 ドン (象)
#09 パンキー (アライ熊
#10 トンキー (ロバ)
#11 ルイス (赤犬)
#12 ブランキー (スカンク

モチーフ、素材はいろいろ

昭和30〜40年代は素材革命、さまざまなブームの影響を受け、実にバラエティー豊かなマスコットたちが市場に溢れ、そして飽きられていった。

スピッツ

狭い日本家屋の番犬にうってつけだった小型犬スピッツは、昭和30年代を中心に大流行した。

なぜか流行しました!!

エキゾチック

この時代、大衆はエキゾチックなものに憧れた。黒人はその代表的モチーフとして大人気。

パール人形

大きさや色が異なる、パールのように輝くプラスチック製の玉をつなぎ合わせたシンプルな人形。

やっと買ったマイ・カーに!!

ポーズ人形

1960年代を中心に爆発的に普及したポーズ人形を小型化した、マイカー用のマスコット。

おとぼけにんぎょう

ミスターピーマン

ミスターナス

思わず笑ってしまう顔だが、人より変わったマスコットを所有しているという顕示欲は満たされそう。

昭和27年にアメリカで誕生した、伝統的なじゃがいものオモチャ「Mr.ポテトヘッド」のパクリか?

少し変わってるくらいがいいの!!

貝殻マスコット

ソンブレロをかぶったメキシコ風のこけし、蛍光塗料が塗られた貝や羽…この時代、土産物もポップに。

ユーモアのある生活を!!

昭和キッチュ雑貨横丁

チープな中国雑貨などを取り扱っていた『大中』が全店閉鎖してしまった。お店全体がキッチュな雰囲気で素晴らしかったのに残念だ。安くて実用性の高いものが、いくらでも100円ショップで入手できてしまう世の中…もうチープ雑貨店は必要ないということか。いや、人々が経済格差や政治思想などで何かと対立し、いがみ合うことが多くなってしまったこんな時代にこそ、昭和の時代にあったキッチュな雑貨で和みたいものだ。

ナンセンスグッズ

「ナンセンス」とはセンス=意味がないということ。意味がなくて笑わせるには、センスのもう一つの意味である“感性”が必要ですぞ!

公式グッズです

昭和50年に大流行した増田屋の『モーラー』に、こんな収納ケースがあったとは!? モーラーの架空の生物感を強調する意味でも秀逸なアイデアだ。

モーラーハウス

握手と見せかけ…

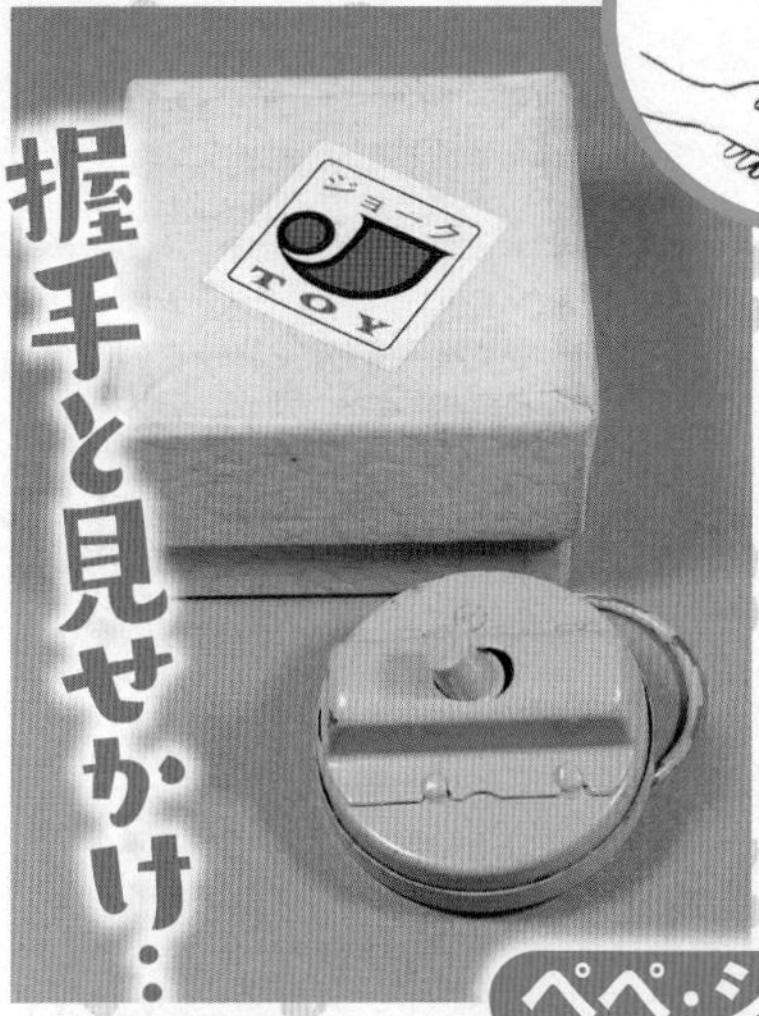

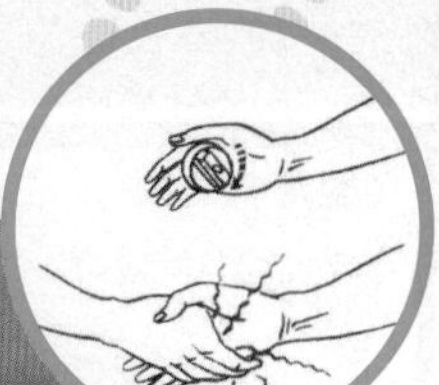

ゼンマイ動力で振動し、「ジリリッー」と音が出るジョークグッズ。握手するとスイッチが入る仕掛け。手品で有名なテンヨーの商品。

ペペ・ショック

1980年代の大スター

おさんぽえりまき

昭和59年のエリマキトカゲブーム時に大ヒットしたバンダイのおもちゃの類似品。スティックを持って転がすと、本物ソックリにバタバタと走る。

キスの前に仁丹❤

KISS DOLL

磁石が内蔵してあるので近づけるとチューをするこけし。味わいがある顔の上ブタを取ると、口臭予防効果がある仁丹の容器になっているのがミソ。

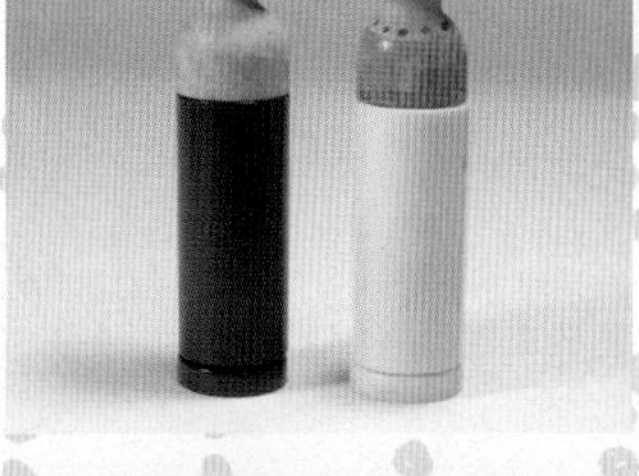

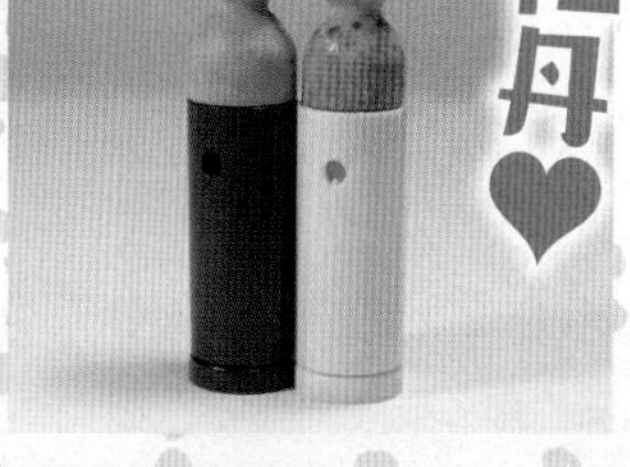

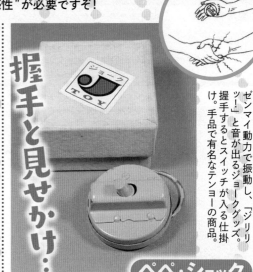

アイデアグッズ

平成19年まで『王様のアイデア』という、ユニーク雑貨のセレクトショップが全国にあった。「社会に心の余裕を」がモットーだった。

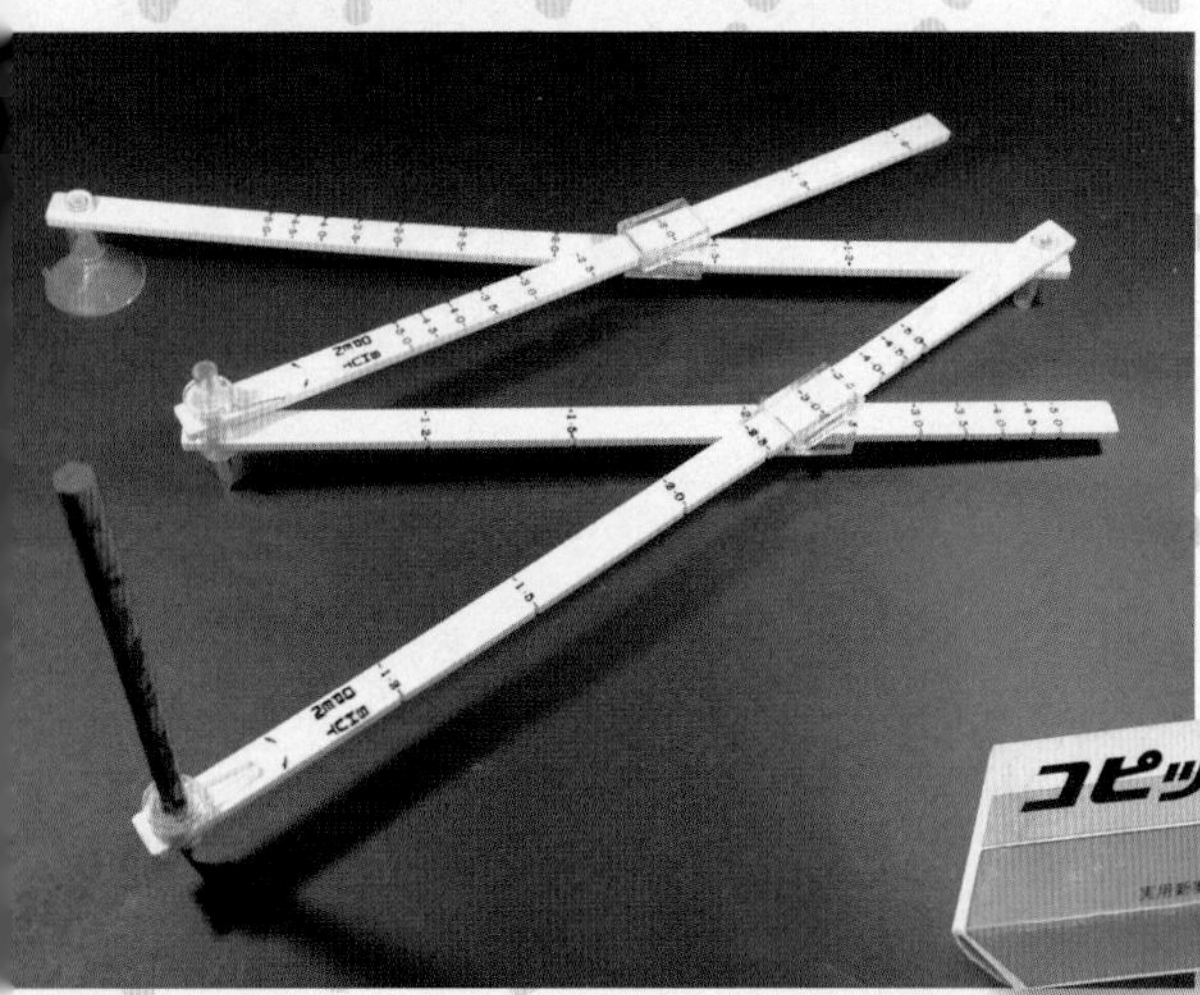

コピックス

PONYという雑誌通販会社が企画、 製造した、 絵を自由に拡大、縮小するマシーン。理屈は正しいが、実用性はほとんどない。

アナログの極み

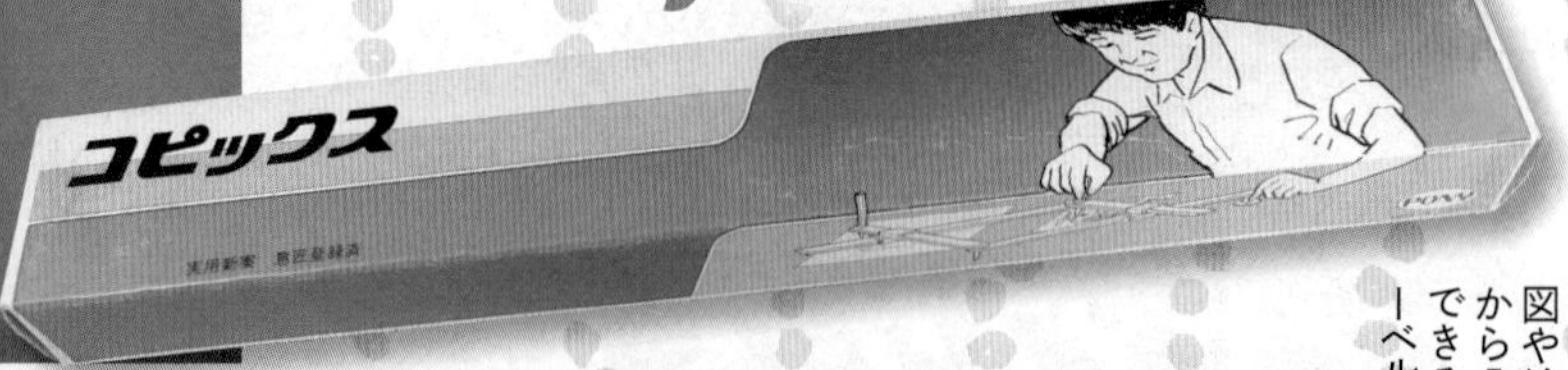

図や絵を簡単に1・2倍から5倍まで拡大&縮小できる夢の道具。イグノーベル賞ものだ。

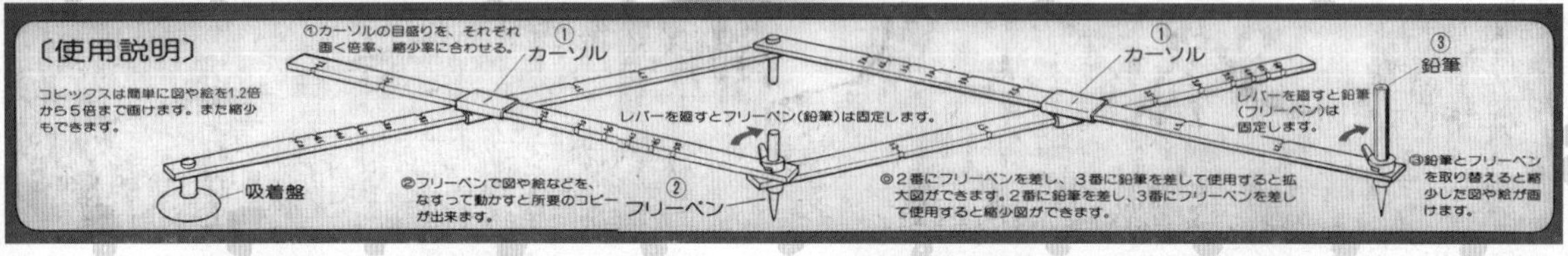

朝から晩までスモーキング

こちらは海外のオークションサイトで見つけたサルと同様の玩具。サルといい、ドクロといい、人をおちょくった感じがいいねぇ。

スモーキング・ドクロ

スモーキング・モンキー

サルがタバコを吸っているように見えるが、サルはただの人形で、くわえているタバコに時間をおいて煙を出す火薬が仕込んである。

鹿のフン

昭和40年に吉永小百合が歌った『奈良の春日野』の「フン」という言葉が連呼される歌詞を、22年後の昭和62年にタモリがネタにすると大ブームに。それをまさかのプラモ化!

箱にタモリさんそっくりの人物が描かれている確信犯的あざとさにも惚れ惚れ。

尻尾を押すと「吉」「凶」「ブス」などと書いてあるフンが出るので、フン(運)占いができちゃう。

キットをちゃんと塗装してやればご覧の通りのかわいい鹿ちゃんに。

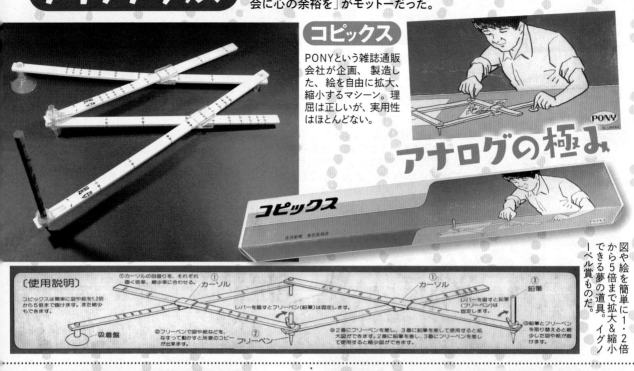

日用品

昭和時代の日用品は、高度経済成長を遂げると面白がり指向が高まった。こういったアイテムの豊富さが、景気の指標になるような気がする。

ハイボンボン容器

テレビ型の容器。ボンボンとは砂糖から作られた殻で具を包んだ菓子の総称。ミニ鉛筆立てにもなる。

ハイセンスすぎ!!

懐かしい感触

フェルトペン立て

1960年代後半〜70年代にかけて流行ったフェルト細工雑貨。感触が気持ちいいのだ。黒目が動く目玉やパールの鼻なども懐かしい。

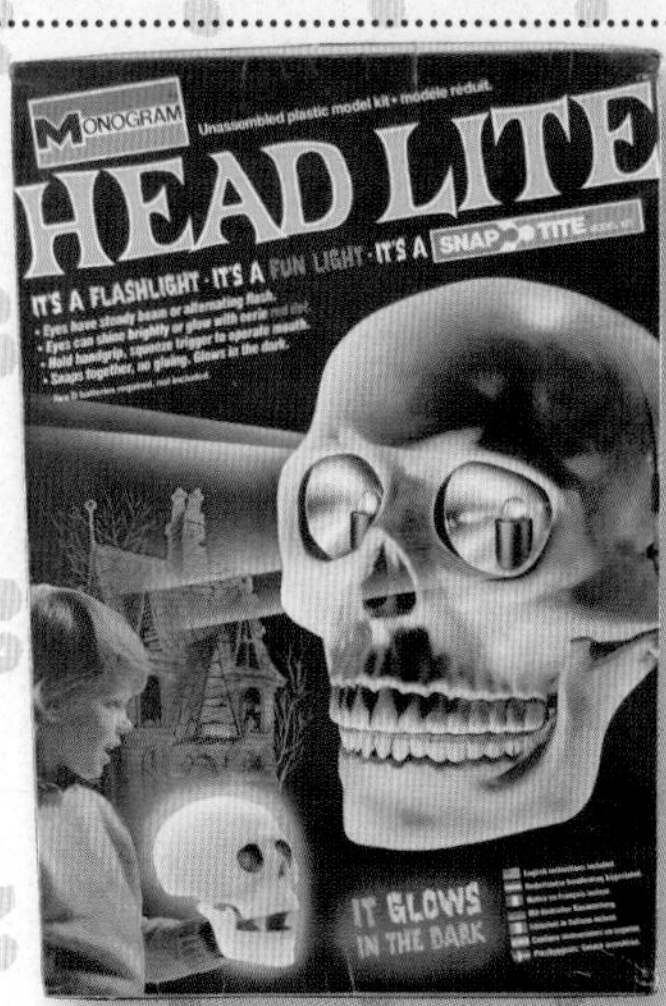

HEAD LITE

米国モノグラム社の模型。子どもの頭蓋骨ほどの大きさがある、文字通りのヘッドライト。暗闇でこんなものが近づいてきたらチビりそう。

ドクロvs怪獣

怪獣ランプ

目と口が赤く光る怪獣の頭部形ルームランプ。ゴツゴツした皮膚感が素晴らしい。陶器製だから夏は蚊取り器としても使えそうだ。

SEXYグッズ

この手のものは息が長く、同じ金型を何十年と使っていそう。日本ではネットショップ以外で扱う店はほとんど消滅してしまった。

Fun Loving Couple

ゼンマイ動力で男がものすごい勢いで「カタカタカタカタ!」と腰を振る。いやらしい、というよりも、その姿は滑稽で笑うしかない。

陽気にアメリカンジョーク

パイズリ(?)キーホルダー

上に乗った女性が左右に動きパイズリ(?)しているように見える。こんな持ち歩けないのをキーホルダーにする意味あるのか〜い。

JUMPING JOHNNY

ピョコピョコと跳ねる、オーソドックスなゼンマイ動力玩具。恥ずかしそうにスキンをかぶっている姿が、母性本能をくすぐりそう。

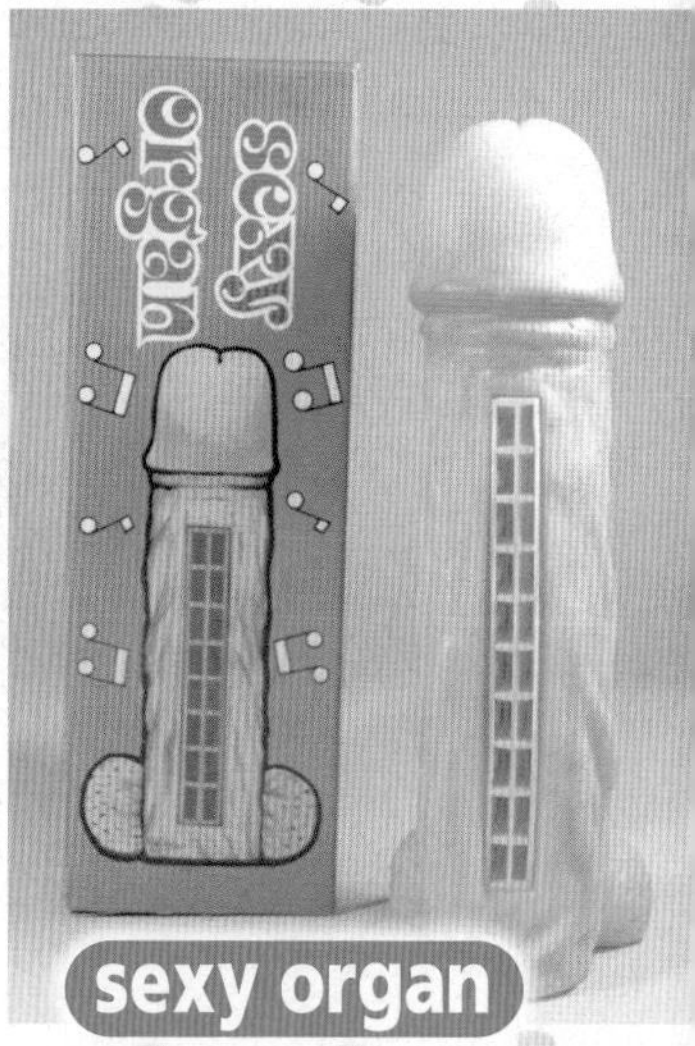

sexy organ

男性器型のハーモニカ。これを女性が演奏しようもんなら、そりゃもうタマランことに。同様の縦笛もあったら二重奏してほしい。

老後のために貯金しよう!!

懐かし おもしろ貯金箱

令和元年、金融庁が「一般サラリーマン家庭は退職後に年金のほかに2000万円必要となる例もあるとして、資産形成・運用が必要」という報告書をまとめた。今さら年金運用失敗のツケを国民に回されてもねぇ。投資に回す余裕があるわけじゃなし、細々と貯金していくしかない。高度経済成長期には銀行が無料で配布するなど引っ張りだこだった貯金箱が、再び脚光を浴びるのか!? ここでは昭和30年代以降のユニークな貯金箱をご覧いただこう。

貯金箱はおもちゃだ

貯金箱がお金を貯めるための道具なんていうのは単なる方便で、子どもにとってはコインを入れて遊ぶおもちゃなのだ。

COFFIN BANK

1960年代末にヨネヤから発売。子どもの頃、アクションが面白くて飽きず何度もコインを置いたのを思い出す。

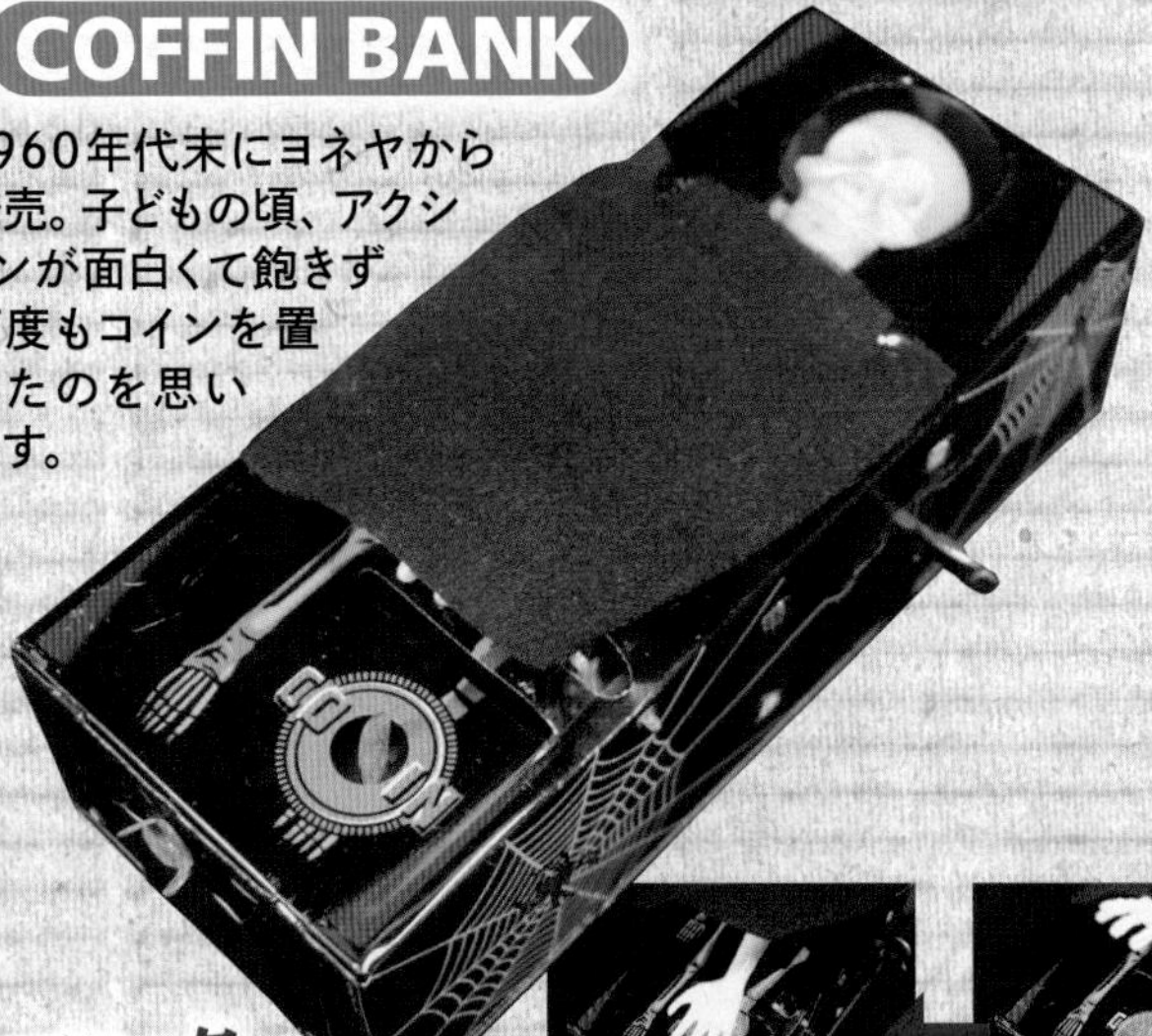

ボタンの上にコインを置くと棺桶の中から青白い手が出現し、コインを棺桶の中に引き込む。

ギミックバンクの先駆け

人形の置き場に困るほどもらえたいい時代

企業配布貯金箱

昭和40年代、銀行や企業はソフビや陶器のマスコットキャラ貯金箱を量産・配布し、お得意様の獲得に熱を上げた。

チョッキンバード

鳥を操作してお金を巣箱に運び入れる貯金箱。途中で鳥の口からコインが落ちたりして、ゲーム的なスリルも味わえる。

鳥に願いを

鳥の口にコインをセットしてひもを引っぱると、鳥が羽を回転させながらスルスルとのぼっていき…

てっぺんに達するとくちばしでコイン投入口を押し上げ、くわえたコインを巣箱の中に入れる。

手提金庫

1970年代、青木商会から発売。おもちゃとはいえ、2個のダイヤルと鍵がついた本格派のブリキ製金庫なのだ。

気分は億万長者!!

自分専用の金庫を持つ喜びに浸れた。おもちゃのお札を入れてお金持ちごっこをするのもよし。

おしゃれ＆遊び心 TOMY JeJeシリーズ

トミーが主に女の子向けに開発したファンシーな貯金箱シリーズ。右は昭和49年、少女雑誌に掲載された広告。

楽しくスマートに貯金しましょう!!

パンキーバンク

球に足と目がついただけのシンプルな形状。大阪万博以降、急速に進化したプロダクトデザインの影響だろう。

口を開けて指定の場所にコインを置くと…数秒の時間差でパクッと口が自動に閉まる。

そして、また口を開けるとそこには何にもない。まるで手品みたいな貯金箱なのだ。

コインセレクター

コインを入れると、自動で種類を仕分けてくれる機能付き。ペン立てにもなる便利な貯金箱。大小、4色あり。

まるでリップスティックのような配色。コインの大きさに応じた穴によって仕分ける仕組み。

エレファントレジ

コインの枚数が自動表示されるカウンター機能付き貯金箱。ゾウを模したフォルムと色彩がおしゃれ。ペン立てにもなる。

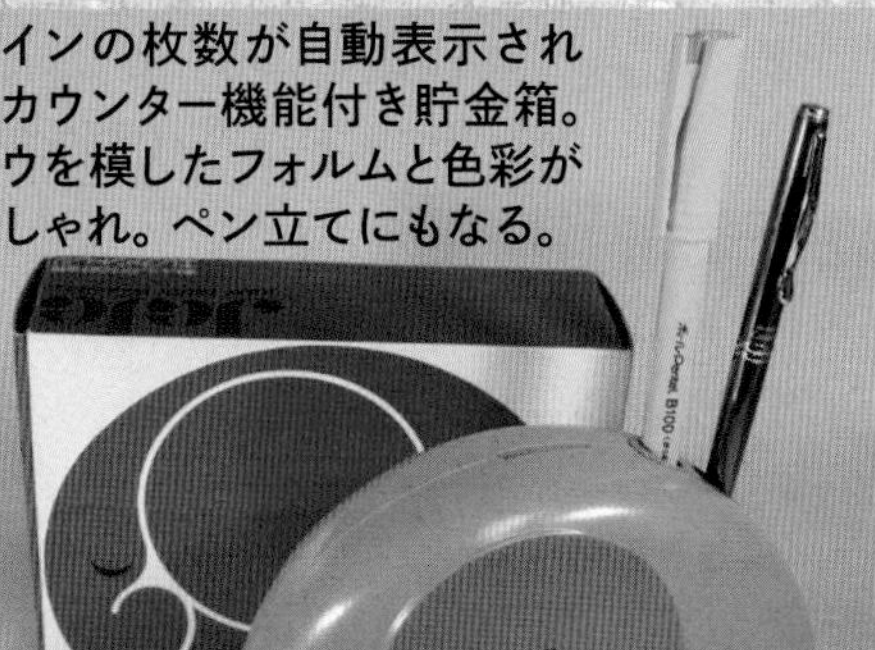

入れるコインの種類を決めておけば、今いくら貯金できているのかがわかるので便利だ。

ピギーセレクター

ブタさんの形をしたコインセレクター機能付き貯金箱。上下が簡単に外れないよう、皮のベルトがついている。

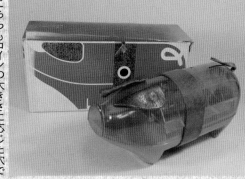

こちらもコインの大きさに応じた穴で仕分けをするが、横長なのでペン立て機能はオミット。

アートスライド

お金を入れていくとその重みで、二重構造になった内側の筒に描かれた絵がどんどん変わっていくという貯金箱。

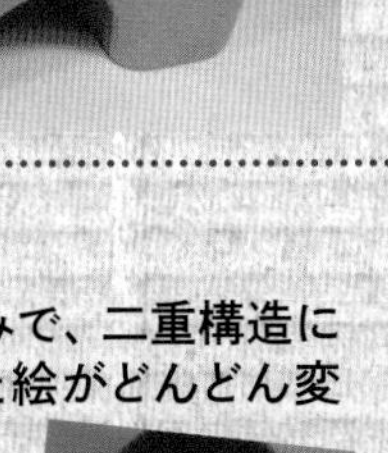

葉っぱでできた蓑（みの）のようなものを着た女の子が徐々に裸に…これは男の子向けかな?

ビッグ パックマン

かわいらしいデザインと斬新なギミックがうまく融合した傑作貯金箱。何度も見たくなるから、さぞお金も貯まったかな?

パックマンの手のひらにコインを乗せると、バネ仕掛けの腕が自動でビョ～ンと上がる。

と同時に口を開き、手のひらから飛んできたコインをパクッと飲み込んでしまう。

ユニーク貯金箱大集合!!

瀬戸物が主流だった貯金箱も、1970年代以降は素材や機能が進化し、一見では貯金箱とはわからないものも多かった。

自分で色を塗る観光地の貯金箱

子どもの頃、観光地の土産売り場の一角で、自分で色を塗って仕上げた素焼きの貯金箱。今もあのようなサービスはあるのだろうか。

質の悪い塗料だったせいか、今ではすっかり色あせてしまった。

思い出は色褪せない

マスコット貯金箱

1960年代後半〜70年代にかけて流行ったマスコット人形には、貯金箱機能の付いたものが多かった。

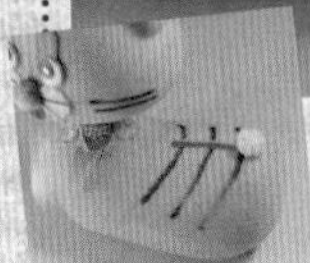

トラの背中にコインを入れる穴がある。お小遣いの少ない少女には、まさに虎の子の貯金だ。

彼とのデート代♥

ソンブレロを取るとコインを入れる穴が現れる。小さすぎてお金はほとんど入らない。

コブラ貯金箱

壷にコインを入れると、壷の中まで伸びたコブラの重り部分にコツンと当たり、コブラがユラユラと揺れ動く。

お金を守るコブラ!!

コブラがモールでできたマフラーをしていたり、温度計が付いていたり、昭和レトロ要素がうれしい。

パックンバンク

球形の本体に半月形の口が開いたキュートなデザイン。コインを入れると黄色の舌がめくれ、飲み込んだように見える

第一勧業銀行で配布された。ゲームの「パックマン」似だが正式名称不明。

市販品の『パックリカエル貯金箱』。構造は上のものとまったく一緒。

コインをパクッ!!

UFO BANK

1970年代後半のUFOブーム時のものか。コインを置くとゼンマイ仕掛けのUFOが回転してコインを中に吸い込む。

お金との遭遇

「キャトルミューティレーション」のように街中のお金を吸い上げてくれたらうれしい(笑)。

ステレオバンク

ターンテーブルの上にコインを乗せ、前面のボタンを押すとこれが回転し、遠心力でコインが飛んでスピーカー内に落ちる。

「チャリン!」といい音が

一見、誰が見ても貯金箱には見えないが、その斬新なアイデアには感服してしまう。

ジュークボックス貯金箱

コインを入れると、電飾と内蔵されたオルゴールのスイッチが入り、ピカピカと光りながらメロディーが流れる。

価格は不明だが、かなり高価なものだろう。これを買うために貯金をはたく必要があった?

オルゴールを奏でます

雑貨・その他…section 9

1億総《ニッポン》ファンシー化の狂気

昭和ファンシー地獄

「日本人の9割はヤンキーとファンシーでできている」と指摘した漫画家がいたが、まさにその通りだと思う。1970年代のハイブロウなサブカルチャーの反動か、1980年代に一気にファンシー化(田舎化)したニッポン。あらゆるものを「カワイイ」という価値基準のもとに相対化してしまうという、恐ろしいファンシー教国家が誕生したのであった。ファンシー化はさまざまな業界に波及し、現在から見るとかなり珍妙な商品を生み出すことになった。

〈絶版プラモ『ナスの帆船』を作る!!〉模型制作/タンゲ・アキラ

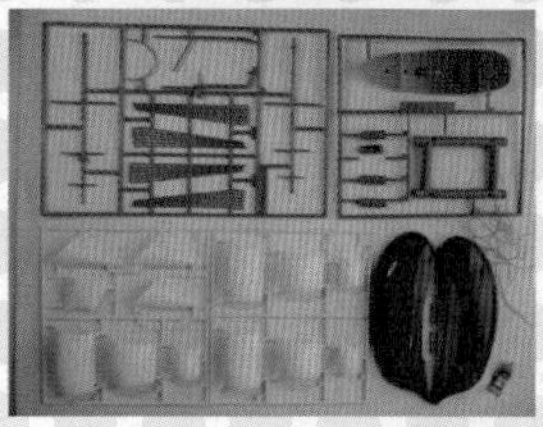

全パーツ。ロープ(ひも)や台座も付属。非常に出来がよく、パーツも合うのでパテ埋めは不要だった。

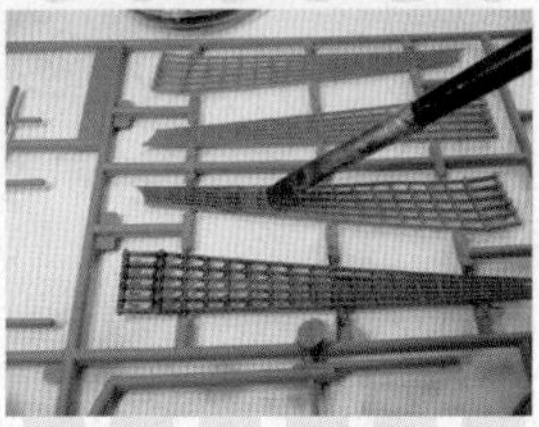

ロープや木材にはニスを塗るとそれっぽい雰囲気が出る。扱いやすい水性のニスがあるので利用しよう。

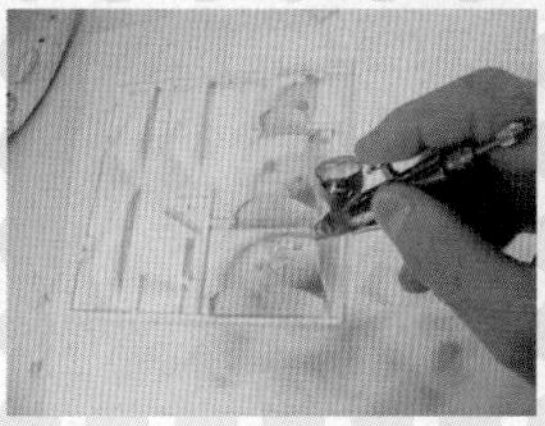

箱絵には描かれていないが、帆にエアブラシで虹を描いてやれば、よりメルヘンチックな作品になる。

『ナスの帆船』(クラウン/1970年代)
ここまでファンタジックなプラモはほかにないだろう。同シリーズに『バナナの帆船』『キュウリの帆船』がある。

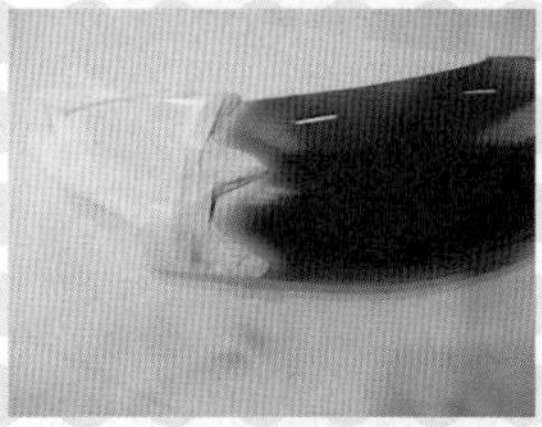

船体のナスは地色を活かして紫色を吹き、赤のパール塗料で仕上げ。ヘタの陽の当たらない部分は白色で。

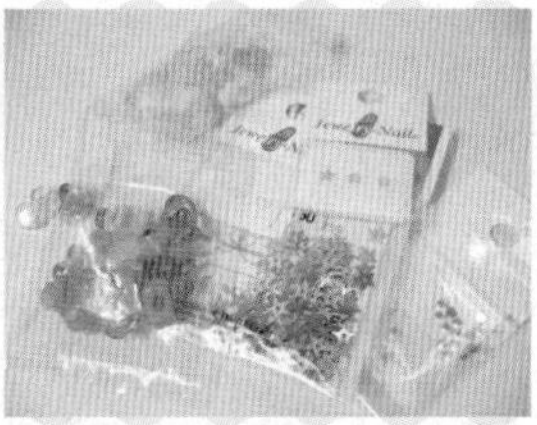

100円ショップで売られているアクセサリーキットやネイルアート用のパーツを使って華やかに!

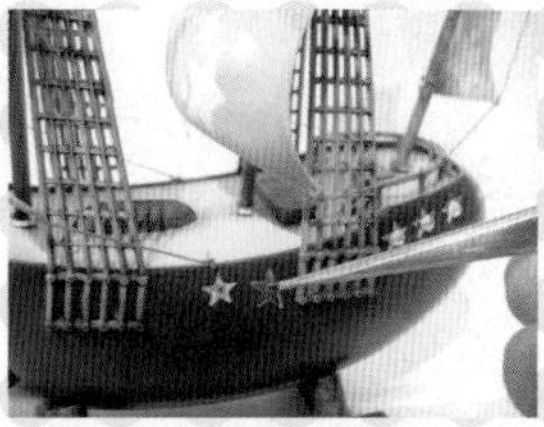

ネイルアート用の星形パーツと小さなキラキラパーツを組み合わせて、船体側面をデコレーション。

ロマンあふれる模型を純真な気持ちで作る!

プラモデルといえば男の子のホビーだが、これは女の子用に企画されたのだろうか? いま見ても新鮮だ。パーツの精度は高く、バリもないので非常に作りやすいキット。バランスがいいので改造は一切行っていない。現在は安価でデコレーション用の素材が入手できるので、思いっきりデコろう!

これぞ"キラキラ"プラモ!!

どうせチープな模型だと思ったら大きな間違い。組み上げてみると全長約20cmの堂々たる帆船模型に!

ナスの帆船

CROWN FANTASTIC SERIES

ファンシープラモ逆噴射

1980年代のファンシーブームは、いろいろな業界を巻き込んで拡大していった。模型業界も例外ではなく、続々と「!?」な商品を世に送り出した。

珍獣ブームに便乗!!

エリマキトカゲ(アリイ)

珍獣のユニークな動きをゼンマイで再現。造形もご覧の通りかなりリアルな傑作シリーズだ。

わんだぁらんど アホローパー(アオシマ)

ごたいそうにモーター動力で動く。『ウーパールーパー』は商標なので、独自のネーミングになった。

ラッコ(アリイ)

泳ぎながら(走りながら)お腹の上で貝を割るかわいい仕種をするギミック付き!

コアラ(アリイ)

「本物そっくりに走る!」とあるが、なんとお尻についた車輪で走るだけなのだ(笑)。

東西冷戦もパロディーに!!

アッパレ愛CBM(エルエス)

アメリカ

まさかの大陸間弾道ミサイルがファンシープラモに! タイトルも素晴らしすぎる。

ソ連

米ソ2種あるところがミソ。1980年代のニッポンは冷戦そっちのけで平和ボケしすぎだろ!

大ヒット大河ドラマがタコに!?

おっとっと掃除機(グンゼ産業)

独眼流タコ

なぜかタコと大河ドラマ『独眼竜政宗』ブームが合体!

デイトナの星 トルシエ53

この頃は『デイトナ24時間レース』が人気だった。

スイーパーPマン とんでる豚

当時の大ヒット漫画『Dr.スランプ』の影響大だ。

缶だって走る!!

キャンキャンダッシュ キリンレモン(イマイ)

アルミ缶の多段ネック化が進んだ80年代後半の商品か。発想自体が突っ走ってる。

ファンシー女児玩具の闇

キティのケースになめ猫が!?

中身はパチもんキャラのチープな文具セット。

最も体積を占めている「ひみつばこ」の中身はカラ!

なめ猫文具セット

なめ猫ブーム時のものか? キティ形ケースになめ猫の顔写真が使われてる衝撃的商品。

1970年代から定番となった透明ケース入りの女子玩具。ケースにつられて買うと、中身はあきれるほどチープなものが多かった。

ワンちゃんおしゃれセット

こちらはかわいいワンちゃん。中身よりケースで売るのがファンシー女子玩具の常道だった。

中身より外見!!

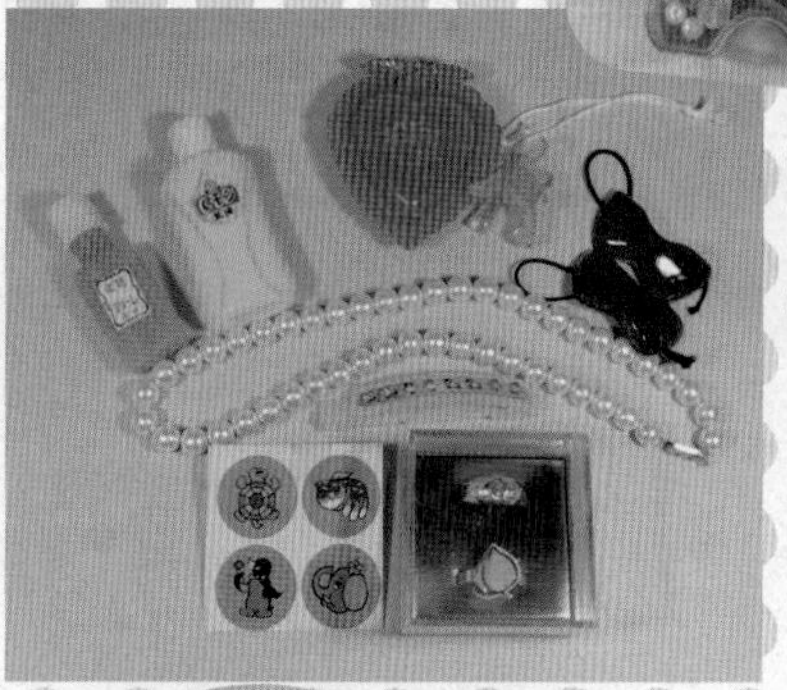

化粧クリームと乳液が付属しているが、果たして安全なものだったのだろうか…。

お金持ちあそび

コイン形の透明ケースに札束やコインがザックザク! これも女の子のロマンの一つなのだ。

世の中ゼニや!!

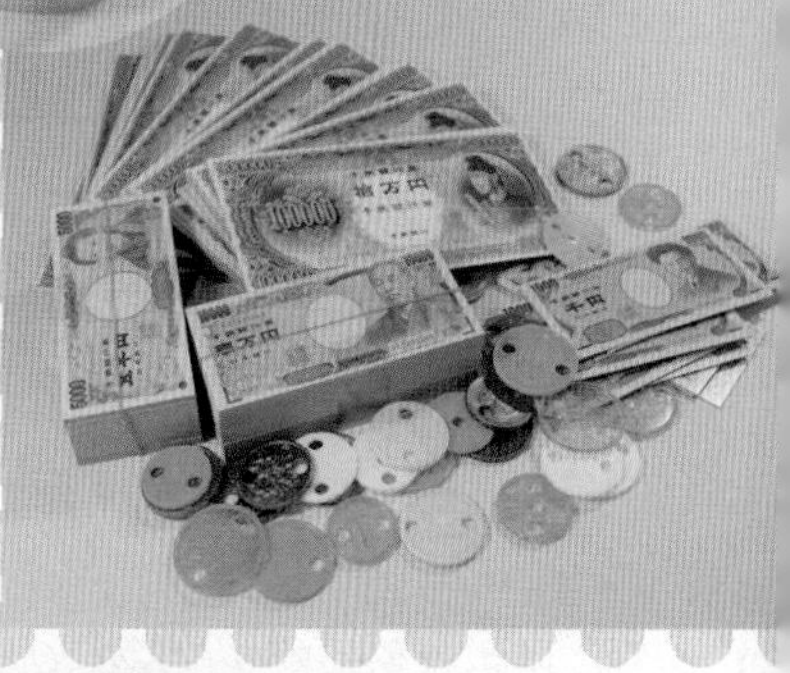

昔からあるおもちゃだが、現行商品なのでお札の絵柄がちゃんと更新されている。

あらゆるものがカワイクなった!!

怪獣からウンチまであらゆるものがまぁるく、かわいくなって商品化されていった。

世の中まぁるくハッピー!!

チョロQ

昭和55年発売の『チョロQ』のデザインは革命的。その後のおもちゃ界に多大な影響を与えた。

怪獣灰皿

灰皿など大人の小道具も一挙にファンシー化。彼女からプレゼントされ仕方なく使うハメに…。

チョロ獣

『チョロQ』のヒットに続き、まさかの怪獣までまぁるくして商品化。このシリーズも人気に。

ゆでたまご

飛行機模型に定評があるハセガワも、なぜかファンシーブームに参戦。航空ファンを困惑させた。

ファンシー紙袋

1980年代のファンシーショップや文具屋でよく使われていた紙袋がコレ。パチっぽいキャラのオンパレードだが、かなり幅広く普及した。

下の赤い袋よりレア。1990年代までは見かけた。なんでもローマ字にしちゃうのがこの頃の流儀。

あかんやつら大集合!!

今でも地方の文具屋に行くとよく見かける袋。なぜ、この袋だけ全国に普及したのだろうか?

今でも買える!!

昔ながらの 昭和駄菓子大図鑑

私たちが駄菓子屋で買い食いした、あの懐かしい駄菓子はまだ売っているのか？ と思って探してみたら、けっこうあってビックリ！ 最近は駄菓子を買い求める中年客も多いという。味覚、視覚、触覚、嗅覚、聴覚の五感をフルに使って駄菓子を食べれば、いつの間にか子ども時代にタイムスリップ。駄菓子こそソウルフードだ！

永遠のベストセラー

子どもの頃、誰もが一度は口にしたことがあるハズ。今もその味は変わらない。押しも押されもせぬ駄菓子界のスーパースターだ！

クッピーラムネ
(カクダイ製菓)

ラムネといえば、やはりコレでしょ。昭和38年に誕生した老舗ブランドだ。名前の由来は熱帯魚のグッピー。

カットよっちゃん
(よっちゃん食品工業)

大人になっても酒のつまみにしているというファンは多い。長い付き合いだなぁ。最近は黒こしょう味などもある。

みんなに人気の頑固者

ベビースターラーメン
(おやつカンパニー)

昭和34年に登場。日本にラーメン文化を根付かせたのは、コレを食べて育った子どもたちじゃないのかな？

ブタメン
(おやつカンパニー)

駄菓子屋で買えたミニカップ麺。お店でお湯を用意してもらって、ズルズルすするのが醍醐味。味は多種あり。

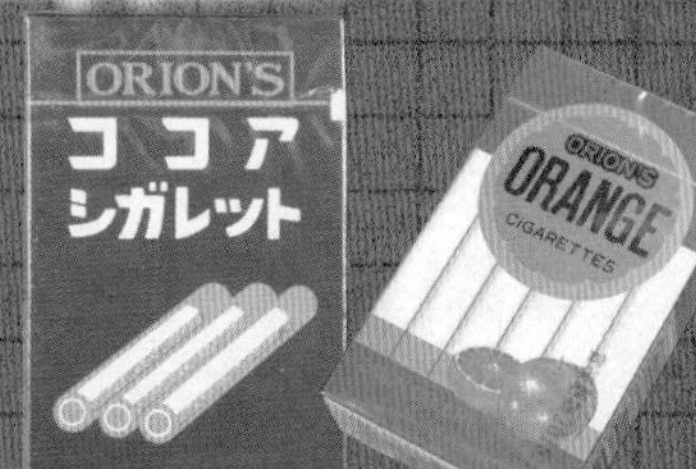

ココアシガレット
(オリオン)

昭和23年の会社創業時からの超ロングセラーだ。パッケージも不変。オレンジやコーラ味もある。

うまい棒
(やおきん)

昭和54年の誕生以来、駄菓子界をリードする番長的存在。デザイン、味は変化するが、10円という価格は変わらない。

サクマ式ドロップス
(佐久間製菓)

発売はなんと明治41年！ 終戦後に佐久間製菓とサクマ製菓の2社に分裂。本商標は佐久間製菓が引き継いだ。

モロッコヨーグル
(サンヨー製菓)

昭和30年代半ばに誕生した、ほどよい酸味が人気のカップ入り菓子。名前の由来はヨーグルトの産地名から。

カツ＆珍味

カツなどフライ系駄菓子を好んで食べていた子どもは、その後、メタボ中年に…。珍味系を食べていた子どもは、大酒飲みになったに違いない。

酒の肴にもってこい!!

カ　ツ

ビッグカツ（菓道）

カツ系菓子の王道にして定番。濃厚なソース味がたまらない。

デミグラソースカツ（すぐる）

子どもの味覚が向上したことで開発された新製品。高級感のある味。

名古屋みそカツ（すぐる）

名古屋のご当地グルメ・みそカツ味もあるでよ。こりゃウミャ〜！

カレーカツ（すぐる）

ピリッとした辛味がたまらないカレー味。ご飯が欲しくなる〜。

蒲焼さん太郎（菓道）

うなぎはバカ高くて庶民には手が出ません。そこでコレですよ！

焼肉さん太郎（菓道）

メーカーが苦心して開発したタレの味が最高。これはオカズです！

珍　味

いかベーコン（一栄食品）

紛れもないイカの燻製ですな。駄菓子じゃなくてツマミです！

甘いか太郎（菓道）

噛み応えのある身から、ジュワ〜ッと甘味が溢れ出る。子どもにはもったいねぇ。

さくら大根（みやま食品工業）

大根の酢漬けですよ、シブイなぁ。茶漬けにして食べたい。

するめジャーキー（タクマ食品）

子ども向けに甘味を足したするめ。顎を鍛えるのにいいかも。

ギュ〜牛〜（やおきん）

正真正銘のビーフジャーキー。原材料は牛肉ですよ、お父さん！

あんず＆梅＆すもも＆こんぶ

あんず、梅、すももはいずれもバラ科サクラ属であり、昔から駄菓子の原材料として重宝された。これらの甘酸っぱさはなぜか懐かしい。

すもも漬（ナマイ商店）

先にストローで汁を吸ってから、実を食べるのが本式ですゾ。

コギャルチョッパ梅（駄菓子サークル）

パッケージは1990年代風だが、中身は昔ながらの干し梅です。

みつあんず（港常）

あんず菓子といえばコレ。ハチミツのおかげでほどよい酸っぱさに。

ウメミンツ（オリオン）

本品は同社のココアシガレットと対になるよう、ライター形なのだ。

この酸っぱさがタマラン!!

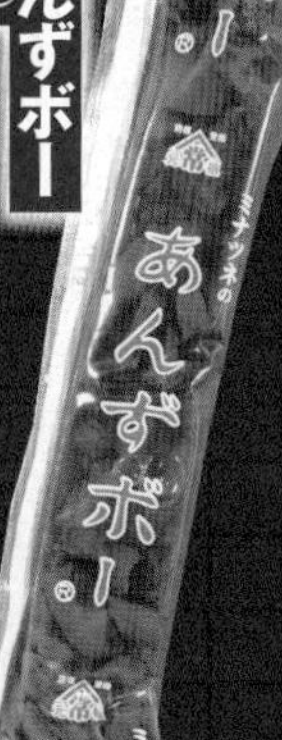

あんずボー（港常）

凍らせた『あんずボー』を氷の代わりに焼酎に入れて飲むと、最高にうまい！

梅ジャム（梅の花本舗）

終戦直後の食べ物のない時代に、梅肉のクズを利用して作られた。

都こんぶ（中野物産）

昭和6年からのロングセラー。名前の由来は創業者の中野正一氏が、京都出身だから。

ウメトラ兄弟（よっちゃん食品工業）

カツオ風味のジューシーなカリカリ梅が3個。ご飯1杯いけます。

スナック

『かっぱえびせん』や『カール』が登場する以前は、ふ菓子やぽんせん、みるくせんべいがスナック菓子の主流だった。絶賛存命中だ!

ミルクせんべい（佐藤製菓）

パリッ、ふわっの感触がたまらない。好きなものを塗って召し上がれ。

梅ジャムせんべい（佐藤製菓）

梅ジャムとミルクせんべいの組み合わせは、紙芝居屋が考案したという。

ソースせんべい（佐藤製菓）

梅ジャムもいいが、ソースも捨てがたい。大いに悩んだものだ。

餅太郎（菓道）

駄菓子というより、立派なお茶請けです。塩味が強いのがナイス。

やめられない、とまらない♪

ミルクボーロ（岩本製菓）

「タマゴボーロ」の姉妹商品。コーンスープやヨーグルトにも合うゾ。

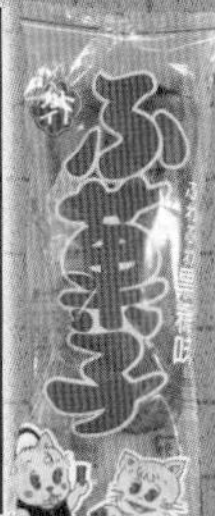

ふ菓子（トーカイフーズ）

ふ菓子の中では黒砂糖が濃いめで固く、ワイルドな感じの商品。

ふ菓子（やおきん）

「サクッ」「ふわっ」「あまっ!」この感動を孫の代まで伝えたい。

カステーラ（佐藤製菓）

砂糖がたっぷりまぶされたカステラ。串に刺さっているのがいい。

チーズあられ（中村製菓）

チーズ風味は抑えめで塩味に近い。チーズ嫌いでも食べられます。

ポテトフライ（中村製菓）

本物のポテトフライに近い味。油で揚げてないのでヘルシーか?

カレーあられ（やおきん）

昔からカレー好きな子どもに人気のスナック。薄味なところがいい。

ラーメン

即席麺を砕いてそのまま食べるという、斬新な発想で生まれた駄菓子。ベビースターラーメンの他にもあるゾ!

ヤッター!めん（ジャック製菓）

金券が当たるクジ付きで人気。キャラはどう見てもイヤミだろ!!

ラーメン屋さん太郎（菓道）

なぜかボクサーが「うまい」と殴りかかってくる。チキン味。

日本人のラーメン好きはココから!!

らあめんババア（よっちゃん食品工業）

味はどれも似たようなもの。ここはイラストの趣味で選びたい。

元祖キムチラーメンのどん（トチギヤ）

独自のキムチ味だ。1000円や流行のおもちゃが当たるという太っ腹!

チョコ

駄菓子のチョコは、たいてい準チョコと呼ばれる低グレード品だが、その味がまた懐かしいのだ。

スーパーBIGチョコ（リスカ）

全長約25cmの特大チョコだ。子どもにとってデカいことは正義なのだ。

チョコフォーカステラ（植竹製菓）

円盤形だからUFOをもじったネーミング。ダサいけどうまい。

チョコバット（三立製菓）

「ホームラン」1本か「ヒット」4本でもう1本もらえる。細長いチョコパン。

おとくでっせ（福助製菓）

10円〜100円が当たる金券クジ付き。本物の10倍はありそうな大きさだ。

駄菓子屋さんのチョコパン（カネ増製菓）

パサパサのパンに甘くないチョコ…これが昭和のチョコパンだ!

やっぱ、好っきやねん!!

ゴールデンチョコレート（福助製菓）

金色に輝くのべ棒を模したパッケージが最高! 金券クジ付きだ。

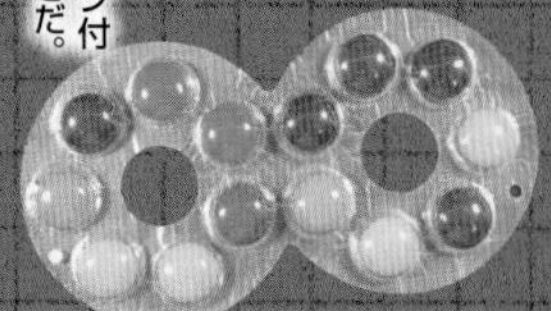

ハイエイトチョコレート（フルタ製菓）

カラフルな粒チョコを透明なメガネ形ケースに入れたアイデア商品。

雑貨・その他…section 11

ご当地名物だヨ！ 旅の思い出大集合!!

観光地みやげ物キ〜ホルダ〜日本一周の旅

「レジャー白書2019」によれば、日本人が好きな余暇の過ごし方は8年連続で「国内旅行」だった。旅行に行くと自分がここに来た証しとして、つい買ってしまうのが、みやげ物売り場に並んだキーホルダー。しかし、買ってはみたものの、やたら大きかったり、使うには恥ずかしかったりで、実用性はゼロ！ 結局、机の引き出しの奥でゴミ同然になってしまう。そんな肩身の狭い思いをしているキーホルダーを一同に集め、日本一周の旅に出かけてみることにした!!

北海道・東北

北の大地から旅をスタート!!

龍飛崎

石川さゆりの名曲『津軽海峡・冬景色』で知られる、津軽半島の最北端の岬。シブい！

阿寒湖

マリモやヒメマスで有名な北海道・釧路にある淡水湖。熊モチーフは北海道の定番だ。

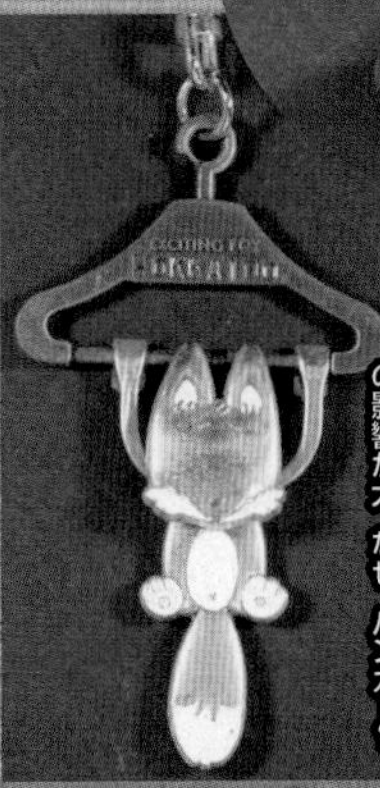

北海道

北海道にキツネのイメージが定着したのは、ドラマ『北の国から』の影響が大。なぜ、ハンガー？

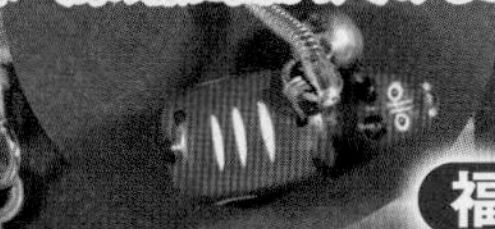

福島

福島県会津地方の郷土玩具「赤べこ」。全国でも人気度1〜2位を争う、みやげ物界のエリートだ。

岩木山

松村和子のデビュー曲『帰ってこいよ』の舞台。青森県・津軽平野にある日本百名山の一つ。

関東・中部

日光三猿

修学旅行で日光行ったら、ほとんどの学生がこの「三猿」か「眠り猫」のみやげ物を買う。

奥飛騨温泉

岐阜県高山市にある温泉の総称。オヤジにはムカッとくるカップル用のキーホルダー。

富士山

世界文化遺産に登録された日本の象徴的存在。キーホルダーの売り上げも日本一だ。

祝!! 世界文化遺産登録

福井

県の形をかたどったキーホルダー。名所の場所も表示されており、方位計も付いて非常に便利。

鎌倉大仏

大仏の置物を買うのは躊躇してしまうが、キーホルダーくらいなら…とつい買ってしまう。

ロマンスカー

名称の由来は、二人掛けの対面座席を採用したことから。画像は昭和55年に運行開始した7000形。

日光

徳川家の葵の紋と、十手の組み合わせが粋なキーホルダー。このくらいベタなほうが売れるのだ。

日本ライン下り

岐阜県・木曽川の迫る岩間を縫って下る、スリリングな遊覧コース。船頭が動くギミック付き。

安曇野

わさびが名産の長野県にある扇状地。駅名標のシールを張り替えれば、どこでも使える。

高尾山

東京都八王子市にある人気のパワースポット。こんなの買うお金があったら、とろろ蕎麦を食いたい。

BIG EGG

昭和63年に落成した日本初のドーム型野球場。キーホルダーが色あせるほど昔のことになった。

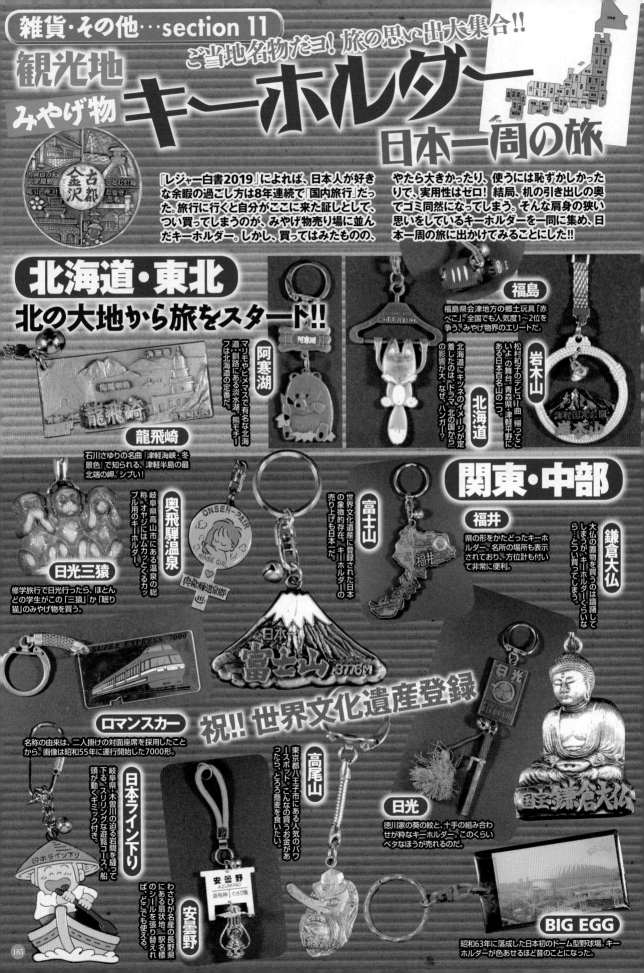

近畿

お守り買うより、まず、みやげ。

三千院

デューク・エイセスのヒット曲「女ひとり」に登場する寺院。托鉢僧に数珠で、何やら御利益がありそう。

京都

京都の托鉢僧のかわいい木製人形。みやげ物を買う金があったらお布施してほしいものだ。

祇園祭

日本三大祭りの一つで、京都の夏の風物詩。壮麗な山鉾がコンパクトな木製のキーホルダーに。

潮岬

和歌山県にある本州最南端の岬。下部に描かれたスイセンは、この地に春の訪れを告げる花。

大阪

大阪には食い倒れ人形や通天閣など、面白いキーホルダーがたくさんあるのに、これは地味すぎる。

奈良大仏

正式名称は東大寺盧遮那仏像。普通は偉大な仏像を見た後に、これを買おうとは思わないはず。

兼六園

石川県金沢市にある日本三名園の一つ。描かれている「ことじ灯籠」はシンボル的存在。

びわ湖

琵琶湖周辺の地図を刻印したキーホルダー。「実用的!」とか思って買っちゃうんだろうなぁ。

但馬路

兵庫県北部の山陰道。ブランド和牛の産地だから牛の絵なのだろうが、これはヒドイ。

銀閣寺

銀閣寺は別に銀色ではないが、キーホルダーは銀色にしないと、お客は納得しないのだろう。

金閣寺

ご存じ京都の人気スポット。キーホルダーは当然、金メッキが施されており、リッチな気分。

中国・四国

お札の代わりにキーホルダー集め。

水軍

戦国時代、水軍たちが群雄割拠していた瀬戸内海のキーホルダー。鎧姿がカッコイイ。

坂本龍馬

うわ〜っ、いったい誰が買うのか、このセンス。龍馬も草葉の陰で泣いているぜよ!

鳥取大砂丘

鳥取市の日本海海岸に広がる日本三大砂丘の一つ。観光の一環として、ラクダが飼育されている。

高知

「よさこい節」で有名な悲恋物語の舞台となった、高知市の「はりまや橋」がモチーフ。

金刀比羅

森の石松が描かれている理由は、金刀比羅宮に出かけた帰路で騙し討ちに遭い、死亡したからだ。

広島

広島というとやはり原爆ドーム。戦争の悲惨さを伝えるために、キーホルダーも役立っている。

宮島

戦国時代、厳島の合戦でいち早く鉄砲が使われていた。でも、これじゃなくて火縄銃でしょ?

岡山

岡山名産の桃を図案にあしらった、県の形をしたキーホルダー。全部集めると日本地図が完成する?

淡路島

兵庫県に属する瀬戸内海最大の島。作詩家・阿久悠の出生地としても有名。水仙郷は冬の名物。

松山

「坊ちゃん」がこんなファンシーなキーホルダーになるとは、夏目漱石も思わなかっただろう。

明石海峡大橋

淡路市と神戸市を結ぶ、世界最長の吊り橋。阪神・淡路大震災に耐え、平成10年に開通。

観光地キーホルダーの魅力

どんなにおいしい名産品も、食べてしまえばなくなってしまうが、キーホルダーはいつまでも思い出として残る。金属製のものが多いのは〝永遠性〟の表現だろう。しかし、キーホルダーをもらって喜ぶ人はいない。思い出は〝運命的な出会い〟があってこそで、ひと目惚れの心理に近い。注意しよう。

九州・沖縄

ドッカン！ 火の国

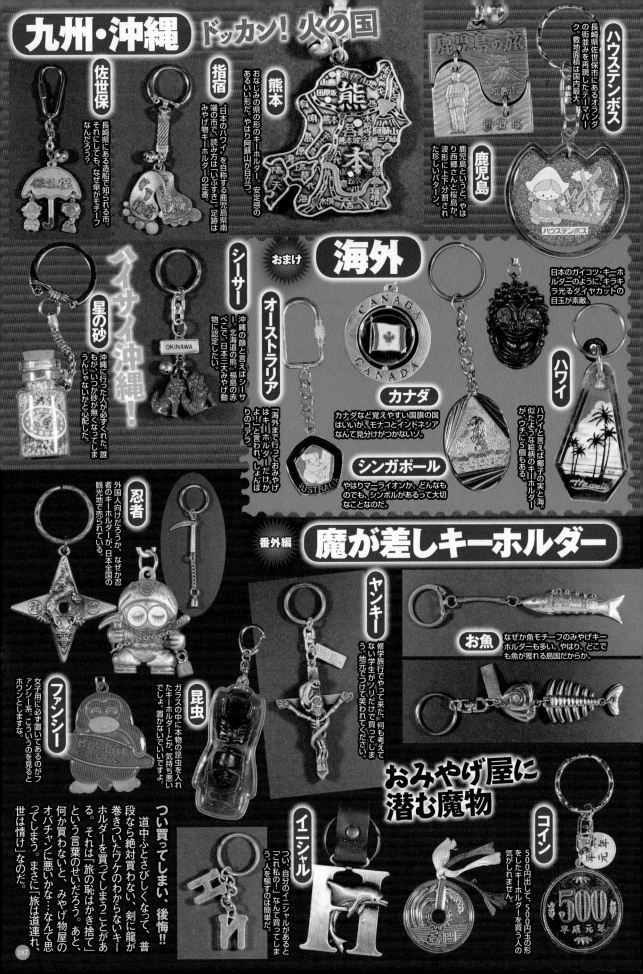

佐世保

長崎県にある造船で知られる市。それにしても、なぜ傘がモチーフなんだろう？

指宿

〝日本のハワイ〟を自称する鹿児島県南端の市で、読み方は「いぶすき」。足跡はみやげ物キーホルダーの定番。

熊本

おなじみの県の形のキーホルダー。安定感のあるいい形だ。やはり阿蘇山が目立つ。

鹿児島

鹿児島というと、やはり西郷さんと桜島か。波形に上下分割された珍しいパターン。

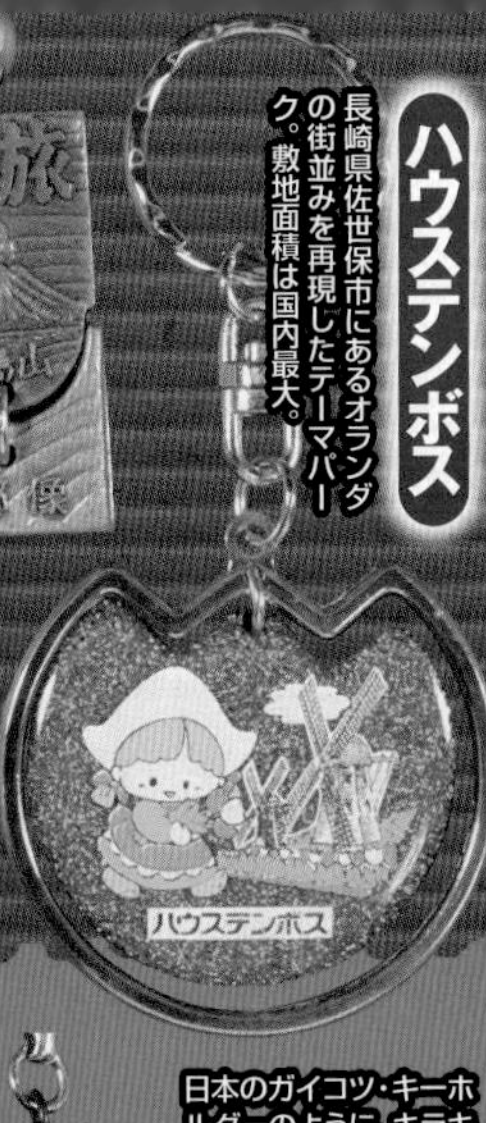

ハウステンボス

長崎県佐世保市にあるオランダの街並みを再現したテーマパーク。敷地面積は国内最大。

ハイサイ沖縄！

星の砂

沖縄に行った人が必ずくれた。誰もが、いつか砂が無くなってしまうんじゃないかと心配した。

シーサー

沖縄の顔と言えばシーサー。北海道の熊、福島の赤べこで、日本三大みやげ動物に認定したい。

おまけ 海外

オーストラリア

「海外まで行っておみやげはキーホルダーだけかよ！」と言われ、しょんぼりのコアラ。

カナダ

カナダなど覚えやすい国旗の国はいいが、モナコとインドネシアなんて見分けがつかないゾ。

シンガポール

やはりマーライオンか。どんなものでも、シンボルがあるって大切なことなのだ。

日本のガイコツ・キーホルダーのように、キラキラ光るダイヤカットの目玉が素敵。

ハワイ

ハワイと言えば椰子の実と海。似たような絵柄のキーホルダーが、ウチに5個もある。

番外編 魔が差しキーホルダー

忍者

外国人向けだろうか、なぜか忍者のキーホルダーが、日本全国の観光地で売られている。

ファンシー

女子用に必ず置いてあるのがファンシー系。こういうのを見るとホワンとしますな。

昆虫

ガラスの中に本物の昆虫を入れたキーホルダーとか、気持ち悪いでしょ。置かないでいいですよ。

ヤンキー

修学旅行でやって来た、何も考えてない学生がノリだけで買ってしまう。地元でつけて笑われてください。

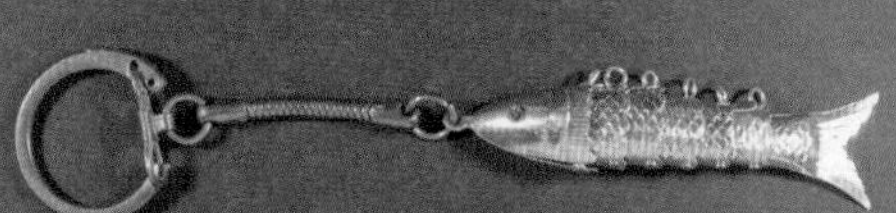

お魚

なぜか魚モチーフのみやげキーホルダーも多い。やはり、どこでも魚が獲れる島国だからか。

おみやげ屋に潜む魔物

コイン

500円出して、500円玉の形をしたキーホルダーを買う人の気がしれません。

イニシャル

つい、自分のイニシャルがあると「これ私の！」なんて買ってしまう。人を騙すのは簡単だ。

つい買ってしまい、後悔!!

道中ふとさびしくなって、普段なら絶対買わない、剣に龍が巻きついたワケのわからないキーホルダーを買ってしまうことがある。それは「旅の恥はかき捨て」という言葉のせいだろう。あと、何か買わないと、みやげ物屋のオバチャンに悪いかな…なんて思ってしまう。まさに「旅は道連れ、世は情け」なのだ。

グッズで懐古 帰ってきた昭和の夏休み

虫たちのざわめき、海のにぎわい、金魚売りやアイス売りの声、色めく野菜に果物……すべてが今よりもずっと濃厚だった昭和の夏。特に子どもの頃の夏休みの記憶は、夏の太陽のように燦然と輝き、色あせることがない。あの懐かしい、本物の夏へ行ってみたいと思いませんか？ 人は記憶の断片がほんの少し刺激されただけで、過去に引き戻されることもあるのです。さあ、あなたもこの3ページであの夏へレッツ・脳内タイムスリップ!!

朝 昆虫採集

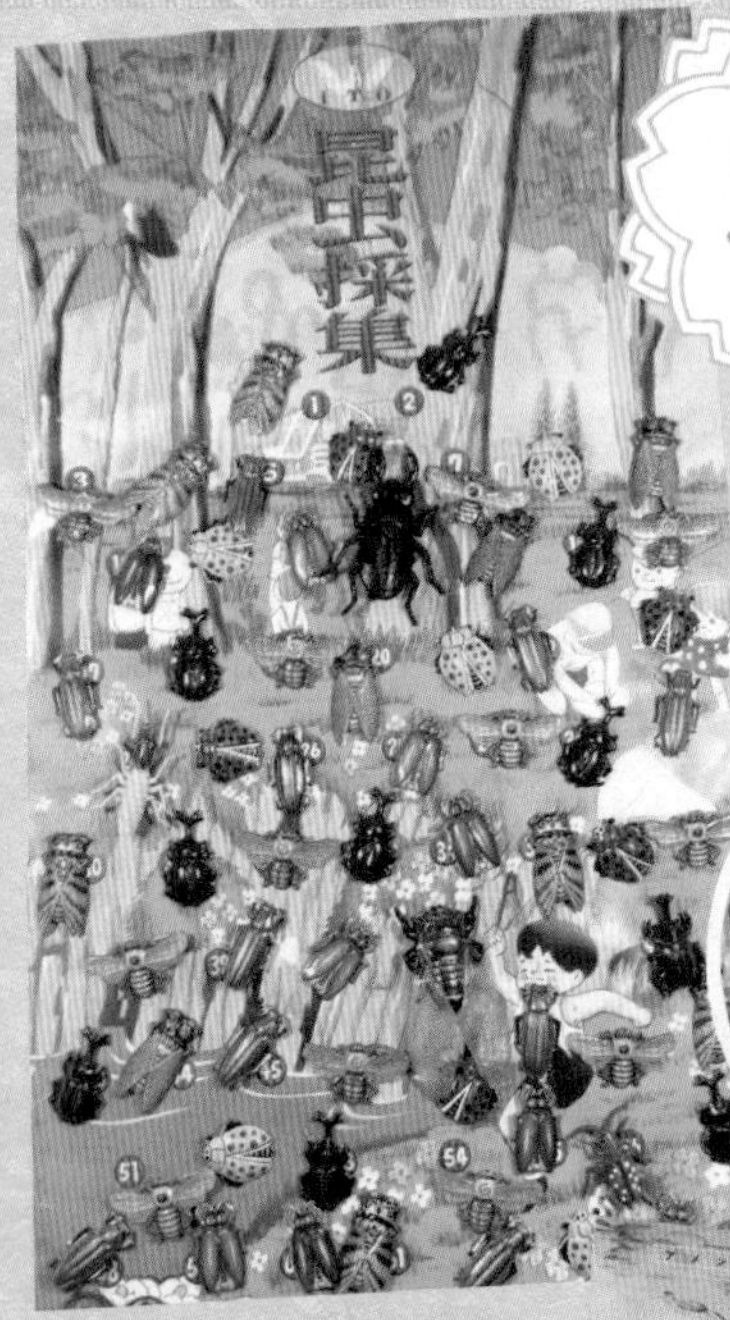

環境破壊によって昆虫も減り、都会っ子はブリキやプラの昆虫をせっせと集めた。

都会っ子は駄菓子屋で昆虫採集!!

昆虫当て

昆虫玩具は時代とともにブリキから塩ビ製へ。だが玉虫の輝きはブリキに限る。

夏は昆虫が一番の友達!!

図鑑で下調べ

図鑑に載っていたゲンゴロウやタガメはめったにお目にかかったことがない。

虫かご

虫かごがいろいろな虫で一杯になったところを夢想して採集に出発するのだが…。

鳥もち

長い竿の先にこれを塗り、トンボやセミを直接捕獲。

昆虫採集セット

初めて生き物に注射したとき、科学者にでもなった気がして興奮したなぁ。

虫めがね

虫を観察するものだが、太陽光を集めてよく焼き殺したっけ。

昼

水遊び

夏の水遊びの開放感ときたらハンパない！原始に近い子どもは、生物の故郷である海に帰りたい欲望が強いのかな？

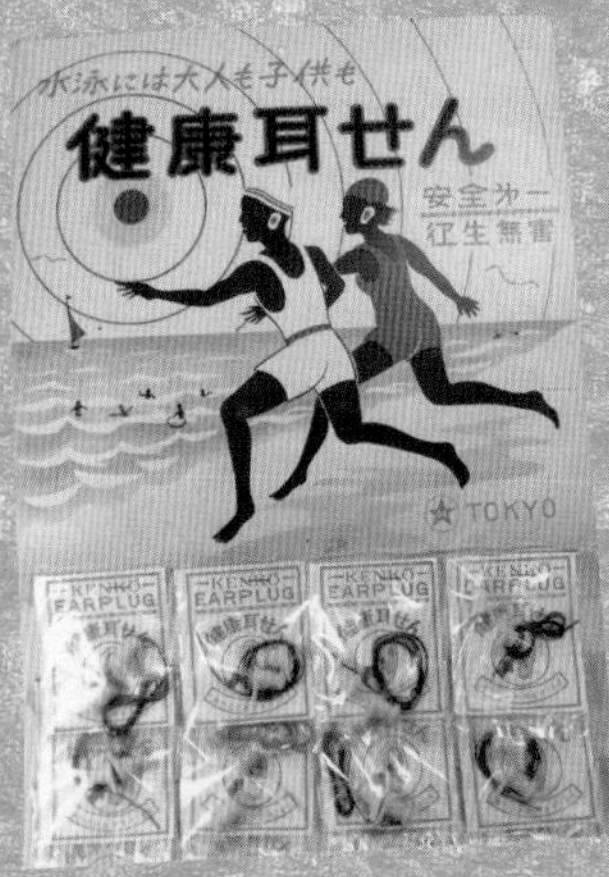

耳せん

夏になるとよく売られていたが、最近は防音用ばかりで世知辛い。

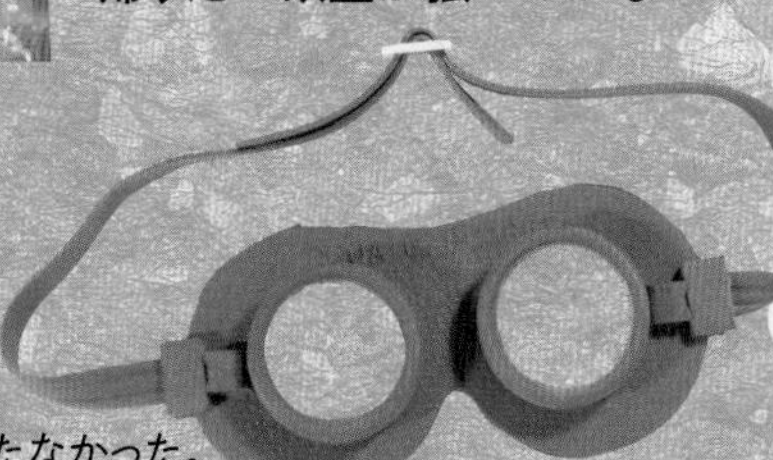

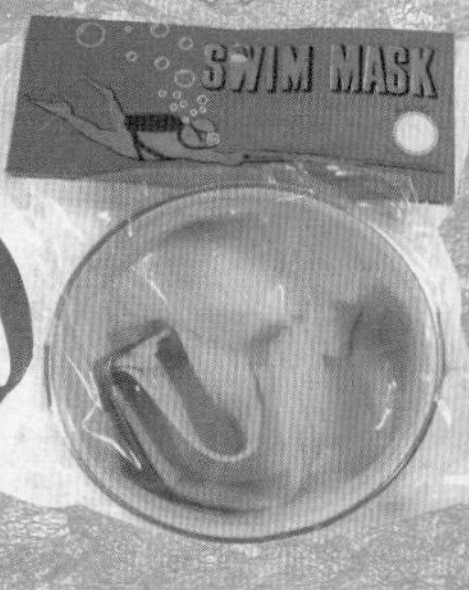

水中メガネ

駄菓子屋売りのチープな水中メガネはまったく役に立たなかった。

ビニールトイ

いつもは萎んでいる彼らが1年に1回、脚光を浴びるのが夏だ！

海へプールへGO!! 誰よりも黒くなるぞ〜

水もの玩具

夏はモーターボートや潜水艦のおもちゃの出番。池で遊んでなくしてしまうこともたびたび。

おやつ

一家に一台かき氷器でシャカシャカッ!!

1960年代末、家庭用のかき氷器が発売され大ヒット！おもちゃ的要素が強かった。

ぺんぎんちゃん

玩具メーカーが作っただけあって、かき氷器には見えない。アサヒトイ

ヘルメット進呈キャンペーンが大当たり。CMキャラクターは白木みのる。

タイガーベビーアイス

宇宙船

船底からかき氷を落としてくれるUFOなんて夢があるなぁ。タイガー

きょろちゃん

ハンドルを回すと目が左右に動く仕種が可愛い。タイガー

ケロッコ

可愛いが、もはやカエルの形をしている意味はない。中部工機

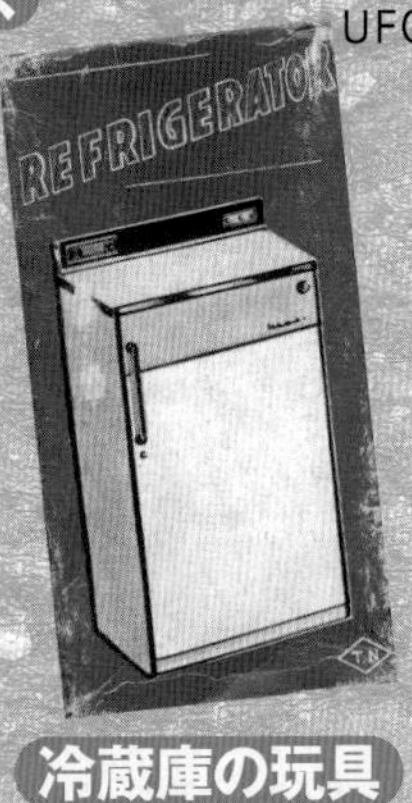

冷蔵庫の玩具

今では考えられないが冷蔵庫が子どもの憧れだった時代があったのだ。

夕

工作

ハンディファン・扇風機を作って涼もう!!

昭和の時代はチープなプラモデルががんばっていた。夏の定番はなんといっても納涼プラモたった!

普通のハンディファン

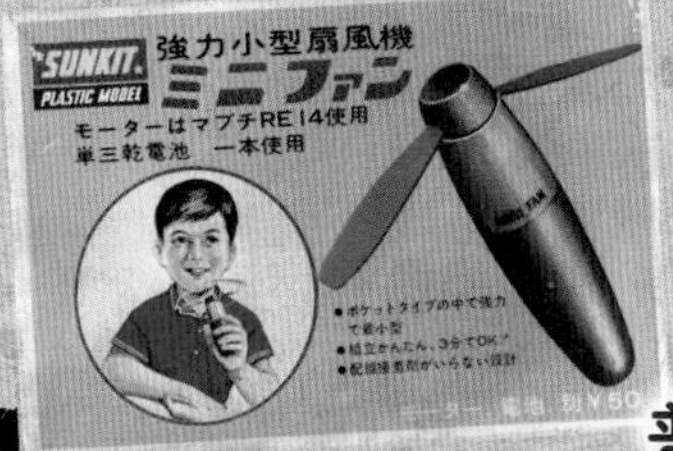

ミニファン

モーター・電池は別売りでたったの50円。組み立て3分でOK! サンキット

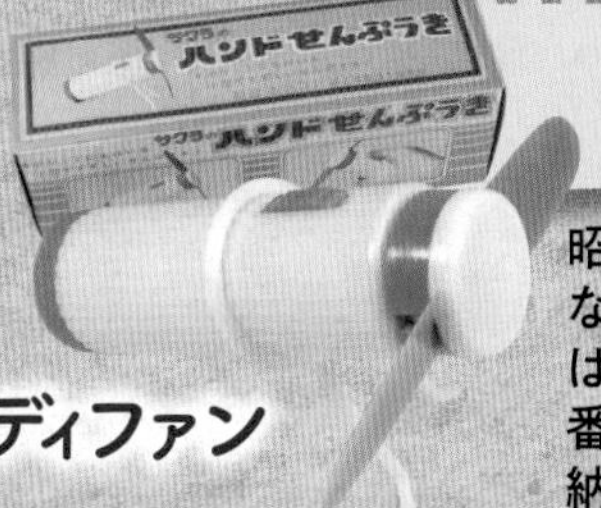

ハンドせんぷうき

完成済みのおもちゃ。ちょっとリッチにスタンド付き。サクラ

ロータリーファン

送風部と電源部が90度に折れ曲がり、4つのタイプが楽しめるのだ。日東

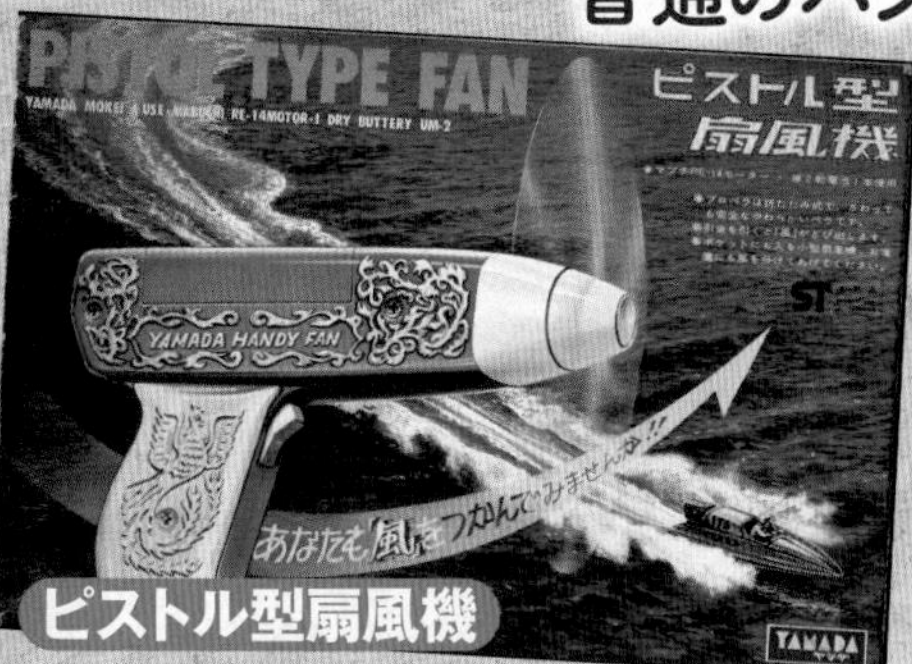

ピストル型扇風機

各社がハンディファン開発にしのぎを削った。これは子どもウケしそう。山田模型

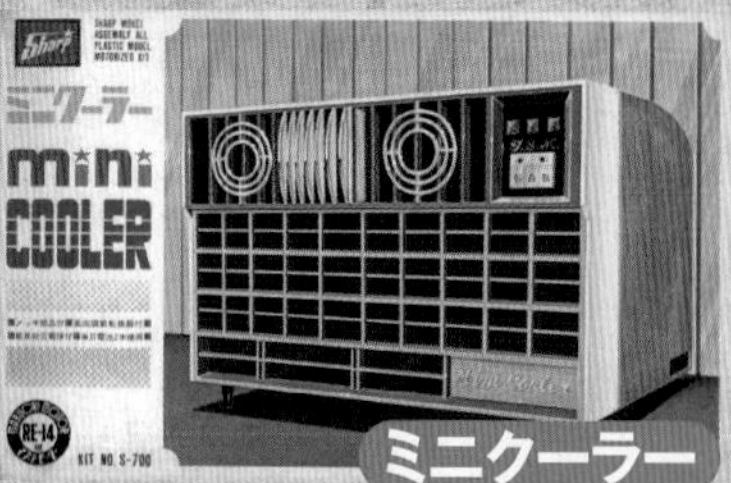

ミニクーラー

クーラーのプラモといっても、中にプロペラが入っているだけ。東京シャープ

変わり種ハンディファン

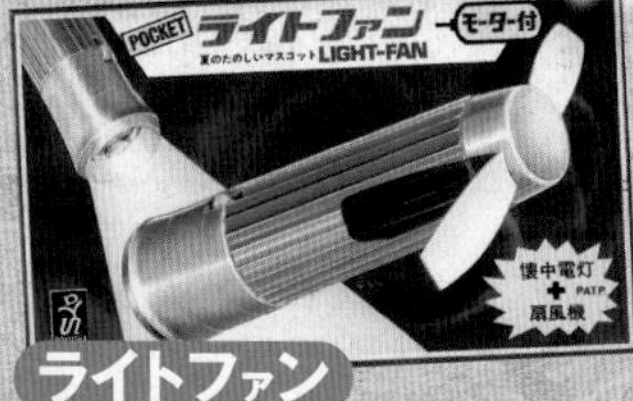

ライトファン

扇風機に懐中電灯機能がプラス! 夏の夜には欠かせない逸品。童友社

ウルトラファン

大きな音が出るサイレンと扇風機の2役で使える。被災時に使えそう。日東

オレオレ

実際に発売されていた機種を忠実にプラモ化。日東

七夕

商店街に七夕飾りが登場するとワクワクした。夏は人をロマンチックにするのだ。

ホイル七夕セット

アルミコーティングでキラキラ光る七夕飾り。パチ絵が良い。

短冊

七夕の季節になると文房具屋で短冊が売られていた。あの頃、何を書いたっけ?

でんぐり

表と裏をくっつけると立体的な飾りに早変わり!

夜

夜はあの娘を誘って公園で花火!!

花火

親公認で火遊びが出来るんだからやっぱり夏は最高だ。ロケット花火で戦争だ〜!

エンマク

モクモクと煙が出るだけ。火事と間違うので最近は扱う店が少なくなっている。

ドラゴン

今も売られているロングセラー。デザインも昔のまま。

ロケット花火

ピュ〜ッと音を立てて飛んで爆発。民家や人に向けてはいけないけど…。

魔法の蛇玉

ニョロニョロと真っ黒な灰が出てくる不思議な花火。

マジック花火

花火が終わった後、絵が描かれた持ち手を持ちかえって遊んだりしたなぁ。

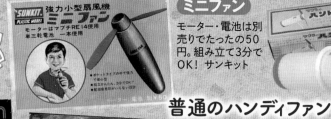

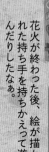

子どもたちを巻き込んだ日本のお色気パワー

昭和元禄 エロとの遭遇

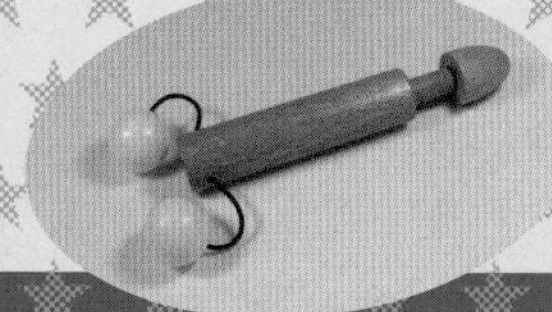

経済発展途上期の日本は今では考えられないほどの“お色気”に満ち溢れていた。街にはミニスカギャルが跋扈、テレビではパンチラCMや野球拳、女風呂のシーンが見せ場のドラマなどが人気となり、身の周りにはエログッズが氾濫していた。少年漫画では『ハレンチ学園』が爆発的ヒットを記録し、子どもたちの間でスカートめくりが大流行するなど社会問題にも発展した。今、思い返せば、あれが日本の“青春時代”だったのかもしれない。

『ハレンチ学園』

昭和43年『週刊少年ジャンプ』で連載開始。昭和45年には日活で映画化、東京12チャンネル（現:テレビ東京）でドラマ化もされた。

『ハレンチ学園』大旋風!!

永井豪、大暴れ! これは表現の革命だ!!

映画&ドラマ化

エスカレートする描写 社会問題に発展!!

社会の変革を求めた学園紛争が吹き荒れる昭和43年、連載が始まった永井豪の『ハレンチ学園』が大ヒットし、少年漫画雑誌に革命を起こした。単に扇情的なだけでなく、普遍的な問題である“自由と闘争”を描いた、まさに時代が生んだ傑作だった。

『あばしり一家』

昭和44年『週刊少年チャンピオン』で連載開始。猟奇、エロ、バイオレンスに溢れた、従来の少年漫画の枠を完全に超えた作品。

「新チビっ子猛語録」

「Y談の本」

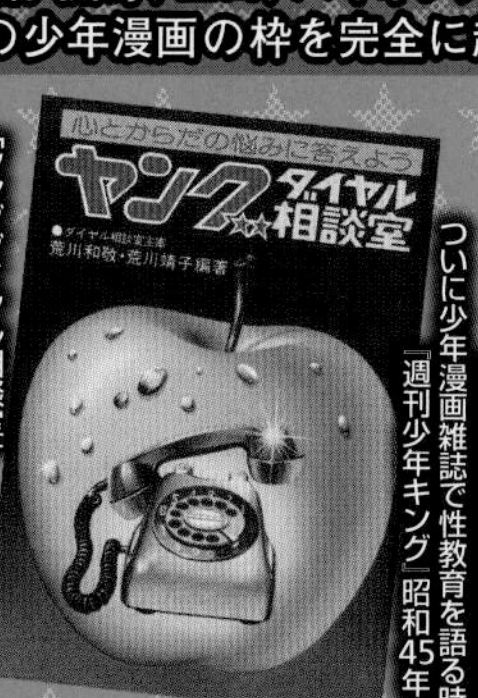

「ヤングダイヤル相談室」

ジャリ向け指南書

70年代の性教育論争は80年代に入り、ジャリ向け実用百科として結実した。子どもたちはこれらの本を立ち読みし、性の悩みから開放された。

ついに少年漫画雑誌で性教育を語る時代が到来。『週刊少年キング』昭和45年6月7日号

教育評論家・阿部進

性教育の時間ですよ!!

発情した少年たちを放ってはおけない!!

PTAから猛攻撃された『ハレンチ学園』を擁護したのが、教育評論家の“カバゴン”こと阿部進だった。そのユーモラスな容貌と熱意が相まって、テレビや雑誌に引っ張りだこ。怪獣のごときパワーで、日本人の性意識に変革をもたらした。

昭和のエログッズコーナー

かつて、ちょっぴりエッチなジョークグッズが夜の紳士たちのイキな小道具として活躍していた時代があった。現在、ここに紹介したようなグッズを使ったら、即座にセクハラで訴えられてしまうだろう。世の中も変わったものだ

ヌードトランプ
カードの黒い部分に熱を加えると…今まで見えなかった秘部が丸見えになる。

ヌードコースター
どれもお酒や電気製品のオマケ。今では絶対にあり得ません！

ヌードペン
ペンを傾けると女性の黒い下着がス～ッと落ちてスッポンポンに！

ヌードマッチ
紙マッチのフタを開けると…水森亜土風の女の子が股をパッカ～ン！

ヌードマッチ
こちらは見る角度によって女の子が裸になったり水着になったりする。

びっくりヌード箱
箱を開けるとボヨ～ン!!とゴム製の南国風のボインちゃんが登場するのだ。

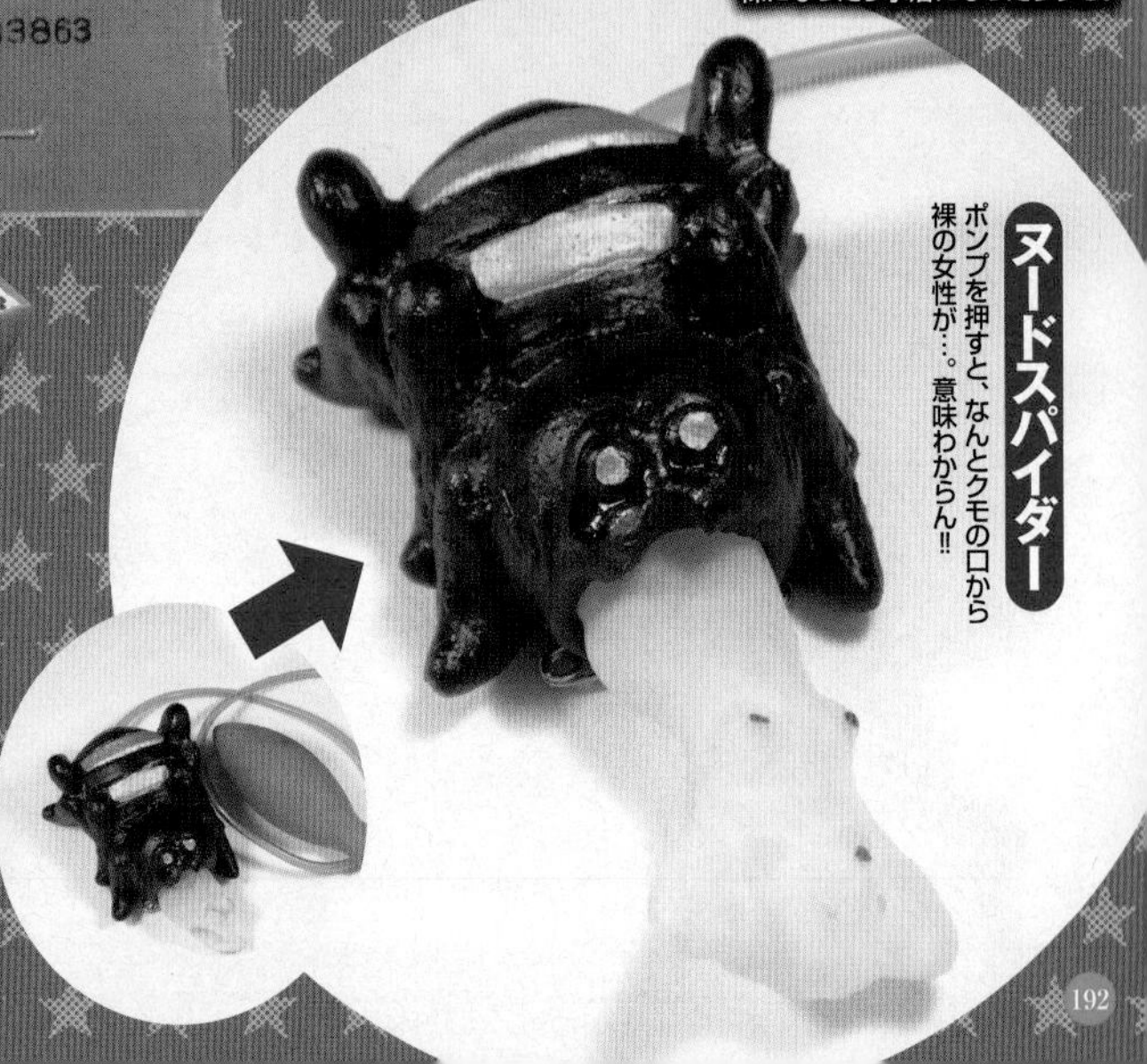

ヌードスパイダー
ポンプを押すと、なんとクモの口から裸の女性が…。意味わからん!!

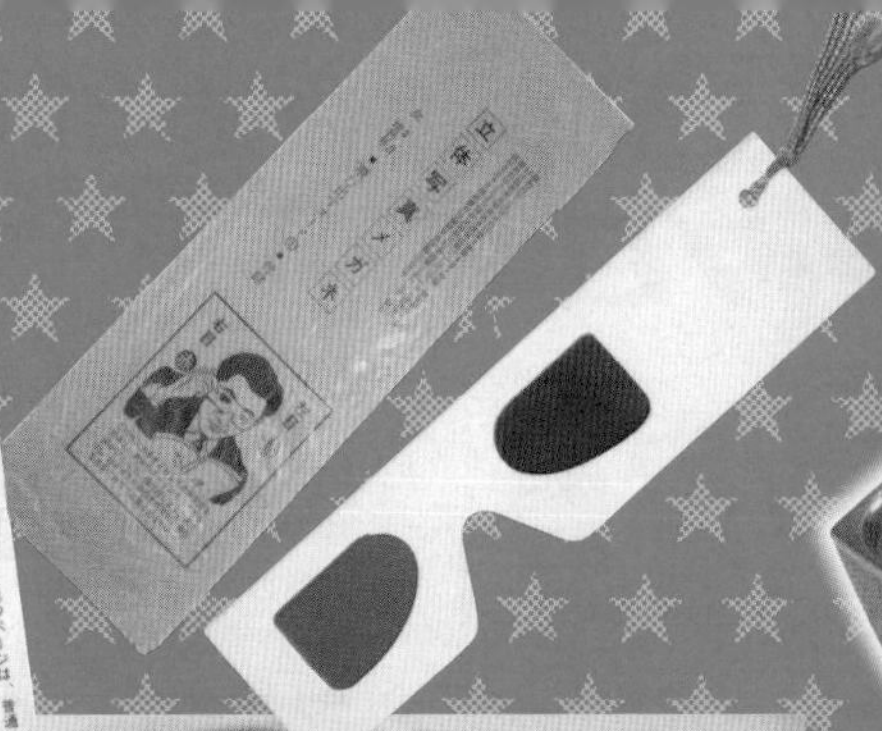

飛び出すヌード

原始的な方法だが、マジメに立体ヌードに取り組んだエロ雑誌。

ヌードパイプ

パイプの横に開いてる小さな穴を覗き込むと古めかしいヌード写真が！

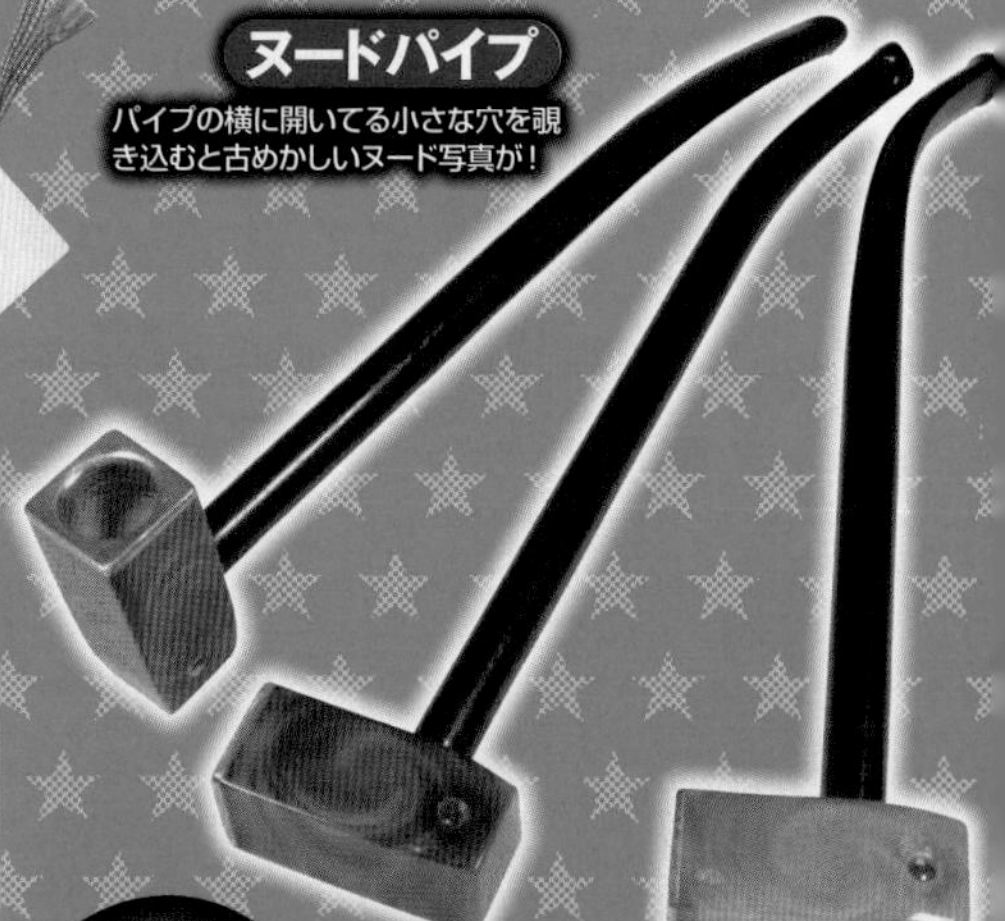

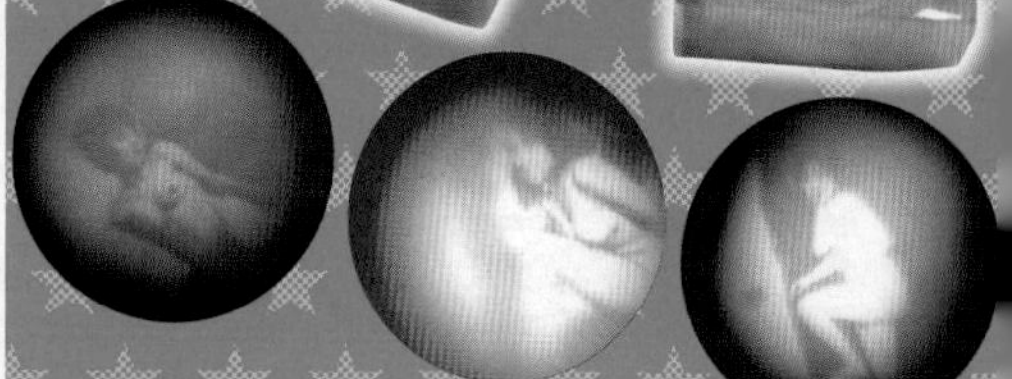

レディースオンリー

ドアを開けるとオッパイから水がビュッ！香港製のイタズラ玩具。

ラブテスター

昭和44年に任天堂が発売。男女が手を握ったときの発汗量を測定する。

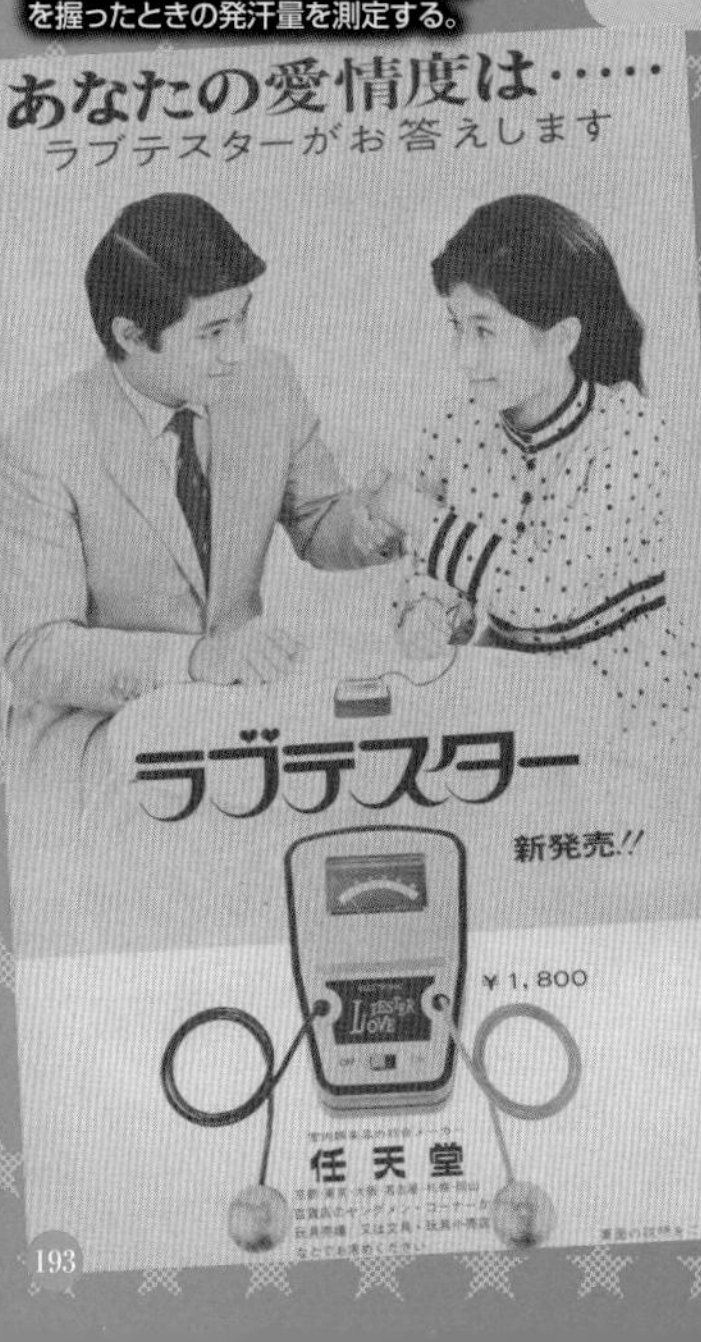

ラブ&ラブ

磁石を仕込んだペアの人形を近づけていくと、男のアレが徐々にピ〜ン!!

小便小僧

後ろのガラス管を温めるとプクプクと泡がわき出て、まるで小便のよう。

ヌードダイアリー

レトロなヌード写真の他、セックスに関する豆知識が満載なのだ。

深夜放送・BCL…
ラジオ漬けの日々

Back to the 70'

わが青春のラジオ

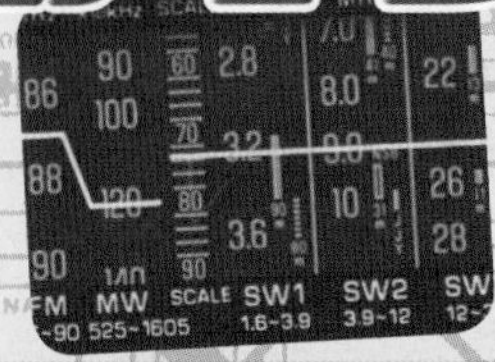

パソコンやスマホでラジオ放送が手軽に聞けてしまう現在、ラジオは災害時の避難道具のイメージしかないが、かつて高価なBCLラジオの新作が続々と発売され、カラフルなポータブルラジオがリビングを彩った時代があった。そこにはダイヤルを小刻みに動かしてチューニングしたり、さまざまな場面で使い分けたり、デザインそのものを愛でるといった楽しみ方があった。急速な時代の変化とともに消えていった愛しきラジオたちを振り返ってみよう。

BCLラジオ東西横綱対決!!

代表的なBCLラジオといえば、なんといってもこの2台だろう。1970年代に青春時代を送った男性ならば誰でも憧れたに違いない。

精感なメカニズム!!

ダイヤルとメーターを中心に配した、落ちついたシンメトリーなデザイン。

西

スカイセンサー5800

最適指向性ジャイロアンテナ

戦闘機のコクピットを思わせる。
メカニカルなデザインがたまらない。

東

COUGAR(クーガ) NO.7

昭和49年発行のカタログより。専門用語を覚えるのがなんとなくうれしかった。

ダイヤルは2段階の回転速度を選択。「SLOW」では微妙な選曲が可能だ。

メーターの振れを少しでも見逃さないよう、真剣に見つめたものだ。

最大の特徴は回転する中波用アンテナ。地方の深夜放送も聴けた。

大型の丸いメーターはメカフェチ漫画家・松本零士を彷彿とさせる。

機能を詳細に解説した広告。『週刊少年マガジン』(講談社)昭和49年1月27日号。

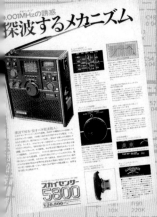

NATIONAL VS SONY 頂上決戦!!

現在もよきライバルのソニーとパナソニックだが、1970年代、両社はBCLラジオで激しい死闘を繰り広げた。2大ブランドは当時のラジオ少年の垂涎の的。2～4万円の買い物となれば一大イベントであり、どのラジオを買うか真剣に悩んだものだ。

クーガ シリーズ

COUGAR

16cm大口径スピーカー。中・低音用と高音用のコーンを使用したダブルレンジ方式。

前面はスピーカーでいっぱいなので、メーター、ツマミ類は全て上面へ配置。

機能性重視!!

シルバーと黒のコントラスト。16cmスピーカー内蔵で音にも気を配っている。

COUGAR115

COUGAR118

世界の短波帯全域をカバーする6バンド設計の最高級マシン。値段は4万2千円!

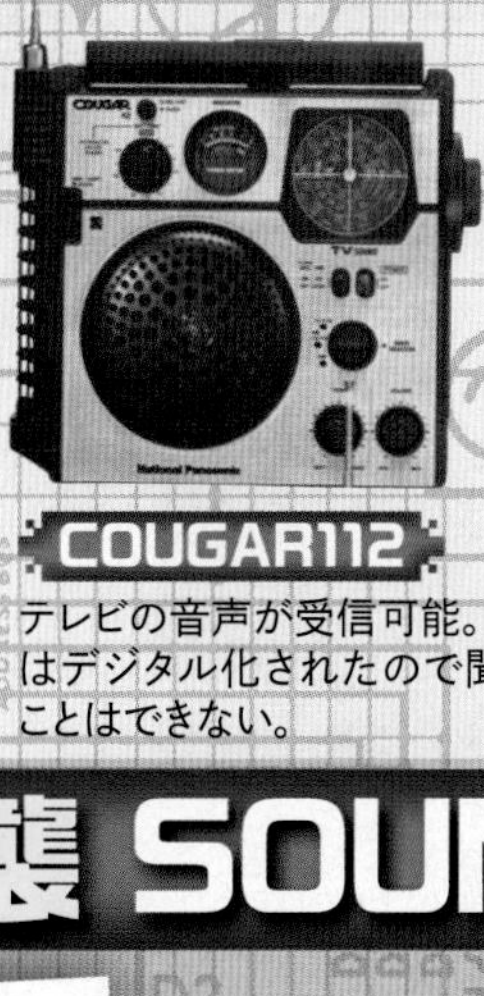

COUGAR112

テレビの音声が受信可能。今はデジタル化されたので聞くことはできない。

スカイセンサー シリーズ

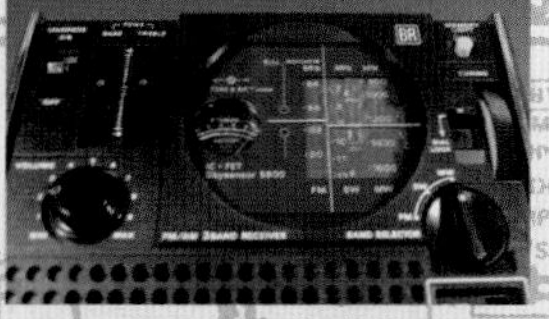

5800の風格と安定性のあるデザインに対して、こちらは躍動感がある。

スカイセンサー5600

短波よりもFMの受信に特化。ヘッドホンでステレオ放送が楽しめる。

洗練されたデザイン!!

それまで横型が主流だったラジオの、本格的な縦型時代を開いた名機。

スカイセンサー5500

精度の高い水晶時計を世界で初めて内蔵。番組予約、留守録音が正確に。

スカイセンサーQuartz

スカイセンサー6000

耐ショック・防滴設計により、野外のかなり厳しい条件での使用に対応。

東芝の逆襲 SOUND750

老舗家電メーカーの東芝も斬新な新機種を続々開発した。三菱電機には「ジーガムシリーズ」、日立には「パディスコシリーズ」などがあった。

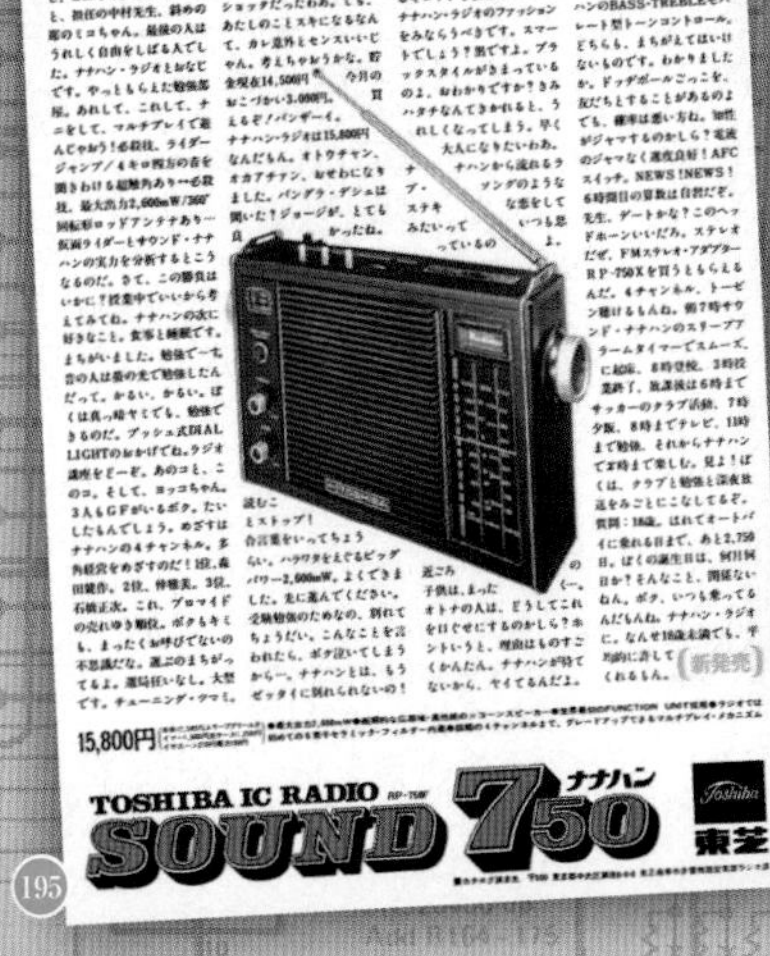

びっしり書かれた細かい字はラジオのDJのおしゃべりをイメージ。『週刊少年マガジン』昭和47年4月16日号。

男らしいデザイン!!

SOUND750 GT

「SOUND750」の名称は音声出力が750mW出るのを売りにしていたため。

SOUND750 GTV

ダブルチューナー&ダイヤルの奇抜なデザイン。テレビの音声を受信可能。

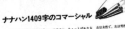

1970年代を彩ったナショナルのスタイリッシュラジオ

BCLラジオが高級化・大型化する一方で、トランジスタ技術の進歩により一般のラジオは小型化し、より身近なものになっていった。中でもナショナルはユニークなアイデアとデザインのラジオを連発し、我々の生活を楽しくしてくれた。

パナペットえふえむ

FMも聞けるキュートな女子向けラジオ。『週刊セブンティーン』（集英社）昭和48年6月12日号。

野球好きの少年にアピール。『週刊少年サンデー』（小学館）。昭和45年6月14日号。

パナペット70

世界一スタイリッシュなラジオと言っても過言ではないだろう。

ヤングファッションの最先端

水陸両用ラジオ マリン1号

なんと水に浮くウォータープルーフ・ラジオが発売されていた。お風呂や海で大活躍！

発売当時のUFOブームを意識した広告。『週刊少年マガジン』昭和49年7月7日号。

パナペット クルン

S字型からクルンと回転して輪っかに！ ブレスレットにもなる。『週刊セブンティーン』昭和46年12月21日号。

ラジオが若者文化を牽引した1970年代

インターネットやパソコンがなかった1970年代において、世界の情報を直で入手するにはBCL（ブロードキャスティング・リスニング）ラジオを使って海外短波放送を聞くしかなかった。深夜放送のDJとリスナーのハガキでのやり取りは、インターネットにおける掲示板やブログなどの先駆けである。つまり、インターネット以前において、ラジオこそが若者たちのコミュニケーションツールだったのだ。フォークソングやニューミュージックが一世を風靡し、パルコなどファッションビルが次々と出現した1970年代は、まさに若者たちが主役。そんな時代の気分を、ラジオから流れる歌やDJのおしゃべりからキャッチしたのである。

ランラジオ

受信報告書の書き方など初心者向けの記事が満載。実業之日本社。

入門BCLブック

自由国民社から発行されたラジオ情報誌。月刊の番組表やヒットチャートを掲載していた。

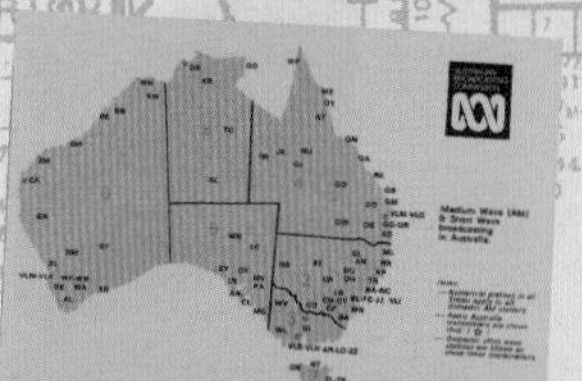

ベリーカード

受信報告書を送るともらえた。ABCオーストラリア放送協会（1970年代）。

本の表紙は語る!! ヒット本で振り返る 昭和の世相・ブーム

出版業界にとって冬の時代が続いている。全国の書店数も、ピークの2万5000軒からほぼ半数に落ち込んでしまった。我々が子どもの頃には、近所の本屋さんに読みたい本や雑誌が溢れていた。何かのブームがあれば必ず関連書籍を買い、得た情報を友達と交換したものだ。本がない生活など考えられなかったのだが…今でも当時の本の表紙を見るだけで、楽しかった記憶が鮮やかに蘇る。あなたの思い出の本は、ここにあるだろうか？

百科本

昭和キッズに欠かせなかったのが、ホビー関連の百科本だ。百科本から知識を貪欲に吸収し、遊びに反映させたものだった。

追跡推理空飛ぶ円盤（立風書房）

1970年代後半のUFOブーム時には興味本位の図鑑類が粗製濫造された。地球人になぜUFOの内部図解が描けるの？ 昭和49年。

なぜなに学習図鑑（小学館）

図鑑の老舗・小学館がそれまでのイメージを一新、学年誌で培ったノウハウで、娯楽性に特化した路線を打ち出した。昭和45年。

たのしい切手（秋田書店）

昭和の時代はたびたび切手ブームが起こった。友達よりも一つでも多くうんちくを知ろうと、関連本を読みあさった。昭和38年。

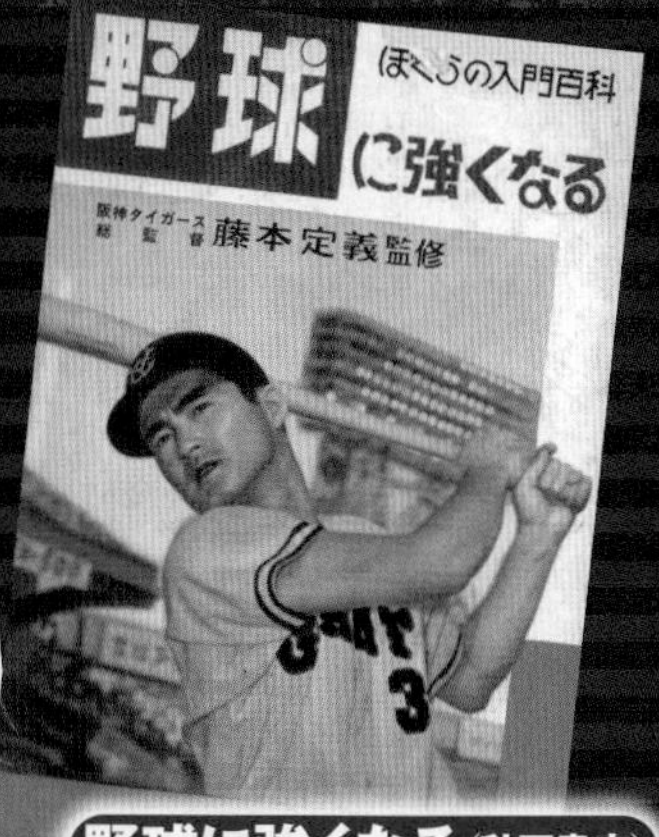

野球に強くなる（秋田書店）

巨人軍V9時代、子どもが好きなスポーツといえばまず野球。野球のうまいヤツ、詳しいヤツがヒーローだった。昭和37年。

少年ブームを牽引!!

世界妖怪図鑑（立風書房）

神話から映画まで、世界中のあらゆる魔物を網羅した本格的な図鑑。図版が豊富で資料価値が高かった。昭和48年。

日本妖怪図鑑（立風書房）

妖怪図鑑の決定版。著者の佐藤有文は本書と『世界妖怪図鑑』の印税で、豪邸を建てたという伝説を残した。昭和47年。

あの犯人を追え（学研）

本書が発売された当時は、テレビドラマ『刑事くん』が人気だった。実際の科学捜査などの情報が満載だ。昭和47年。

まんが入門（小学館）

昔から漫画家は子どもの憧れの職業。各社から人気漫画家による入門書が出版された。本書の監修は赤塚不二夫。昭和46年。

ラジカセ大作戦（実業之日本社）

多機能ラジカセのブームが到来。ラジカセパーティーなど、ラジカセをより楽しむためのノウハウを紹介。昭和54年。

こんにちは！ 小さな恋（学研）

男の子は流行りのヒーローに夢中になっていたが、女の子の関心はいつの時代も“恋”なのだ。昭和50年。

ラジオ・DJ

1970年代、ヤングに最も親近感のあるタレントがDJだった。若者の理解者、そして代弁者として活躍し、著書も多数発表した。

DJがサブカルのリーダーだった!!

新・スプーン一杯の幸せ（祥伝社）

レモンちゃんこと落合恵子が、同世代の女性リスナーに向けて書いたエッセイ集。多くの共感を得てベストセラーになった。昭和51年。

欽ちゃんのドンといってみよう（集英社）

人気テレビ番組の通称『欽ドン』は、まずラジオから始まったのだ。番組に届いた爆笑投稿集。昭和49年。

かやくごはん（ペップ出版）

鶴光の『オールナイトニッポン』（ニッポン放送）は、エッチなネタとベタな関西弁がヤングに大ウケ。投稿と自伝で構成。昭和49年。

鶴光自身（ペップ出版）

『かやくごはん』が大好評だったため続編が登場。結局、パーソナリティーを11年9カ月も務めたのだからスゴイ。昭和50年。

たむたむたいむ 各駅停車の青春に（婦人生活社）

かぜ耕士の『たむたむたいむ』（ニッポン放送）を元に構成。同番組は昭和48年4月に放送開始され、若者を中心に人気を博した。昭和51年。

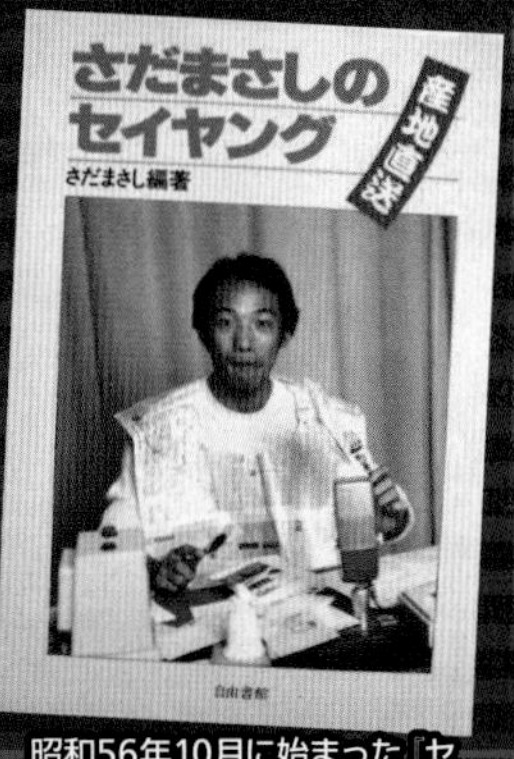

さだまさしのセイヤング（自由書館）

昭和56年10月に始まった『セイ！ヤング』（文化放送）は12年間も続いた。投稿を元にさだのトークが炸裂。昭和58年。

フォーク&ロック

昭和40年代は若者たち自身による音楽が台頭。新たなスターが数多く誕生し、彼らの発言が若者の人生に影響を与えた。

長髪、ジーパン、四畳半…

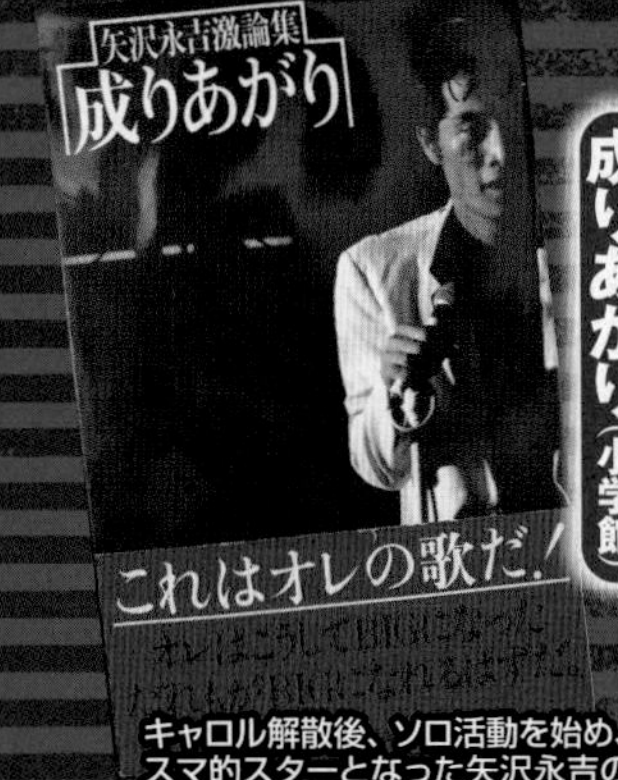

成りあがり（小学館）

キャロル解散後、ソロ活動を始め、カリスマ的スターとなった矢沢永吉の激論集。構成・編集は糸井重里。昭和53年。

笑って悲しく泣いて死ぬ（KKベストセラーズ）

下町的な人情を歌い続けるシンガー・なぎらけんいち初の単行本。ナンセンスの才能が随所に光る。昭和50年。

愛の塩焼き（ペップ出版）

大ヒット曲『神田川』でおなじみ、かぐや姫の南こうせつのエッセイ集。女性に爆発的人気があった。昭和49年。

誰も知らなかったよしだ拓郎（ペップ出版）

熱烈な拓郎ファンだった山本コウタローが、綿密な取材を行い、吉田拓郎を徹底研究した資料価値の高い1冊。昭和49年。

あのねのね（KKベストセラーズ）

『赤とんぼの唄』で一気にブレイク。清水國明と原田伸郎により結成されたフォークデュオによる抱腹絶倒の書。昭和49年。

我が良き友よ（KKベストセラーズ）

元スパイダースのかまやつひろしが、同名曲で大ヒットを飛ばしたときの著作。幅広い交遊関係を綴る。昭和50年。

オカルト

1970年代のオカルトブーム時には、数多くの関連書籍が発売された。出版社の"マッチポンプ"でブームは盛り上がったのだ。

ノストラダムスの大予言（祥伝社）

五島勉が発表した本書は250万部を突破する大ベストセラーとなり、シリーズ化された。当時の子どもにも多大な影響を及ぼした。昭和48年。

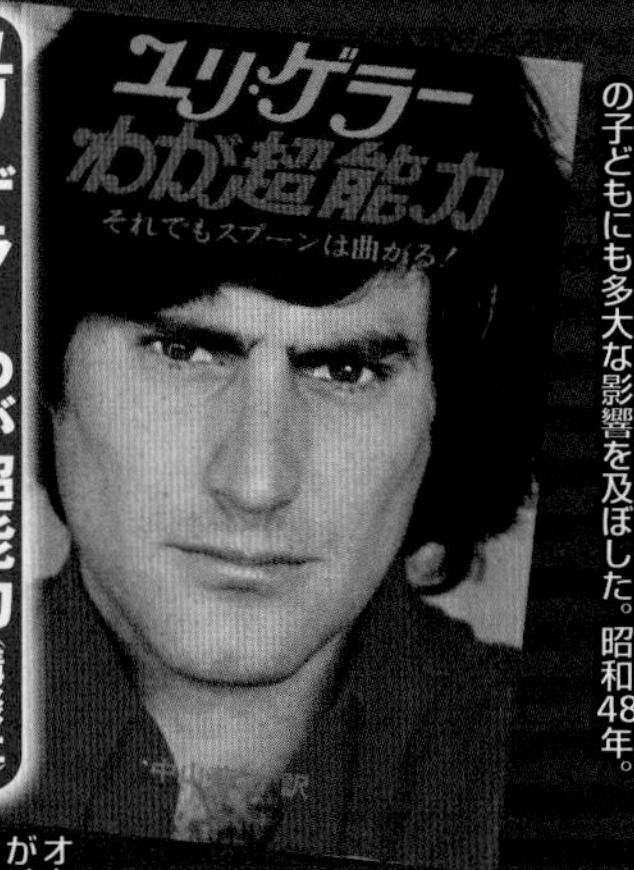

ユリ・ゲラーわが超能力（講談社）

昭和49年3月に「木曜スペシャル」（日本テレビ系）にてスプーンを曲げ、日本に超能力ブームを巻き起こしたユリの自伝。昭和50年。

狐狗狸さんの秘密（二見書房）

霊を呼び出し、会話をする方法を指南した中岡俊哉の著作。奇行に走る子どもたちが続出し、社会問題に発展。昭和49年。

日本列島震撼!!

これが噂のヒランヤだ（ニッポン放送出版）

三宅裕司のラジオ番組「ヤングパラダイス」で話題になった、ヒランヤ（六芒星）の不思議なパワーを報告するコーナーが生んだ本。昭和60年。

世界のUFO（二見書房）

オカルト研究の第一人者だった中岡俊哉が、豊富な知識と資料を元に世界で頻発するUFOの目撃事件を解説。昭和50年。

日本沈没（上・下）（光文社）

SF作家・小松左京の大ベストセラー。映画や連続ドラマ、漫画にもなった。予言書にならないことを祈るばかり。昭和48年。

実用書

昭和40年代〜50年代には、数多くの実用書が年間ベストセラーにランクインした。当時の日本人は知識にも貪欲だったのだ。

実用書は隠れたベストセラー!!

もっとゲリラ風に生きてみないか（KKベストセラーズ）

直木賞作家・野坂昭如による、遊びのヒントや妄想のきっかけを詰め込んだブラック・ユーモアに溢れた本。昭和54年。

ハードボイルド風に生きてみないか（KKベストセラーズ）

「ドブネズミルックで一生を終えるのか」だって？ 今やそうしたくてもできない時代。日本経済の安定成長期に出た本。昭和54年。

頭の体操（光文社）

心理学者・多湖輝が発表した『頭の体操』は、大ヒットしてシリーズ化された。翌年の売り上げベスト10には3冊もランクイン。昭和41年。

眼がどんどんよくなる（青春出版社）

昭和50年前後は、テレビや漫画を見すぎて目を悪くする子どもが続出。そんな世相を反映して大ヒット。昭和50年。

読書術（光文社）

医者から評論家に転身した加藤周一が発表し、話題を呼んだ読書指南書。現在も岩波文庫で読める古典的名著だ。昭和37年。

刑法入門（光文社）

検察官や弁護士を経て小説家になった佐賀潜の法律入門書シリーズは、年間ベストセラーの上位を独占した。昭和43年。

ニュートラ入門（ごま書房）

おじさんたちも本を買って勉強した？ 昭和50年代は神戸発のニュートラ、横浜発のハマトラが女子大生にブームを呼んだ。昭和57年。

スナック芸大全（ごま書房）

スナックなどでチリ紙やマッチ棒などを使って行う、簡単な芸をまとめた本。糸井重里の処女出版作。昭和54年。

雑貨・その他…section 16

健康促進企画!
散歩ついでに思い出探し!

東京でまだ買える!! 昭和レトロ

流行はすぐに廃れて、新しいものに取って代わる…それが資本主義の定め。しかし、川によどみがあるように、時のよどみにハマリ、時間が経過したと思えないほとんど変わらない場所がある。そこでは古いものたちが、当時のまま売られていたりするのだ。そんな異空間を探し歩き、昭和レトロな雰囲気、物、味などを堪能しよう、というのがこのコーナーの企画意図だ。さあ、天気のよい日はあなたも、癒やしを求めて東京を散歩してみませんか?

東京タワー

今、昭和レトロファンから熱い視線が集中しているのが東京タワーだ。特にみやげ売り場は東京屈指のレトロ空間なのだ。

東京タワーのみやげ売り場は昭和遺産だ!!

ガラスケース入り東京タワー

タワーみやげの定番

どんなチープなものも豪華に見せてしまうガラスケースの魔力!

東京おみやげたうん

開業当時から東京タワーでみやげを売り続ける老舗が、一堂に会したコーナー。レトロ好きの聖地だ!

プラモデル

昭和30〜40年代頃に大人気だった模型も、わずかな在庫を残すのみ?

雑貨

懐かしい雰囲気の根付がたくさん。好みのものを探すのが楽しい。

ガラスケース入り東京タワーは、予算に応じてよりどりみどりだ。

粋な提灯の飾り物。これが部屋にあれば、一気にお祭り気分だ。

修学旅行の男子生徒御用達の「ドラゴンに剣」やドクロのキーホルダー。

謎のオブジェ

ものすごいレトロ感!

ひときわ異彩を放つ物体。ここでしか入手できない貴重品だ。

浅草

ひと頃は寂れていたが、最近は大型商業施設が次々と誕生し、生まれ変わった浅草。どっこいレトロスポットも健在だ。

忍者グッズ

外国人が多く訪れる観光地だけあって、忍者グッズを扱う商店は多い。

浅草は老舗の洋食屋が多く、どこも昭和の味を守り続けている。

手裏剣

上面を回転させるとジャキ〜ンと刃が出てくる、超イカす手裏剣だ。

じゃれっこモーラー

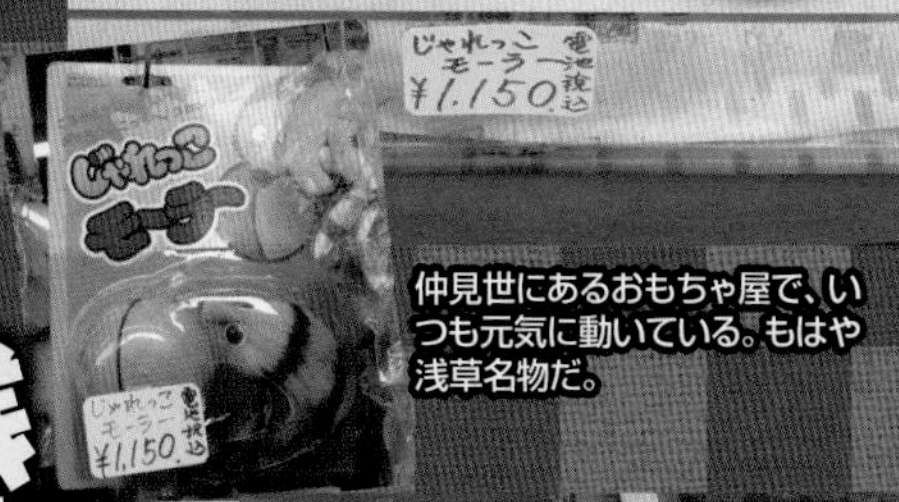

仲見世にあるおもちゃ屋で、いつも元気に動いている。もはや浅草名物だ。

今日も元気かい?

浅草は時空を超えたエンタメ空間だ!!

お菓子 玉屋

千束通りに古くからある菓子屋。店内では懐かしい駄玩具も売っている。

三味線アクセ

ちゃんと3本の絃が張ってあり、バチも付いた粋な小物だ。

刀剣類

観光地でよく見かける木刀から本格的な模造刀まで、豊富な品ぞろえ。

喫茶ピーター

浅草ビューホテル裏にある小さな喫茶店だが、黄金バットの原作者が描いた壁画は一見の価値アリ!

高尾山

近年、手軽なハイキングコースとして、高尾山の人気がうなぎのぼり。ここでしか買えないレトロみやげがたくさんある。

天狗面

薄いプラスチックでできたお面。インテリアとしても秀逸だ。

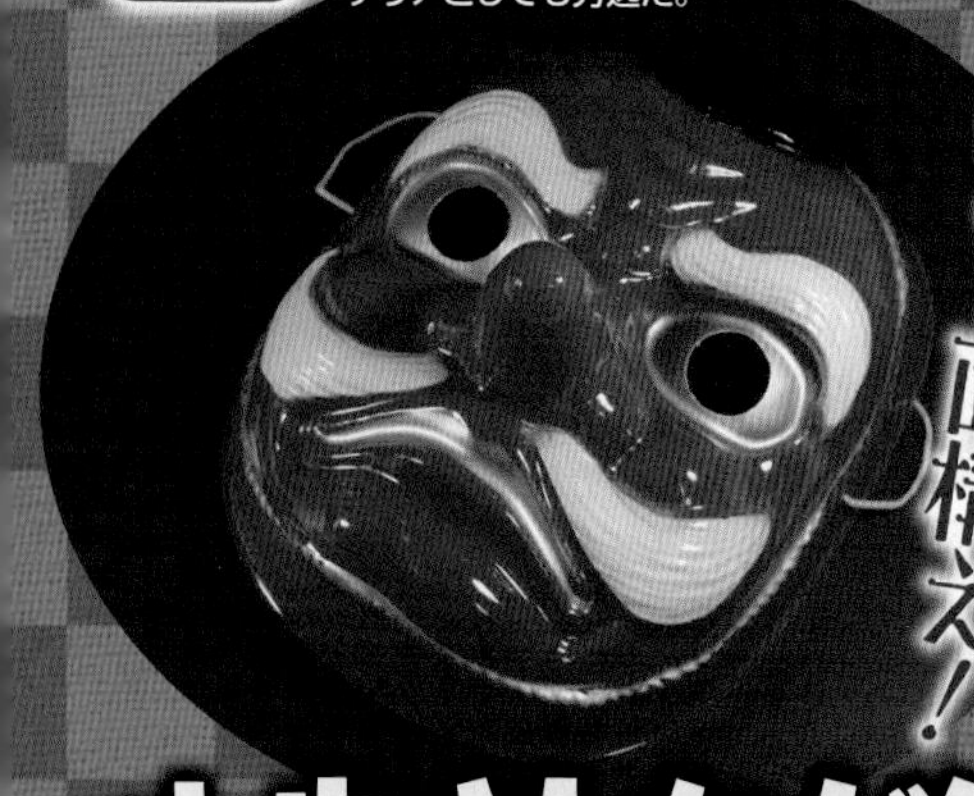

威厳ある面構え!

キーホルダー

正統派からコミカルなものまで、天狗好きにはうれしいラインナップ。

バッジ

重厚感ある金属製バッジ。子どもの頃はよく帽子の横に付けたものだ。

マスコット

子どもや女子向けの、とってもかわいいファンシー天狗を発見。

山歩きしながらレトロみやげ探し

天狗焼

ケーブルカーの高尾山駅前にある行列店。あんこが独特でおいしい。行ったら必ず食べるべし!

天狗アクセサリー

レトロでキッチュな味わいのある天狗だ。こういうものを愛でる精神を絶やしてはいけない。

分福茶釜貯金箱

高尾山とは関係ないが、レトロな味わいがたまらない。宝物を見つけた気分だ。

在庫わずか!?

その他

多くの人間が集い、生活している東京は実に奥深い街だ。探せばまだ、秘境的なスポットが見つかるはずだ!

東京に点在する㊙レトロスポット!!

荒川区のスポーツジム

会員制の高級スポーツジムの休憩所が、バーチャルな昭和空間になっている。

立川市の模型屋

個人経営の模型店は絶滅危惧種だ。存続を願わずにはいられない。

かっぱ橋道具街

調理道具や食器で有名な商店街だが、ブリキ玩具やビー玉なども売っている。

墨田区の電器屋

古い商店街にある電器屋をのぞいてみたら、なんと、そこには新品のLPが!

アメ横『二木の菓子』

コンビニやスーパーでは絶対に見かけない、懐かしいお菓子がいっぱい!

滅びゆく天空の楽園

懐かしデパート屋上遊園地

かつて、子どもにとって最大の娯楽がデパートだった時代があった。年に数回、家族でおめかしをして出掛けるハレの場所。豪華なおもちゃや普段の食卓にはのぼらない大食堂の洋食。そして、なんといっても最大の楽しみは、屋上にあった遊園地である。観覧車や回転木馬などの遊具、最新のゲーム機、青空の下の開放感も相まって、そこはまさに天空の楽園だった。そんな屋上遊園地が今、絶滅の危機に瀕しているという。別れを惜しみつつ、しばし、あの頃の屋上遊園地に思いを馳せていただきたい。

わたしのデパート

昭和20年代後半、東文堂より発行された絵本。見開き5点で構成され、入り口から始まり、洋服売り場、エスカレーターに乗っておもちゃ売り場へ。最後は屋上遊園地で締めくくられている。B5版で30円だった。

デパートはパラダイスだ!!

ここは デパートの
おくじょうです
ごらんください
ひこうき じどうしゃ
とおくの おうちが
かすんでみえて
デパートの おくじょうは
たのしいなあ

絵本の中に凝縮された子どもの夢

明治37年に日本初のデパートが誕生。昭和の高度経済成長期にそれまで富裕層がメインの顧客だったデパートは、屋上遊園地が設置されるなど一気に大衆化し、レジャーランドと化した。この絵本はそんな昭和20年代後半のデパートの雰囲気をよく伝えている。当時の子どもにとっての憧れが、60年たった今、甘いノスタルジーに…。

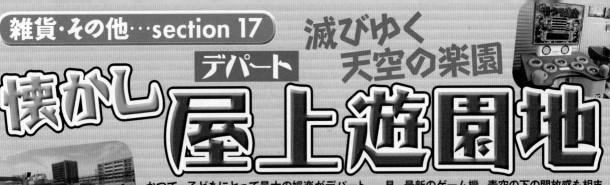

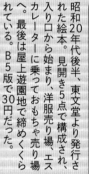

東日本最後の屋上遊園地が閉園 全国で残りあとわずかに!!

『丸広百貨店川越店』
埼玉県川越市新富町2-6-1。
営業時間:午前10時～午後7時 。

ジェットの時代に複葉機をチョイスしたセンスに感心。遠い過去の遺物が現在の大空に舞う姿が哀感を誘う。

入り口に掲げられた閉園のお知らせ。園内の代表的遊具「かんらんしゃ　わんぱくホイール」の姿が…。

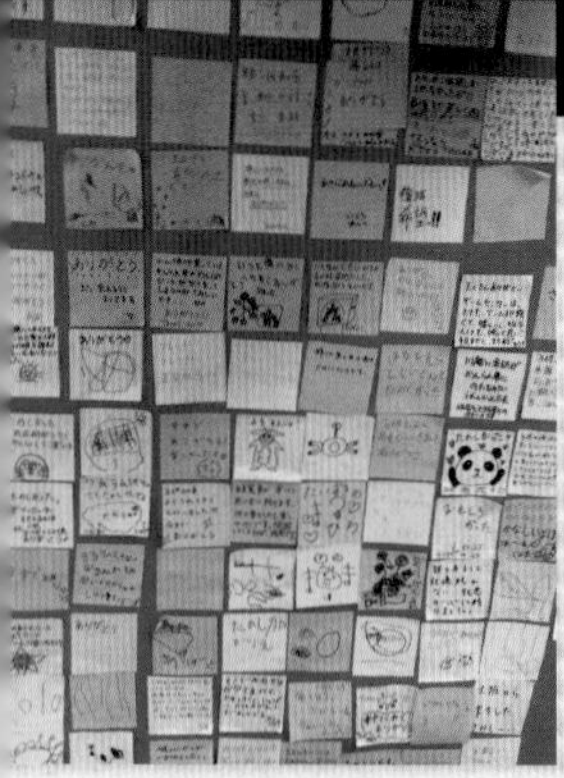

伝言板には閉園を惜しむ常連客の声が多数寄せられていた。いかに愛されていたかがよくわかる。

ワクワクが詰まっていた屋上遊園地が消えてゆく

昭和43年の開園以来、51年間営業を続けてきた丸広百貨店川越店の屋上遊園地「丸広百貨店　わんぱくランド」が、令和元年9月1日をもって閉園した。建物の耐震補強工事によるものだという。屋上遊園地はどんどん消滅しており、令和2年1月現在、全国で数店舗を残すのみ。東日本ではこの丸広百貨店が唯一だった、関西にも1店舗しかない。

子どもの頃に慣れ親しんだ屋上遊園地が、もう二度と体験できなくなるとあらば、この目に焼き付けておきたいと思い、閉園前にいざ川越へ。日曜ということもあり、親子連れですごいにぎわいだった。子どもたちは我を忘れて遊具やゲームに熱中していて、やはり屋上というロケーションならではの開放感は格別。昭和文化がこんなところにまだ息づいてたのだなぁと感動しきりだった。全国にある屋上遊園地も残りわずか。お近くのお方はぜひ、お出掛けください。

驚き!! かつての大屋上遊園地

屋上遊園地の嚆矢は、昭和6年に松屋浅草の開店と同時期にできた「スポーツランド」。その後、次々と全国に屋上遊園地が誕生。今では考えられないようなスペクタクルな遊具も数多く存在した。（下）雑誌『荷風！ vol.3』（日本文芸社）より。（右上・右下）松屋提供。

航空艇

松屋浅草の屋上に存在したロープウェイ。戦前にこのような大規模遊具があったとは驚きだ（昭和7年）。

大東京空中ロープウェイ

日本橋三越の屋上にあったロープウェイ。地上60m、長さ200mを約6分で往復したという（昭和42年）。

スカイクルーザー

松屋浅草の土星のような大観覧車。当時の映画に多数登場している（昭和27年頃）。

稼働する唯一の屋上観覧車となる「かまたえん」

前ページで紹介した丸広百貨店の屋上遊園地が閉園した現在、屋上に設置された観覧車で稼動するものは、全国で東急プラザかまたの屋上にある「かまたえん」の観覧車だけになってしまった。閉鎖の危機もあったが、地域の方々の存続を望む声で復活したという来歴がある観覧車。ぜひとも末永く活躍してほしいものだ。

観覧車の名称公募には2938通の案が寄せられ、「幸せの観覧車」に決まった。ゴンドラ内は狭いのでデートにピッタリ。

地上43mからの絶景が拝める。観覧車は小さくとも、やはり屋上からの眺めは素晴らしい。

そして、デパートといえば…

アドバルーン

デパートといえばアドバルーンとセットで思い浮かぶものだった。見るとワクワクしたなぁ。昭和37年の幼年誌より。

デパート内部図解

屋上遊園地で遊び疲れたあとのお待ちかねは、大食堂の「お子様ランチ」。そして、おもちゃ売り場でおねだり。昭和37年の学年誌より。

Chapter 5

絶版プラモ

昭和40年代のプラモデル黄金時代。模型屋のショーウィンドウには斬新なデザインのSFビークルやリモコン走行する怪獣、舶来製のモンスターなどの魅力的なプラモデルが飾られ、店内には毎日のように発売される新商品で溢れかえっていました。しかし、少ないお小遣いで買えるのは、ほんのわずかの安価なプラモデルばかりでした。しかも、子どもの拙い技術では理想の完成品とはほど遠いものしか作れません。そんな積年の恨みつらみを晴らそうというのが本章です。数十円で売られていた駄菓子屋プラモから、作ってしまうには勇気がいるレアものまで、元プロモデラーのタンゲ・アキラ氏が爽快に作り倒します。至高の完成品の数々をとくとご鑑賞ください。

プラモ狂の詩《うた》

模型制作・写真／タンゲ・アキラ

見よ!! プラモ職人の必殺技

テレビゲーム以前、少年たちの
憧れのホビーはプラモデルだった。
ガキの頃、夢中になったプラモを
あの時に夢想したように作りたい！
残りの人生はプラモ作りに捧げる…。

そう決心した50歳すぎの漢がいた。
彼の手にかかればどんなプラモも
超一級の完成品となってしまう。
漢の名は「タンゲ・アキラ」
ゴッド・ハンドを持つモデラー。
その超絶作品をご覧いただこう!!

アトランジャー

『合体ロボット アトランジャー』

ノンスケール（アオシマ）

腰と脚を延ばしました。あと、拳の形を修正し、肘の可動域を増やしています。剣が小さいですが、かわいいので変えませんでした。

80年代ロボットへの限りなき愛

ダンバイン

（フルスクラッチ）

粘土を使ってすべて手作りしたものです。内部に電飾を仕込みました。カブト虫がモチーフなので、よりカブト虫っぽくしました。

ザブングル

『戦闘メカ ザブングル』1/100（BANDAI SPIRITS）

プロポーション重視のプラモですが、肩や腰、足首の可動範囲を増やして、アニメ同様のポージングができるようにしました。

スコープドッグ

『装甲騎兵ボトムズ スコープドッグ』

1/20（BANDAI SPIRITS）

非常に出来のいいキットです。内部のメカを増やし、装甲板に穴をあけました。鋳造のような表面処理にこだわっています。

スラングル

『合体ロボット スラングル

ノンスケール（アオシマ）

古いキットなので出来はそこそこです。金属や光モノのパーツを多用してゴージャスに。肩の角度を変えたのでカッコイイポーズがとれます。

RX-78-2 ガンダム

『MG ガンダム Ver.2.0』

1/100(BANDAI SPIRITS)

最近のガンプラは内部フレームがカッコイイので、全体の装甲に穴をたくさん空けて中が見えるようにしました。

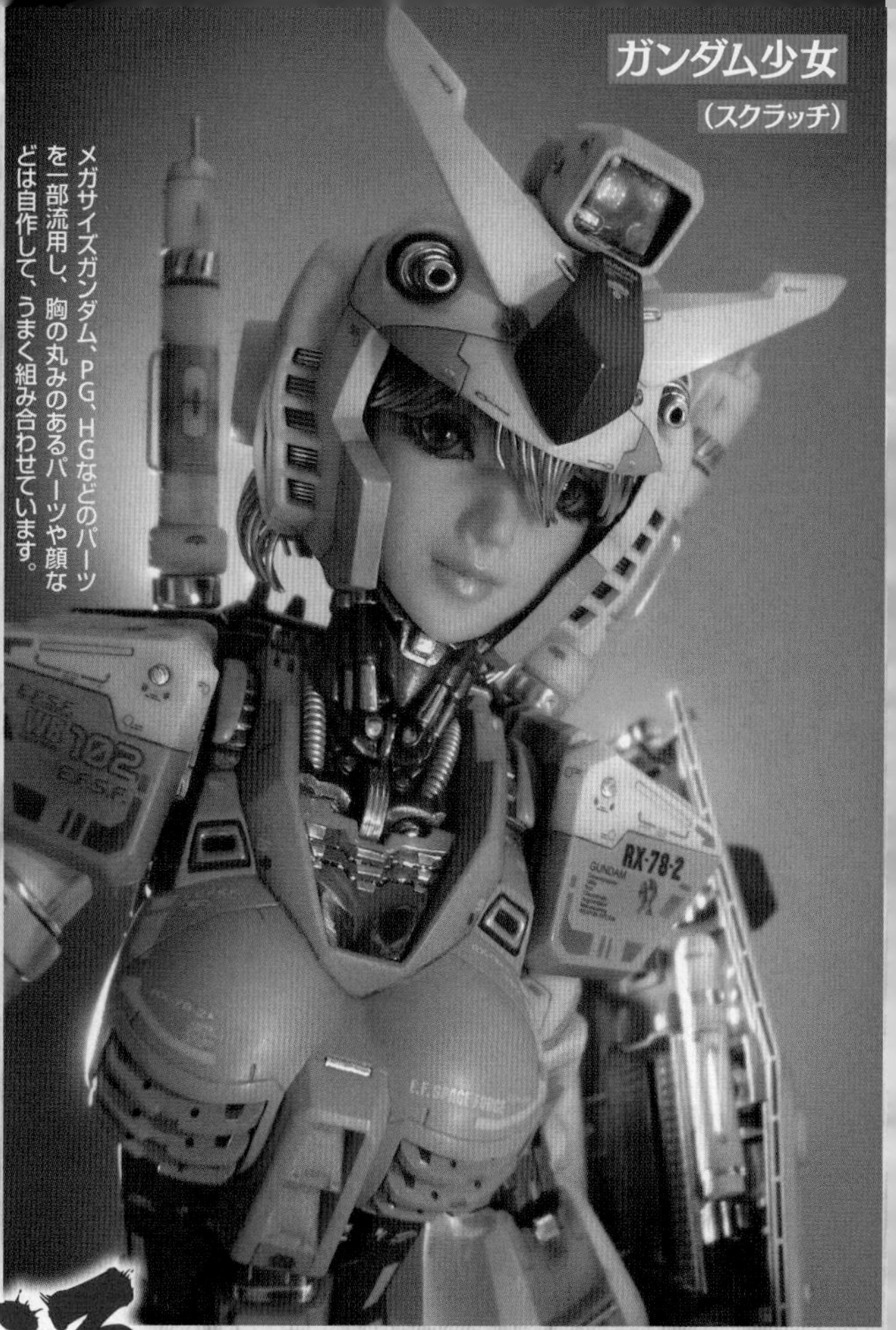

ガンダム少女

(スクラッチ)

メガサイズガンダム、PG、HGなどのパーツを一部流用し、胸の丸みのあるパーツや顔などは自作して、うまく組み合わせています。

さらなるガンダムへの挑戦!!

ライトニングZガンダム

『HGBFライトニングZガンダム』

1/144

(BANDAI SPIRITS)

『Z』はお気に入りのガンダムです。お腹まわりと足首の内部メカが見えるようになっていたので、そこだけディテールアップしました。

RX-78-2 ガンダム

『MG ガンダム Ver.2.0』

1/100(BANDAI SPIRITS)

内部フレームの出来のよさに感動し、丁寧に塗装したものです。アルミワイヤーを通しただけで改造はしていません。

どんなプラモもねじ伏せる！

ムゲンキャリバー
『特装機兵ドルバック』
1/48（アオシマ）
ジープ型車両から人型に変形できるのですが、人型にすると棒立ちになってしまうので、カッコイイポーズがとれるよう、改造しました。

太ももを太く長くして、腕や腰の可動範囲が広がるように改造。ゴッドゴーガンの構えがバッチリ決まるようになりました。

ライディーン
『メカニックコレクション
ライディーン』
ノンスケール
(BANDAI SPIRITS)

パトレイバー
『機動警察パトレイバー 98式AV
イングラム』1/48
(BANDAI SPIRITS)

関節カバーにミラーフィニッシュを貼っただけでグンとよくなります。肩のパトロールランプをディテールアップしました。

タンゲ・アキラ 模型人生を語る!!

自分の子ども時代の夢を大人になった今かなえたい

——プラモデルとの出会いは？

「初めて買ってもらって作ったのがアオシマの『マッハバロン』です。同じく『アトランジャー』が欲しかったのですが、買ってもらえず、最近になって再販されたときはうれしかったですね」

——印象深いプラモは？

「バンダイの『コン・バトラーV』は5つの製品を買って合体させるのですが、親から『同じようなものばかり買ってもしょうがないでしょ』と言われ、3つしか買ってもらえなかったのが非常に心残りでした（笑）」

——大人になってプラモ作りにのめり込んだきっかけは？

「子どもの頃に夢中になったことを、大人になって時間とお金ができた今、懐かしんでまた夢中になっている感じです」

——すごいテクニックはどうやって会得したんですか？

「必要なのは〝理想のものを作ってやろう〟という熱量というか、モチベーションだと思っています」

——今後の抱負などを。

「いつかアオシマの『マッハバロン』を作りたいですね。あと、最近の模型雑誌はメーカーの意見を聞きすぎなのか、独自性がなくてつまらないですね。『絶版プラモ』では他誌にない面白い企画を手伝わせていただき、光栄です」

「子どもの頃に作った模型を大人になってからじっくり作り込む…お金と時間がなければできない大人のホビーです」とタンゲ氏は語る。

タンゲ氏が現在製作中の『コン・バトラーV』。インタビューで語っていた通り、因縁の模型なので注ぐ熱量は半端ではない。

タンゲ氏手製の棚には、これまで製作したプラモの完成品や造形物がズラリと並ぶ。

絶版プラモ…section 2

昭和のプラモがよみがえる!!

絶版プラモデル研究所

Discontinued Plamodel Laboratory

昭和49年にテレビ放送されたアニメ『ゲッターロボ』のプラモデルは、バンダイからモーター動力で動く3種が発売された。当時はオイルショック直後で、プラモが軒並み値上げされた時期。価格は900円と高めに設定され、当時、小4のタンゲ氏は買うことがかなわなかった。そこで今回は、44年の歳月をかけて頭の中でじっくり熟成された昭和のプラモ少年の妄想を成仏させてあげようと、シリーズ内で最もユニークな『ゲッター3』の大改造に挑んでみた！

模型制作／タンゲ・アキラ　構成・文／おおこしたかのぶ

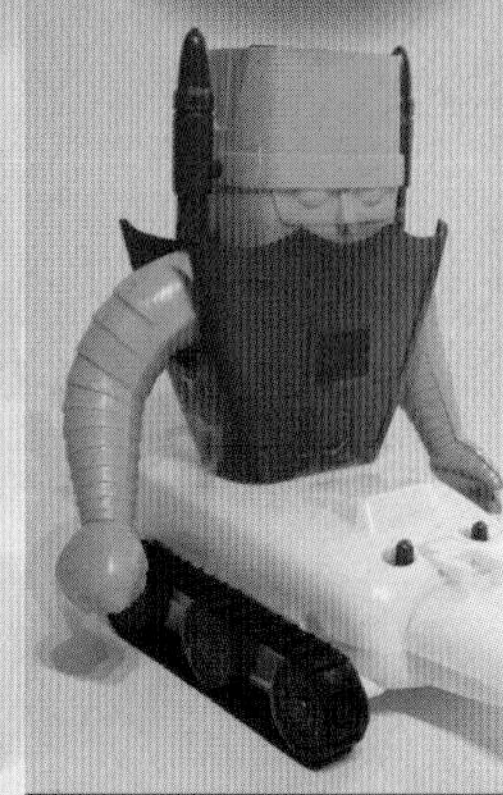

キットを素組みしたもの。頭部に単3電池を2本仕込むという設計のため頭デッカチで異様な外観。

どうです。懐かしいフォルムはあえてそのままで、しかし格段に情報量を増加した完成品の堂々たる姿！

電動走行プラモがハイテク満載で復活!!

『ゲッター3』(バンダイ／復刻版)

モーターライズの初版は昭和49年の発売で当時の価格は900円。今回制作したものは復刻されたボディー内部がガランドウの無可動版。これに動力部や電飾を仕込むのだ

GETTER 3

これが氏が子どもの頃に妄想したゲッター3の雄姿だ！ 44年間、モデラーとしての腕を磨いた末に、妄想をも凌駕してしまったかもしれない。

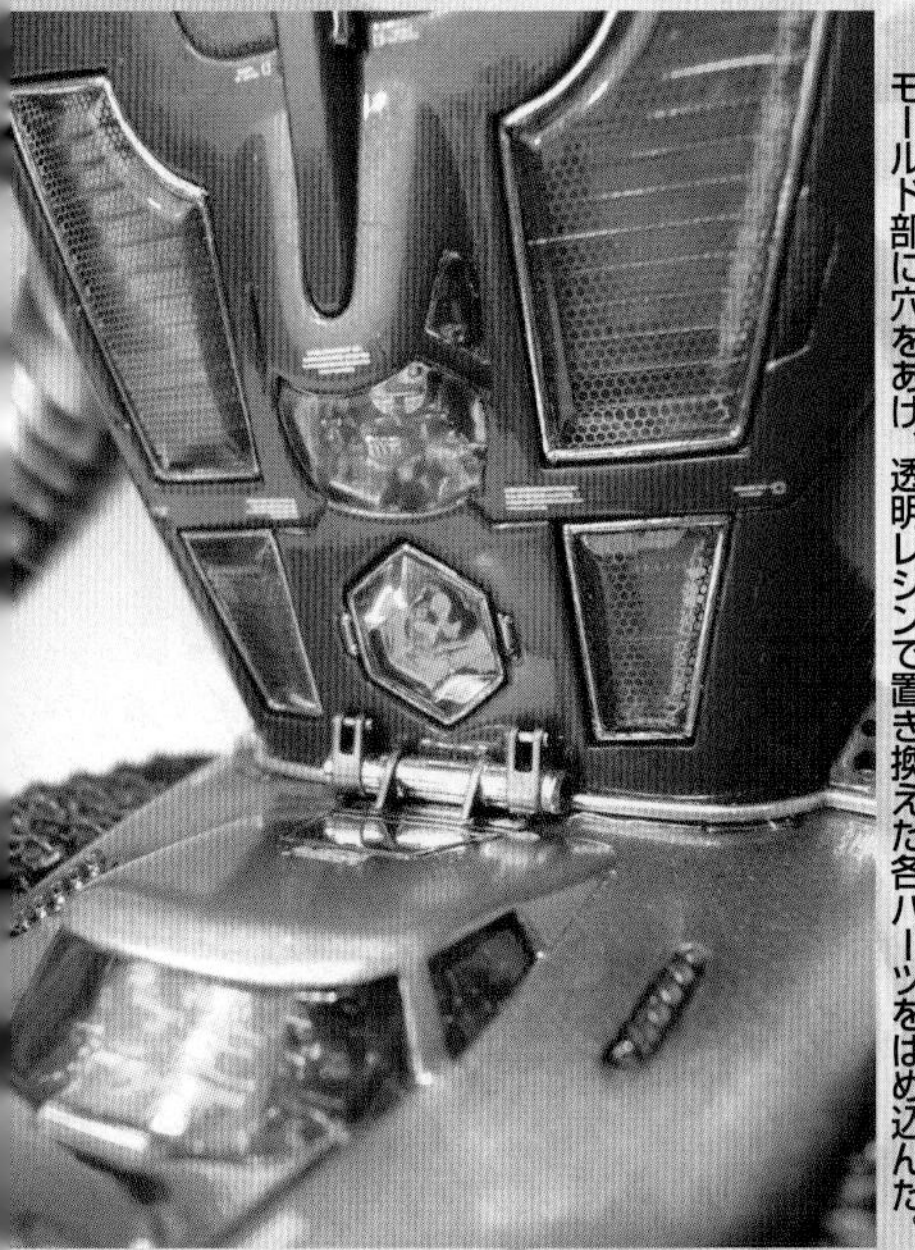

目や胸、コクピットをLEDでビッカビカに光らせたい。そこで、本体の各モールド部に穴をあけ、透明レジンで置き換えた各パーツをはめ込んだ。

懐かしいフォルムはそのままに、すべてをグレードアップ!!

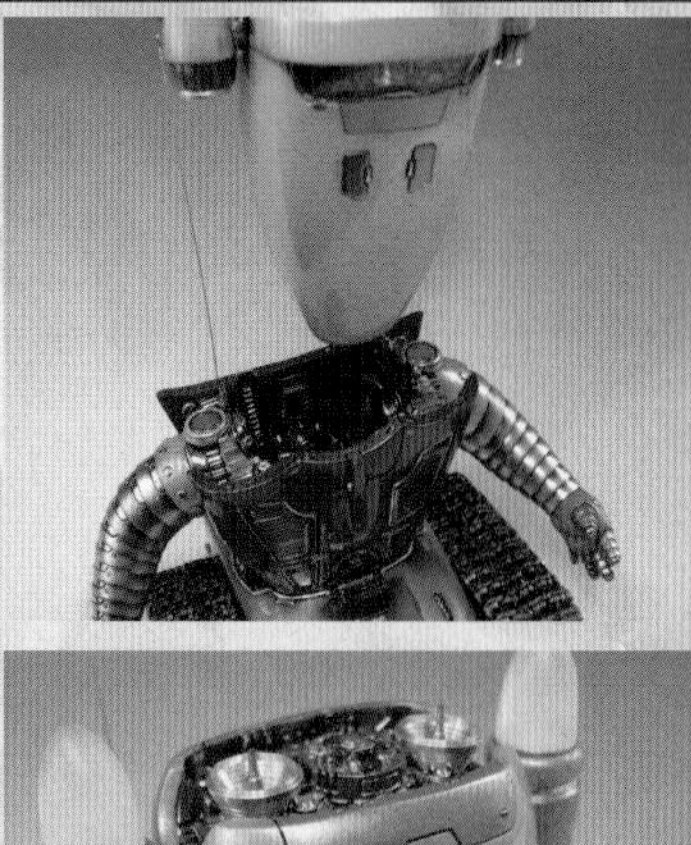

元キットは赤いイーグル号に、黄色いベアー号を差し込むとスイッチが入る。

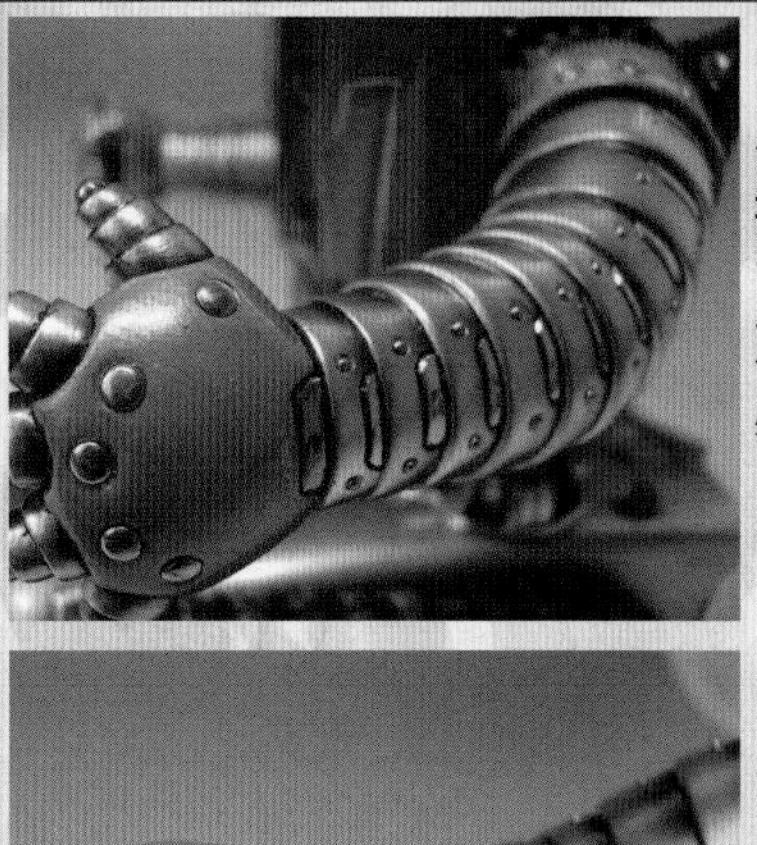

元キットの腕の造形がユルイので、ディテールを増して見応え感アップ。

元キットのキャタピラは貧弱だったので、本体に合わせ幅広く新造した。

今回も差し込むと目が光り、ラジコンの指令待ち状態になるように改造。

今回の改造で一番時間をかけて手を加えた。おかげでグンと表情が出た。

箱絵のスキャンデータを元に作った画像をコントローラーに貼った。

銀色のジャガー号後部は、市販の金属製パーツを多用して緻密感をゴージャスに演出してやろう。

イーグル号内部のディテールアップには、バンダイの『スター・ウォーズ』プラモなどを用いた。

目、頭部左右、胸、ジャガー号のコクピットおよびヘッドライトを発光させながら、交互に両腕を振り上げ、キャタピラで自在に走行するのだ。

〈動力部の制作〉

今回の改造のメインとなるラジコン化だが、童友社『RCバトルタンクジュニア』というラジコン玩具の動力、発光、音声ギミックおよびコントローラーを流用した。

玩具を分解し、動力、発光、音声ユニットを取り出す。再構築不可能にならぬよう、随時、写真を撮りながら行う。

ギヤボックスとモーターは、走る速さが選べるタミヤの「ダブルギヤボックス」を使用し、最も遅いギア比にした。

すべての配線を終えたところ。発光箇所はタコ足配線で増加した。動力部の組み込みなど、すり合わせに苦労するが根気よく行いたい。

〈パーツの透明化〉

発光ギミックを組み込むために、透明パーツを自作しよう。透明プラ板を削る方法もあるが、原型を作って透明レジンに置き換える手法がタンゲ氏のスタイル。

切り取った部分に画像のようにファンドを詰める。乾いたら取り出し、形を整え、表面をきれいに仕上げて原型にする。

シリコンで型を作り、透明レジンで複製する。その際、戦車模型に使う金属製のメッシュを中に埋め込んだ。

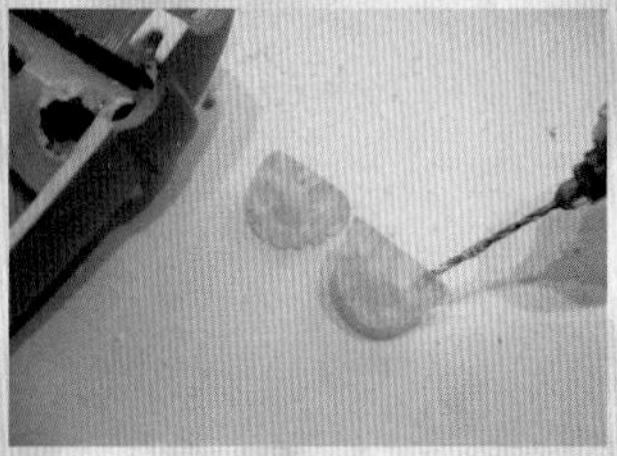

透明化した目玉パーツにリューターで数カ所穴をあけた。こうすることで光が乱反射して繊細な表情が出るのだ。

完成したメッシュ入り透明パーツ。おかげでグンと緻密感がアップした。これぞ市販品にはないオリジナルの魅力。

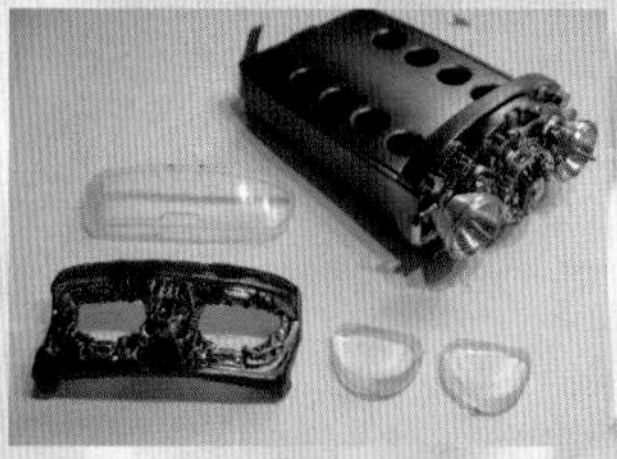

目の上にフードが1枚乗っている設定で透明パーツを製作した。目の周囲には細かいディテールが加えてある。

〈ディテールアップ〉

44年も前のアニメのプラモだけあって、あっさりした造形だ。現在は豊富な模型用のディテールアップ用材料が売られているので、センスよく利用しよう。

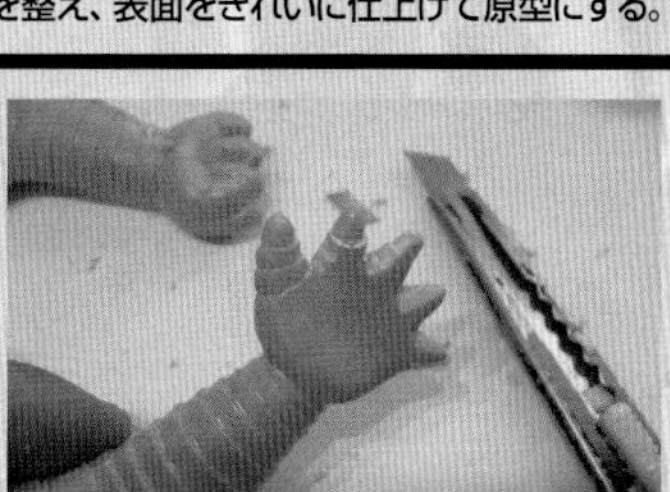

元キットの指にはほとんどモールドがない。カッターで削り出すなどして、根気よくディテールを付け加えていこう。

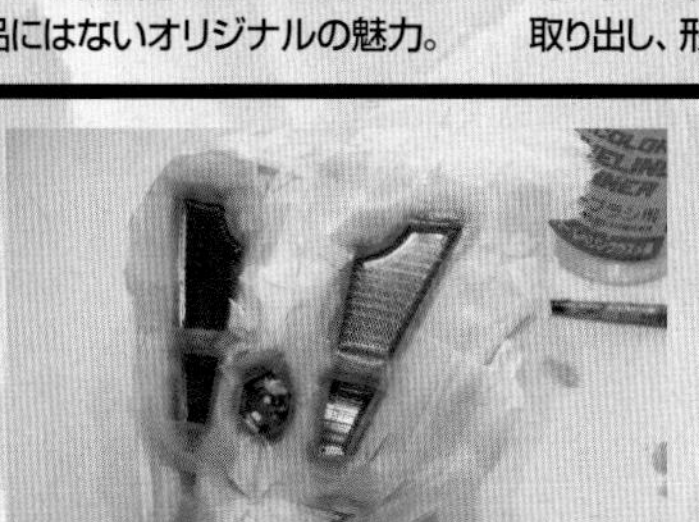

ゲッターロボは赤と緑のコントラストが印象的なロボット。ボディーの透明化したパーツにはクリアグリーンを吹いた。

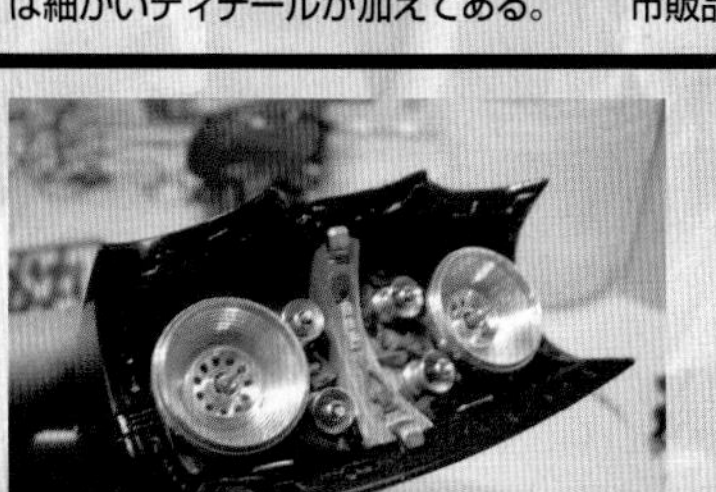

タンク後部の噴射ノズルには模型専門店で買える金属パーツを使用。高価だが精密感、重量感を出すには最適だ。

腕の要所に東急ハンズで購入した小さな金属ボールを埋め込む。さらにスコッチの「アルミテープ」で装飾してやろう。

車輪、キャタピラ、軸のセットを模型専門店で購入。さらにそのキャタピラの上に戦車模型用のパーツを貼った。

ボディーの銀色部分にはガイアノーツの「メタリックプリズムホログラム」という塗料を使用。七色に輝いて見える。

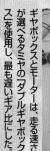

絶版プラモ…section 3

昭和のプラモがよみがえる!!

絶版プラモデル研究所

Discontinued Plamodel Laboratory

『ゲッター3』に続き、同シリーズの2足歩行『ゲッター1』の超絶ラジコン化に挑戦。2足歩行といっても脚には可動する部分は一切なく、足の裏から棒が出てヒョコヒョコと動くというもの。そんな、いかにも旧式プラモ然とした基本的フォルムはそのままに、プロポーションを調整し、歩行ギミックを再現。さらに電飾や音声機能も加えた。最大のポイントは前後走行するだけではなく、なんと左右旋回機能を加えたことだ。その仰天の方法とは!?

模型制作／タンゲ・アキラ　構成・文／おおこしたかのぶ

『ゲッター1』（バンダイ／復刻版）

『ゲッター3』同様、昭和49年に発売された初版から歩行機能を完全に排除した、入手しやすい復刻版キットを使用。これに電飾や歩行ギミックなど、目いっぱい詰め込んでいくのだ。

キットの全パーツ。マントはビニール製。これが左のような完成品になるのだから、タンゲ氏のロボットプラモ愛はハンパない。

ゲッターロボ 超絶ラジコン化第2弾!!

キットの素組状態。足に電池を収納するため不格好なプロポーションだが、この足のスペースを利用して、さらなる機能を詰め込んだ。

ディテールアップ

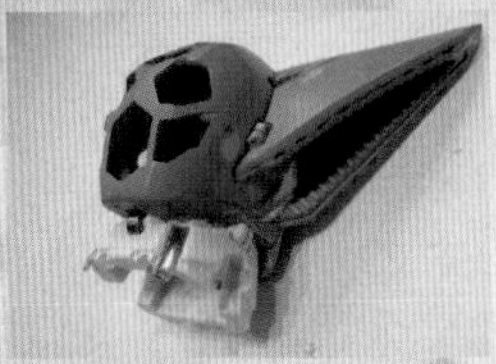

頭部全体のフォルムを大幅に改修した。顔は人形の命。納得がいくまで試行錯誤しよう。

首まわりはプラ板を組み合わせた完全作り起こし。スプリングなどで緻密感を出した。

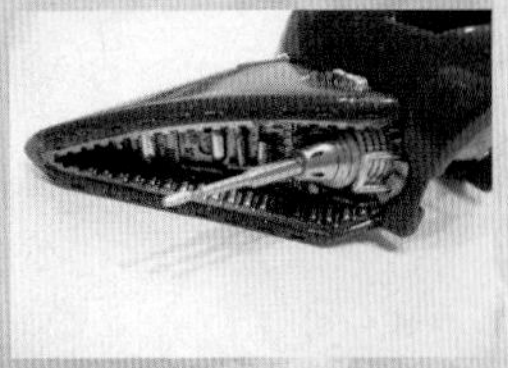

実際の設定ではこんなディテールはないのだが、とことん作り込むのがタンゲ流なのだ。

ジェット機の模型のエンジン（裏返して使用）、市販の金属アンテナパーツなどを装飾に使用。

タンゲ氏の異常な愛情

頭部

ゲッター1の顔は多角形のみで構成されているのが最大の特徴。キットの目は、横長の6角形だが、ここはタンゲ氏の思い入れで正6角形に修正。左右の角もキットを切り貼りして、よりシャープに、スマートになるよう改修した。

マント

マントもプラ板を何層にも貼り合わせるなどして完全作り起こし。今回はマントに電池を内蔵するので、かなり複雑な構造になった。

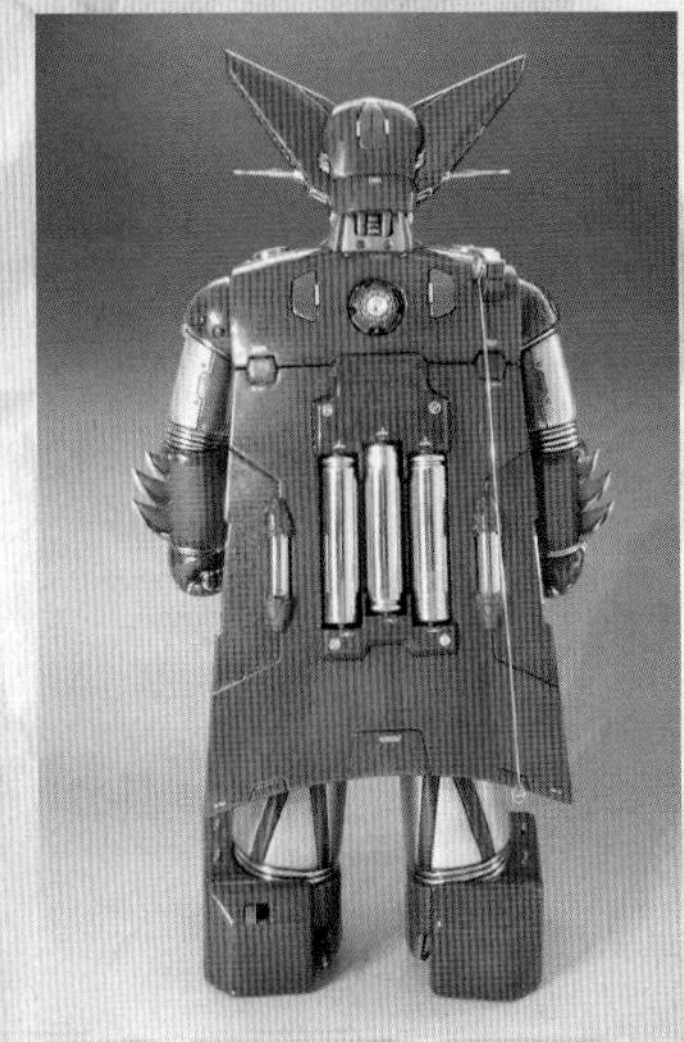

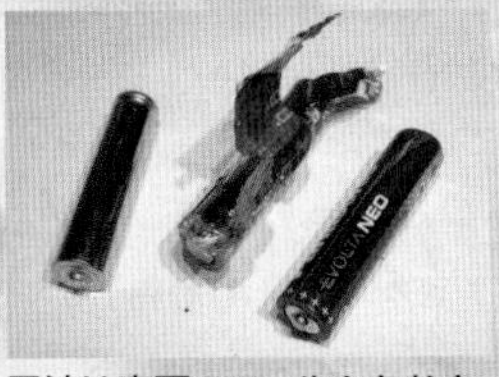

電池は表面のフィルムをむき、露出した金属部をコンパウンドでピカピカに磨くのだ。

裏側の見えない部分もキチッと作り込む。チラッと見えたときに圧倒的な存在感を醸し出す。

手

キットの手はあまりに情報不足なので、エポキシパテで完全作り起こした。スプリング仕掛けで飛ぶギミックがあるので中は空洞に。

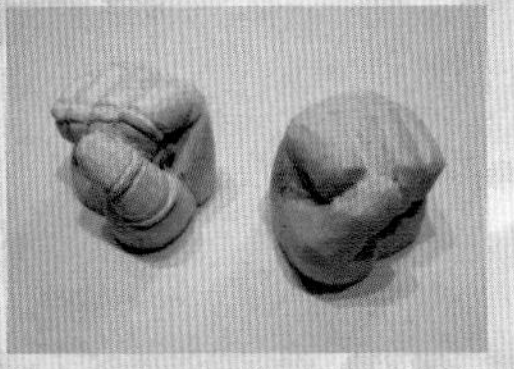

粘土のようにだいたいの形を造形した後、削る、盛るを繰り返して丁寧に仕上げていく。

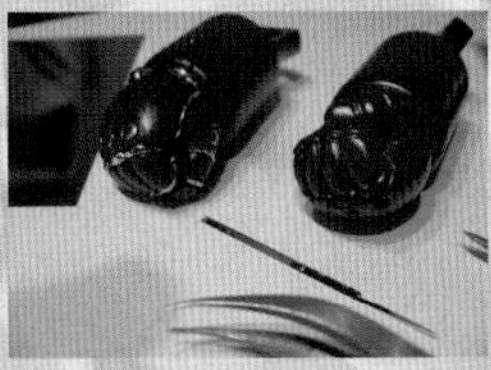

塗装後はハセガワの「ゴールドミラーフィニッシュ」を使ってメカっぽい演出を施してやろう。

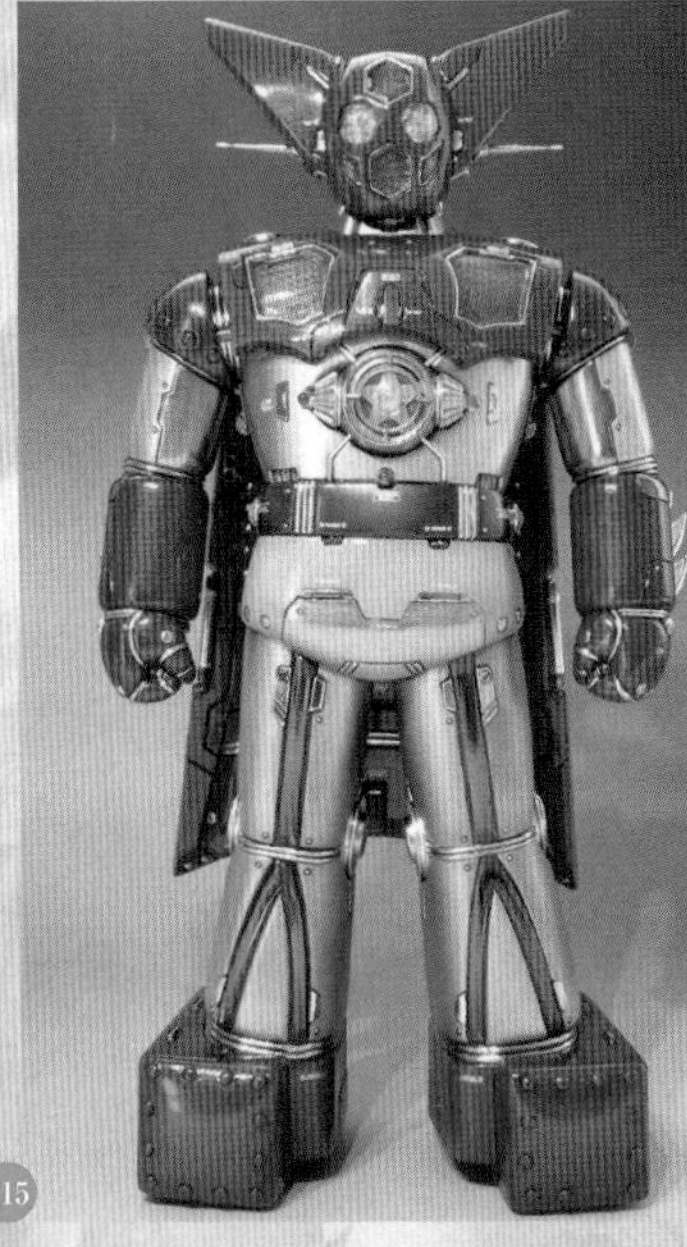

ギミック満載でもこの通り!!

プロポーション

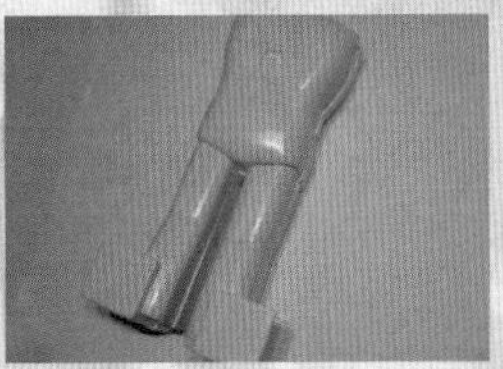

元キットは写真のように胴体、脚、足が一体化してしまっているので、一度バラバラにする。

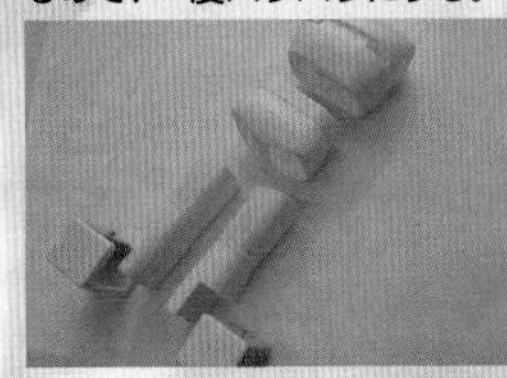

角度をつけたり、長さを微調整して再構成。そのさじ加減は各自のセンスで決定しよう。

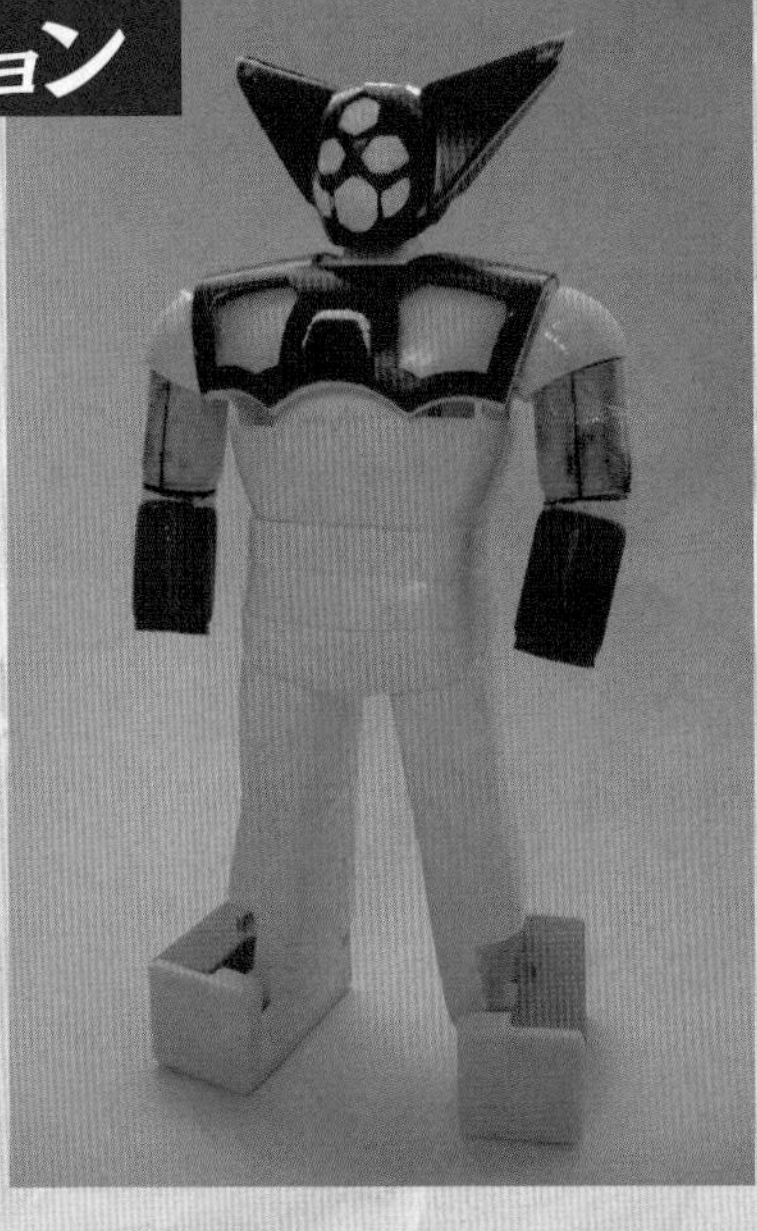

元キットの雰囲気を尊重し、シルエットを大幅には変えずに、背筋を伸ばす、肩をいかつく、足はハの字状に開くなど、カッコよく見せるための最小限の改修を行った。なお、お腹にはゲッタービーム発射口を新たに造形した。

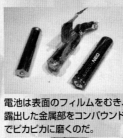

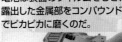

動かす!!

ラジコン化には前回同様、童友社『RCバトルタンクジュニア』のシステムを流用。今回の改造のポイントは、前後走行しかできないキットを左右旋回させること。左右それぞれの足に車輪を仕込み、それを可能にした。

左右旋回にはタミヤ『楽しい工作シリーズ No.188 ミニモーター標準ギヤボックス』を使用。足を延長するなどして組み込んだ。

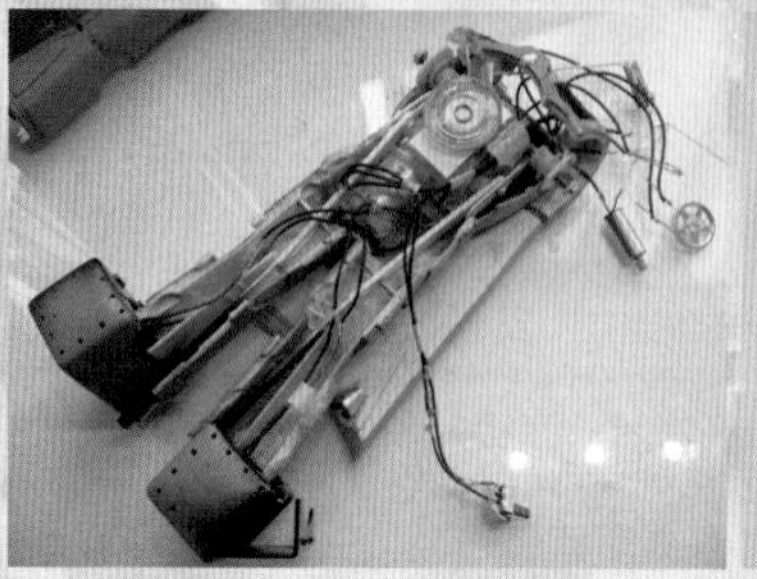

内蔵するメカ部の全体はこんな感じ。これを包み込むようにディテールアップを施した外装を接着し、最後に塗装を行う。

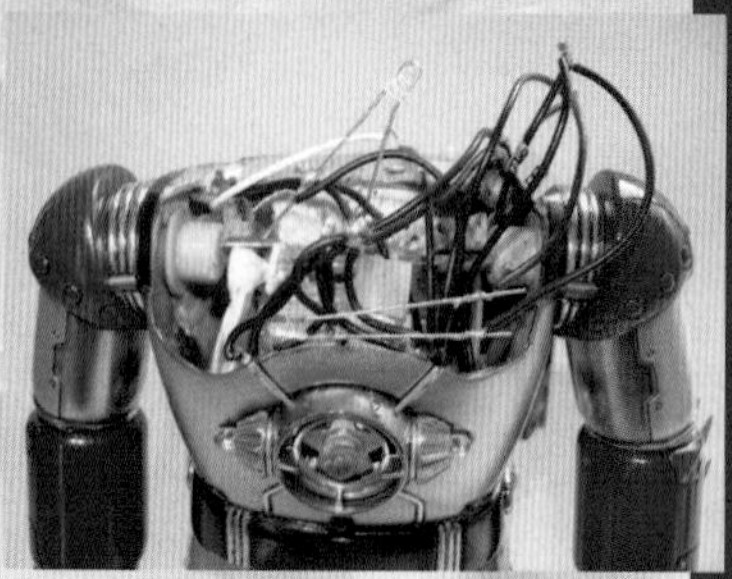

各動作や電飾のための部品、コードでひしめく本体内部。なんとかギリギリで収納できたが、これ以上はもう無理。

前後走行に加え、左右旋回も!

光らせる!!

やはりロボットはビカビカと光ったほうがカッコイイ。というわけで頭部の目、口、額、胸、そして新たに造形したお腹のビーム発射口に電飾を施した。目とお腹は単色LED、そのほかは数色に変化するもの、合計12個のLEDを使用。

透明キャストで複製する際、戦車模型に使う金属製のメッシュを中に埋め込む。グンと緻密感がアップするのだ。

発光ギミックを組み込むために、透明パーツを自作する。わざわざ原型を作って透明キャストに置き換えていくのだ。

ゲッタアアアビイイイイム!!

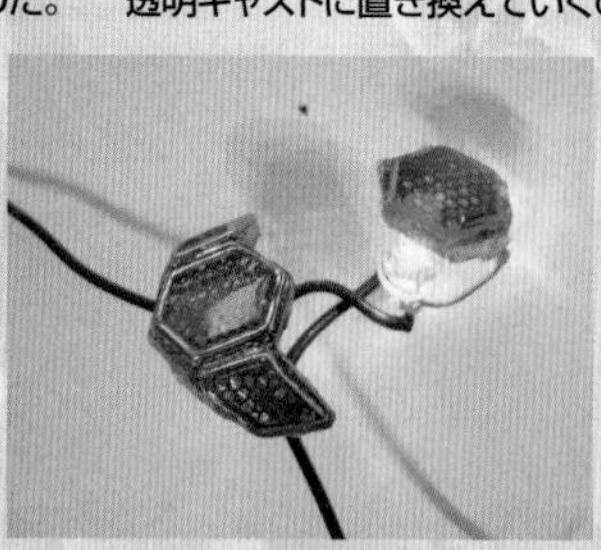

LEDは光が反射するようスコッチの「アルミテープ」でくるみ、透明パーツの中央に瞬間接着剤で固定する。

発光させるための部品がそろった。キットを切り抜いたり、透明パーツを作ったり手間はかかるが、労を惜しまず挑戦しよう。

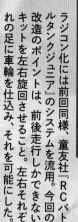

昭和のプラモがよみがえる!!

絶版プラモデル研究所

Discontinued Plamodel Laboratory

『ゲッター3』『ゲッター1』に引き続き、『ゲッター2』の超絶改造に挑戦。これでゲッターロボ3機がそろい踏みだ。今回の最大の見どころは、もちろんドリル。「回転するドリルを持ったゲッター2の玩具が欲しい！」という長年のファンの願いをかなえるべく、制作に挑んだ。作業は困難を極めたが試行錯誤の末、ついに納得のいく至高のドリルが完成した。なお、1と3に共通する技術の解説は割愛したので、それぞれの記事を参照していただきたい。

模型制作／タンゲ・アキラ　構成・文／おおこしたかのぶ

右の素組状態と比べていただきたい。足の大きさを変えずに、見事なプロポーションを実現している。

今回の改造の最大の目玉は、なんと、このドリルを光らせながら回転するようにすること。

ひじ関節の可動を殺さずに、細い腕にLEDとモーターを仕込むのは非常に難しい。

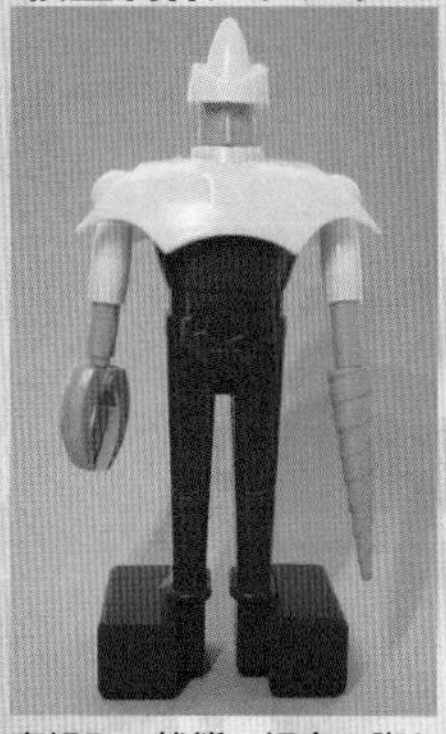

素組みの状態。細身の脚と電池を収納するために大きくなっている足のバランスが悪い。ドリルも貧弱な感じだ。

ゲッター1、3と同様、昭和49年に発売された初版から歩行機能をオミットした、入手しやすい復刻版キットを使用。これにタンゲ氏が子どもの頃に夢見た機能を加えていく。

「ゲッター2」（バンダイ／復刻版）

GETTER 2

ゲッターロボ超絶ラジコン化第3弾!!

ゲッターチーム夢の競演!!

ドリルを回転させる

ドリルを光らせるため、発光部のまわりを透明な筒状のドリルのみが回転する設計にした。まずドリルの原型を作り、それを透明キャストで複製し、中をくり抜く。その筒をベアリングに装着し、小型モーターで回転させる。

2色のLEDを複数個つなげた発光部。その根本にあるベアリング（ここにドリルを取り付ける）を小型モーターで回転させる。

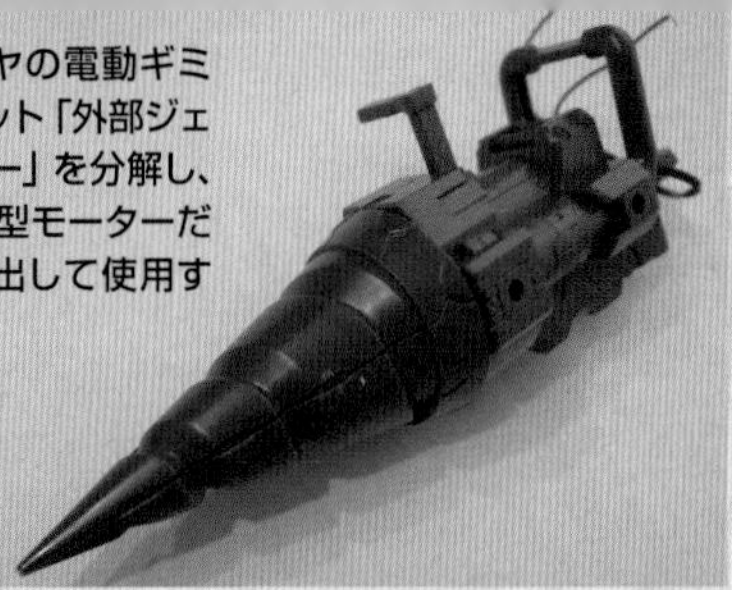

コトブキヤの電動ギミックユニット「外部ジェネレーター」を分解し、中の超小型モーターだけを取り出して使用するのだ。

ひじに付いている小さな円筒形のものがモーター。モーターの軸をベアリングの円周に直接くっつけてドリルを回転させている。

正確な円すい形を作るために、原型素材のフォルモを電動ネジ回しの軸に取り付け、回転させながら側面にヤスリを当てて、削り出す。

頭部を作り込む

漫画やアニメでは顔に横の線が2本入っているが、これを2つの輪と解釈。頭部はメカがむき出しになっていて、その周囲を2つの輪が取り囲んでいるという独自の設定でラフデザインを描き、それを元に作り起こした。

かなり狭い場所だが、額の格子模様と目は別のLEDで光らせることにした。顔は最も注目される部分だけに、手を抜かずにしっかりと作り込もう。

頭部のパーツは主にバンダイの『スター・ウォーズ Yウイング・スターファイター 1/72』を流用。目玉の透明パーツは透明レジンで作り起こした。

アームを開閉させる

せっかくなのでハサミのような右腕のアームも開閉するように改造してみた。童友社『RCバトルタンクジュニア』というラジコン玩具の基盤を流用したが、ほぼすべてのファンクションを使用する大掛かりなものになった。

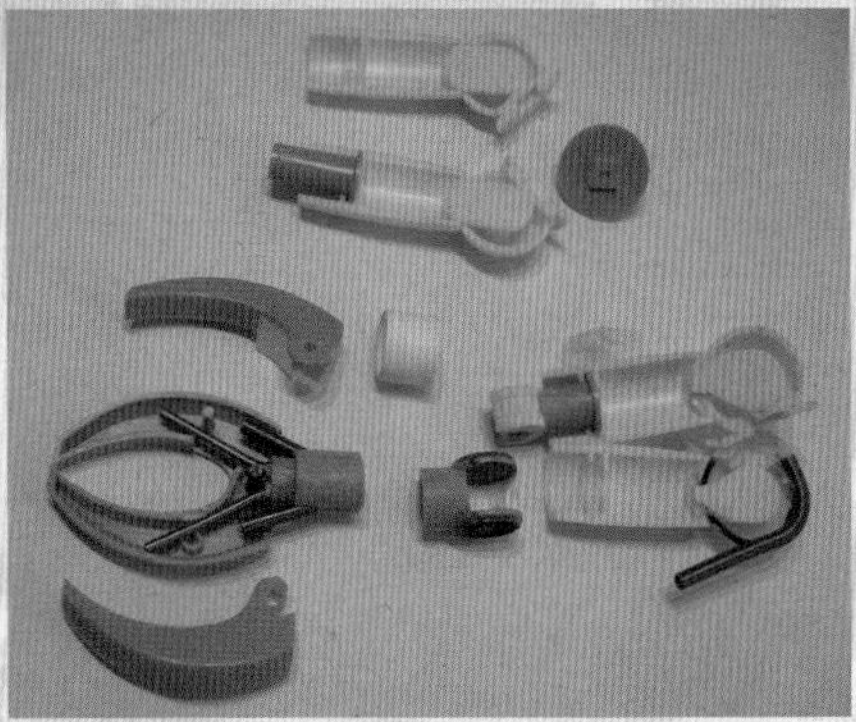

アームの内部構造はこんな感じ。元のキットをうまく分解して利用する。細かいパーツばかりなので、非常に繊細な作業が必要となる。

動力はドリルと同じ小型モーターを使用。小さなカムとギアを組み合わせて、モーター軸の回転を上下運動に変換するようにしてある。

メカを収納する

ゲッター2は、3機の中で最もスリムな体形。その中にたくさんのギミックや基盤、電池、配線を仕込んでいく。今回は単5電池を3本使っているが、電池を収納する場所を確保するのも至難の業。いろいろ工夫してみよう。

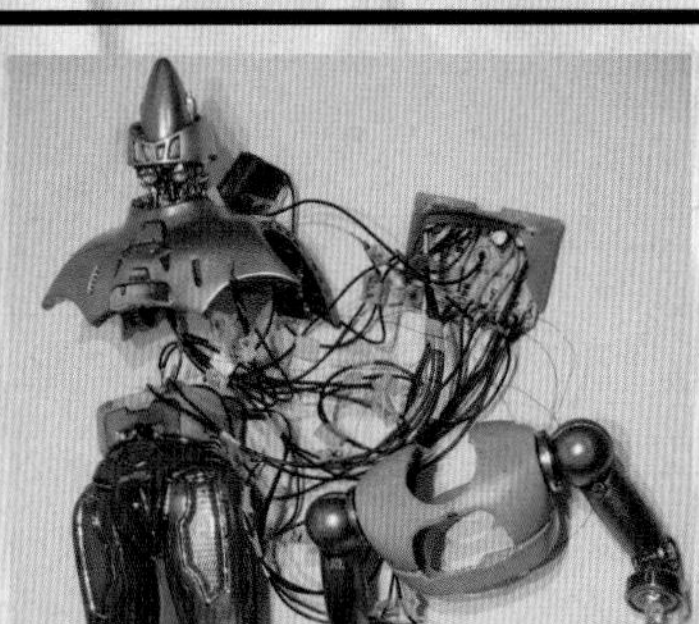

本体の中にはこれだけのコードが収納されている。妥協せずに創意工夫で理想とする作品に仕上げるのがタンゲ氏のモットーだ。

足部に仕込む動力ユニットは若干外側にはみ出してしまうので、収納する部分を作り足してやろう。

はみ出た基盤は胸部の覆いに隠れて見えないようにしてある。リード線に番号をふりながら制作しないと、あとで厄介なことになるぞ。

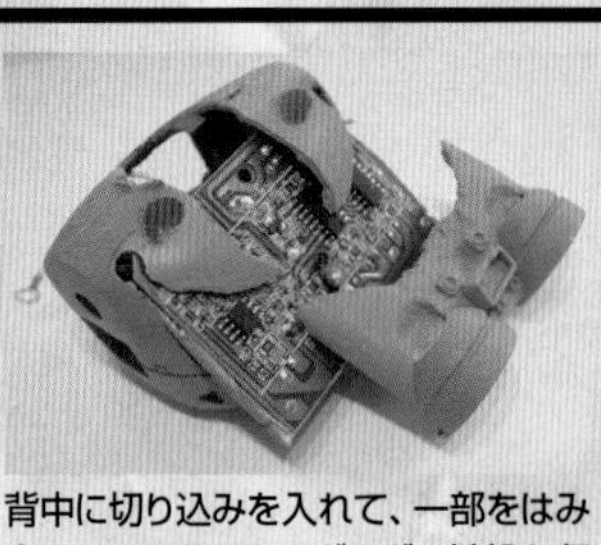

背中に切り込みを入れて、一部をはみ出させてやることでギリギリ基盤を収納することができた。

基盤を包み込むようにパーツを接着し、塗装をする。抜き差しはできないので、この段階で配線をよく確認。

驚異のドリル回転!!

回転しないドリルなんてドリルじゃない。超高速でスムーズな回転に成功。動画でお見せできないのが残念。

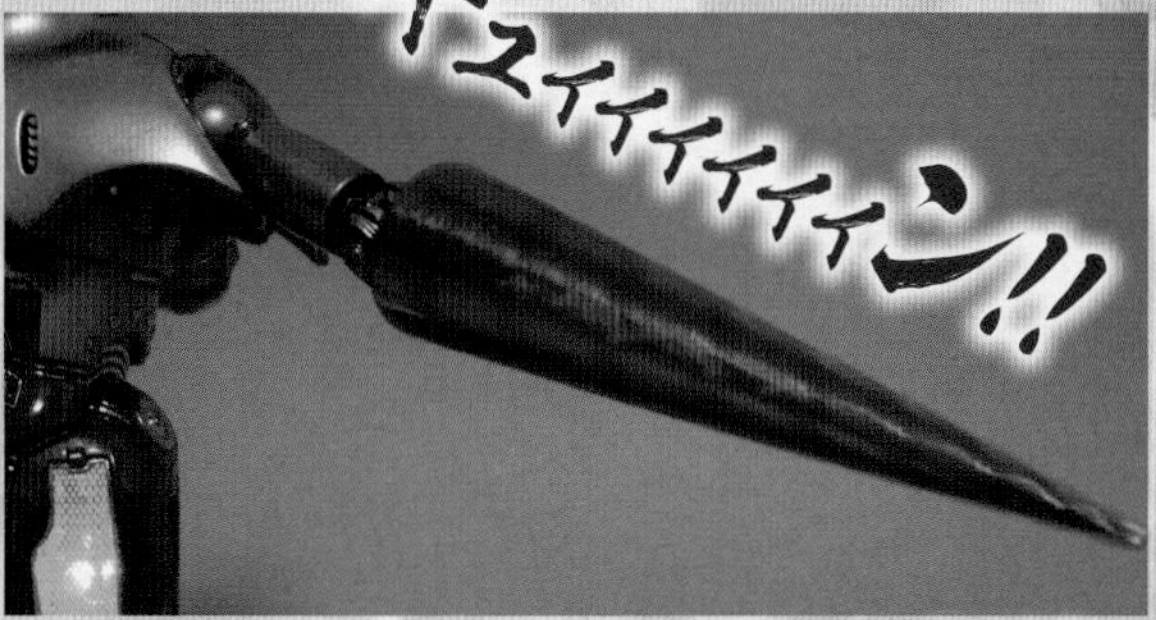

超絶ディテール

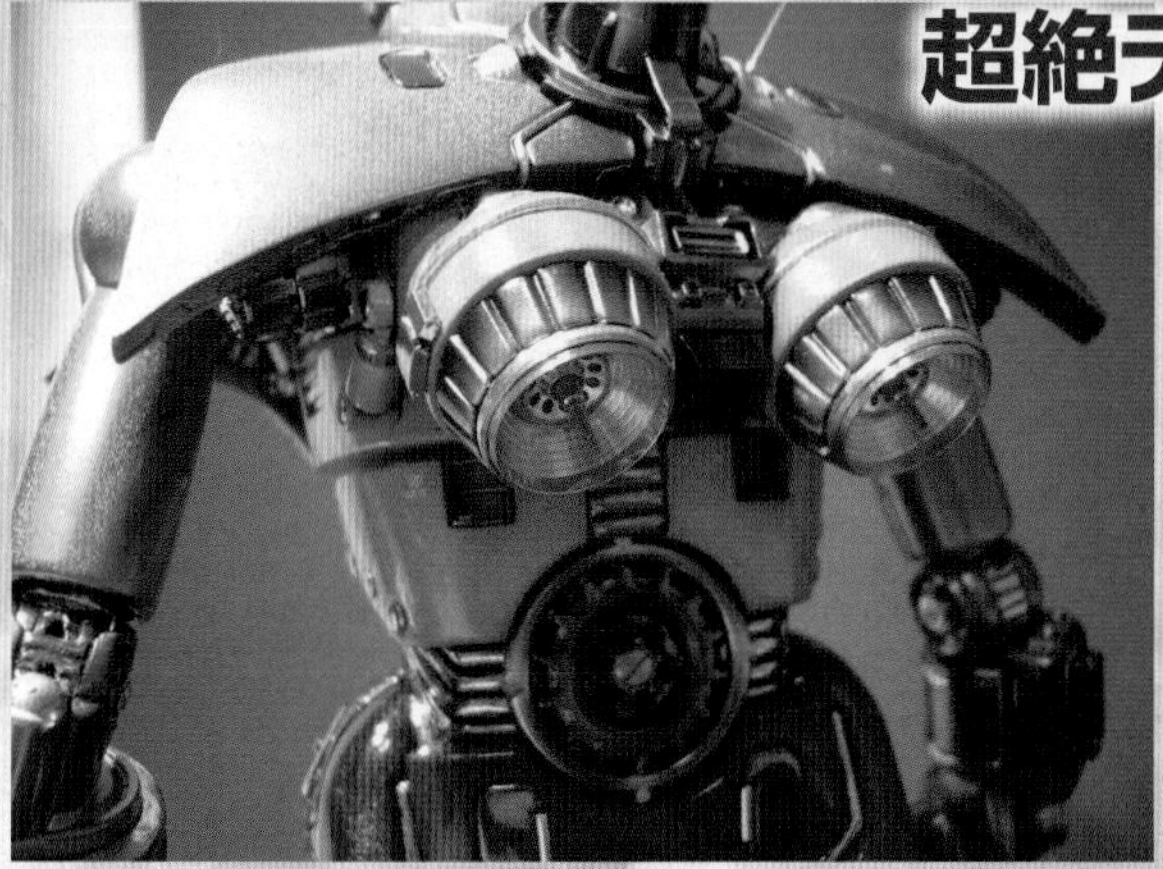

前面はスッキリとして見せ、細かいディテールの見せ場は背面に集中させた。目立つスピーカーも背面中央に配置した。

左腕のドリルが回転するなら、右腕のアームも開閉させたい、ということで改造を施した。

本来の目は丸いのだが、額のひさしに隠れて半月形に見える、という解釈のもと制作。バッチリ決まった。

流麗なプロポーション

両足に走行と旋回機能、左腕にドリル回転、右腕にアーム開閉、そして多数の電飾を仕込んだにもかかわらず、見事なスリム化を実現。

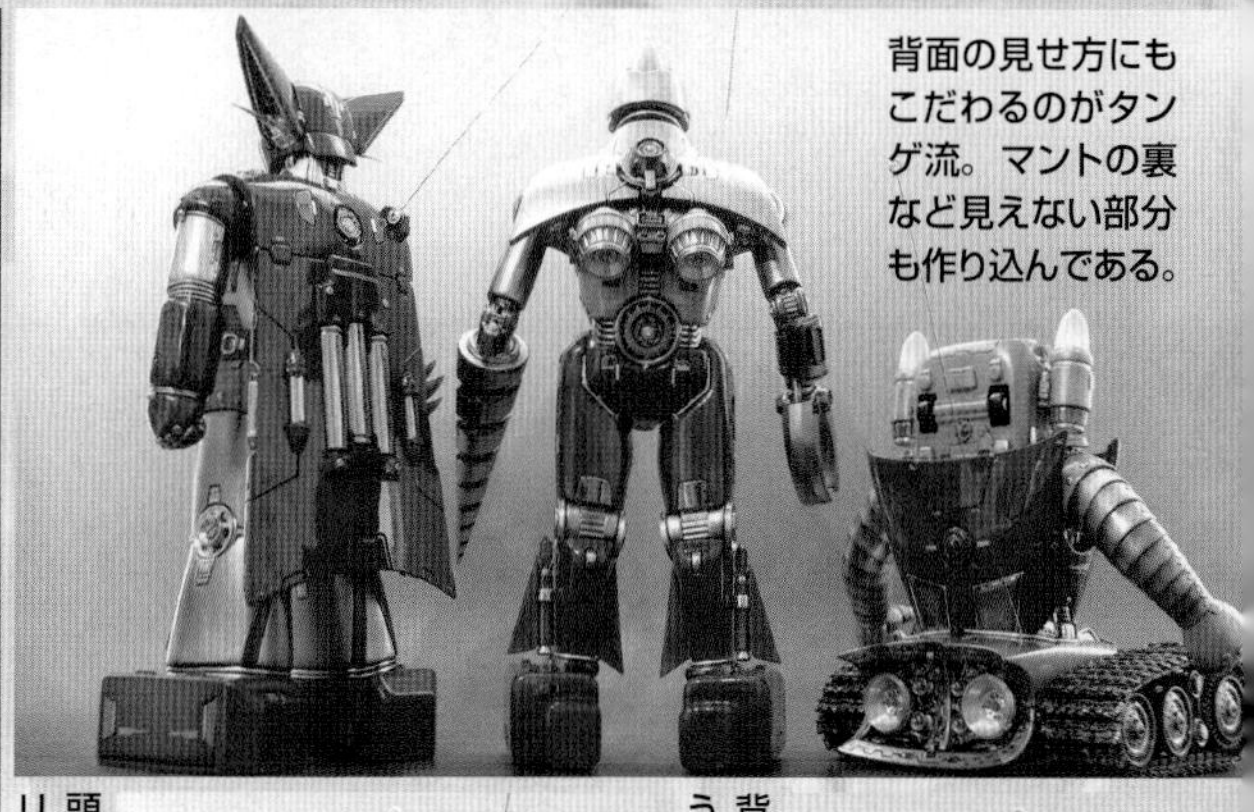

背面の見せ方にもこだわるのがタンゲ流。マントの裏など見えない部分も作り込んである。

頭部と胸部の塗装にはガイナノーツの「メタリックプリズムホログラム」を使用。イベントでのみ購入可。

背中のエンジン部が出っ張っているのがわかるだろう。ここに基盤を逃がしてやることでギリギリ収納。

昭和 TABOO HOBBY!! 絶版プラモを作ろう!! 傑作発掘編

模型制作／タンゲ・アキラ　構成・文／おおこしたかのぶ

中高年の趣味も多様化が進み、もはや盆栽、囲碁、釣り…という時代は終わった。本誌が提案したいのは、子どもの頃に作った（作りたかった）お世辞にも出来がいいとはいえないプラモデルを、大人買いならぬ“大人作り”する『絶版プラモホビー』だ。時間に余裕のある大人になった今、持てる技術と最新の素材を使って挑むのだ。最近はネットオークションのおかげで絶版プラモが入手しやすくなったので、挑戦してみてはいかがだろう？

SF戦車模型黄金期の傑作が蘇る!!

『マイティゲル』（中村産業／昭和42年／550円）

昭和40年代に中堅メーカーとして個性的なプラモデルを連発し、当時の子どもたちを熱狂させた中村産業。SFメカも多数発売されたが、中でもギミック、デザイン、ユニークさでベストの出来といえるのがコレだ！

モーター駆動の本体がある程度の距離を走行すると、ゼンマイ仕掛けの探検車が発進する。設計が非常に複雑で、子どもが作るには難易度が高かった。

ヘッドライトなどを自作したことで、かなり緻密感が増した。操縦席も手を抜かずに作り込む。

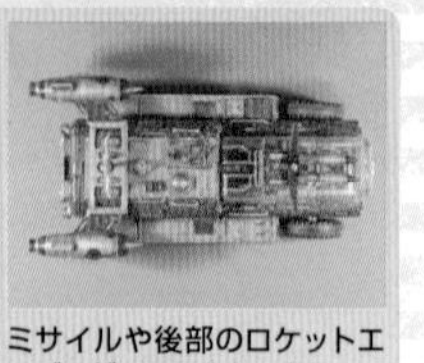

ミサイルや後部のロケットエンジンがいいアクセントに。いかにも昭和のSFプラモらしいデザインにグッとくる。

捨てずにとっておいた戦車やガンプラのパーツを多数流用。また、使わなかったデカール（転写シール）や別売りのデカールを使用し、センスよくマーキングした。

組み立てを途中で放棄したキットを格安で入手。難しすぎて当時の子どもが制作を諦めたのだろう。

塗装をする前に、のっぺりとした表面にいろいろなパーツを貼り付けてディテールを加えていく。

前面の両脇に穴を開けてLEDを仕込み、スイッチのオン・オフでライトが光るようにした。

銀色の取っ手のようなパーツは園芸用アルミワイヤーで自作。本体に穴をあけて差し込む。

操縦席もアルミワイヤーで補修。ライトはバンダイ「ビルダーズパーツMSサイトレンズ」を使用。

LEDを仕込んで光らせると、がぜん雰囲気が増す。面倒でもぜひやってほしい改造だ。

昭和40年代の模型を超絶ディテールアップ！

昭和のプラモは大抵のっぺりとしていて、ディテールに乏しいのが特徴。そこで、ホビーショップで売られているガンプラ用のパーツや、現行プラモのパーツなどを流用してみた。いかにハードなディテールのSFメカを作れるかをテーマとし、塗装も箱絵に忠実に行った。

ATTACK SERIES MIGHTYGEL

童友社は城郭などのプラモデルに定評のある、現存メーカー。このプラモデルは緑商会（昭和50年代初頭に倒産）が昭和44年に発売した『タイガーロボ』の金型を流用し、1980年代っぽいアレンジで再販したものだ。

『宇宙の騎士
デルマック』
（童友社／昭和
56年／500円）

ピピピ…ボク、キミノトモダチ。

SPACE KNIGHT DELMACK

最新カラーLEDでビッカビカ!!

完成!!

牧歌的な昭和ロボを先端技術で超モダンに！

工作のポイントは最新ハイテクであるカラーLEDを使って、まばゆく光る、未来感溢れるロボットに仕上げることだ。LEDの光は直接見ると目を開けていられないほどまぶしい。このギラギラ感は、昭和のホビーで使われたムギ球では絶対に出すことができない。箱絵の色は地味すぎるので、銀とシルバーで統一し、金属感を強調した。

アンテナを前後に動かし、手を振り、脚を上下させながら車輪走行する。胸からはミサイルが飛び出す。

ボディーにマスキングを施した後、アルミシルバーでスプレー塗装する。

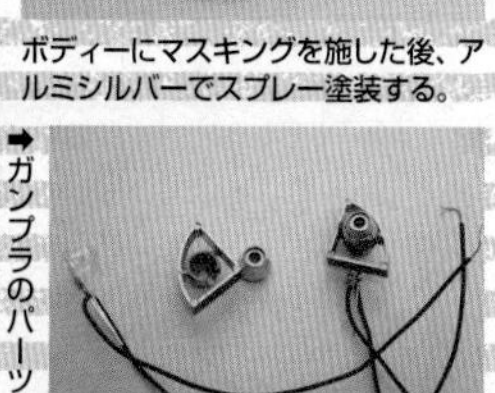

➡ガンプラのパーツを流用して目玉に。そこにLEDを仕込んでやる。

⬅干渉しないよう、発光用電池と走行用電池は別々にするのが理想だ。

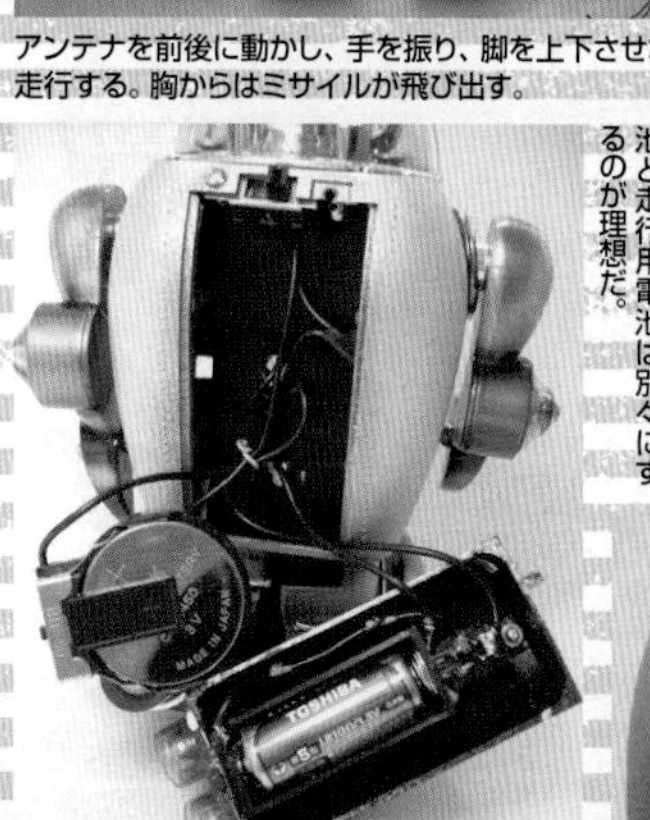

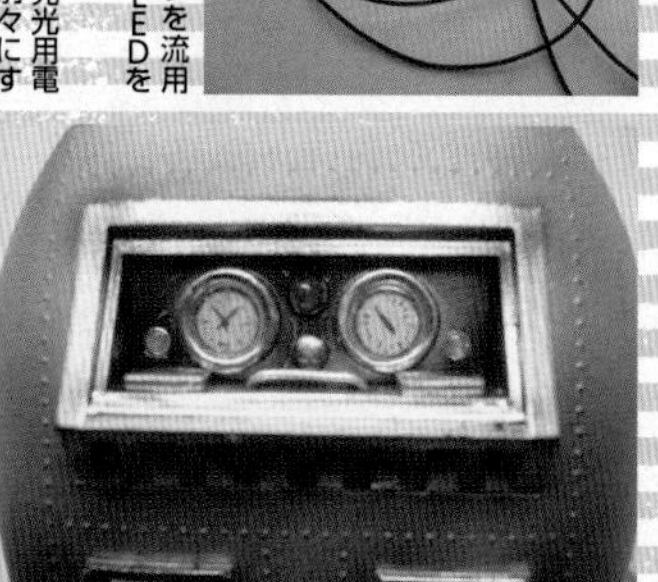

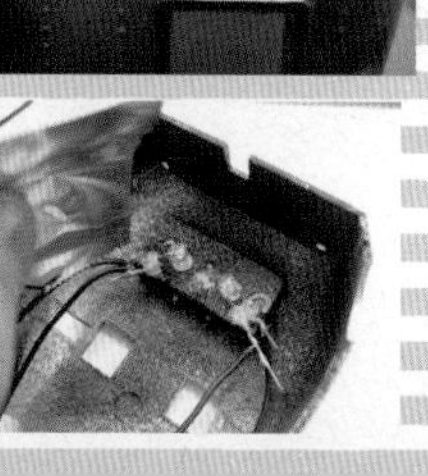

➡レンズの裏にLEDを仕込む。これで胸のメーターも光るようになった。

⬆胸のメーター部分はくり抜き、「MSサイトレンズ」を取り付ける。

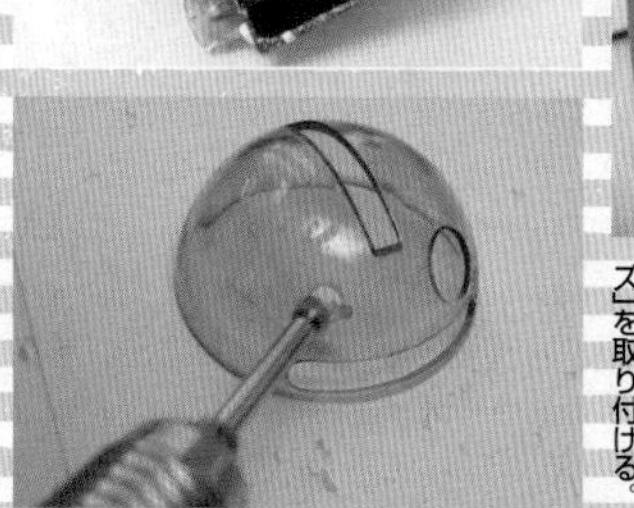

透明フードの目の部分にリューターで穴をあけてやることで、光が直接見えるようにした。

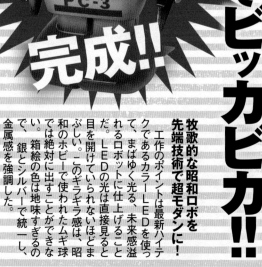

懐かしのCMキャラ、見参!!

鋼鉄の番犬!!

HONDA IRONBULLDOG

パテをシンナーで溶いたものを塗り、鋳物っぽさを表現する。

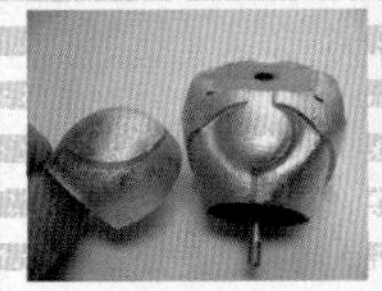

銀色で塗った後、黒を吹いてシャドウをつける。

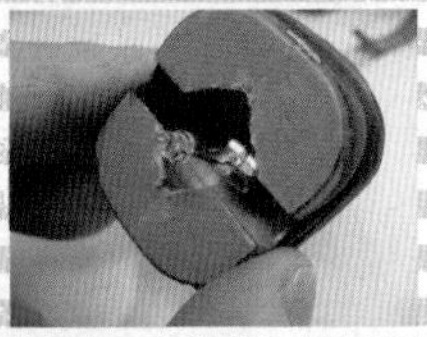

首のパーツをくり抜き、目の位置にLEDを取り付ける。

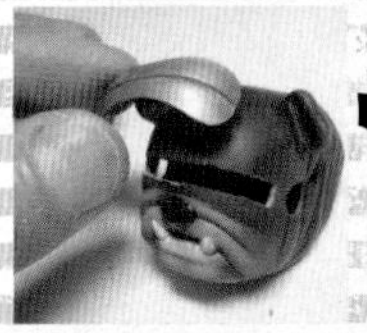

スリットを切り取り、透明なプラ板をはめてやる。

ホンダシティターボⅡのCMに登場した、コマ撮りで動くメカニカルなブルドッグを、プラモデル黎明期からの老舗メーカー・エルエス（平成4年倒産）が商品化。手足や首の関節が可動する。当時絶大な人気を誇っていた漫画『AKIRA』の作者・大友克洋がデザインを担当した。

『アイアンブルドッグ』
（エルエス／昭和59年／600円）

大友克洋デザインメカの魅力を完全に再現する！

キットは本物そっくりで文句なしの出来なのだが、発光ギミックがないのが残念。ここはやはりCMのように、特徴的な目のスリットを赤く光らせてみたい。発売当時には存在しなかったカラーLEDがあればこそ、それが可能なのだ。あとは塗装のテクニックで、金属感と重量感を出してやれば完璧だ。

シークレット兵器 トランシーバーナイフガン

昭和の駄モノプラをブラッシュアップ!!

現在、世界的モデルガンメーカーとして人気を博している東京マルイは、昭和55年頃までこんなチープなプラモを発売していた。モデルガン同様、男心をくすぐるギミックがマルイらしい。箱絵の人物が、当時のアクションスター・千葉真一に似ているのはご愛嬌。

『国際秘密警察
トランシーバーナイフガン』
（マルイ／昭和47年／100円）

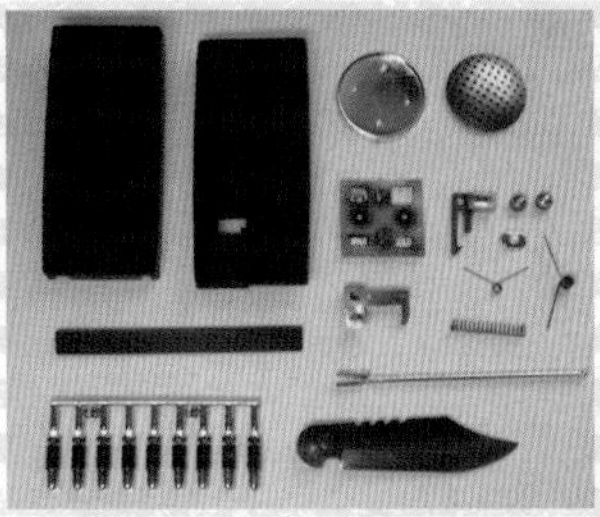

部品数は少ないので、一つ一つのパーツを丁寧に塗装し、磨きをかけてやろう。

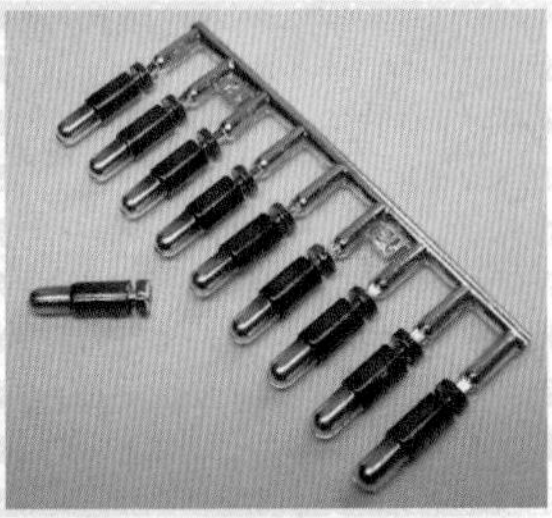

弾丸にはハセガワの「ゴールドミラーフィニッシュ」を貼り、黒のシャドーを吹いた。

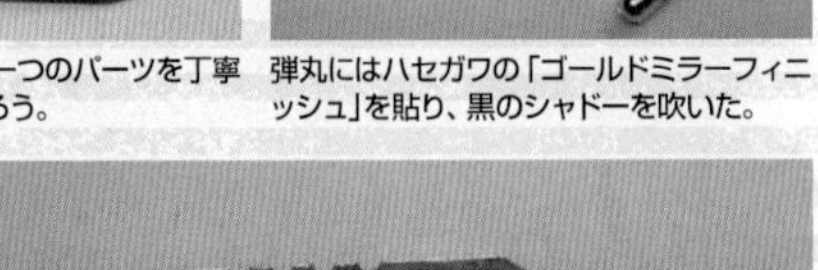

ナイフは刃の部分をヤスリで削ってより薄くし、メッキシルバーで塗装後、黒のシャドーを吹く。

応答せよっ!!

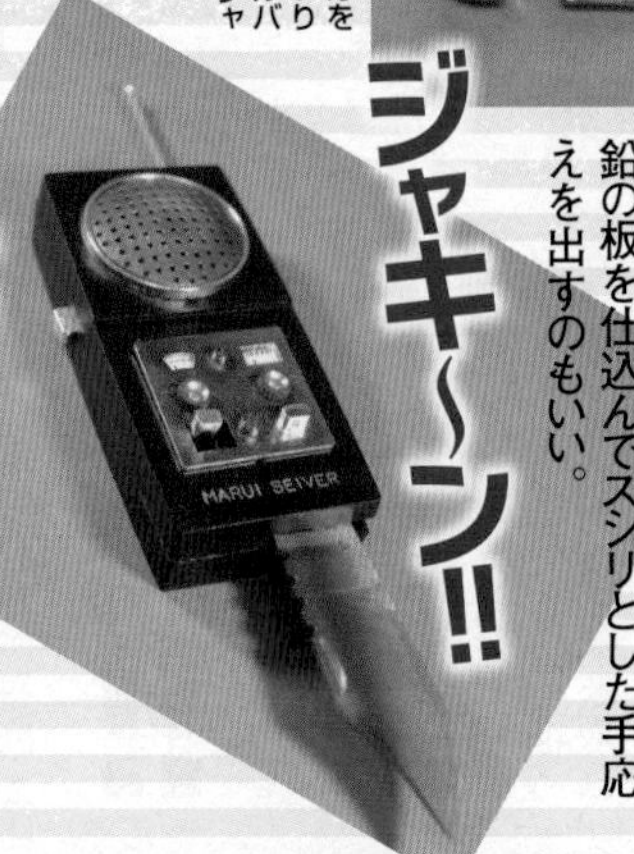

ジャキ〜ン!!

しっかりと作り込んでリアリティーを与えよう！

ボタンを押すと弾丸が発射されたり、ナイフが飛び出す、チープなプラモを本物のスパイギアに見えるように細部まで作り込むことに挑戦。メーターは紙に描いて自作したものを貼り付け、赤いボタンは女子が使うデコ用の宝石シールを使用した。鉛の板を仕込んでズシリとした手応えを出すのもいい。

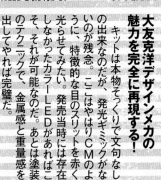

昭和 TABOO HOBBY!! 日東科学編

絶版プラモを作ろう!!

模型制作／タンゲ・アキラ　構成・文／おおこしたかのぶ

“中高年のための新しいホビーを模索する”というテーマで始まった当企画、一部で熱烈な好評をいただいている。プロ造形師であるタンゲ・アキラ氏に作例の制作を依頼しているが、初心者、あるいは出戻りモデラーに、ここまでのレベルを要求するのはさすがに難しいと思う。要は自分が楽しめればいいわけで、同じものを目指す必要はまったくない。あくまでも制作のヒントくらいのつもりで、作例をご覧いただければ幸いである。

洗練された究極のフォルム!!

『地底戦車ジェットライザー』（日東科学／昭和42年）初版はモーターライズだったが、今回製作したのは昭和59年に再販されたゼンマイ動力版。

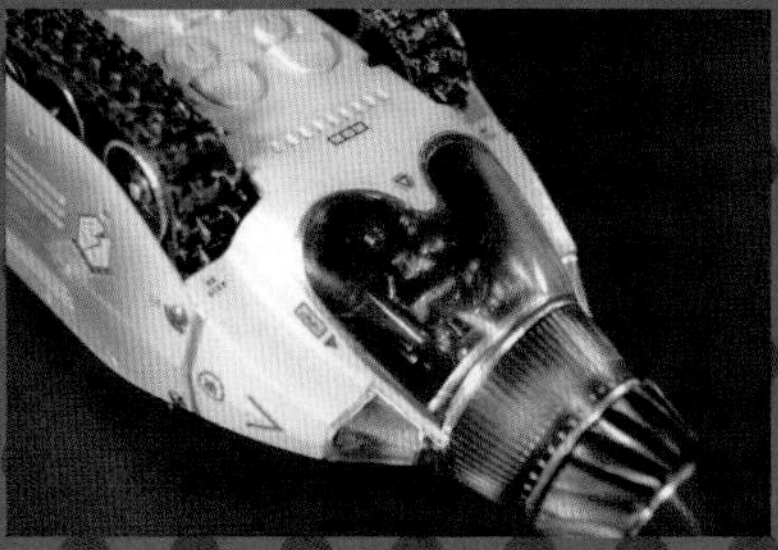

コクピットは自由に回転し、機体が傾いても平行を保つ。駆動ギミックと連動しているところがニクイ。

昭和42年頃に発売されたオリジナルSFメカプラモの中では、そのデザインセンスは群を抜いてる。

本メカはひっくり返ってもそのまま走り続けるという設定なので、上下対称の画期的なデザインとなっている。アイデアを実現した日東もエライ。

コクピット内がスカスカなので、ガンプラのジャンクパーツなどを使ってディテールアップしてやろう。

付属のゴムキャタピラでは表情に乏しいので、ミリタリーモデル用のディテールアップ部品を貼り付ける。

左右の透明フードから中が見えてしまうので、車輪まわりもジャンクパーツを使ってディテールアップ。

世界の長岡秀星がデザインしたメカ

本ＳＦメカのデザイン（箱絵も）を担当したのは、のちに世界的なイラストレーターとなる長岡秀星。それだけに惚れ惚れするデザインの傑作キットとなっている。製作ポイントはコクピットのディテールアップとキャタピラの自作。洗練されたデザインを壊さないよう、センスよくまとめたい。

ROCK DRILL TANK
JET-RAIZER

海底怪獣 ワニゴン

『海底怪獣ワニゴン』（日東科学／昭和41年）日東がガメラのプラモに続いて発表したオリジナル怪獣。ガマロンと同時発売された。

素組みのワニゴン。顔の表情が乏しく、脚もまるでおもちゃのようだ。逆にそれがタンゲ氏の創作意欲に火をつけた！

にかけた大決闘

昭和の二大トラウマ怪獣対決!!

⬆ワニゴンのふてぶてしいツラを完全再現。右上の箱絵と見比べていただきたい。究極のワニゴンの完成だ。

⬅真上からのショットも実に生物感の溢れるものとなった。重くなったので動きはややぎこちないが…。

⬆脚はほぼフルスクラッチに近い。指の表情も図鑑などで本物のワニを観察してディテールアップした。

➡やはり牙を自作するかしないかで、リアル感の差は歴然となる。面倒でも1本1本、丁寧に作ろう。

顔は思い切った改造が必要だ。頭のパーツから歯を削り取り、目の周辺をえぐり取る。勇気を出して断行しよう。

エポキシパテを盛って顔を作り直していく。リアルさを出すために、目玉は大きさの合ったドールアイを使用。

脚は園芸用のアルミ線を使って、リアルに見えるよう自作。そこに手のひらのパーツを切り取り、くっつける。

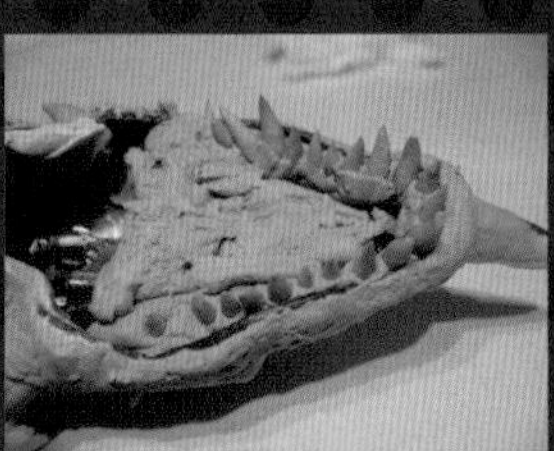

歯はエポキシパテで自作し、同じくエポキシパテで作った顎に植える。その後、ピンク色の樹脂粘土を盛りつける。

全体のバランスを考えてボディーの各所にパテを盛り、ディテールを整える。

全体を灰色で塗装した後、木工用のオイルステンを塗るとワニの皮膚感が出る。

箱絵そっくりの顔つきに大整形

子どもの頃、カッコイイ箱絵を見て購入し、実際に作ってみるとまったく似ていない、かわいいワニゴンになってガックリしたものだ。今回はなるべく箱絵に近い凛々しいワニゴンを制作してやろう。見栄えを左右する歯や角は自作し、皮膚もリアルにディテールアップ。おもちゃのような脚も生物らしく改造してやろう。

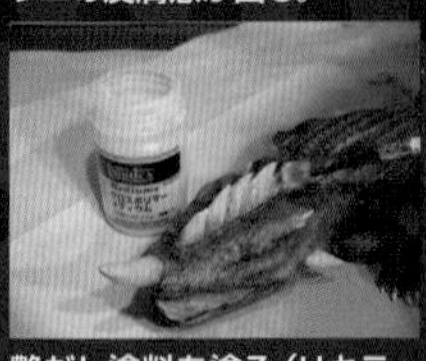

艶だし塗料を塗る（リキテックス社のグロスポリマーメディウム。画材店で入手可能）。

地底怪獣 ガマロン

「地底怪獣ガマロン」(日東科学／昭和41年)
今回製作したガマロンとワニゴンは昭和59年に再販されたもの。入手しやすいキットだ。

凄絶!! 世紀を股

徹底改修の末、最凶怪獣に変身!!

昭和40年代のプラモデルらしく、精度が低くてあちこち隙間だらけ。面倒だがこれはパテで埋めていくしかない。

素組みしてみるとこんな感じ。ノッペリしていて、まるでマンガのようだ。こりゃ大改造のしがいがありそうだ。

表面にエポキシパテをどんどん盛って、両生類のようなディテールを丁寧に加えていこう。

牙はエポキシパテで1本1本手作り。スクラッチした歯茎に取り付けていく。入れ歯を作る要領だ。

緑色のLEDで目を光らせてみた。電源のボタン電池は頭部に内蔵。不気味さが倍増していい感じだ。

牙とベロを自作したことでリアルさが増した。目つきも箱絵よりもさらに凶悪さを増した。ちょっと怖すぎかも…

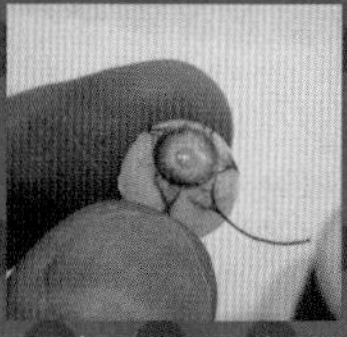

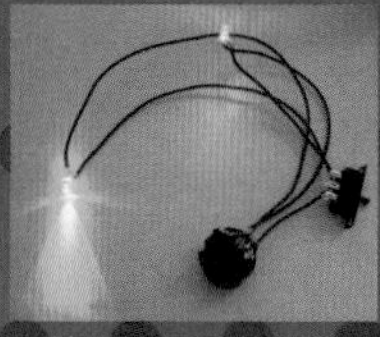

赤い糸をほぐして細い血管に見立てたものを白目部分に貼る。LEDも仕込む。

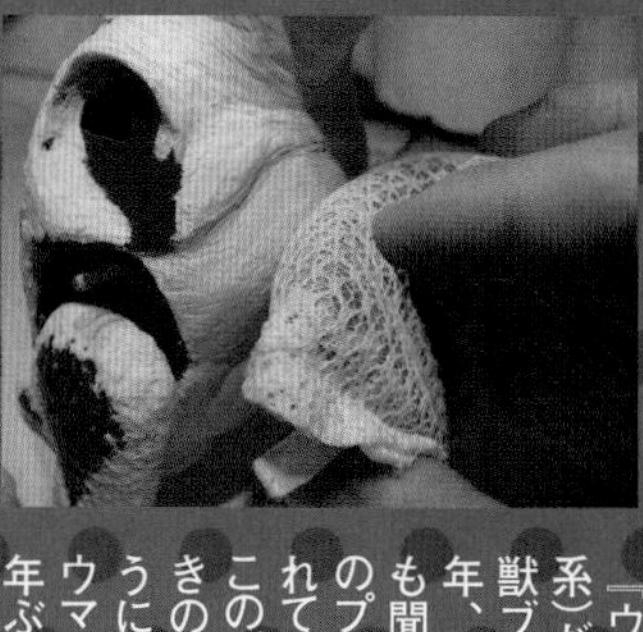

皮膚のディテールは、パテがまだ乾かないないうちに布を押しつけて表現。いろいろな布を試そう。

仕上げにワニゴンにも使用した艶だし塗料を塗ってやる。まだらに塗ると生物感が増す。

ゼンマイ動力でノシノシと歩く…というか、その場で足踏みしている感じ。だが、雰囲気は最高だ。

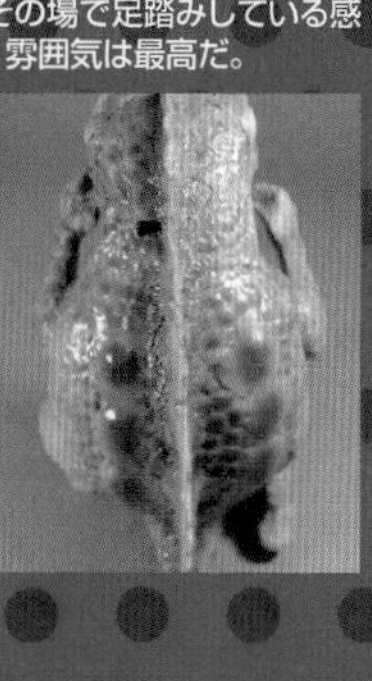

背中の模様はエアブラシで丁寧に塗装してやる。気持ち悪くて触りたくなくなるほどリアルに塗ろう。

素組みの状態からは想像できないほどにカッコよく、不気味になったガマロン。ウルトラ怪獣に負けてないぞ！

昭和トンデモ模型をとことん作り込む！

『ウルトラマン』（TBS系）が放映開始され、怪獣ブームに湧いた昭和41年、駄菓子屋で見たことも聞いたこともない怪獣のプラモが2体も発売されて子どもたちは驚いた。このガマロンの箱絵の目つきの悪いこと！ 忘れようにも忘れられないトラウマとなった。さぁ、50年ぶりのリベンジだ!!

絶版プラモ…section 7

昭和 TABOO HOBBY!! 絶版プラモを作ろう!! 夏プラ編

模型制作／タンゲ・アキラ　構成・文／おおこしたかのぶ

国産初のプラモデルが登場してから60年以上すぎた。現在、連綿と続く『ガンプラ』シリーズという売れっ子は存在するものの、一般的なホビーとして定着しているかは甚だ疑問だ。昭和50年代の初期頃までは、出来は悪いがアイデアや夢のあるプラモが、市場に溢れていた。大人になった今こそ、あの頃に作った懐かしいプラモに再び挑戦したい…そういう試みがあってもいいのではないか？ というわけで、御好評をいただいている本企画、今回は夏のプラモ特集だ！

潜行開始!!

科学シリーズ ULTRA MARINE

夏は水モノのプラモだっ!!

『科学シリーズ　ウルトラマリン』
(マルイ／昭和48年／300円)
昭和40年代、各プラモメーカーは競ってオリジナルのスーパーメカを発売。今や国際的モデルガンメーカーのマルイも例外ではない。ゴム動力で先端のドリルを回転させながら水中走行する。

金属パーツを使ってメタリック感を強調

昭和40年代の夏、模型屋には船や潜水艦などの〝水モノ〟プラモが溢れていた。当時は早くプールやお風呂で遊ぼうと粗雑に作ってしまったが、大人になった今、じっくりと作り込んでみたい。完成したら、たまには銭湯に行って、デッカイ湯船で走らせよう。周りのオッサンや子どもは驚くぞ！

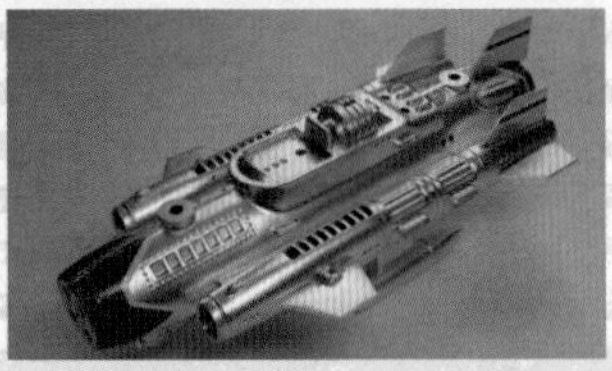

まず地を銀色に塗り、その上からクリアブルーを吹きつけてメタリックブルーにする。

コクピット内も手を抜かず、丁寧に仕上げてやるとリアルさが増す。面相筆を使って慎重に…。

園芸用のアルミワイヤー、手芸用の金メッキビーズ、デコレーションパーツを使ってディテールアップ！

『ウルトラウオッチ』(おまけ)

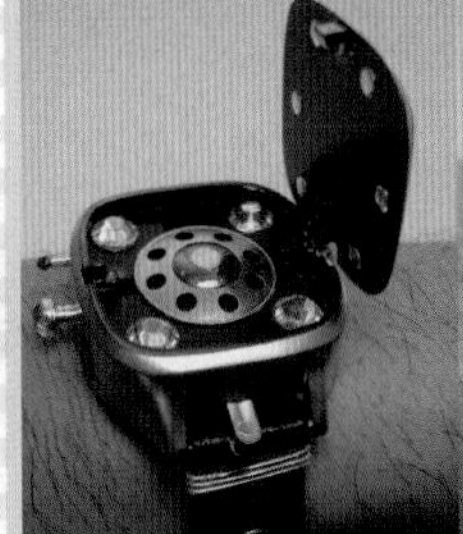

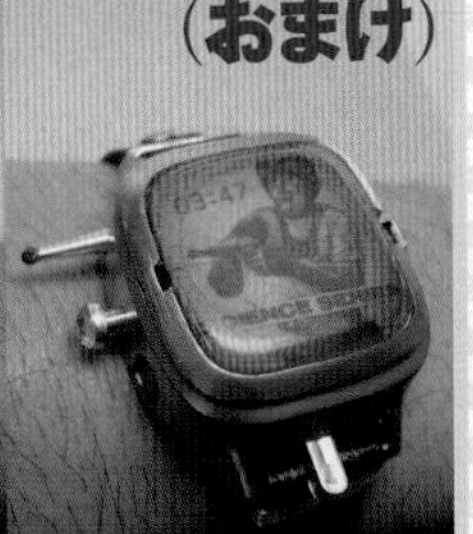

箱絵をスキャン&印刷してシールを作成。

メタリックシルバーとブラックを基調に塗装。

おまけも手を抜くな!!

おまけの円盤&ミサイル発射機能付き腕時計もキチッと作ってやろう。付属のバンドは安っぽく、大人には小さいので、専門ショップでそれらしいのを購入して使用。これでバッチリだ。

『合体ロボシリーズ ロボボート』
(アリイ/昭和50年/300円)
昭和50年前後、中堅メーカーのアリイはテレビアニメに影響され、独自の合体ロボット路線を展開。そのチープさは今見ると衝撃的でさえある。ボートのほかにも戦車がある。

全弾ぶち込め!!

合体ロボシリーズ ロボボート

別売りパーツと合体

『秘密武器シリーズ2 ターゲットパンチ』
(アリイ/昭和50年/100円)
なんと、この別売りのロボットの下半身と、ボートに付属していた上半身を合体させると、1体のロボットになる。しかし、別売りだけ買ってもらった子どもは何のことかわからなかっただろう。

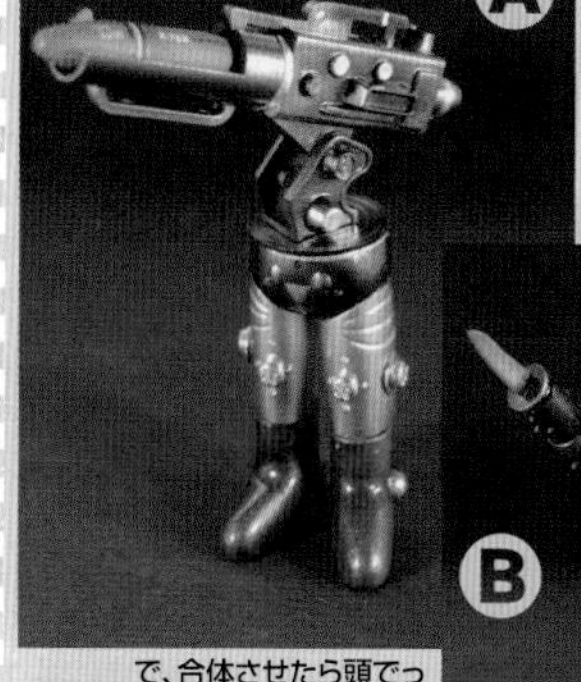

A どうにか見られるようには作ったが、よくぞこんなプラモをでっち上げたものだ。

B で、合体させたら頭でっかちでバランスもメチャクチャ! でも、ちょっとかわいい。

C 砲台のパーツが付いている。ロボットの下半身よりもしっくりくるが面白味はない。

カッコよくならないプラモはない!!

のっぺりとした胴体にビスを適当に埋め込んでやる。これだけで一気に見栄えがよくなる。

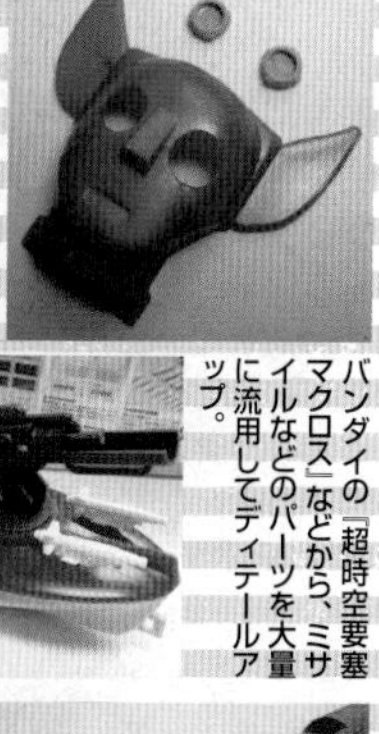

目の部分をくり抜き、ガンプラ用パーツ「MSサイトレンズ」を仕込んでやろう。

シュールなまでにダサいプラモを完全リファイン

「こ、このプラモをカッコよくするんですか!?」と、さすがのタンゲ氏も悲鳴を上げた。それほどの難物だ。愛と情熱さえあれば、どんなプラモもカッコよくなる…その信念のもとに完成したのがコレだ!! ミサイルなどは、ほかのプラモから流用したものの、きちんと丁寧に塗装し、ディテールアップしてやれば、まるで別人のようって、整形手術か(笑)。

バンダイの『超時空要塞マクロス』などから、ミサイルなどのパーツを大量に流用してディテールアップ。

ボートに穴をあけて頭の丸い釘を数本埋め込む。金属感、緻密感がグンとアップするゾ。

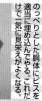

グリップファンpocket HURRICANE

『ポケットハリケーン』(エーダイ／昭和50年／450円)
まだクーラーが一般家庭に普及していなかった頃、ハンディファンのプラモは夏の定番だった。開発競争の結果、次第に機能が充実し、この商品にはライトと電動消しゴム機能まで追加されている。

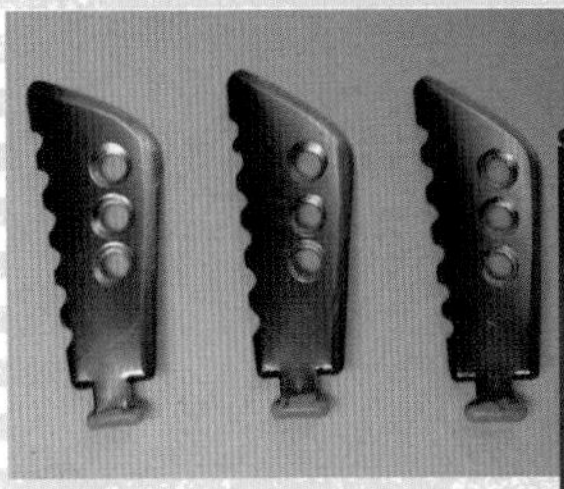

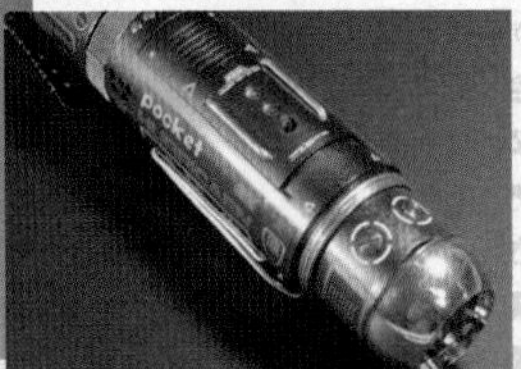

羽にはドリルで穴をあけ、メタリックシルバーで塗装。おっ、サイバーチックになった。

ライトセーバー風にディテールアップ

アルミワイヤー、ジュエルシールなどでデコろう。ツヤ消し黒の地にラメ入りのクリスタルカラーで塗装。

俺流カスタマイズで世界に一つの逸品を!!

ハンディファンは涼しければそれでいいワケで、何も苦労してディテールアップしなくても…いや、プラモは既製品と違って自分で作るのだから、世界でたった一つのモノだ。己の美学を持って全力で臨むべし。まるでライトセーバーのようにカッコイイファンを、胸ポケットからサッと取り出し、自慢げに使うのだ。たいして涼しくないけど…。

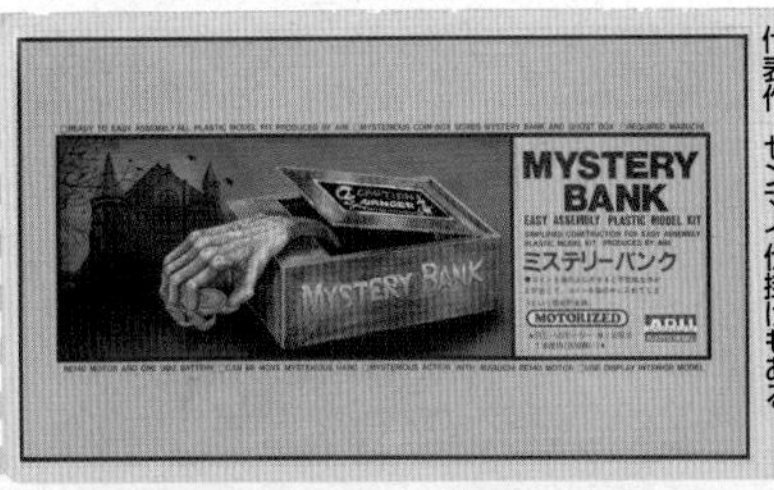

『ミステリーバンク』(アリイ／昭和60年(再販)／700円)
コインを置くとフタが開き、中からニュ～ッと手が出てきてコインを箱の中に…電動モーター駆動のギミックが秀逸な、昭和の怪奇プラモの代表作。ゼンマイ仕掛けもある。

木の板で台座を作り、リューターで表面をガシガシ削って表情を出してやる。チェーンを付ける位置を確認。

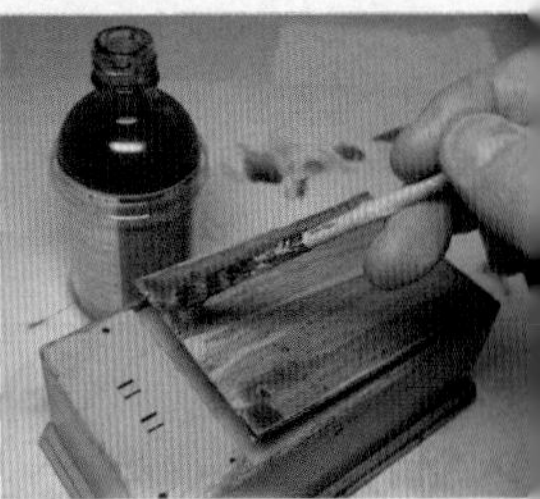

全体を肌色に塗ったあと、ニスを筆でムラが出るように荒っぽく塗ってやると、木の感じが出るのだ。

昭和の怪奇プラをゴシックホラー調に!!

MYSTERY BANK

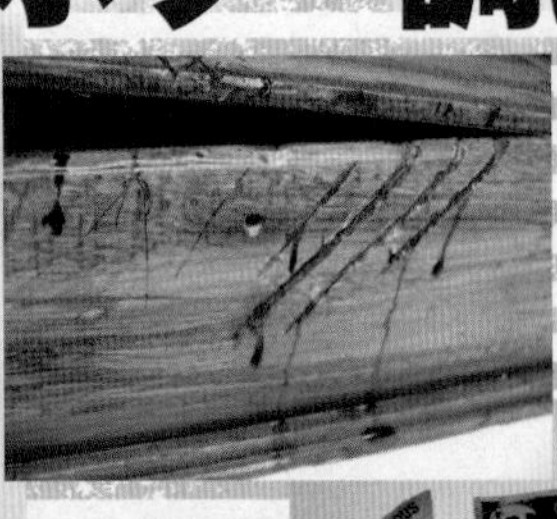

傷の跡にニスを流し込むように塗ってやる。エアブラシで表面に濃淡もつけよう。

箱絵などから文字をスキャンして印刷、デカールとして使用する。汚しを忘れずに!

テクニックを駆使して恐怖感を演出しよう!

アイデアとギミックは最高なのだが、いかんせんプラスチックでできたノッペリした箱という印象しかないので、ここはしっかりとディテールアップして雰囲気を出してやろう。木製の質感を出し、ひっかき傷や釘、チェーンなどで恐怖感を演出。イメージは映画『死霊のはらわた』を参考にした。

昭和TABOO HOBBY!! 古玩具大復活編

絶版プラモを作ろう!!

模型制作／タンゲ・アキラ　構成・文／おおこしたかのぶ

『ガンプラ』という例外はあるが、プラモデルはごく一部の中年愛好者のための、偏狭な趣味になってしまった感がある。今さら普及に努めるよりも、過去の遺産をいかに保存し、その素晴らしさを次世代に伝えていくことを考えたほうが、より賢明な選択なのではないだろうか…。そんなプラモへの深い愛と高い理念に基づき、絶版プラモの素晴らしさをここにお伝えいたします！

『シウルス』（今井科学／昭和59年）
初版は『ワニラ』として昭和42年に50円で発売された。再販時に改名。初版発売時は怪獣ブームでもあり、駄菓子屋でバカ売れした。ゴム動力で水中を泳ぐ。

左の素組みを箱絵を参照して作り込んでいった。全長は13㎝ほどなので、かなり緻密な作業となる。

50円チープラの逆襲!!

この怪獣のポイントは、なんといっても巨大で鋭い牙。労を惜しまず丁寧に作れば…どうです、この迫力！

ほかのSFプラモの台座を適当に流用して作ってやろう。あると見栄えが全然違う。

キバはエポキシパテで1本ずつ作る。口内の造形は透明度のあるスーパースカルピーで。

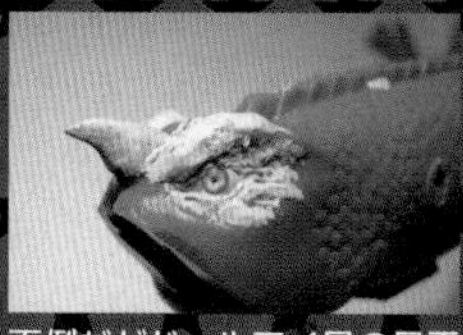

面倒だがドールアイ風の目玉を自作し、埋め込んでみた。これで生物感がグッと増した。

メカ生命体という設定でディスプレイ用に制作。スクリューの可動は省いた。

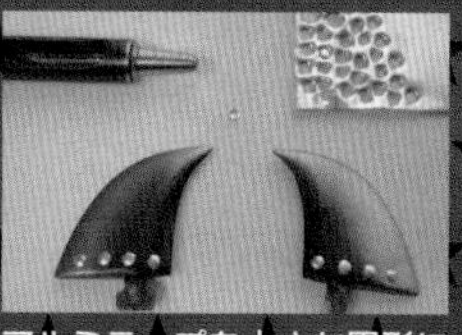

アルミテープを小さな円形に切り出し、ヒレの根元に貼ってメカっぽさを演出する。

まず下地にツヤありの黒、次にメッキシルバー、最後にサファイアブルーを吹き塗装。

思い出深い模型を全身全霊で作る！

初版が発売された頃は、怪獣の商品がソフビ人形くらいしか出回っておらず、怪獣に飢えていた子どもたちはたった50円で買えたこのプラモをこぞって買い求めた。銭湯で遊んだという人も多いだろう。さぁ、楽しかったあの頃を懐かしみながら、思い入れたっぷりに作ろう！

IMAI MONSTROUS ANIMAL SERIES

SEAULS

傑作玩具を完全REBORN!!

『VF・1J バルキリー』（タカトク／昭和58年）
発売年の年末商戦で20万個以上を出荷した大ヒット商品。その後、5種が発売され、翌年末の時点で合計100万個を突破。高価だったこともあり、当時は垂涎の玩具だった。

左が改修前で右が改修後。腰の位置が低くなっているのがおわかりだろうか。大腿部は斜めに切断し、ポーズに表情が出るようにした。

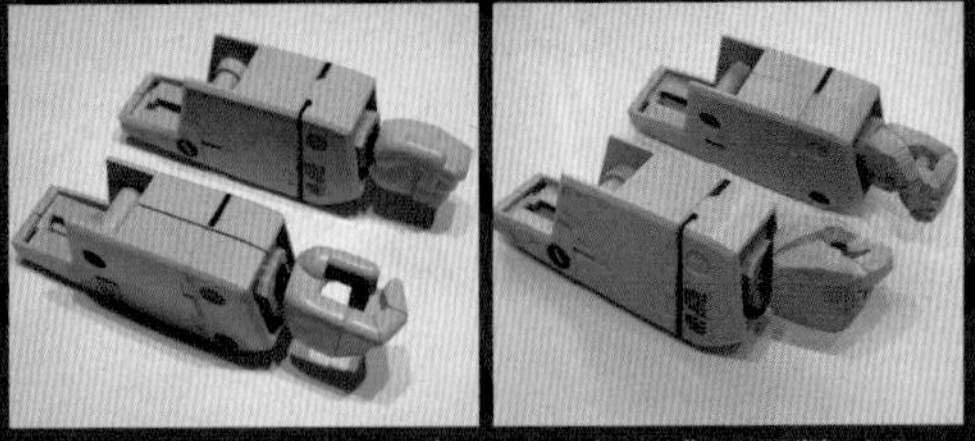

指がいかにもおもちゃっぽいので、パテを盛ったり削ったりしてリアルに。変形しすぎると収納できなくなるので注意。

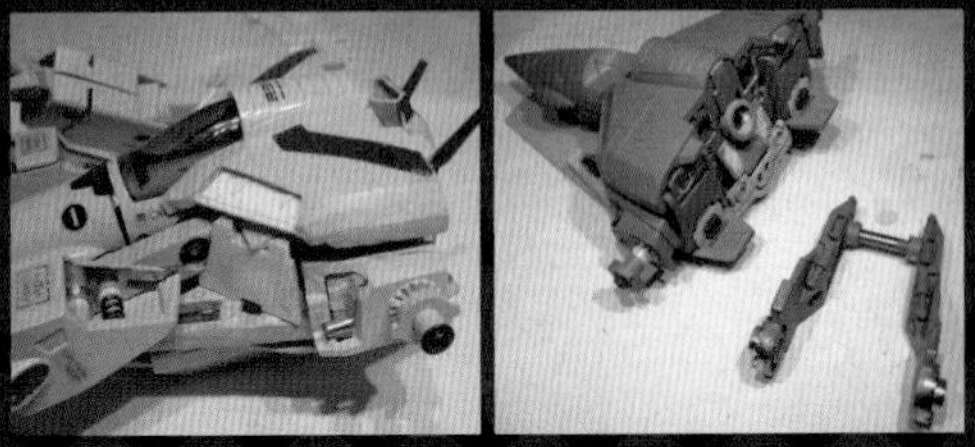

本体をいったん全部バラし、腰の位置を下げる工作を施す。熟練さを必要とする緻密な作業だが、頑張ろう！

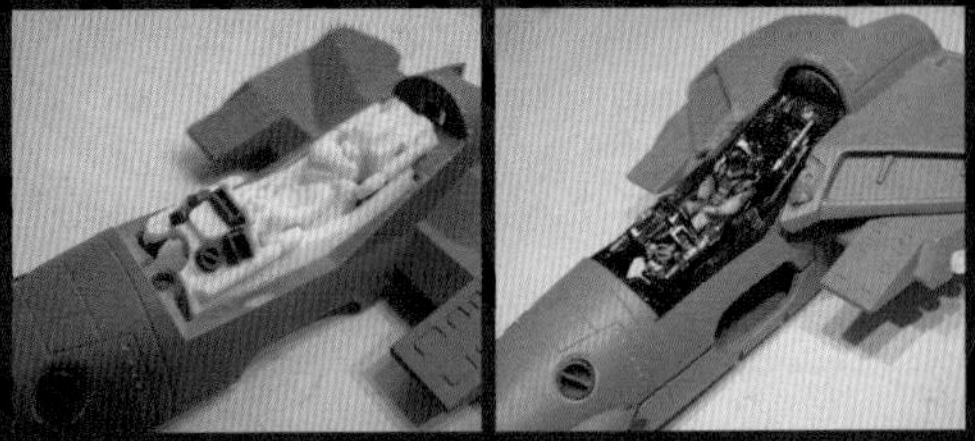

キャノピーの内部は、ハセガワの模型を流用し、丁寧な塗装をしてやろう。玩具とは思えないカッコよさになるぞ。

BATTROID VALKYRIE VF-1J

子どもの頃に遊んだ玩具を徹底改造

『超時空要塞マクロス』に登場した可変型戦闘機の変形メカニズムを完全に再現したタカトクの『VF・1Jバルキリー』は、ロボット玩具の歴史を変えたといっても過言ではない傑作だ。しかし、ハイスペックな玩具に見慣れてしまった今では、多少の不満を感じてしまう。そこで今回は、プラモではなく、玩具の大改造にトライしてみた。

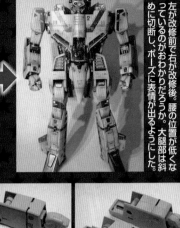

『**黄金バット**』（**今井科学／昭和50年**）
初版は昭和42年に150円で発売。以降、たびたび復刻されているので入手しやすいキット。棺を開けると、ゴム動力で黄金バットがスクッと立ち上がるギミック付き。

サーフェイサーをボテッと飛沫が飛ぶように吹いて、わざと凹凸を作り、ドライブラシで立体感を出す。

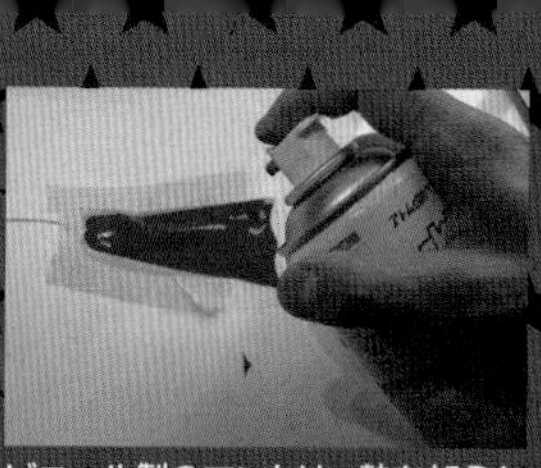

ビニール製のマントは、熱を加えた後に引っ張り、シワを作ってやると表情が出る。片面は黒色に塗装。

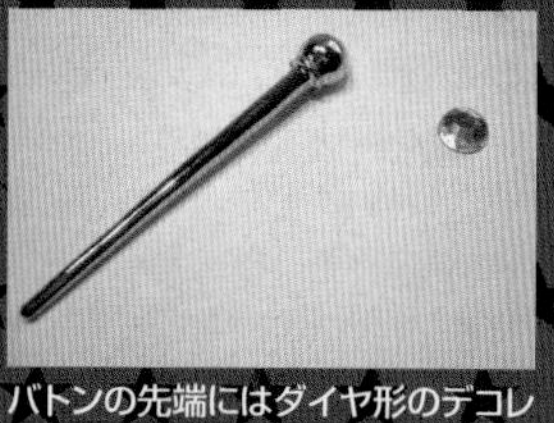

バトンの先端にはダイヤ形のデコレーションパーツを付けると、グッとカッコよくなる。必ずやろう。

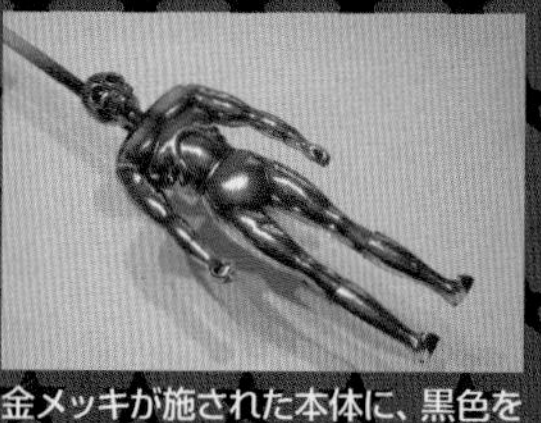

金メッキが施された本体に、黒色を軽くサッと吹いた後、さらにクリアを吹いてピカピカに仕上げよう。

昭和名レトロキャラ見参!!

あの頃の楽しい思い出が甦る！

昭和42年に放映され、子どもたちの絶大な支持を得たアニメ『黄金バット』は、ドクロやコウモリなど今日のダークヒーローにも通じる要素が斬新だった。同じく今井から発売された50円のマスコット人形と共に、本商品を買い求めた人も多いだろう。非常に優れたキットなので特に改造もせず、当時の思い出に浸りながら楽しんで作ろう！

『**ダンガーウルフ**』（**マルイ／昭和52年頃**）
『惑星ロボ ダンガードA』『超合体魔術ロボ ギンガイザー』など、合体ロボ全盛時のものだろう。パーツを差し替えてロボットからドリル戦車に変形する。

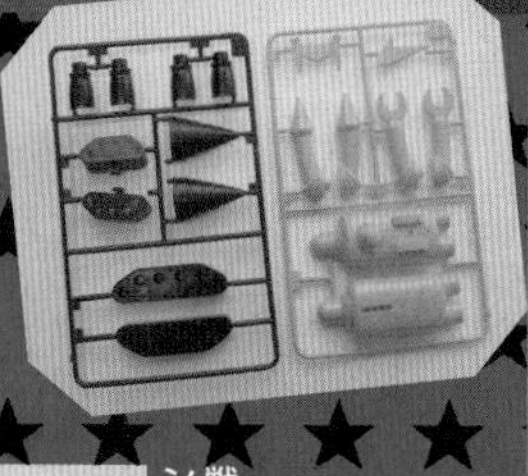

パーツはこれだけだが、2色に分けてあるとはなかなか良心的。今回は地の色を活かして簡単に塗装。

戦車の尾翼をロボットのロケットウイングに見立てるなど、うまい構造だ。

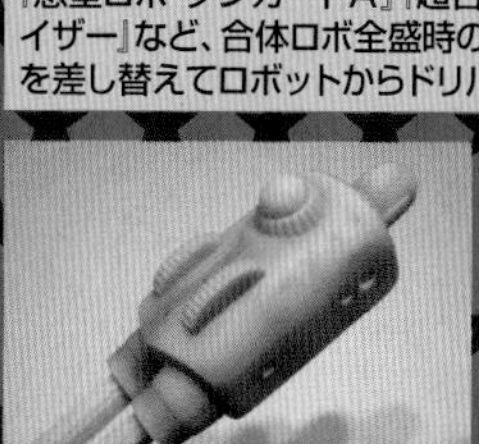

地の黄色がきれいなので、シャドウとして茶色をサッと吹き、表情を出してやるだけにとどめた。

要所にハセガワの「ゴールドミラーフィニッシュ」というアルミテープを貼って、メカっぽさを出す。

大きさはこんなもの。ちゃんと作ればけっこうイケるじゃん！

ダンガーウルフ DANGER WOLF

ロボから戦車に変形!!

全構成パーツ。組み替えることでロボットと戦車になる。想像力を駆使して遊ぼう。

チープでも侮れない1個で2倍楽しめる！

パチっぽいメーカーのオリジナルプラモがなくなって久しい。当時は粗末に作って壊し、ポイ捨てしたものだが、今となってはやけに愛しいものだ。チープなプラモをヤフオクなどで探し出し、謝罪の念をこめて作り込んでやろうではないか。

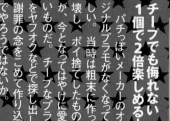

絶版プラモ…section 9

恐怖のSF編

昭和 TABOO HOBBY!! 絶版プラモを作ろう!!

模型・CG制作／タンゲ・アキラ　構成・文／おおこしたかのぶ

昭和40年代、プラモデル隆盛期に覇を競った多くの中小模型メーカーは、マスコミとのタイアップ商品に頼らず、独自のキャラクターやメカなどを創案し、模型にした。それらはマニア誌以外では決して振り返られることのない、時代の徒花的存在だ。しかし、そのことがいっそう、オールド模型ファンの郷愁をかき立てるのであろう。ここで紹介している『マグラン星人』も、もし50年ぶりに見たという人がいたらショックを受けるほど懐かしいのではないだろうか。

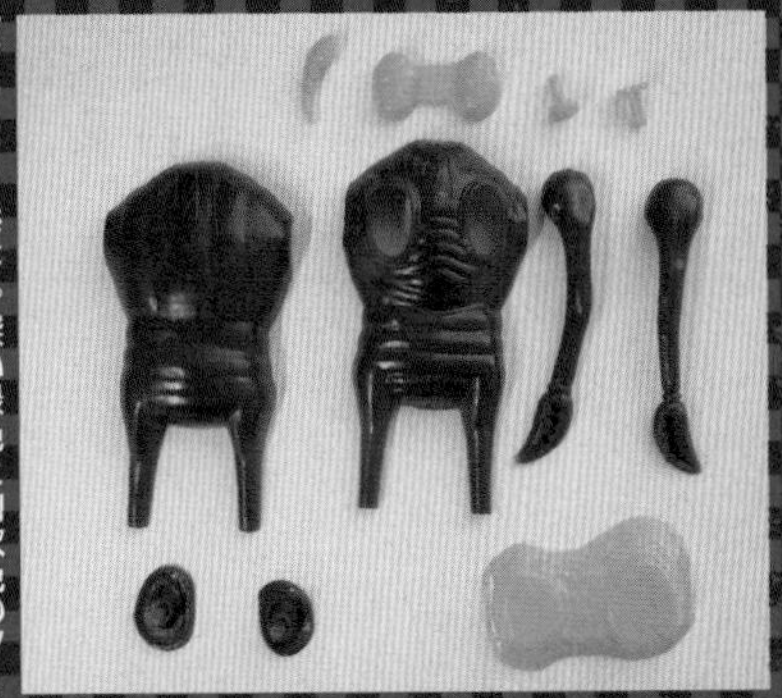

パーツはこれだけ。深い緑色と山吹色のツートンカラーが印象的だった。造形はわりとリアルだが、パーツの精度はかなり低い。

素組みだとこんな感じ。上半身のほぼ全体を占める大きな目玉とコアラのような鼻がなんともユーモラス。憎めないヤツなのよ。

改造はほとんどせず、箱絵通りに彩色を施した。グッと不気味さが増した感じ。

BOXアートを徹底再現する!

今から50数年前、まだ6歳だった筆者は、駄菓子屋で50円で売られていたこのチープな模型にカルチャーショックを受けた。特にエキゾチックな宇宙人が描かれたハイセンスなボックスアートに打ちのめされたのだ。そこで今回は、この箱絵をそのまま立体的に再現することを試みた。

異色の宇宙人模型現る!!

『恐怖のマグラン星人』（イッコー／昭和42年）

©marmit

ALIEN MAGURAN

第一次怪獣ブームにわく昭和42年、3種の宇宙人プラモが駄菓子屋の片隅に並んだ。今も人気のゴジラやウルトラ怪獣とは違い、その現場に立ち会った者のみが語り継ぐ、幻の宇宙人だ。

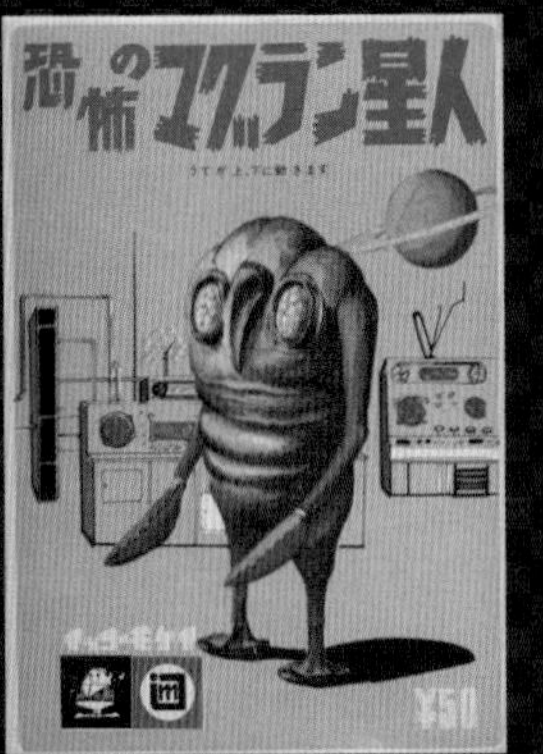

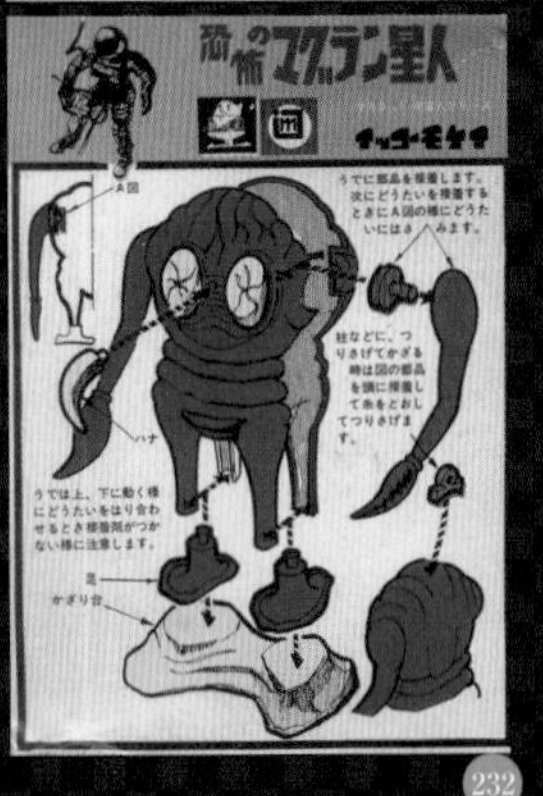

子ども心に〝カッコわる～〟と思った「バルデン星人」。

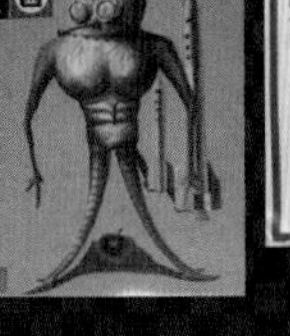

シャープな「ギラン星人」は生産数がほかより少なかった。

駄プラ次元へようこそ!!

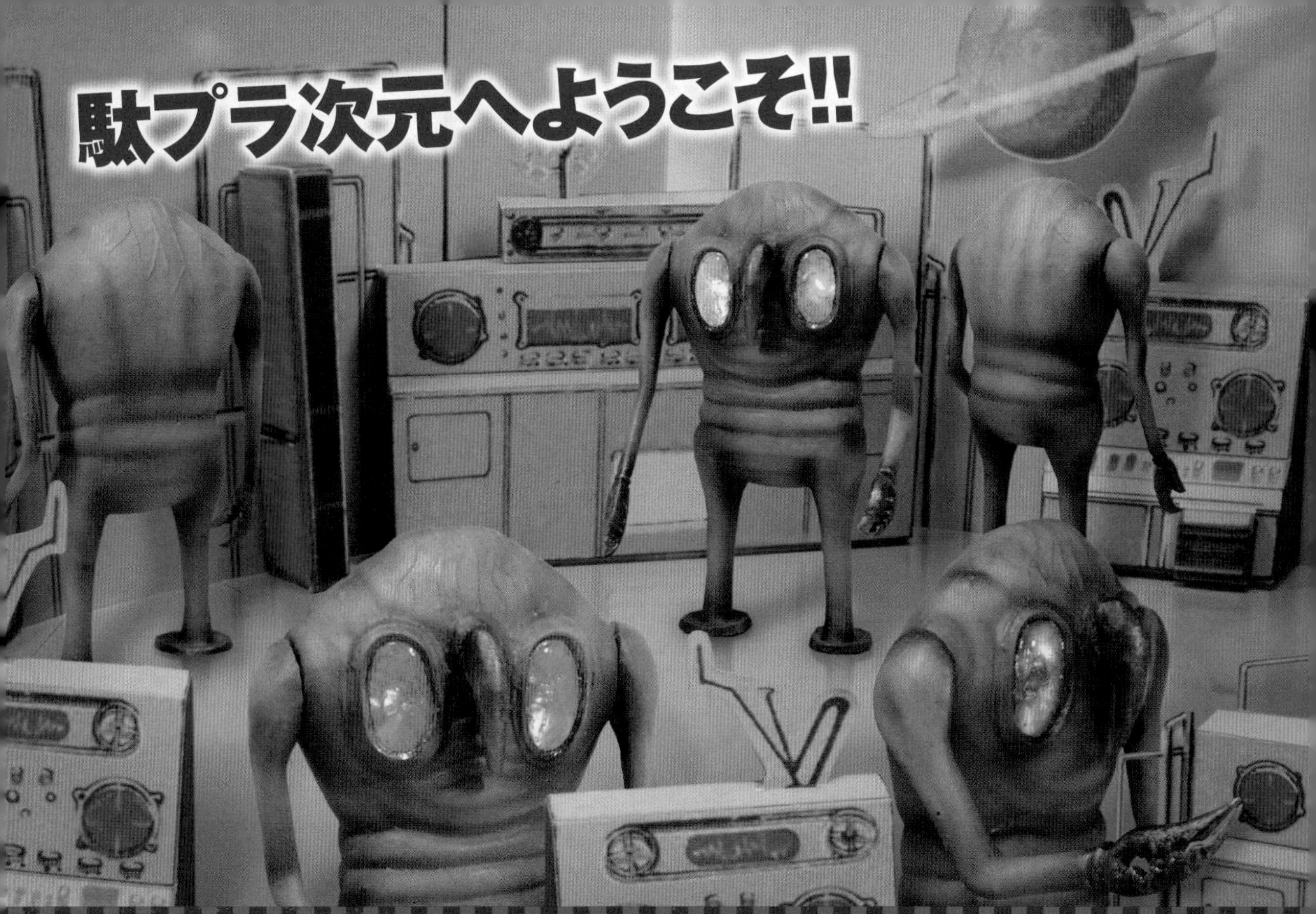

50年前の自分と心重ねて…

「立体背景を作ろう」

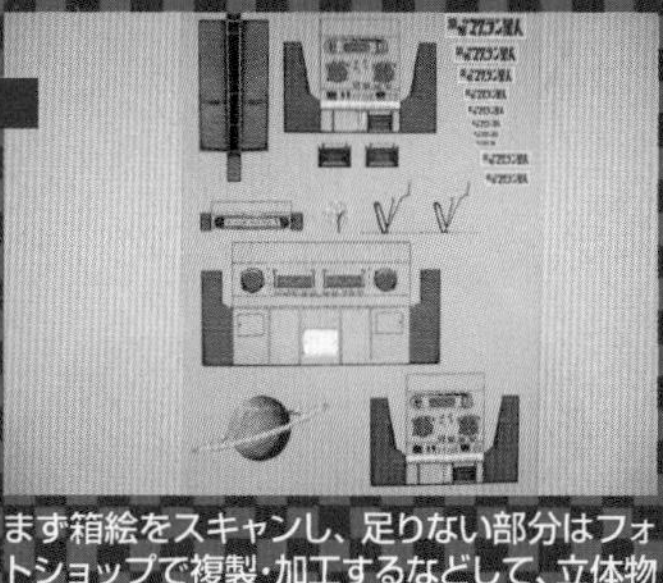

まず箱絵をスキャンし、足りない部分はフォトショップで複製・加工するなどして、立体物として「組立て展開図」を作成する。

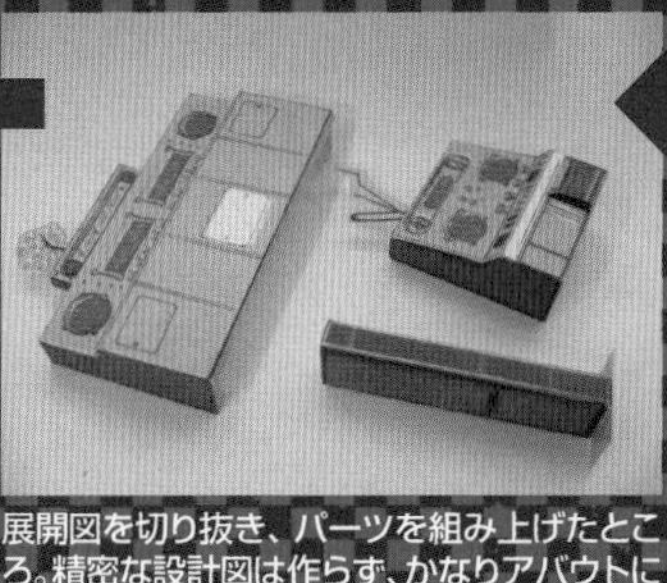

展開図を切り抜き、パーツを組み上げたところ。精密な設計図は作らず、かなりアバウトに製作したが、雰囲気が出ればOK。

メカと同系色で床と壁を製作してジオラマの完成。マグラン星人を置けばそこは子どもの頃に夢見た駄プラワールドだ。

「マグラン星人を光らせよう」

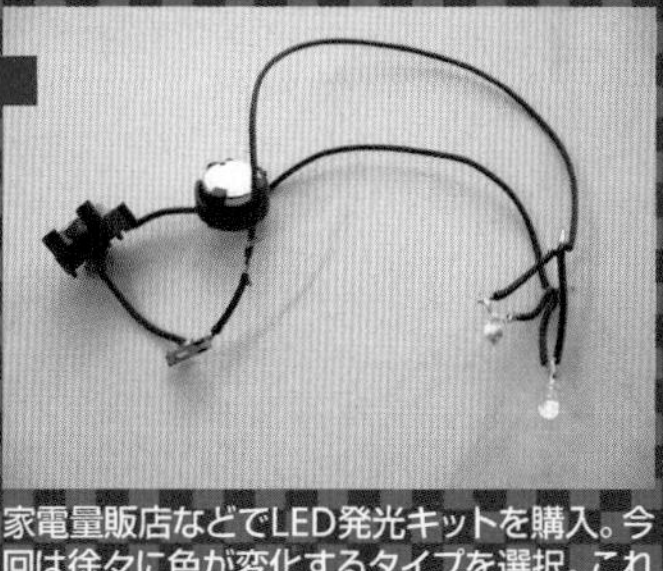

家電量販店などでLED発光キットを購入。今回は徐々に色が変化するタイプを選択。これでよりいっそう不気味さが際立った。

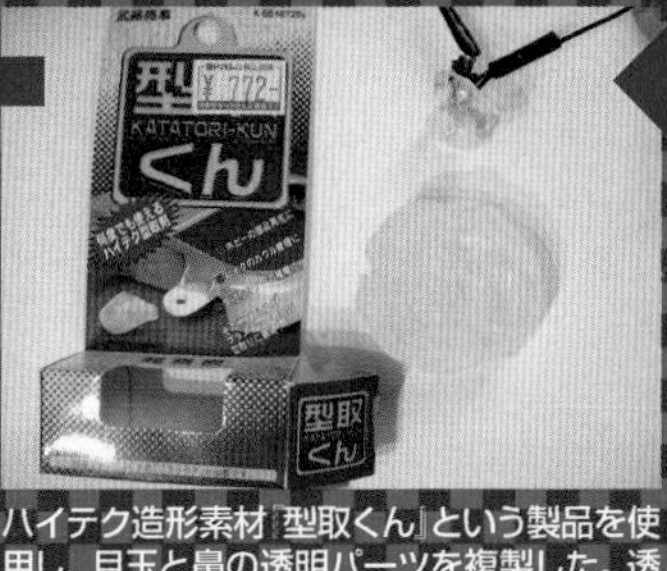

ハイテク造形素材「型取くん」という製品を使用し、目玉と鼻の透明パーツを複製した。透明度は低いが、とても便利な商品だ。

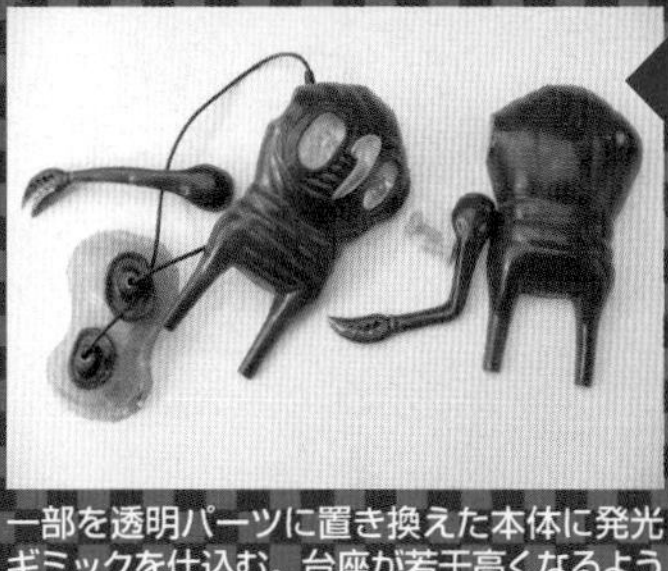

一部を透明パーツに置き換えた本体に発光ギミックを仕込む。台座が若干高くなるよう改造し、電池が収納できるようにした。

本体の裏側全面に銀紙を貼り、光が内部で乱反射するようにした。これで目玉がギンギラリンに発光するようになった。

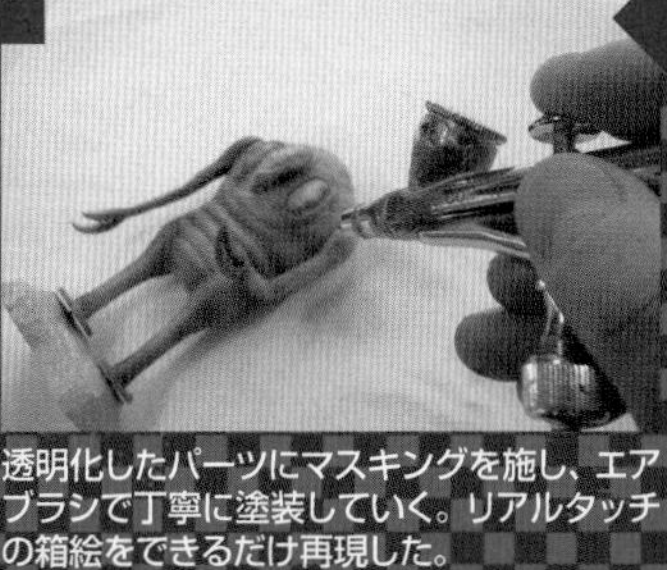

透明化したパーツにマスキングを施し、エアブラシで丁寧に塗装していく。リアルタッチの箱絵をできるだけ再現した。

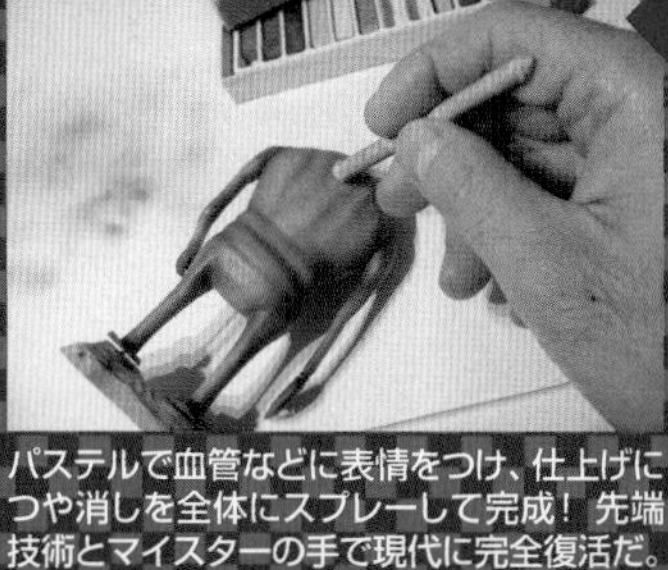

パステルで血管などに表情をつけ、仕上げにつや消しを全体にスプレーして完成！ 先端技術とマイスターの手で現代に完全復活だ。

このキットの一番の問題点は、本体を覆うパーツが緑色を帯びていることだ。ぜひ、透明パーツを複製しよう！

面倒だがシリコン型を作り、透明樹脂で複製するしかない。かなり専門的な知識が必要だが頑張ってほしい。

シリコン型が完成。これで透明パーツを何個でも作ることができる。余った緑色のパーツは台座として使用。

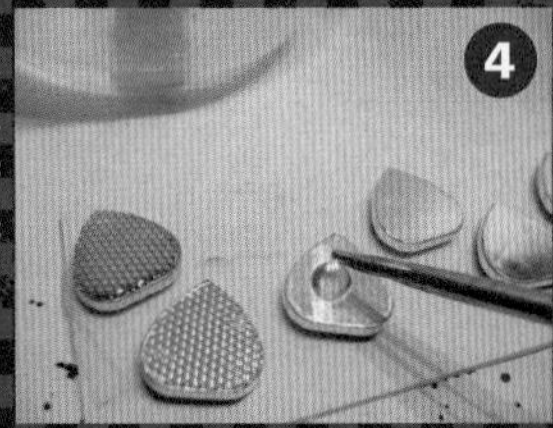

円盤の突起の先は、100円ショップで売られている自転車用反射板を貼り、透明キャストでコーティングした。

英国製特撮番組『謎の円盤UFO』（昭和45年）に登場する敵宇宙人の乗り物。バンダイが倒産した今井科学のスタッフを使って製作しただけあって、素晴らしい出来映え。

素材のよさを活かしシンプルに美しく！

『謎の円盤ＵＦＯ』はハードな内容の大人向け作品だったが、この模型は内蔵した金属製のホイールを回転させることで「地球ゴマ」のように遊ぶことができた子ども仕様。また、このキットの透明パーツは、なぜか緑味を帯びており、テレビ番組のイメージとはほど遠い。しかし、造形やパーツの精度は素晴らしく、多少手を加えてやればご覧のようなディスプレイキットとなるのだ。

UFO製作の準備はできた!!

『謎の円盤 UFO』

（バンダイ／昭和46年）

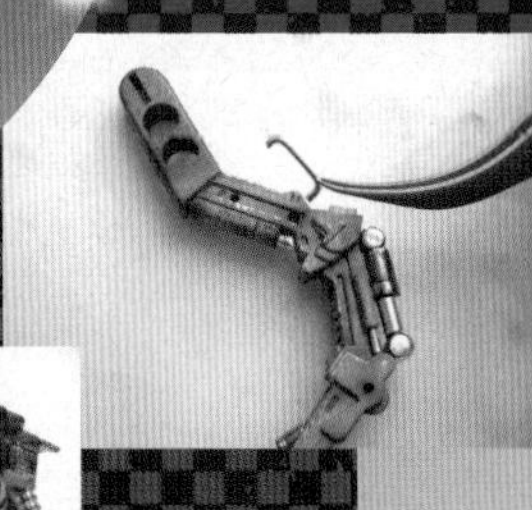

アルミワイヤーや金属シールなどを多用してディテールを追加していこう。

『スター・ウォーズ』第1作公開時、数多くの国産&輸入キットが発売されたものの、不人気に終わった。第2作以降は、本作のような無版権だが、安価で遊べるキットが生まれた。

まず、全体にガンメタブラックを塗装し、その上に銀色を塗装する。

さらにアクリル塗料でグレーを吹き、ところどころ塗装を剥がしてやるとリアルになる。

パチものプラモデルを本家よりカッコよく！

平成28年に公開された『ローグ・ワン』に懐かしいチキンウォーカーが登場したのを記念してパチものを制作。ローグ（ごろつきの意）っぽくゲテゲテにディテールアップしよう！

はぐれ者模型の逆襲!!

素組みの状態。ゼンマイでヨチヨチ歩く。日本の模型メーカーは優秀だな〜

ARMORD WALKER

『アーマードウォーカー』（マルイ／昭和58年）

絶版プラモ…section 10

TABOO HOBBY!! 謎のSFメカ編

昭和 絶版プラモを作ろう!!

模型制作／タンゲ・アキラ　構成・文／おおこしたかのぶ

プラモデルの醍醐味といえば、なんといってもメカだ！ 子どもの頃『サンダーバード』や『ウルトラ』シリーズに登場した主役メカを夢中で作ったという読者も多いだろう。しかし、価格が高かったり、イマイチ不人気だったりで子どもたちからスルーされてしまい、一瞬で模型店から消えてしまったキットも多い。ここではそんな時代のあだ花的なメカプラモを、超絶技法で蘇らせてみようと思う。

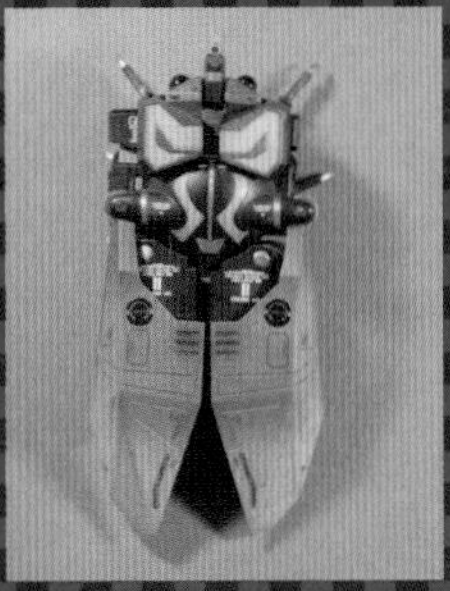

セミの特徴をうまくとらえてロボットに落としこんでいる印象。

ガンプラのデカールやアルミシールなどを使ってディテールアップ。

半円球の目玉は、ジュエリー用アクセサリーパーツ専門店で選んで購入したものを使用。塗装するよりグッとリアル感が増す。

元は昭和61年にタカトクトイスが企画した『機甲虫隊ビートラス』で、プラモデル展開を今井科学が担当。これはのちにオリジナルキットとして再販されたもの。

『セミロボ』（イマイ／昭和61年）

昭和のロボットアニメがオリジナルロボに転身！

『機甲虫隊ビートラス』は、可変バルキリーでノリにノッていた頃のタカトクトイス＆今井科学が送り出した新基軸変型ロボットだったが、タカトクの倒産によって幻の企画に。しかし、キットの出来は素晴らしく、しっかり塗装をすればご覧のような素晴らしい可変型昆虫ロボットになる！

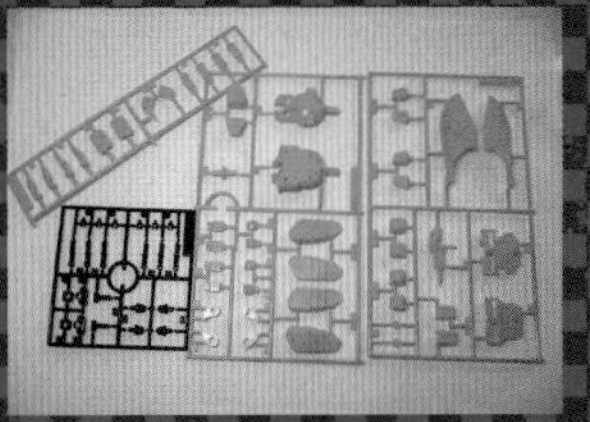

全長約10㎝の割にはかなり緻密なパーツ構成。非常に壊れやすいので子どものおもちゃとしては不向きだろう。

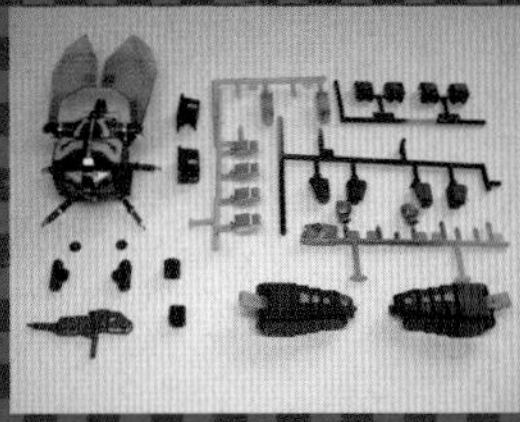

細かいパーツはランナーに付いてる状態で塗装。よくできたキットなので改造は一切していない。

ロボット形態にするときはこんなパーツ構成となる。セミの背中＝ロボの胸の模様がカッコイイ！

セミが戦闘ロボに メタモルフォーゼ

昆虫ロボシリーズ

セミロボ

SPACE SHUTTLE&CARRIER

GE!!

—

→

TION Ω

×

模型職人の粋を集めた超絶キット

1980年代に老舗メーカーが放った前代未聞の迷作！

144分の1のスペースシャトル+キャリアが変形して、48分の1パトロールホッパーになるという、かなり自由な発想のキット。パーツ数が多く、組み上げるだけでも大変だが、金型製作がコンピューター制御に代わる前だったこともあり、模型職人の技が随所に光る。プラモマニアならニヤッすること請け合いだ。

メカの内部が隙間から見えたとき、成形色の白いままではあまり見栄えがよくないため、まず全パーツの裏表を黒で塗りつぶす。

『オペレーションオメガ』
（長谷川製作所／昭和59年）

1980年代初頭、雑誌『ホビージャパン』に連載していた『SF3D』の人気をきっかけに、オリジナルSFメカが流行った。老舗の長谷川もブームに乗って参戦。

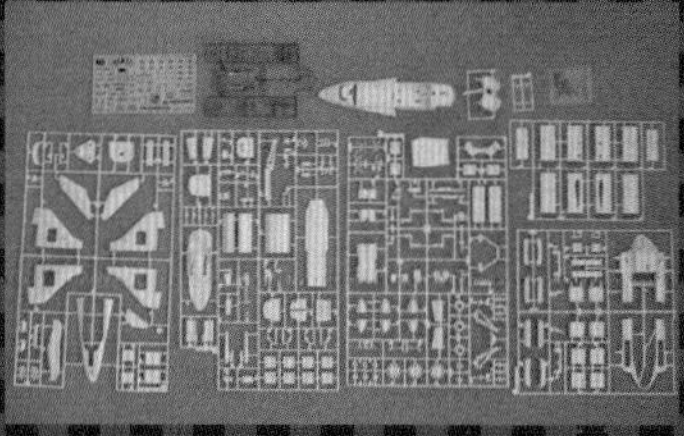

全パーツ合わせるとおよそ200個となる。パズルのようなガンプラと違って、制作にはそれなりのキャリアが必要。腕試しにぜひ！

下地の銀を写真のように露出させると、使用感がうまく出る。さらに汚れを描き加え、デカールを貼り、最後につや消しのスプレーを吹いて終了。

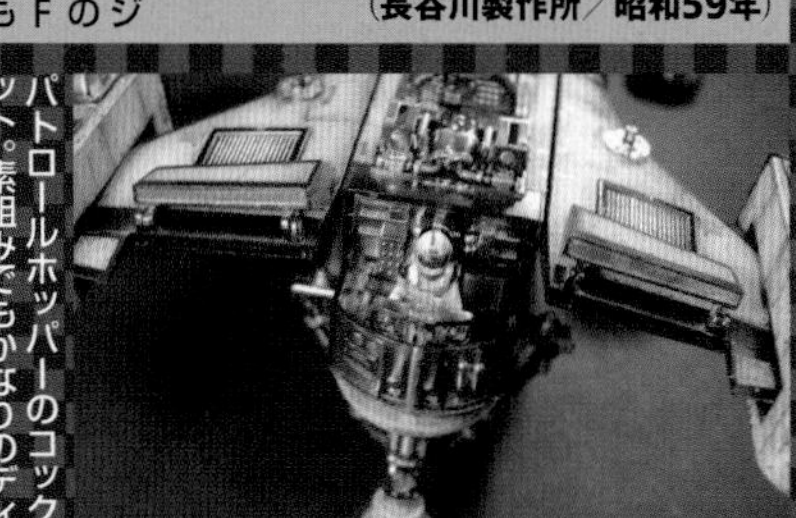

パトロールホッパーのコックピット。素組みでもかなりのディテールだが、さらにパーツを追加。

黒の上にラッカー系の銀を吹き、最後にアクリル系の灰色を塗装する。灰色の塗料を剥がしたとき、下から銀色の下地が出てくるようにするためだ。

メカは変形するのではなく、パーツを差し替えて組み立て直す方式。ビスで留め直したりと、かなり面倒。

パトロールホッパー前面ビュー。スペースシャトルの底面が回転してホッパーの上面に、キャリアーの車輪部が変形してエンジンになる。

異次元空間に迷い込んだシャトルがある惑星にたどり着き、そこに住む異星人の技術によって造り替えられた…という、とんでも設定だ。

スペースシャトルにオリジナルのキャリアを合体させるという発想は斬新すぎたか？

PATROL HOPPER

CHAN

スペースオペレーションシリーズ

OPERA

シンプルな巨象の圧倒的な力強さ

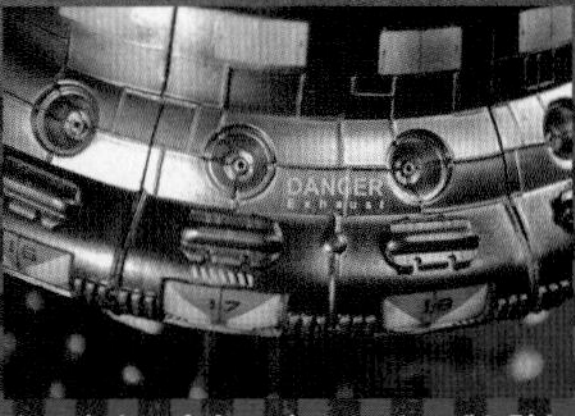

穴の中央に金色の小さなビーズを貼り付けると、緻密感がグンとアップ！

脚には細く切ったアルミテープを巻いて金属感を強調してやろう。

『マルコポーロ』『ペリーローダン』より
（レベル／平成11年）

『ペリーローダン』は、昭和36年にドイツで刊行が開始され、現在も刊行中の世界最長のスペースオペラ小説シリーズ。レベルから発売された3種の模型のうちの一つ。

どのアングルから見てもカッコイイ。シンプルゆえの造形美。

上部がフタのように取れるので、お菓子入れなどにも使える。

これが全パーツ。精度が低い同じようなパーツが並んでいるので、見た瞬間げんなりするが、根気よく作りこんでいこう。

パーツの合いが悪いので、大きな隙間はパテで埋めていくしかない。

Perry Rhodan
MARCO POLO

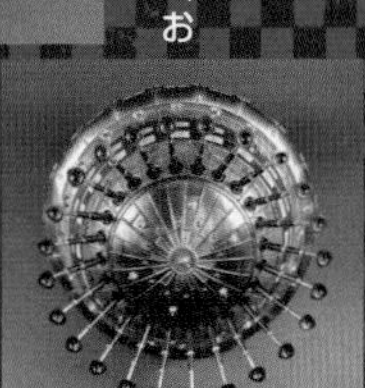

SFメカでありながら、底部ビューはまるで深海魚を思わせる美しさ。

表面のディテールをアップするため、市販されている戦車のキャタピラパーツを貼り込んでみた。

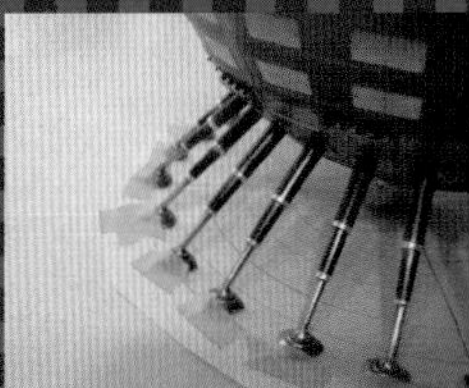

多数の脚で水平を保つために、接着した後は硬化するまでテープで固定する。

組みづらい海外のキットを根気よく

『スター・ウォーズ』でも見たことがあるような巨大な球形の宇宙船。シンプルな形ゆえに普遍的な魅力がある。海外らしく非常に大ざっぱなキットなので、緻密感を出すにはそれなりの工夫と根気が必要だ。平成の模型だが、右の『オペレーションオメガ』と対照的で面白かったので並べて紹介してみた。

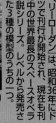

昭和 TABOO HOBBY!! 絶版プラモを作ろう!!

50円プラモ宝飾品化編

模型制作／タンゲ・アキラ　構成・文／おおこしたかのぶ

昭和40年代、小遣いが潤沢な子どもは少なく、高価なおもちゃやプラモデルはおいそれと買ってもらえなかった。筆者も10円玉数枚を握って駄菓子屋に通っていたが、50円のチーププラモの存在は非常にありがたかった。すぐに遊びたいから適当に作ってはその日のうちに壊してしまうこともたびたび。今回は粗末に扱ってしまった50円プラモを、お詫びと感謝の意をこめてピッカピカに仕上げ、シンデレラドリームを味わってもらうことにした。

ミニ・ロボット3点入

ゴージャスな駄プラ!!

プラモとは思えぬ高級感。ガラスケースに収納してうっとり眺めたい。

『ミニ・ロボット3点入』（尾高産業／1960年代／50円）

全長4cmほどの小さなロボットが3つも入ったうれしいセット。接着剤のいらないハメ込み式。小さい子どもでも簡単に作って遊ぶことができた。

駄菓子屋の人気者

台紙に貼り付けられ、チープトイとしてバラ売りされていた。

BABY MOGURAS

『ベビーモグラス』（緑商会／昭和42年／初版50円）

同社のモグラスシリーズの末席に連なる堂々たる正統派ドリル戦車。3色成形でフリクション走行する。

カワユくなって再登場

再販されたときのパッケージ。完成品写真をあしらった初版に比べて、だいぶおもちゃっぽくなってしまった。

見よ、このまばゆいばかりの輝き！
50円のプラモには見えない。

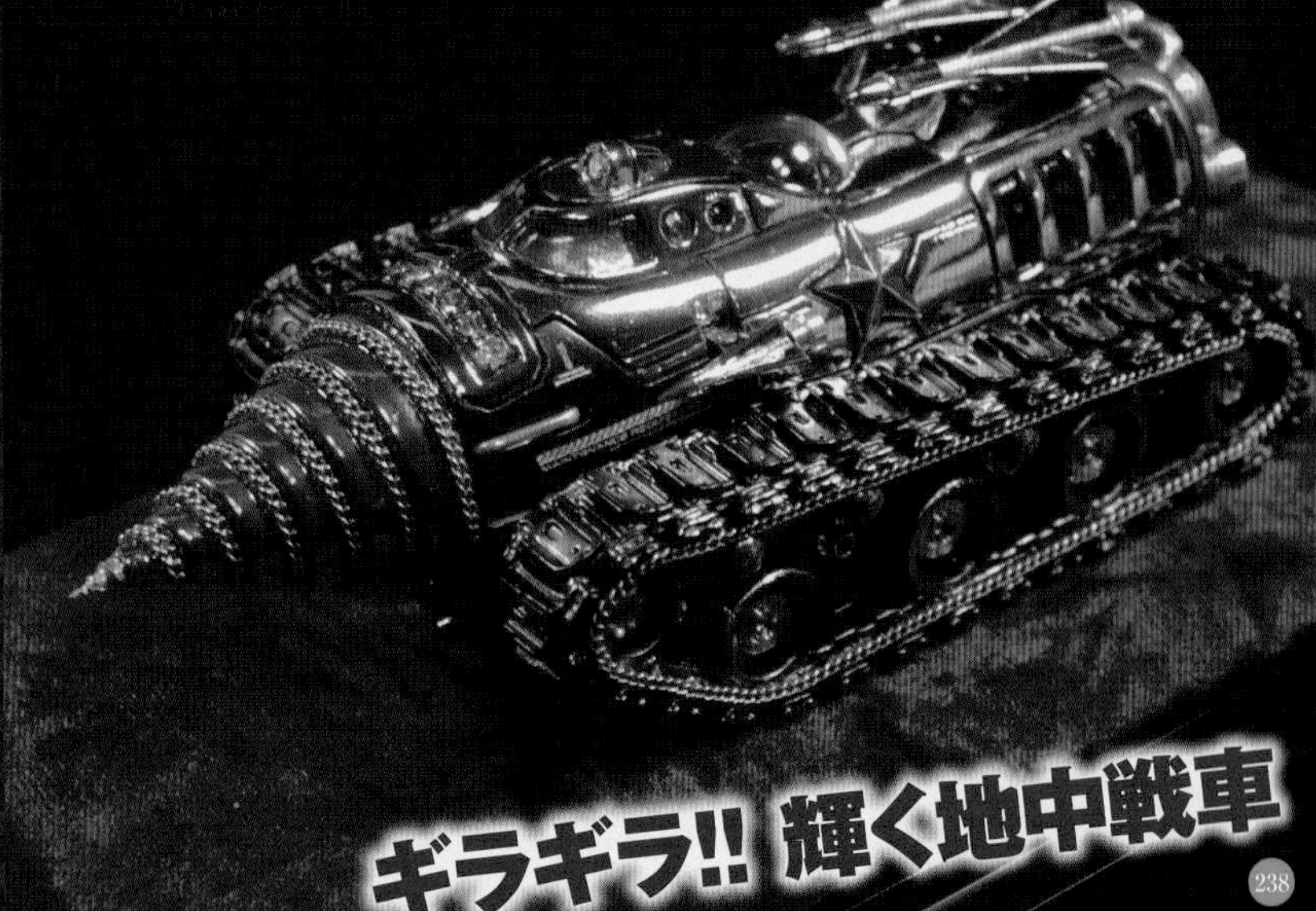

ギラギラ!! 輝く地中戦車

“駄”から“美”へ…相転移!!

右よりパトロールロボット、海底ロボット、宇宙ロボット。

4cm足らずのプラモの精度を究極まで高める

金型の精度がかなり低い上に、量産を重ねた結果だろうか、あちこちに凸凹があり、手や足の関節もユルユルだった。まず、表面処理と関節を安定させるための基礎工作をしっかりやろう。

次にディテールアップだが、何しろ全長4cmほどの小さなものなので、かなり根気がいる緻密な作業となる。HIQパーツ社製「ステンレスシール」やバンダイ製「ガンプラビルダーズパーツ」を使用した。

また、より見栄えがするよう、ディスプレイは宝飾品に使われるような小箱を想定。高級感溢れるものにした。

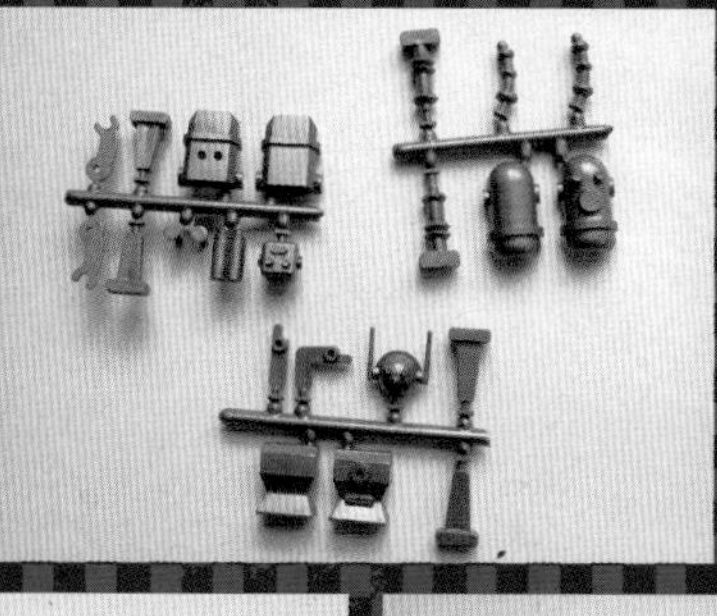

組み立て前はこんな感じ。6～9パーツで構成されており、プラモデルというよりはパズルに近い。

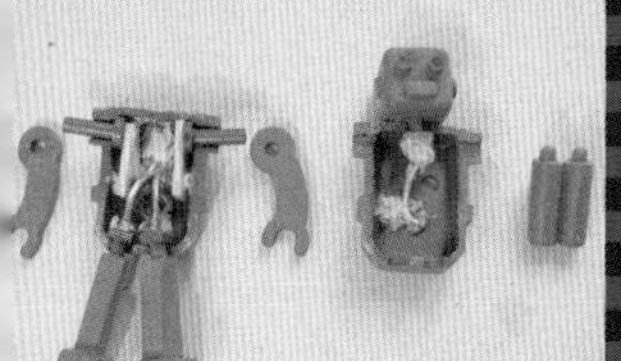

手足首の関節がゆるいのでアルミワイヤーを使って補強する。

口には戦車用のエッチングパーツを使ったメッシュを埋め込む。

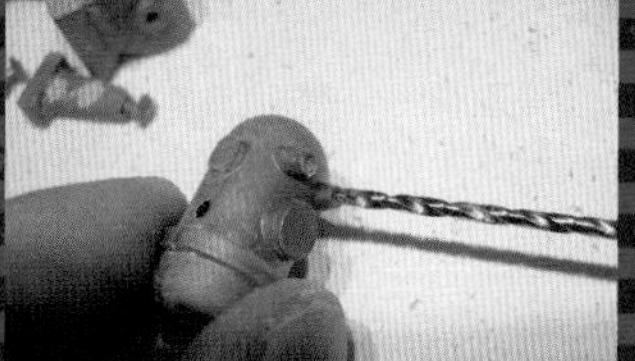

ピンバイスで穴をあけて、中に透明キャストを流し込んで目玉に。

各パーツに目立つヒケがかなりあるので、パテで埋めて処理する。

発砲スチロール、ビロード布を使い、宝石箱を模した飾り台に。

箱は一度解体し、再構成。表面にクリアを吹いてピッカピカにした。

ポイントとなる部分にガンプラ用パーツなどでアクセントをつける。

サーフェイサー、ガンメタ黒、メタリックカラーの順に塗装。

シルバーアクセのように輝くプラモに仕上げる!!

LEDに模型専用の精密パーツ、曲面追従金属シートなど先端の素材を使って、子どもの頃には想像すらできなかったゴージャスなモグラスに仕上げてみた。

縁日で当てた光るハンドスピナーの発光ユニットを移植する、透明樹脂でクリアパーツを新たに作り起こす、ネジの先端を切り取ってドリルの先端に使うなど、アイデアも満載。

50円のプラモに100倍以上の投資をしてしまったが、そのかいはあったと思う。作例を参照して、ぜひ自分だけのモグラスを作ろう!

テストショットを素組みした状態。ほかのモグラスシリーズに引けをとらないカッコよさ。

フリクション走行で50円は安い。バックビューもイカす。

ドリルにハセガワ製の「ミラーフィニッシュ」を貼り、チェーンを巻いた。

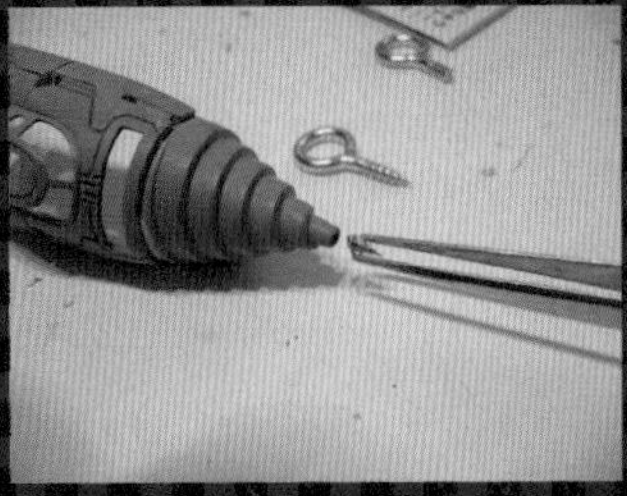

真ちゅう製吊り金具の先端を切り取り、ドリルの先端として転用した。

キャタピラはサイズが合うものをほかの戦車プラモから流用。

ボディーに穴をあけ、革細工に使う星形のハトメでポイント装飾。

市販のプラケースをビロード布で装飾して高級感を演出した。

おもちゃのLED発光ギミックを転用。動力コア部が光る設定。

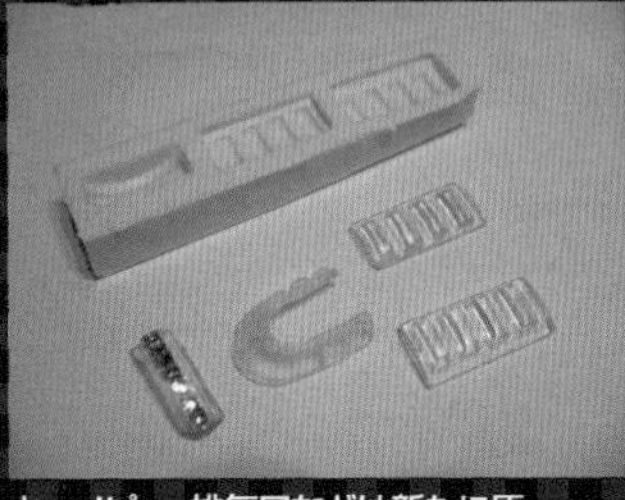

キャノピー、排気口などは新たに原型を作り、透明樹脂で複製。

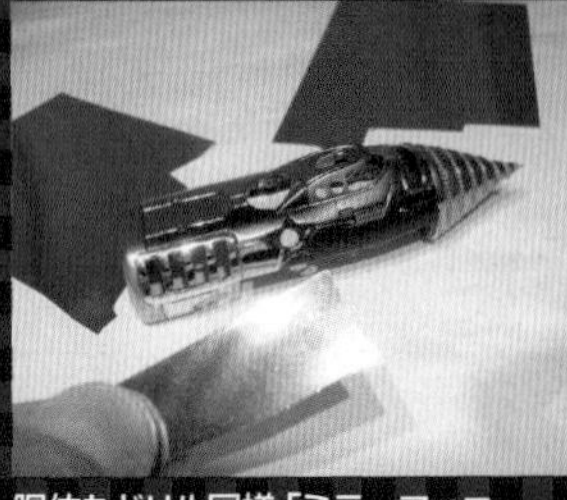

胴体もドリル同様「ミラーフィニッシュ」を丁寧に貼り込む。

貴金属工芸品のような美しさ!!

ロレックスなどの高級ブランド時計も裸足で逃げ出す絢爛豪華さ。

協力:山本直樹、みくに文具

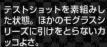

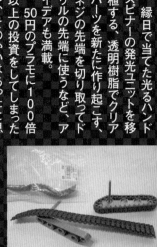

絶版プラモ…section 12

昭和 TABOO HOBBY!! 異形のロボット編 絶版プラモを作ろう!!

模型制作／タンゲ・アキラ　構成・文／おおこしたかのぶ

昭和40～50年代、まったく同じプラモデルが違う名前とパッケージに変えられて再販されるのはごく一般的なことだった。同じ会社から再販されるだけでなく、倒産するなどして金型が会社間を移動した場合もあった。名前もパッケージも違うため、子どもたちは同じ商品をたびたび買ってしまうことも…。中には今回の『ニュー スパークX』のように、再販時には一部のギミックがなくなることもあった。そういったプラモを完全再現してやるのも、絶版キットの楽しみなのだ。

完成したロボットを下から見るとこんな感じ。胴体にも重りを入れないと、ゴムを巻くことができないので注意。

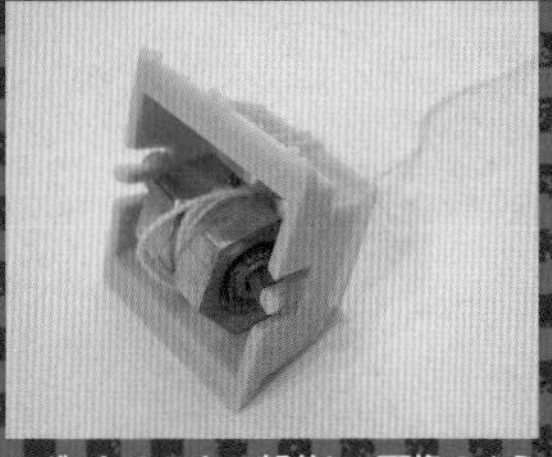

ロボットのハカマ部分に、画像のようにギミックを仕込んでやろう。糸はボルトとボルトの間に巻きつける。

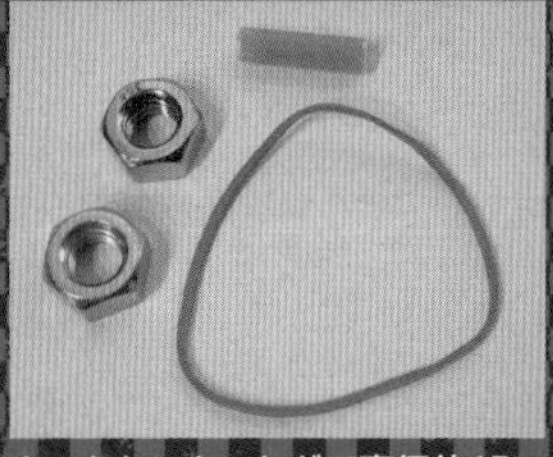

ホームセンターなどで直径約15㎜のボルトと、ボルトの穴と同径のパイプ、そして小さな輪ゴムを用意。

『ニュー スパークX』（童友社／昭和40年初販版／50円）

初版版は頭の輪を引っ張るとゴムが巻かれ、離すと鉛製の動輪が回転してロボットが走るギミック付き。同シリーズに『キングスモック』がある。（写真は再販時の箱）

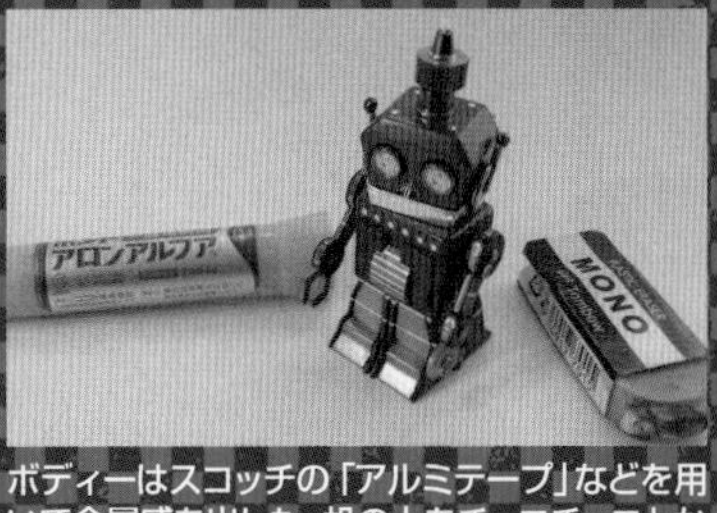

ボディーはスコッチの「アルミテープ」などを用いて金属感を出した。机の上をチョコチョコとかわいく走り回る約7㎝ほどのロボットの完成だ。

目玉はバンダイ『ガンプラビルダーズパーツ』の「モノアイ」を使用。これでロボットにグッと表情が出る。

哀愁のゴム動力ロボット復活!!

無可動の再販版を動くようにする！

鉛の価格高騰の影響により、残念ながら走行ギミックがなくなってしまった再販版を改造して走るようにした。最大のポイントは動輪に入手しやすいボルトを利用したこと。ボルトのおかげで走行するときにガチャガチャという口ボットっぽい金属音がするようになった。塗装は箱絵に忠実に行った。

胴体横のリベットは小さな丸釘を打ち込んで表現。

これが素組みの状態。チープでかわいい。

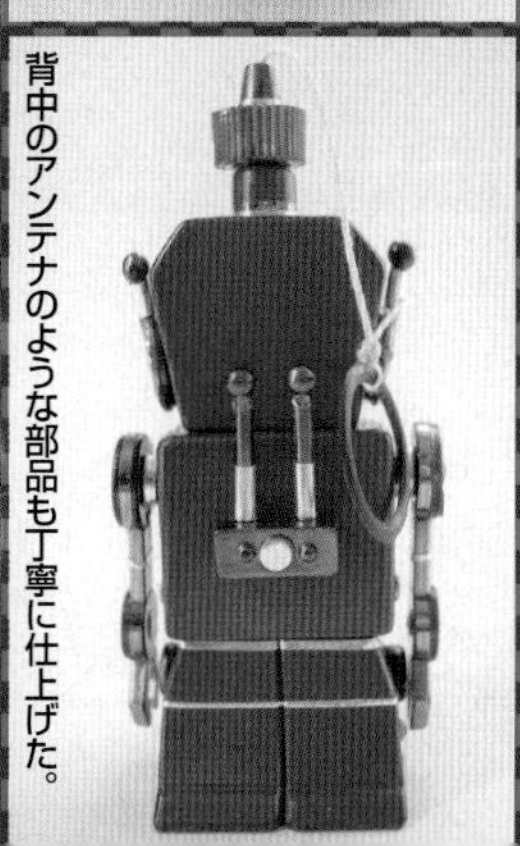

背中のアンテナのような部品も丁寧に仕上げた。

胸のリベットはアルミテープを円形にくり抜いたもの。

REVOLT BEARMOBILE

状態によってさまざまな表情を持つメカだ。どの状態をメインにするか悩む。

驚愕のアクロバット走行!!

もし、こんなロボットが実際にあったら操縦者は酔いまくるだろう。

ガシャン、ガシャンと歩行する様子は実に愉快で大迫力だ。

武装戦闘メカにディテールアップ

操縦席のある本体部がモーター動力で足のついたレールの上を走り、その重心の移動によってレールが回転して歩く（画像参照）という、前代未聞の変則歩行ロボット。とにかく本体部とレール部の重さのバランス調整が難しく、パーツを盛るときは両者の重量に十分な注意を払おう。

※動画は【週刊実話増刊 ザ・タブー ベアモービル】で検索。

素組み、未塗装の状態。ここから空想の羽を広げて自分だけのオリジナルメカに改造していこう！

『レボルト ベアモービル』
（バンダイ／昭和62年／1600円）

トミーの『ゾイド』シリーズの大ヒットを受けて、バンダイが発売した新機軸ロボットシリーズ。今までにないギミックを取り入れたが、斬新すぎたのか2種だけで終了。

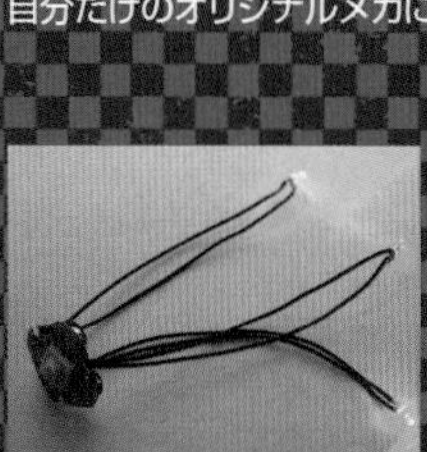

100円で売られていた光るLEDペンダントを発光ギミックとして流用。

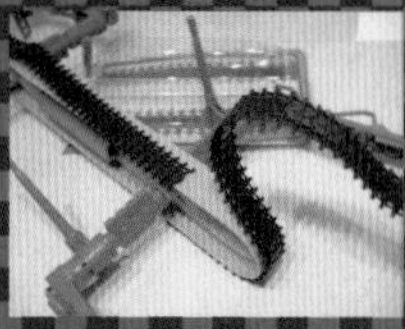

のっぺりとしたレールに戦車のキャタピラを貼り付けてディテールアップ。

ジャンクパーツを使って武器などを盛っていく。センスよくまとめよう。

下地に明るめの色で、まだら模様の塗装をしておくと、深みのある感じに仕上がる。

これが衝撃の耐荒地走法だ！

製品をそのまま作ると単なるのっぺりとした黒い箱なので、赤と青に塗ったコードを使うなどして時限装置っぽい演出を施してみた。

ハンマーと連動して、側面内部に取り付けたベルがチ～ンとなるギミックもプラスした。火薬が不発でも最悪ベルだけは鳴るというワケ。

『スパイ秘密兵器シリーズNo.1
タイムボンバー（時限爆弾）』（岡本模型／昭和43年）
駄菓子屋の全盛期に活躍した模型メーカーの一つ、岡本模型の遊び心溢れる逸品。ゼンマイ動力の時限装置で火薬が「バ～ン！」と破裂する。

パーツは全部でこれだけ。非常にシンプルな模型をどこまで面白くすることができるか。さぁ、腕の見せどころだ。

ハンマーに大量の鉛を取り付け、かつハンマーを下からスプリングで引っ張る力もプラス。これで確実に火薬が破裂。

箱は各面を接着しないで蝶番でつなげてみた。こうすることで破裂したショックで箱が壊れたように見えるのだ。

古きよきプラモを完全リファイン!!

子どもだまし的な仕様を本格ギミックへ改造!!

なにしろ50年以上も前の模型だ。ゼンマイは錆び付き威力が弱まっているので、いかに補強してやるかが課題。また、当時の巻き玉火薬はすでにないので、現在のキャップ弾仕様に改造。ただ破裂するだけでは面白くないので、箱がクラッシュするギミックも付け加えた。

スパイ秘密兵器
シリーズNo.1

TIME BOMBER

模型にはこんな印刷物が同梱されていた。チープな商品だが気分だけは盛り上がっていただこうという、メーカーの配慮だ。

昭和 TABOO HOBBY!! 絶版プラモを作ろう!! 一触即発編

模型制作／タンゲ・アキラ　構成・文／おおこしたかのぶ

一部の熟年層に“絶版プラモデル人気”が広まりつつある。憧れのプラモを入手し、たくさん積んでニヤニヤしながら眺めるだけ、という人も多いが、「いつかキチッと作ってあげたい」と思っている人もいるだろう。問題はいつ作るかだ。老後の余暇に、と思っても、歳をとるとやる気が失せてしまうことが多い。サイボーグになって長生きすることもできそうにないし、明日、核戦争が起きて人類が滅んでしまうかもしれない。作るなら今ですよ！

からだの中のキカイが見える。 MECHABORG NO.2
メカボーグ2号
マルイプラホビー
マルイ
ゼンマイであるきます。
手の先からミサイルが発射出来ます。
クリアボディー＆メッキパーツ
シビれるカッコよさ!!

箱絵の背景に、改造を施した『メカボーグ2号』の完成品を合成してみた。右の素組みと比べてほしい。おっさん顔が若々しい青年のようになり、かなり本来の箱絵のイメージに近づけたのではないだろうか。

昭和49年発売。500円。当時ヒット中だったタカラ製の玩具『変身サイボーグ1号』の透明ボディー＆メカ内蔵のアイデアをリスペクトした模型

『メカボーグ2号』〔マルイ〕

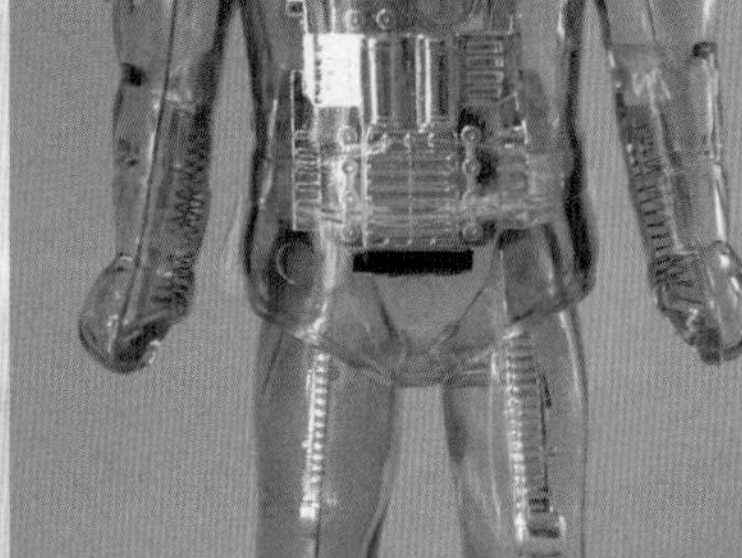

素組みの状態。同社が昭和47年に発売した『歩くシルバー仮面』の金型を改造しているので、ボディーに同キャラのラインがそのまま残っている。

MECHABORG NO.2

TRANSPARENT BODY

プロポーションをもう少しスマートにしたいところだが、ゼンマイ歩行が前提の体形なので、いたしかたなし。

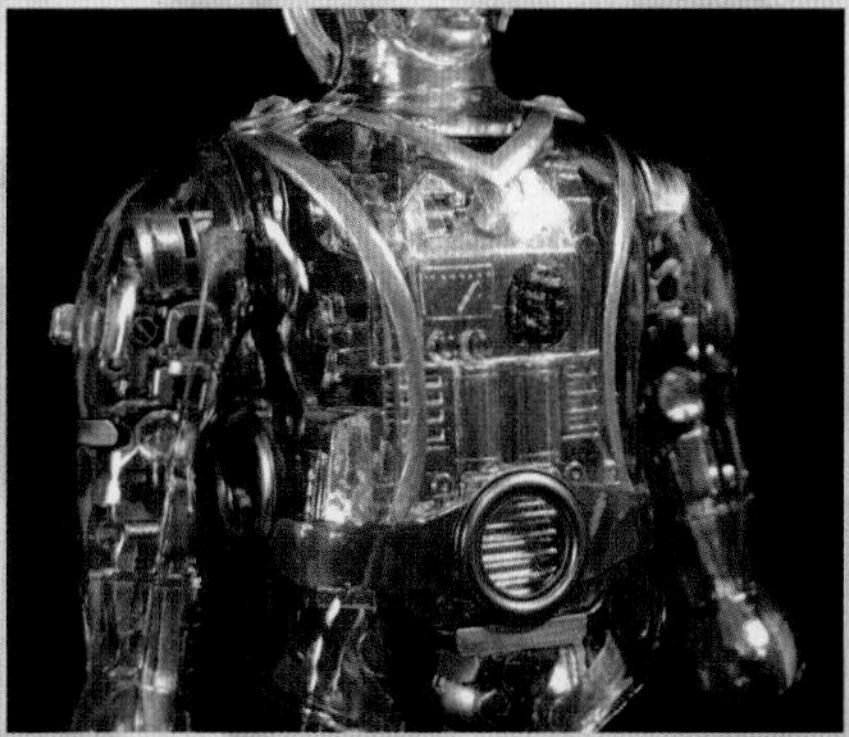

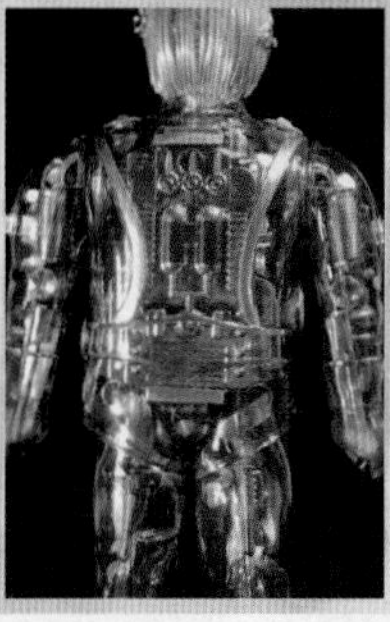

CHANGE!!

顔面整形のビフォー・アフターをご覧ください。

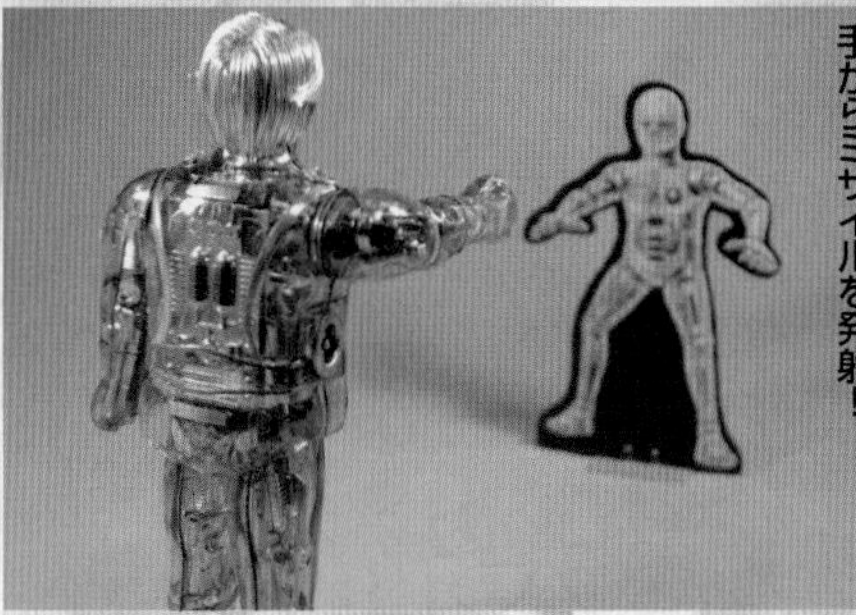

付属の紙製敵サイボーグを目がけ手からミサイルを発射！

VISIBLE SKELETON

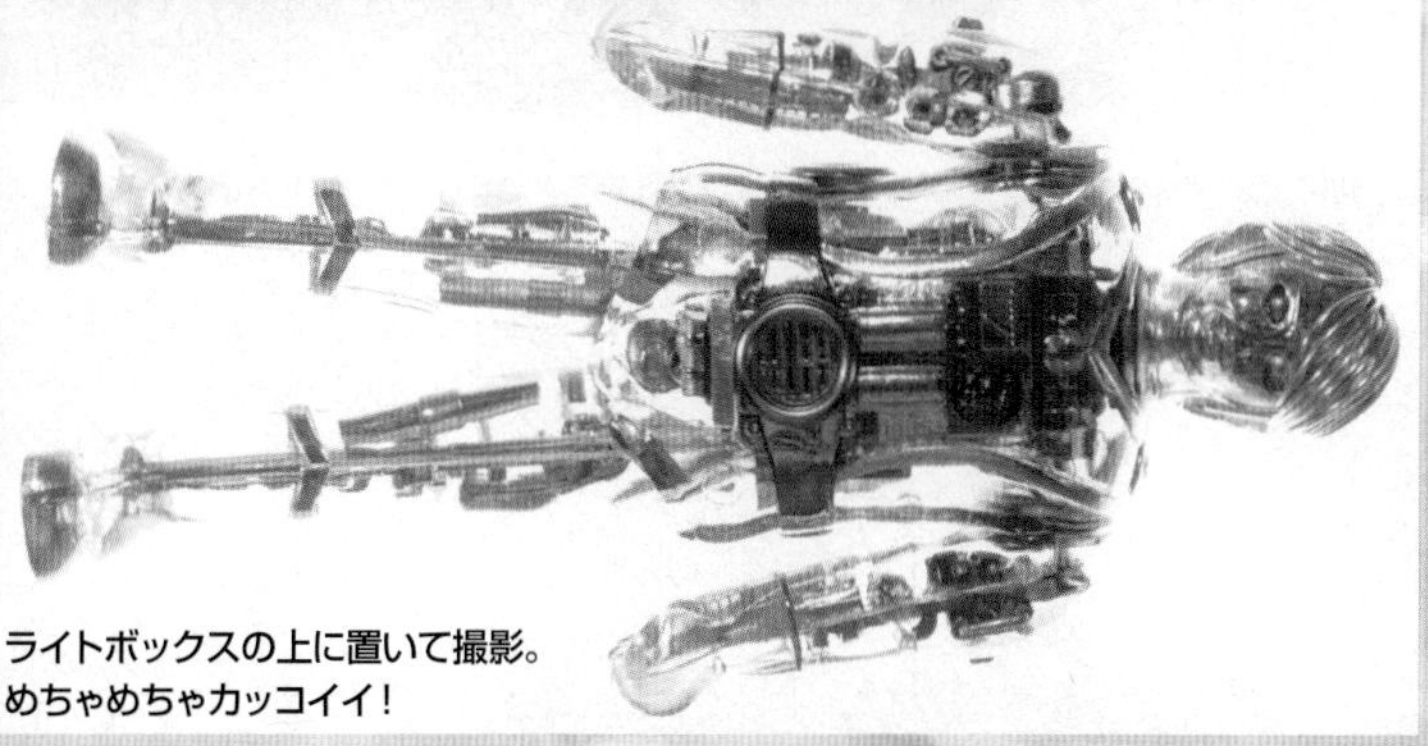

ライトボックスの上に置いて撮影。めちゃめちゃカッコイイ！

オッサン顔をイケメン青年に改造せよ!!

今回の最大のポイントは頭部の改造だ。オリジナルは髪を七三に分けたおっさん顔なので、青年らしいはつらつとした表情に改造しよう。目は金色の鉄球を使い、髪は園芸用アルミワイヤーで新造した。ほうれい線、鼻の下の溝が目立っていたので、カッターとリューターで削り、表面をヤスリとコンパウンドで仕上げた。内蔵メカはガンプラなどのパーツを使って、それらしくディテールアップ。自分だけのアイデアを盛り込み、イカすサイボーグに仕上げてやろう！

大雑把なカツラができたら実際に頭部に装着して、髪形の微調整をする。ミュージシャンばりのロンゲもありだ。

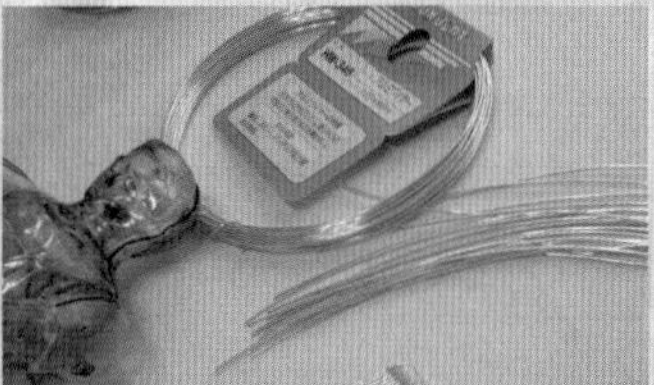

髪の毛は園芸用アルミワイヤーで自作。適当な量を束ねて接着剤で固定し、ウェーブをつけたり、長さを調整する。

目はカッターで切り取り、金色の鉄球を裏から接着。ほうれい線と人中はカッターなどで削り、ハンサムに仕上げよう。

ボディー表面には水性塗料の黒でシャドウを吹いた。仕上げに全体にクリアをスプレーすると、より透明度が増す。

内蔵メカは「ジュエルシール」使って電飾感を表現。ほかのプラモの余ったパーツなどを利用してディテールアップ。

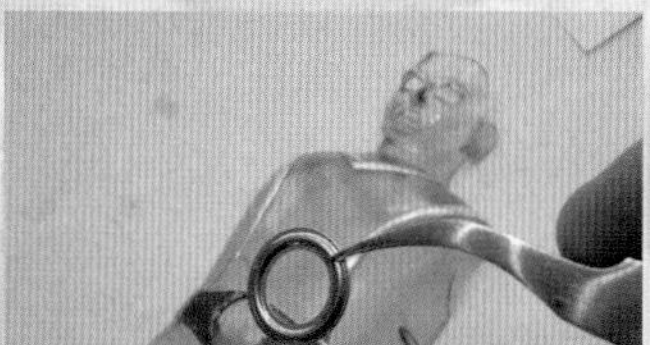

銀のラインはスコッチの「アルミテープ」、金はハセガワの「ゴールドミラーフィニッシュ」を使用。金属の輪は手芸用ハトメ。

アッパレ愛CBM〔ソ連仕様〕

アッパレ愛CBM〔アメリカ仕様〕

素組みはこんな感じ。これに付属のシールを貼って仕上げるのだが、やはり物足りない。箱絵の通り、カラフルに彩色してやろう。

『アッパレ愛CBM/ソ連仕様』〔LS〕

昭和59年発売。300円。成形色、シール以外はアメリカ仕様とまったく同じ。アッパレシリーズはほかに7種あり。

『アッパレ愛CBM/アメリカ仕様』〔LS〕

昭和59年発売。300円。大陸間弾道ミサイル(略称ICBM)と搭載車をギャグタッチにプラモ化。プルバックゼンマイで走行。

1980年代のおバカプラモに愛を込めて!!

日本が空前絶後のバブル経済に突入していく1980年代、あらゆるものがパロディ化され、貪欲に消費されていった。一つの都市を消滅させることができる大量破壊兵器すら、ファンシーな商品になった時代だった。当時をしのび、よりかわいらしく、能天気な作品に仕上げてみた。

デフォルメ具合は素晴らしい。当時の小学生は「かわいい!」と言いながら作ったのだろうか。

爆弾本体は前後分割の「最中キット」ではなく、上下分割でパーティングラインが目立たないよう工夫されている。

ソ連のマークも面倒だが、手描きで。水性のリキテックスを使用したが、剥がれないよう上からクリアを吹いた。

アメリカの星条旗模様の塗装は少し面倒だが、ちゃんと星型を作り、丁寧にマスキングしてスプレーしよう。

車のジョイント部はウェーブ社の可動関節用「ポリキャップ」を使用。爆弾が自由に動き、表情が出るようになった。

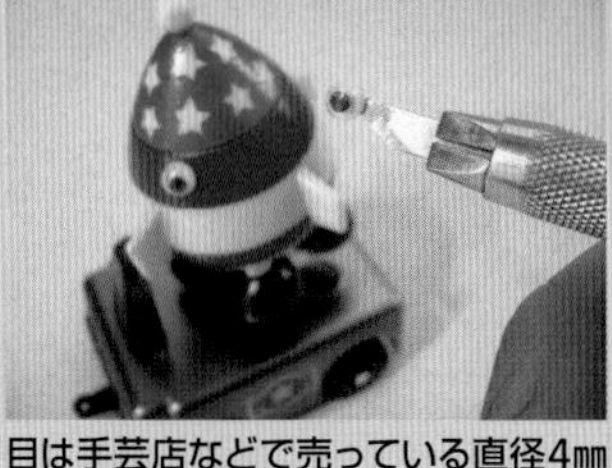

目は手芸店などで売っている直径4㎜の動眼を使用。黒目がキョロキョロ動き、グッとかわいさが増した。

昭和 TABOO HOBBY!! サイケビート編
絶版プラモを作ろう!!

模型制作／タンゲ・アキラ　構成・文／おおこしたかのぶ

さほど売れもせず、誰の記憶にも残らずに消えていったプラモは数知れず。そんな不憫なヤツらに一度でいいから脚光を浴びさせてあげたい。しかも、最高の技術でそのプラモのポテンシャルを最大に引き出して紹介してやるのだ。例えば今回の『ザ・チュッピーズ』は、その完成品を初めて見る人がほとんどだと思うが、チープさの中に言葉に尽くせない魅力がある。本書に出会ったことで、あなたの記憶に留まることができたら本望だ！

素組みの状態。いったい誰がどんな意図で企画したのか?

揺らすと瞳が動く「動眼」を使い、より愛らしいマスコットに。

『ミニミニたこ
ザ・チュッピーズ』（ナカムラ）

昭和43年発売。50円。ギターを持った赤と青の2体のタコが入ったチープなプラモデル。お互いの口に磁石を仕込むことで、近づくとチューをする。リアルタッチで描かれた箱絵は実にシュール。

2体を近づけていくと徐々に顔が上がり、ある距離を越えるとおもむろにブチュッ！

演奏中にキスするロックなタコ

爆笑!! 究極の出オチプラモ

MINI-MINI OCTOPUS The Chuppies

ARE YOU ON FIRE!?
YEAHHHHHHHHHHHH!!

『ザ・チュッピーズ』はアニマトロニクスを駆使した未来型のボーカイロイド・ロックバンドなのだ。

ああ〜、ステージで演奏中にキスなんかして、ハレンチなタコだなぁ。

箱絵はスキャンしてデータ化し、フォトショップで加工。ステージ風のディスプレイ台を製作した。

箱を利用してステージを作ろう!!

キットの持っている脱力感を殺してはいけないので、目玉を動眼にした以外の改造はしていない。塗装はそれぞれの成型色よりも濃い色でシャドウを吹き付けた後、若干のパールを吹いて光沢感を出した。今回は箱のイラストを加工してタコたちのステージを作ってみたが、海底や商店街などで演奏させてみても面白いかもしれない。

目には直径4㎜の動眼を使用。これでタコたちの表情がグンと豊かになった。

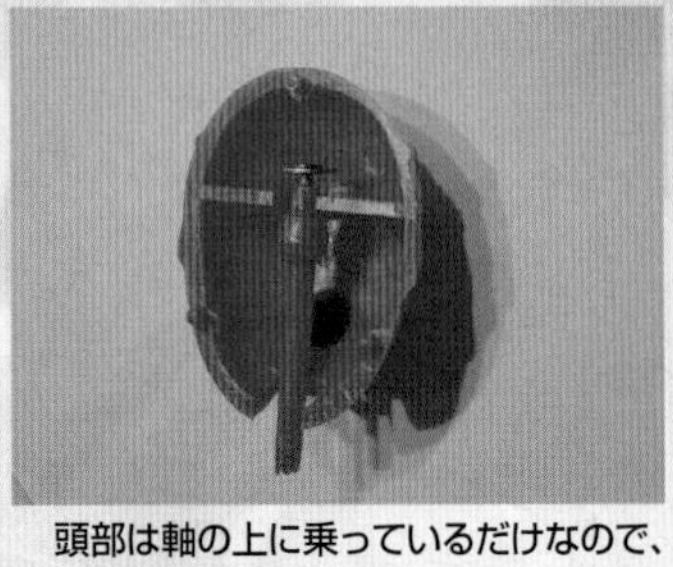

頭部は軸の上に乗っているだけなので、すっぽ抜けないように留め金をつけた。

これがすべてのパーツ。色違いでまったく同じ2体のタコが入っている。黒いのは磁石。

箱全体をデジタルデータ化し、フォトショップでステージの展開図を製作。

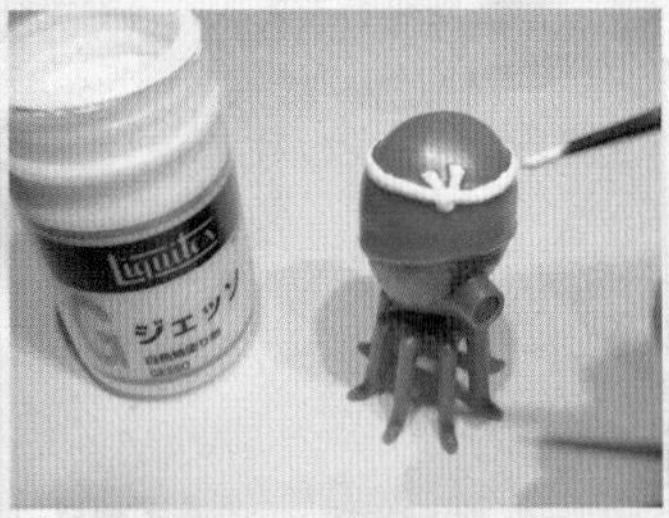

下地が濃いので、鉢巻の白色をくっきり出すためにリキテックスのジェッソを使用。

青いタコはオス、赤いタコはメスと想定。赤にはメスらしくまつ毛を描いてみた。

これがオリジナル!? 謎の駄玩具を発掘

荷物の整理をしていたら、見覚えのあるタコの駄玩具を発見。「確かこれはナカムラのプラモデルにあったような」と見比べてみたら、あまりにそっくりなので仰天。プラモデル業界によくある「倒産したメーカーの金型を引き継いで仕様を変えて販売したものか?」と考えたが、よ〜く見ると足は同じなのに頭部の形状が微妙に違う。う〜む、謎だ。

2体を並べてじっくり比べてみると、ご覧のように微妙に形状が違うのがお分かりだろう。

チュッピーズの前職は水噴き駄玩具か!?

水を口に含んでチューブをくわえ、タコの口から水を噴き出して遊ぶ、1960年代の駄玩具。

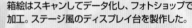

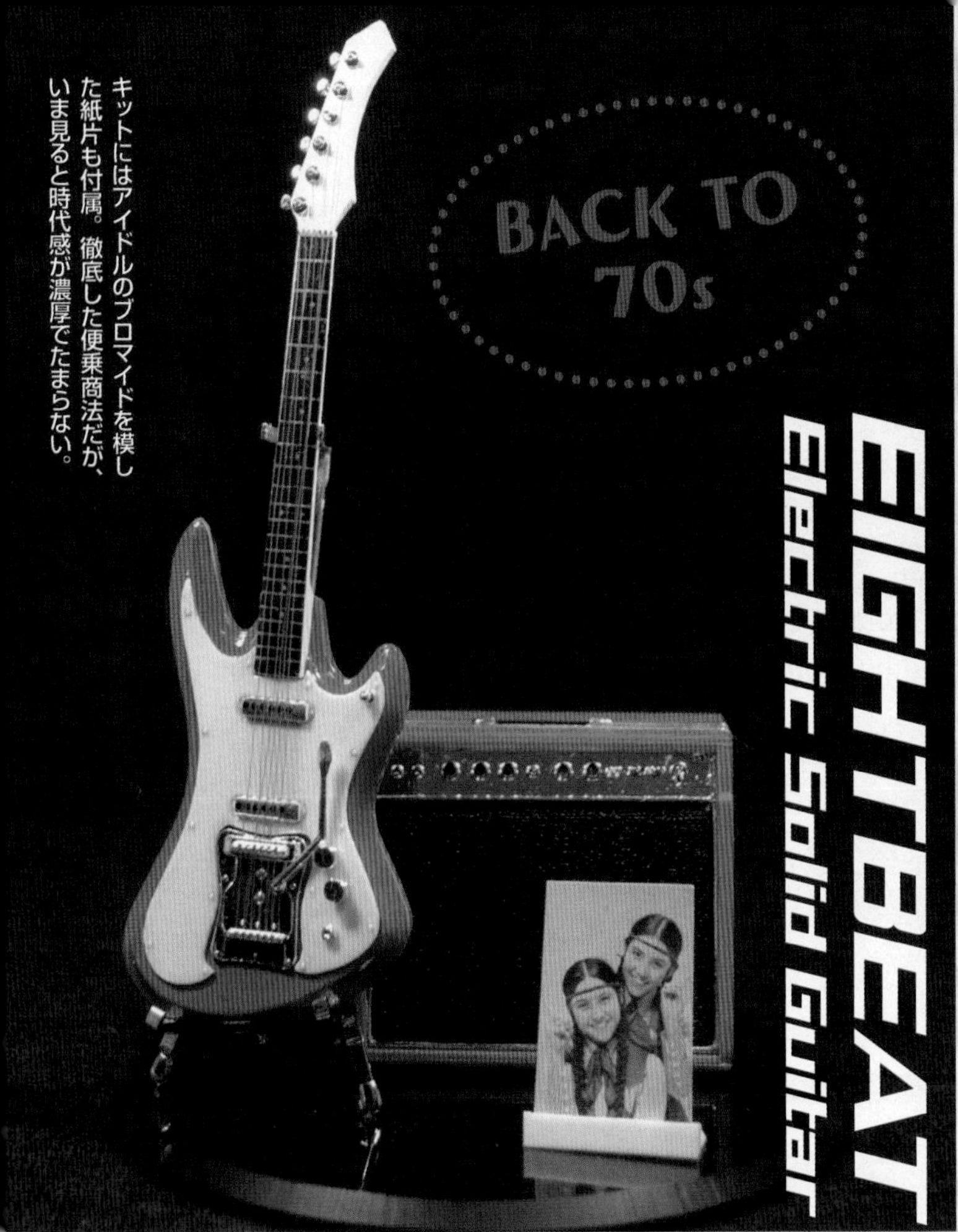

キットにはアイドルのブロマイドを模した紙片も付属。徹底した便乗商法だが、いま見ると時代感が濃厚でたまらない。

BACK TO 70s

EIGHTBEAT Electric Solid Guitar

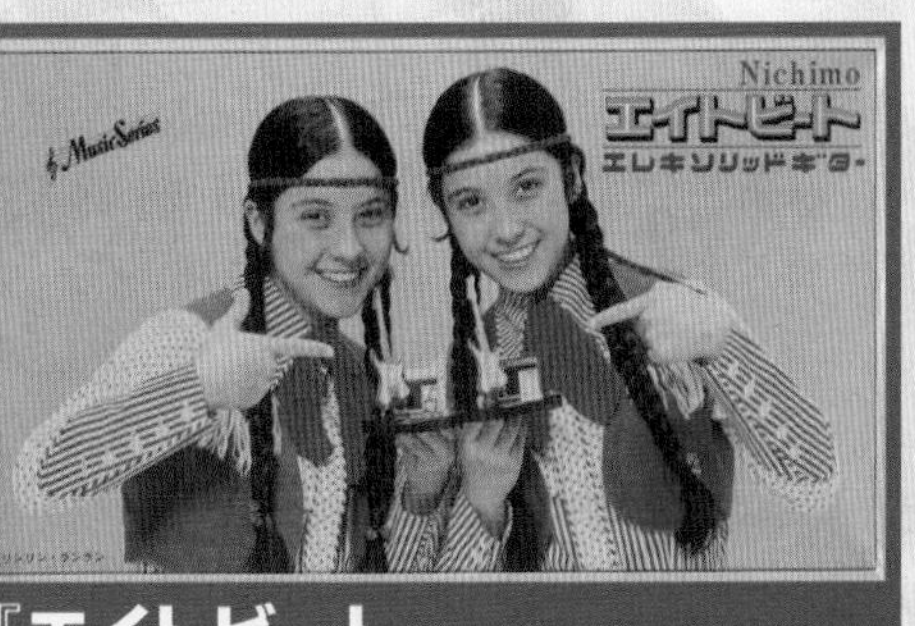

『エイトビート エレキソリッドギター』（ニチモ）

昭和42年のGSブーム期に発売されたキットを、昭和49年のアイドルブームに便乗して再販。500円。リンリン・ランランの写真で売ろうという発想だが、ほかには浅田美代子や西城秀樹なども採用された。

全長13㎝ほどのギターだが、パッと見では本物と見まがうほどの精巧さ！

手のひらにすっぽり収まる。台座は付属のものではなく、透明のアクリル板を使用した。

気配りのきいた優良キット

ランナーと本体を切り離した跡を隠すという設計は、ガンプラ以降だと思っていたが、このキットですでに徹底して施されているのには驚いた。ギターのボディーは塗装済みという親切さ。ほかにもメッキパーツ、テグス、メタリックシールなどが付き、気配りの行き届き加減にビックリだ。

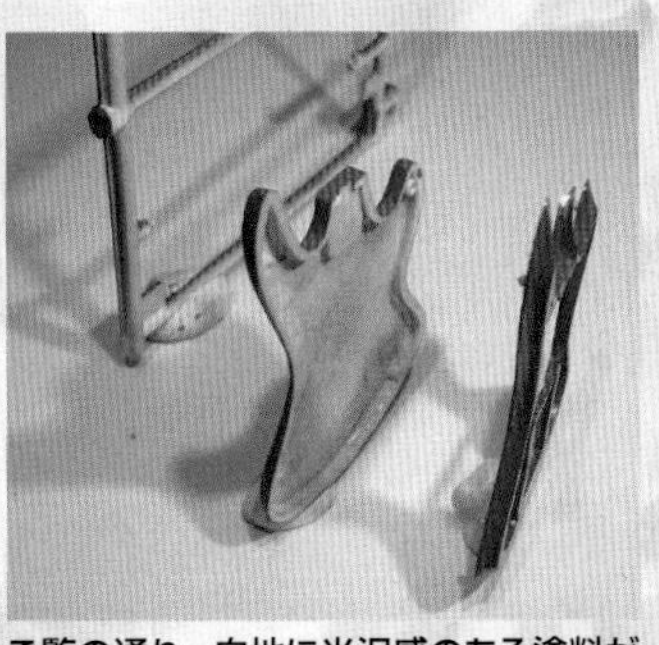

ご覧の通り、白地に光沢感のある塗料が吹きつけてあるので実に発色がいい。

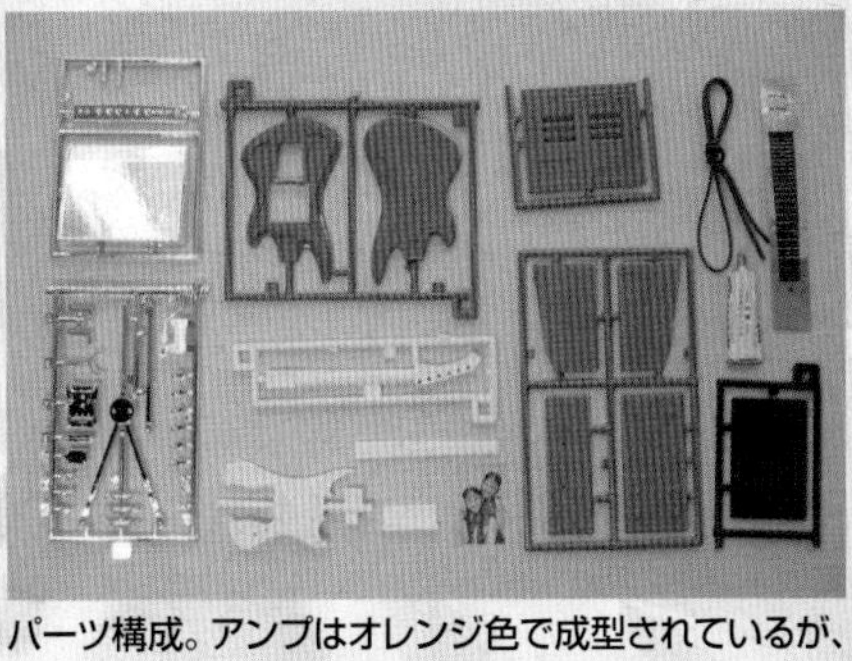

パーツ構成。アンプはオレンジ色で成型されているが、ギターのボディーは白色成型に塗装が施されている。

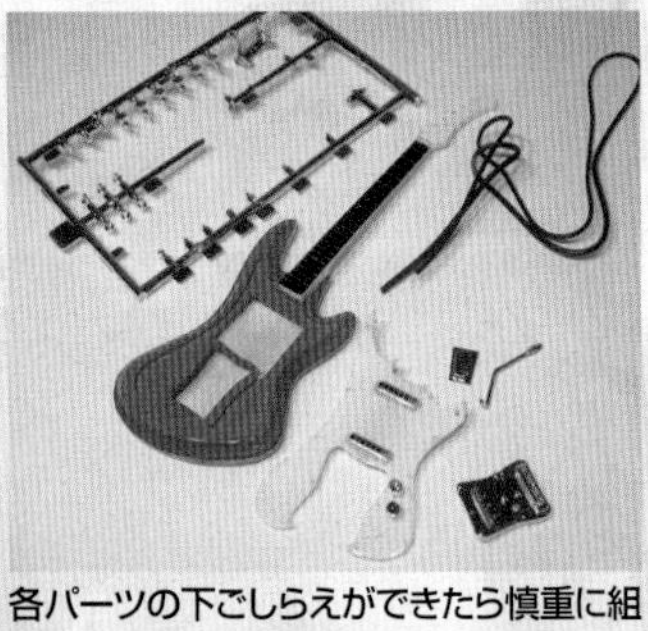

各パーツの下ごしらえができたら慎重に組み上げていく。子どもには難しいレベル。

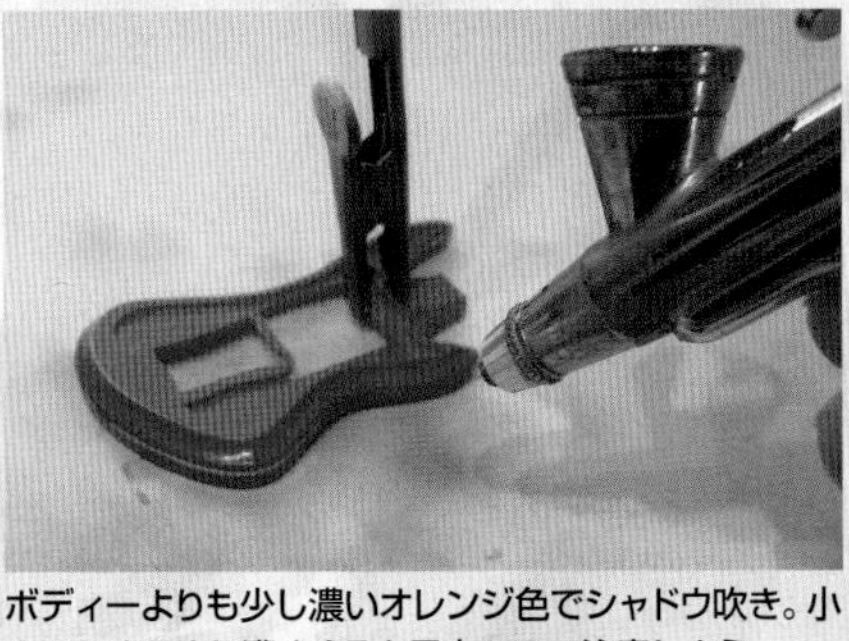

ボディーよりも少し濃いオレンジ色でシャドウ吹き。小さいためあまり濃くすると目立つので注意しよう。

フィギュアの小道具に!!

絶版プラモ…section 15

昭和絶版プラモを作ろう!! TABOO HOBBY!! 駄菓子屋プラモ編

模型制作／タンゲ・アキラ　構成・文／おおこしたかのぶ

昭和40年代、模型専門店で買えるプラモデルの最安値は50円。一方、駄菓子屋の壁に貼り付けて売られていたビニール袋入りのプラモの価格は10円～30円。駄菓子屋では50円あれば、プラモに加えてあめ玉やメンコまで買えた。あめを舐め舐め作っては遊びたおし、その日のうちに飽きて壊してしまうこともしばしば。半世紀を経て令和時代になった今、そんな「駄プラ」だって、もはやヴィンテージ。キチッと作って魅力を見つめ直そうではないか。

サンダージェット

レトロな味わいのSFメカ

一般的なプラモはスチロール製だが、これは柔軟性を持つポリエチレン製。塗料は定着しづらく、切削や研磨もできないので、凝った改造には不向きだが、全体をメッキシルバーで塗装し、ポイント的に色を加えただけで見違えた。当時の模型屋に並んでいたSFメカをパクったような王道的なデザインで、ノスタルジーを感じさせる。

素組みした状態。子どもの頃はこんな粗末なものでも、十分に楽しめた。安価で提供してくれたメーカーに感謝したい（個別に名称がないので仮に1号、2号とする）。

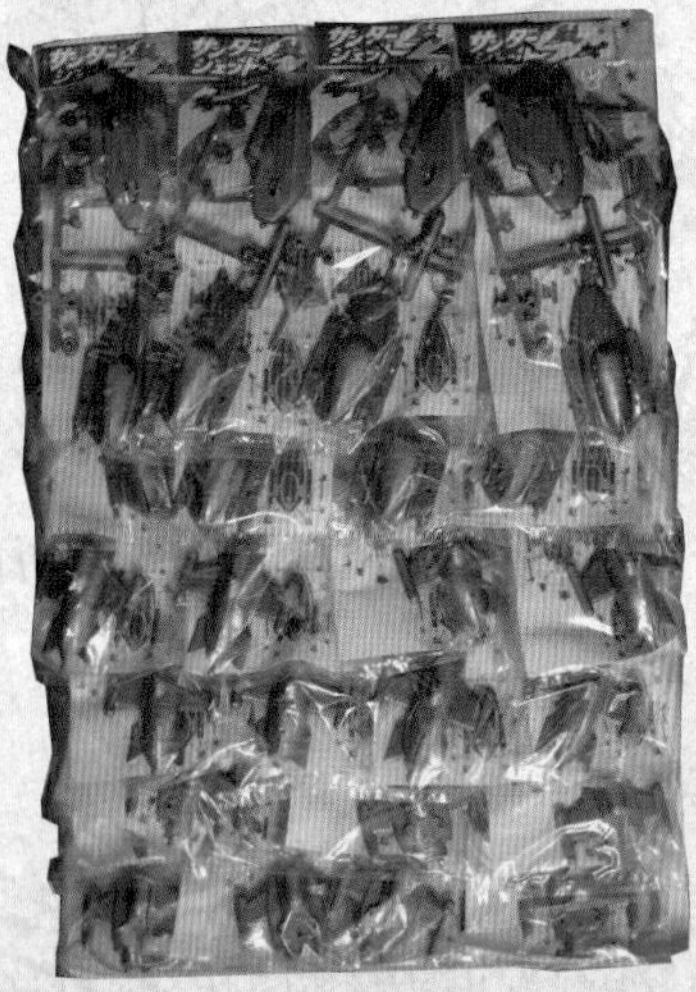

2ダースのプラモが無造作に貼り付けられた台紙。サンダージェット専用ではなく、ありものの台紙が使われている。

POINT

紫外線を当てると硬化する液体プラスチックの「BONDIC」を使い、ドーム状の小窓を制作。情報量が増してリアルに。

全体をメッキシルバーで塗装した後、油性マーカー「マッキー」の青色でキャノピーを、赤色でポイント的に塗装。

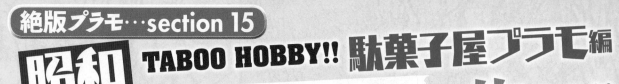

ZeRDA MACHINE

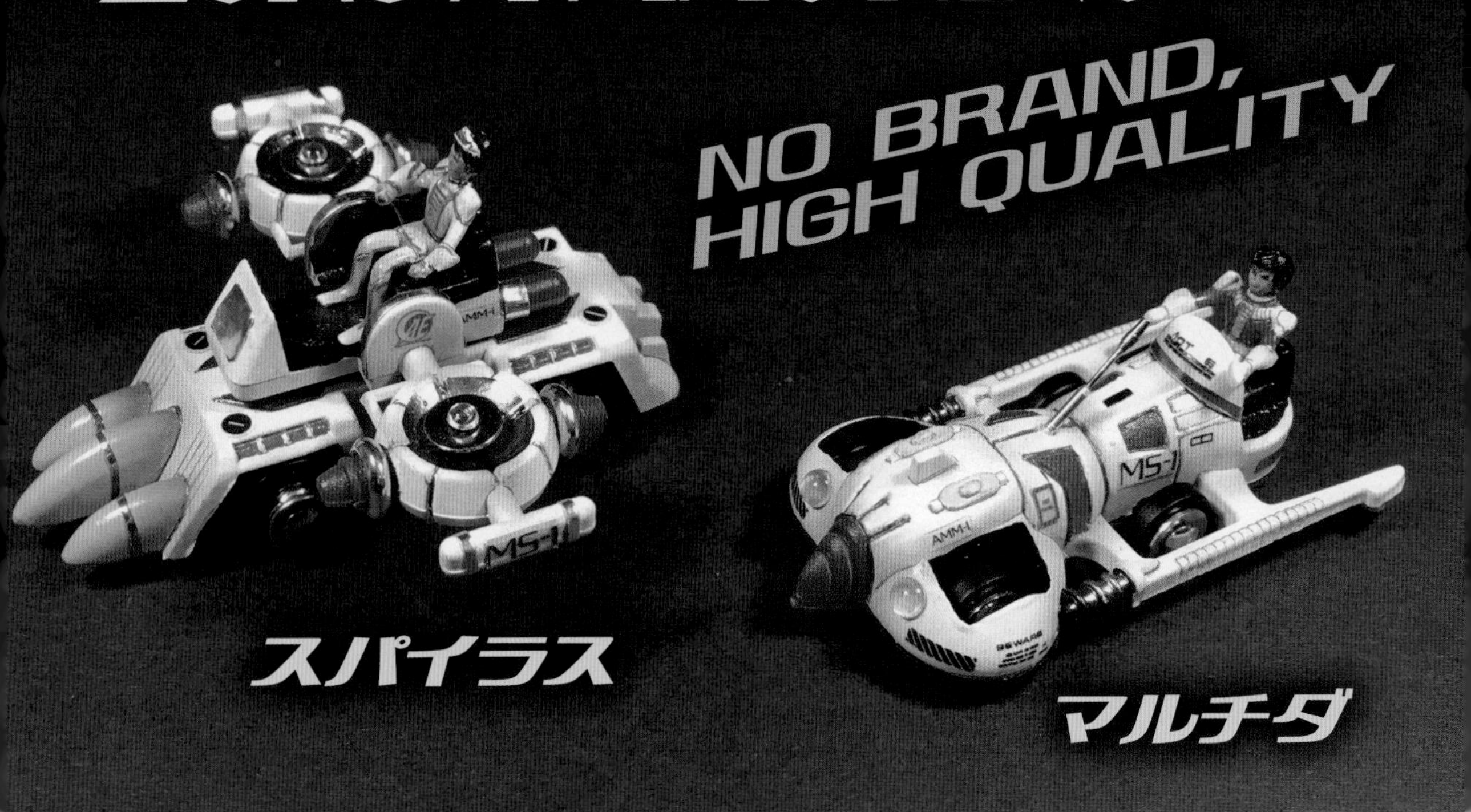

ゼルダマシーン マルチダ スパイラス

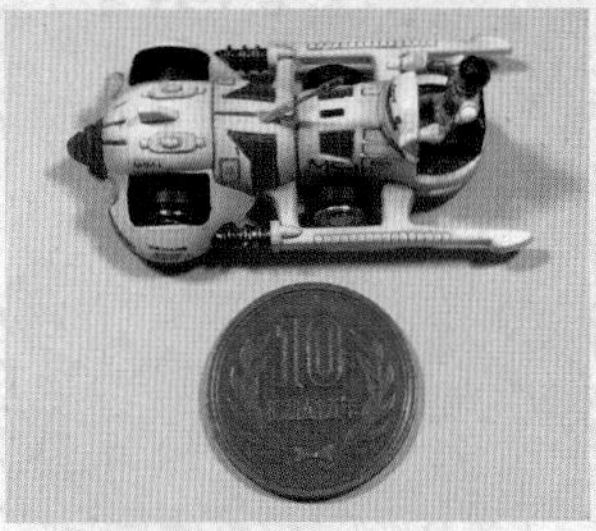

10円玉と大きさを比較。小さな模型にここまで細かい塗装を施すのは、タンゲ氏の超絶テクなくしては不可能だろう。

素組した状態。バリは少なく、合いもいい。人形まで付属する良心設計。さすがは実績のあるメーカーが製作した金型を使ったプラモだ。

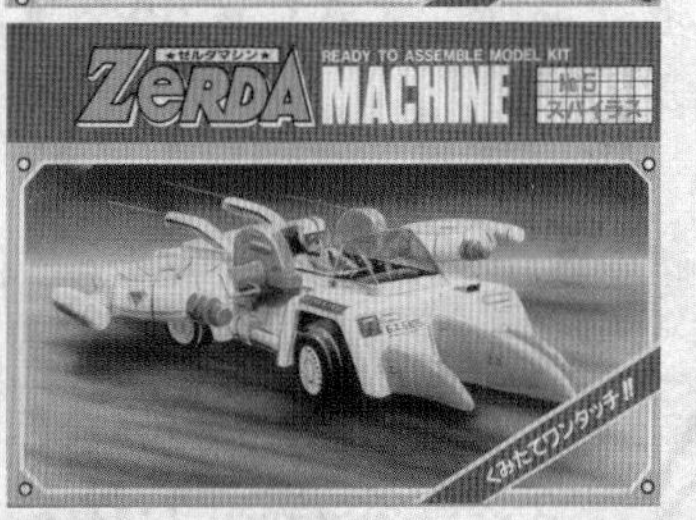

わずか5㎝の駄プラに全霊を注ぐ!!

メーカー名も値段も書かれていない箱に入った駄プラ。元のキットはアリイがガンプラブーム時に発売した『ザ・アニメージ』の「ドーム基地」のメカ。デザインや製品のクオリティーは驚くほど高く、ご覧の通り。こんな逸品があるから駄プラの世界は面白い。

POINT

チューブ式のUVレジンを使って透明パーツを制作。ガイナノーツ製の「コーション・デカール」を所々に貼ってリアルさを演出した。

細かい部分の塗装には極細の油性マーカーが大いに役立つ。発色をよくするため、下地にあらかじめ白色を塗ることをお忘れなく。

日東科学から出ていた長岡秀星デザインの『SFビーグル』のプラモに傾向が似ている。

駄プラは流行っているテレビ番組をパクったものが多いが、この商品はかなり独自性が強い。

侮れないデザイン、出来のよさ

スパイラスの上部は分離可能。左右についたプロペラでドローンのように空中を浮遊する設定だろうか。操縦者の防御力は低い…。

ゼルダ軍の銀河戦闘マシーンは全8種類。どれもオリジナル性を重視した素晴らしいデザイン。う〜ん、全部集めたくなってしまった。

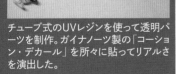

ALIENS

ナ・カ・ヨ・ク・シ・テ・ネ!!

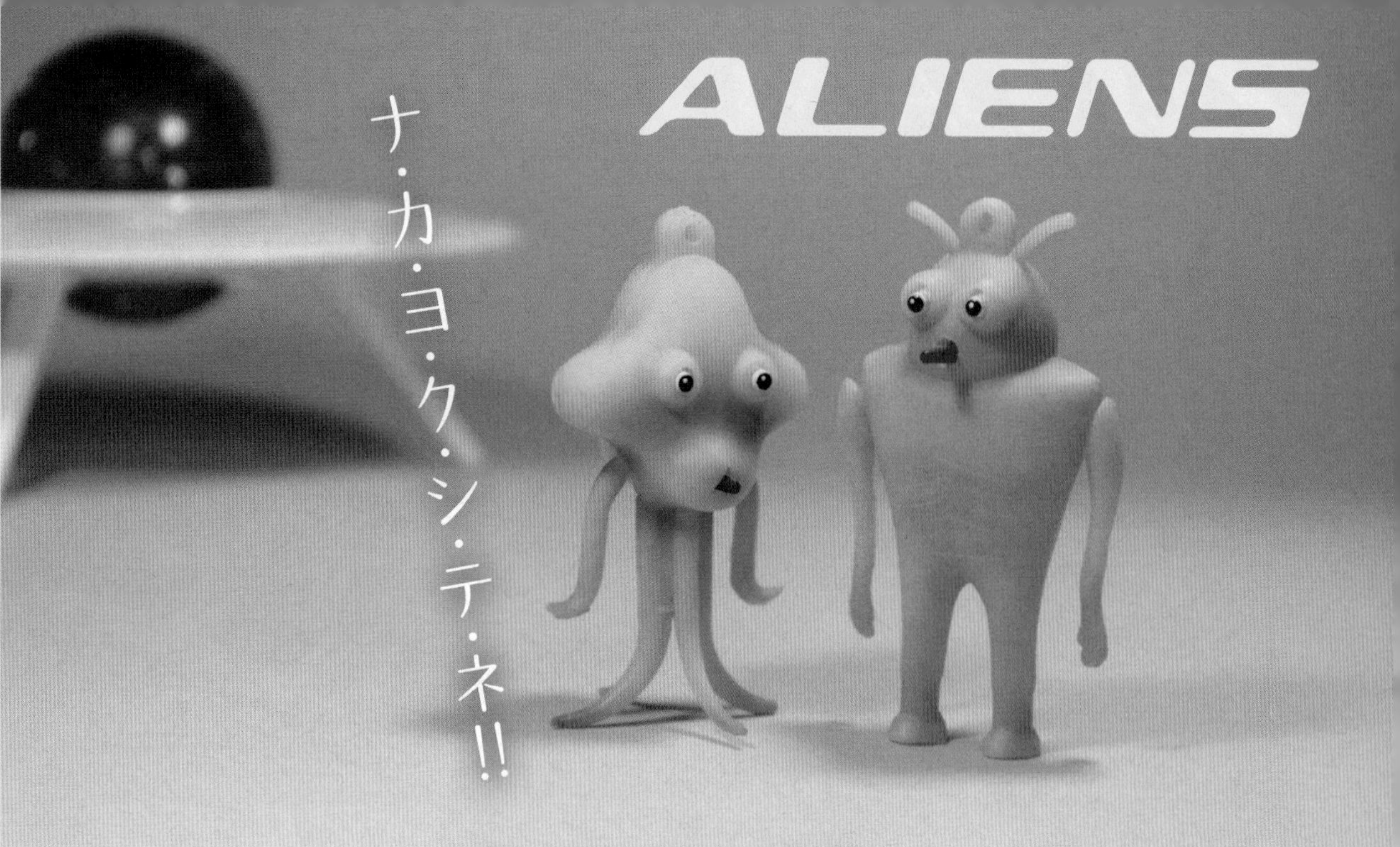

宇宙人現る

「火星人でーす」「金星人でーす」コンビで漫才でも始めそうなルックス。ボケは火星人のほうかな？

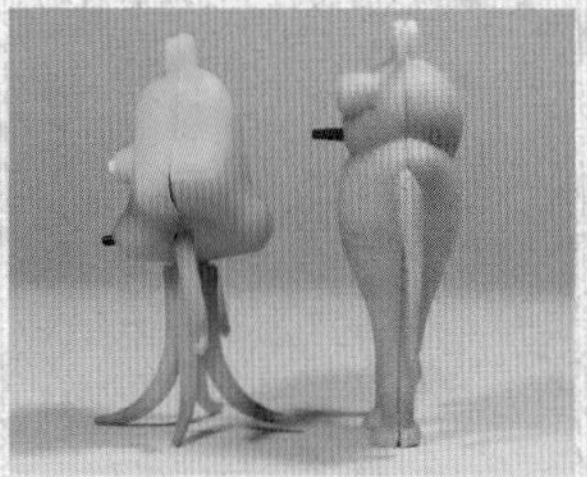

横から見ると飛び出たベロに愛嬌がある。昭和の駄玩具を企画していた人は、本当にセンスがあるなぁ。

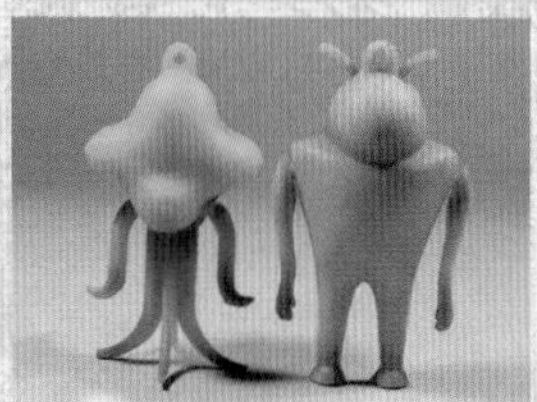

なんだか透き通った淡い色の砂糖菓子みたいになった。不気味な塗装にしても面白いと思う。

素組み状態。てっぺんの輪にひもを通せば、ぶら下げて持ち歩けるマスコットになる。学校に持って行けば女の子にモテモテ！（嘘）。

スプリングが付いてないので、出た目とベロは手で引っ込めてください。

手を後ろに引くと、目と尖ったベロがヒョコッと飛び出る。かわいい。

ひも付きマスコット人形

前後面を張り合わせるだけの通称「最中キット」だが、手を動かすと目とベロが出たり引っ込んだりするギミックがうれしい。もし、完成品として販売すると、細いパーツが破損してしまうだろうから、プラモデルという形にしたのは合理的。実際の商品は台紙に描かれた宇宙人とずいぶん違うが、そんなところも駄玩具っぽくていい。

食べちゃいたいほどカワイイ

塗装は地色を活かし、ボディーよりもちょっと濃い色でシャドウを入れて、顔に少し赤みが入るようスプレーしたのみだ。

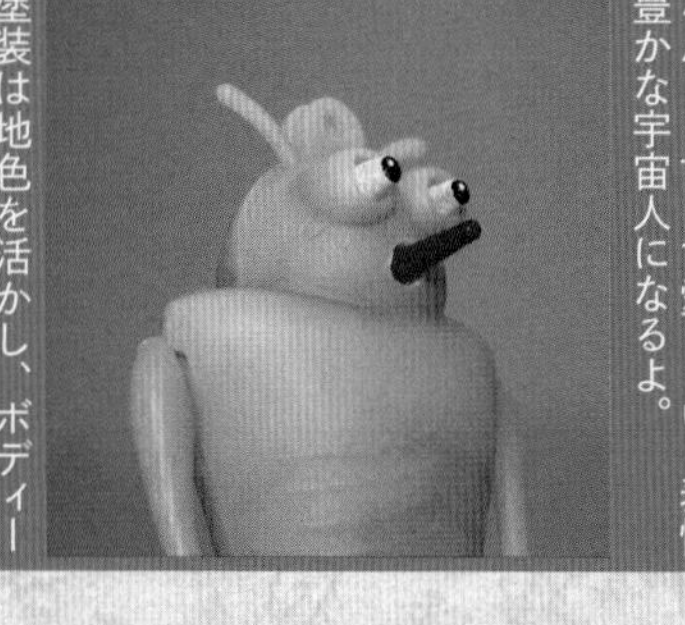

POINT

目の全体を白く塗り、先っぽにちょこんと黒目を入れてやる。なんとも言えず愛らしい、表情豊かな宇宙人になるよ。

Special Thanks

本書は、『週刊実話増刊 ザ・タブー』（日本ジャーナル出版）にて連載中の「昭和レトロカルチャー再発見シリーズ」における、2009年6月6日発売号から2020年1月1日発売号にかけて掲載した記事の中から80回分を抜粋し、再編集したものです。

本書に掲載している商品や広告は、ほとんどが過去のものです。現在は発売していない商品・広告等に記載のある情報は全て当時のものです。また、本書に記載されている企業名・メーカー名は、原則として掲載商品の発売当時の名称です。各商品に関するお問い合わせには、発売元及び弊社では一切お答えできませんのでご了承下さい。尚、著作物や肖像等の権利所有者様には可能な限りご連絡し、図版の掲載について許諾を頂くよう努めました。万一にもご連絡が行き届いていない版権所有者様がいらっしゃいましたら、お手数でもご連絡頂ければ幸いです。

【協力】（50音順）

［企業］

青島文化教材社、イトーキ、ADK、エポック社、学研、クラウンモデル、クラシエフーズ、講談社、サンスター文具、サンライズ、ダイナミック企画、タカラトミー、円谷プロダクション、東京マルイ、童友社、任天堂、ハセガワ、バンダイ、BANDAI SPIRITS、ビックウエスト、マーミット、マイクロエース、松屋浅草、三菱鉛筆、麗タレントプロモーション、ロッテ

［個人］

飯島毅彦
小幡貴一
ほうとうひろし
みくに文具
宮脇 健
山本直樹

ご協力頂いた皆様に心より感謝申し上げます。

【参考文献】

『アサヒグラフ』（朝日新聞社）、『1年の科学』～『6年の科学』（学研）、『玩具商報』（商報社）、『週刊少年キング』（少年画報社）、『週刊少年マガジン』（講談社）、『小学一年生』～『小学六年生』（小学館）、『太陽 臨時増刊 おもちゃ・ゲーム・ホビー・特選850』（平凡社）、『別冊太陽 子どもの昭和史 おまけとふろく大図鑑』（平凡社）、『オール見世物』（珍奇世界社）、『子供の大科学』（光文社）、『昭和ちびっこ広告手帳』（青幻舎）、『駄菓子屋のおもちゃ』（京都書院）、『超絶プラモ道』（竹書房）、『日本人形玩具辞典』（東京堂出版）、『日本プラモデル50年史 1958-2008』（文藝春秋）

あとがき

1998年の夏のこと。私は友人でデザイナーのほうとうひろしさんと、新宿区の早稲田鶴巻町交差点の角にあった「現代マンガ図書館」という私設図書館に連日せっせと通っては、古本独特の匂いがたち込める書庫に籠り、積み上げられた千冊以上に及ぶ昭和の少年少女向け雑誌の中から、秀でた広告を選出する作業に追われていました。

　その結果、誕生したのが『ちびっこ広告図案帳―ad for KIDS：1965―1969』という分厚い書籍です。選びに選んで掲載した300点を超える広告には、私が子どもの頃に欲しくても買うことができず熱い眼差しを向けた品々ばかり。憧れの商品の写真が印刷された広告を穴があくほど眺めては、所有した気分になっていた子どもの頃とまったく同じような行為を、40数年ぶりに追体験したこの夏の日々は、まるで小学生時代にタイムトラベルでもしていたような夢心地の連続でした。

『少年マガジン』や『少年サンデー』など、大手出版社発行の雑誌に広告として掲載されていた品々、とりわけ当時の人気キャラを使った〝正規のキャラクター商品〟は、水戸黄門の印籠のごとく、どこに出しても恥ずかしくない〝真っ当な品々〟です。

　子ども時代への脳内旅行を続けたことがきっかけでしょうか。次第に私は、

そこからスッポリと抜け落ちたものたち……駄菓子屋で売られていたチープトイやパチものブロマイド、街角のパン屋の横に置かれていたガチャガチャのおもちゃ、文房具屋の片隅にあったヘンテコな文具など、子どもの頃の自分にとって、より生活に密着していた身近で親しみのある品々に強く心を惹かれていきました。

正規品には脇目も振らず、これらのキワドイ商品を、あえて選り好んで20数年間も蒐集し、さらに10年間にわたって雑誌に紹介し続けたその理由ですが、本当のところ、自分でもよくわかっていません。ですが、個々の品々の面白さや誠実さに出会っては、毎月のようにそれらに突き動かされ続けた、これまた夢のような10年間であったことは確かです。このようにして纏まったものをあらためて鑑賞し直してみると、何かしらその理由が明らかになるかもしれません。

本書の元になった連載に10年以上の長きにわたってページを割いてくださった畑中こまゑさん、川越夏樹さん、細かい作業でご負担をかけたデザイナーの長久雅行さん、資料収集・校正に協力してくださったほうとうひろしさん、毎回想像を超える出来栄えの絶版プラモを制作していただいたタンゲ・アキラさんには大変お世話になりました。ここに感謝申し上げます。

おおこしたかのぶ

著者　おおこしたかのぶ

1961年東京都生まれ。フリーライター。昭和児童文化研究家。著書に『昭和ちびっこ広告手帳』『昭和ちびっ子広告手帳2』(青幻社)、『ぼくたちの80年代 美少女マンガ創世記』(徳間書店)ほかがある。

模型製作　タンゲ・アキラ

1965年東京都生まれ。かつては別名で活躍していたプロモデラー。その超絶かつ奇抜な技法で注目を浴びたが、現在は第一線を退き、あくまで遊興として野心的な作品を手掛けている。

構成・執筆　おおこしたかのぶ
編集　Plan Link
デザイン　長久雅行
企画・進行　廣瀬祐志

昭和 少年カルチャーDX

2020年3月5日 初版第1刷発行
2020年6月15日 初版第2刷発行

著　者　おおこしたかのぶ
編集人　廣瀬祐志
発行人　廣瀬和二
発行所　辰巳出版株式会社
〒160-0022 東京都新宿区新宿2丁目15番14号 辰巳ビル
TEL 03-5360-8961(編集部)
03-5360-8064(販売部)
URL http://www.TG-NET.co.jp/

印刷所　三共グラフィック株式会社
製本所　株式会社ブックアート

本書の内容に関するお問い合わせは、
FAX(03-5360-8073)、メール(info@TG-NET.co.jp)にて承ります。
恐れ入りますが、お電話でのご連絡はご遠慮下さい。

定価はカバーに表示してあります。

万一にも落丁、乱丁のある場合は、送料小社負担にてお取り替えいたします。
小社販売部までご連絡下さい。

ISBN978-4-7778-2504-2